I0138664

Detlev Brunner

Stralsund

Eine Stadt im Systemwandel vom Ende des Kaiserreichs bis in die 1960er Jahre

Veröffentlichungen zur SBZ-/DDR-Forschung
im Institut für Zeitgeschichte

R. Oldenbourg Verlag München 2010

Gefördert durch Mittel der DFG

Bibliographische Information der Deutschen Nationalbibliothek
Die Deutsche Nationalbibliothek verzeichnet diese Publikation in der Deutschen
Nationalbibliografie; detaillierte bibliografische Daten sind im Internet
über <http://dnb.d-nb.de> abrufbar.

© 2010 Oldenbourg Wissenschaftsverlag GmbH, München
Rosenheimer Straße 145, D-81671 München
Internet: oldenbourg.de

Das Werk einschließlich aller Abbildungen ist urheberrechtlich geschützt. Jede Verwertung
außerhalb der Grenzen des Urheberrechtsgesetzes ist ohne Zustimmung des Verlages unzu-
lässig und strafbar. Dies gilt insbesondere für Vervielfältigungen, Übersetzungen, Mikro-
verfilmungen und die Einspeicherung und Bearbeitung in elektronischen Systemen.

Umschlagentwurf: Dieter Vollendorf

Gedruckt auf säurefreiem, alterungsbeständigem Papier (chlorfrei gebleicht)
Satz: Typodata GmbH, München
Druck: Memminger MedienCentrum, Memmingen
Bindung: Buchbinderei Klotz, Jettingen-Scheppach

ISBN: 978-3-486-59805-6

Inhalt

I. Einleitung

„Stralsunds Bürgerschaft gehört zusammen. Der Boden, auf dem wir wohnen, gewachsen sind, Arbeit und Brot finden, eint uns und soll uns stets einig finden."[1]
Der Appell des deutsch-nationalen Kommunalpolitikers Paul Langemak[2] aus dem Sommer des Jahres 1920 beschreibt eine elementare Funktion, die „der Stadt" in Umbruchzeiten zugeschrieben wurde. Der Verlust der Monarchie, die Begründung der ungeliebten Republik und die Schmach, die in Langemaks Wahrnehmung die Siegermächte des Ersten Weltkrieges dem Deutschen Reich auferlegt hatten, all dies ließ die Bedeutung des Mikrokosmos Stadt wachsen. Die Stadt als vertrauter Erfahrungsraum konnte Stabilität in Zeiten des rasanten Wandels bieten, Identität wahren oder schaffen und damit auf das Größere, auf die Nation ausstrahlen. Dieser Zusammenhang spielte nicht nur in der Perspektive konservativer Monarchisten eine Rolle. Die Städte und ihre Selbstverwaltung als Zellen für die Genesung des Reiches, diese Bedeutung kommunaler Gemeinwesen formulierten maßgebliche Kommunalpolitiker und Funktionäre kommunaler Interessenverbände in den frühen 1920er Jahren geradezu programmatisch.[3] Den engen Zusammenhang zwischen Stadt und Nation, der in der Brückenfunktion zwischen Gesellschaft und Staat liege, betonten Kommunalpolitiker bereits vor dem Ersten Weltkrieg. Dies fand seinen Ausdruck zum Beispiel in der kommunalen Selbstdarstellung auf der Deutschen Städteausstellung in Dresden 1903.[4] Auch republikanisch orientierte Persönlichkeiten, wie der seit 1919 in Stralsund wirkende Museumsdirektor und

---

[1] Aus der Ansprache Paul Langemaks anlässlich der seit sechs Jahren erstmals wieder stattfindenden Wallensteinfeier in Stralsund am 24. Juli 1920, zit. n. Der Vorpommer, Nr. 173, 27. 7. 1920.
[2] Langemak, Paul, geb. 1867, gest. 1947/48; Rechtsanwalt (ab 1895) und Notar (ab 1908) in Stralsund, Dr. jur., Justizrat; 1917 Gründungsmitglied Deutsche Vaterlandspartei, ab 1918 DNVP und Fraktionsvorsitzender der bürgerlichen „Arbeitsgemeinschaft" im Bürgerschaftlichen Kollegium Stralsund, 1921 Vorsitzender des Provinzialausschusses Pommern, 1921–1923 stellvertretendes Mitglied Staatsrat Preußen, 1923 Mitglied Staatsrat Preußen, 1933 stellvertretender Vorsitzender Wirtschaftsausschuss Staatsrat; 1945 erfolgloser Aufnahmeantrag bei der Stralsunder SPD, Verlust der Rechtsanwalts- und Notarzulassung sowie Enteignung der Immobilien; siehe Liste der enteigneten Grundstücke, o. O., in: Stadtarchiv Stralsund (StaS), Rep. 50/1090; Gericht des Bezirks Stralsund an den Herrn Präsidenten des Landes Mecklenburg-Vorpommern, Abt. Justiz, betr. Notare, Stralsund, den 17. 10. 1945, sowie Der Präsident des Landes, Abt. Justizverwaltung, gez. Heinrich, an Justizrat Dr. Langemak, Schwerin, den 28. Januar 1946, jeweils in: StaS, Rep. 50/101. Siehe außerdem Der Preußische Staatsrat 1921–1933. Ein biographisches Handbuch, bearbeitet von Joachim Lilla, Düsseldorf 2005, S. 93.
[3] Die Zukunftsaufgaben der deutschen Städte, unter Mitwirkung namhafter Fachleute von Paul Mitzlaff und Erwin Stein, Berlin (2. Aufl.) 1925, S. 1 ff., siehe auch Dieter Schott: Zukunft und Geschichte der Stadt. Stadtrepräsentationen im 20. Jahrhundert, in: Georg G. Iggers u. a. (Hg.): Hochschule – Geschichte – Stadt, Festschrift für Helmut Böhme, Darmstadt 2004, S. 319–341, S. 322.
[4] Ralf Stremmel: Städtische Selbstdarstellung seit der Jahrhundertwende, in: Archiv für Kommunalwissenschaften II, 1994, S. 234–263, S. 237 f.

Stadthistoriker Fritz Adler[5], hoben den Zusammenhang zwischen einer durch die engere Heimat geprägten Identität und einem positiven Nationalverständnis hervor. „Begreift aber der Mensch erst einmal die kleine Welt um sich, dann wird er auch befähigt sein, die große Welt draußen zu verstehen; denn wir wollen keinen Lokalpatriotismus treiben, sondern wollen den Menschen zum Verstehen und zur Liebe seiner engeren Heimat führen, damit er um so gesicherter und selbständiger, um so weitherziger und bereiter sich der großen Heimat hingibt. Wurzeln wir erst einmal im Mikrokosmos unserer engeren Heimat, so werden wir auch leichter den Makrokosmos Deutschland verstehen."[6]

Hartmut Kaelble hat auf die lange Geschichte als ein Kennzeichen europäischer Städte verwiesen, eine Geschichte, die bei aller Unterschiedlichkeit der einzelnen Kommunen in einem historischen Stadtbild, oder jedenfalls in Resten davon, nach außen sichtbar ist.[7] Städte, so der Ethnologe und Soziologe Rolf Lindner, würden „vor allem durch ihre Historie geprägt […], die nur noch punktuell in der Gegenwart wirksam sein muss, gleichwohl aber das Gepräge der Stadt weiter charakterisiert".[8] Auf die identitätsstiftende Funktion von Geschichte im Allgemeinen und in städtischen Selbstdarstellungen im Besonderen ist in der Literatur wiederholt hingewiesen worden, eine Funktion, die über die Systemwechsel hinweg erkennbar ist.[9] Stralsund bietet hier ein besonders prägnantes Beispiel. Die im Jahre 1234 gegründete Stadt verfügt über eine auch im Stadtbild äußerst präsente Historie, deren Hochzeit als eine der bedeutenden Hansestädte im Mittelalter liegt und die zugleich mit einer spezifischen „transnationalen" Phase aufwarten kann. Seit der skandinavischen Militärhilfe gegen das von Wallenstein geführte kaiserliche Heer im Dreißigjährigen Krieg ab 1628 mit Schweden eng verbunden, unterstand die Stadt seit dem Westfälischen Frieden 1648 mit kurzen Unterbrechungen bis 1815 der schwedischen Krone. Die „Schwedenzeit" prägte und prägt wesentliche

---

[5]   Adler, Fritz (1889-1970), Dr. phil., Studium der Romanistik und der Kunstgeschichte u. a. in Leipzig und Grenoble, ab 1919 Leiter/Direktor des Stralsunder Museums, Stadtarchivs und der Stadtbibliothek, bis 1924 auch verantwortlich für die Volkshochschule, Mai 1937 Anwärter der NSDAP, ohne Mitglied zu werden, ab September 1945 Mitglied der SPD, 1946 der SED, bis November 1950 weiterhin Leiter von Museum, Archiv und Bibliothek, nach Verhören durch die sowjetische Geheimpolizei Flucht nach Berlin-West am 18. 11. 1950. S. StaS, Rep. 39/823 (Personalakte), sowie Erklärung und Bericht über die Gründe seiner Flucht in StaS, Nachlass Knütter, Knü 22. S. außerdem Regina Nehmzow: Zum 120. Geburtstag von Dr. Fritz Adler, in: Welt-Kultur-Erbe Nr. 01/2009, S. 23-25.
[6]   Fritz Adler: Aufgabe und Ziel des Heimatmuseums, in: Unser Pommerland. Monatsschrift für das Kulturleben der Heimat, 13. Jg., H. 1 (Jan. 1928), S. 11-15, Zitat: S. 13.
[7]   Hartmut Kaelble: Die Besonderheiten der europäischen Stadt im 20. Jahrhundert, in: Friedrich Lenger/Klaus Tenfelde (Hg.): Die europäische Stadt im 20. Jahrhundert. Wahrnehmung – Entwicklung – Erosion, Köln, Weimar, Wien 2006, S. 25-44, S. 34ff.
[8]   Rolf Lindner: Vorüberlegungen zu einer Anthropologie der Stadt, in: Volkskunde in Sachsen 16/2004, S. 177-188, S. 186.
[9]   Vgl. Katrin Minner: Geschichtsdeutung und Selbstdarstellung – Die Festzüge der Ortsjubiläen Merseburg 1933 und Weißenfels 1935, in: Andreas Ranft (Hg.): Sachsen und Anhalt. Jahrbuch der Historischen Kommission für Sachsen-Anhalt, Bd. 24, 2002/03, Köln, Weimar, Wien 2003, S. 335-350, S. 336; Jochen Guckes: Stadtbilder und Stadtrepräsentationen im 20. Jahrhundert, in: Informationen zur modernen Stadtgeschichte (IMS) 1/2005, S. 75-86; siehe allgemein Wolfgang Kaschuba: Geschichtspolitik und Identitätspolitik. Nationale und ethnische Diskurse im Vergleich, in: Beate Binder, Wolfgang Kaschuba und Peter Niedermüller (Hg.): Inszenierung des Nationalen. Geschichte, Kultur und die Politik der Identitäten am Ende des 20. Jahrhunderts, Köln u. a. 2001, S. 19-42.

Elemente der Stralsunder Gedenkkultur und bot Anknüpfungspunkte für eine außenpolitische Funktion der Stadt. Zugleich handelt es sich bei Stralsund um eine Mittelstadt, die sich kontinuierlich und ohne größere Urbanisierungsschübe im Gefolge der Industrialisierung entwickelt hat und erst nach der Zäsur des Jahres 1945 eine signifikante Veränderung ihrer ökonomischen und gesellschaftlichen Struktur erfuhr.[10]

Die Rolle einer Stadt, ihre Bedeutung im gesamtgesellschaftlichen, gesamtstaatlichen Aufbau, kann sich aus mehreren Perspektiven erschließen. Wählt man einen politik- und verwaltungsgeschichtlichen Zugriff, so wird für den hier interessierenden Zeitraum deutlich, dass die bereits im Ersten Weltkrieg und im Zuge der Erzbergerschen Finanzreform von 1919/20 beschnittenen Selbstverwaltungsrechte der Städte nach der Machtübernahme der Nationalsozialisten trotz anders lautender Propaganda faktisch aufgehoben wurden. Ähnliches gilt für die Zeit des Neuaufbaus nach 1945. Nachdem die Städte zunächst die einzigen vorhandenen und halbwegs funktionsfähigen Verwaltungskörper waren, die die Last der Zusammenbruchsgesellschaft zu tragen und den Wiederaufbau zu steuern hatten, führte auch hier, jedenfalls in der DDR, der Weg frühzeitig in die kommunalpolitische Entmachtung und hierarchische Einordnung in einen zentralistisch ausgerichteten Staatsaufbau. Die Rolle von Städten geht jedoch, so elementar kommunale Selbstverwaltung für einen pluralistisch aufgebauten Staat ist, über diese politische, verfassungsrechtliche Dimension hinaus. Die Bedeutung von Stadt für ihre Bürgerinnen und Bürger und für Gesellschaften generell erschließt sich nicht allein durch rechtlich festgeschriebene Kompetenzen und deren Erfüllung. Wie mit den Hinweisen zur Stadtgeschichte und zu ihrer identitätsstiftenden Funktion bereits angedeutet wurde, gilt es, eine kulturelle Dimension von Stadt auf dem Fundament politischer und gesellschaftlicher Prozesse zu erschließen. Dies ermöglicht eine Perspektive, die sowohl Fragen der Identifikation, der Integration oder Exklusion sowie der Beteiligungs- und Einflussmöglichkeiten unterschiedlicher Milieus oder Gruppen der Gesellschaft betrifft als auch ein Bild der jeweiligen Systeme, respektive ihrer Herrschaftspraktiken, entwerfen kann. Am Beispiel der Stadt lassen sich so auch Anspruch und Realität der jeweiligen Systeme darstellen. Es geht also um einen synthetischen Ansatz, der gesellschaftliche und kulturelle Prozesse in den Blick nimmt und so auch eine Perspektive auf politische Verhältnisse, auf Herrschaftsverhältnisse zulässt. Ein Zugang, der diesen Anspruch einlösen kann, ist das mittlerweile im Bereich der Stadtgeschichtsforschung breiter zur Anwendung gelangte Forschungskonzept der „Repräsentation". Dieses unter anderem auf Roger Chartier zurückgehende Konzept geht davon aus, dass Repräsentationen nicht nur Realität abbilden, sondern zugleich neue Realität(en) schaffen. Ziel solcher Konstruktionen können politische Legitimation und Schaffung von Loyalität sein. Anliegen Chartiers ist es, dem Zwiespalt zwischen der „Objektivität der Strukturen" und der „Subjektivität der Vorstellungen" zu begegnen. Es geht mithin um eine Synthese von Kultur- und (politischer) Sozialgeschichte, um die sozialge-

---

[10] Zur Geschichte der Stadt vgl. die trotz diverser ideologisch bedingter Verzerrungen nach wie vor umfassendste und detaillierteste Darstellung: Geschichte der Stadt Stralsund, im Auftrag des Rates der Stadt Stralsund hrsg. v. Herbert Ewe, Weimar 1984 (2. Aufl. 1985).

schichtliche Fundierung der Repräsentationen und ihrer Akteure sowie um die Fragen nach Partizipation an und Wirkung der Repräsentation.[11] Mit diesem Zuschnitt möchte die Studie bewusst einen „kulturalistischen" Ansatz ohne politik- und gesellschaftsgeschichtliche Einbettung vermeiden, wie umgekehrt eine strukturgeschichtliche Fixierung „with culture left out" als nicht zielführend anzusehen ist.

Die Stadt als direkter Erfahrungsraum, als öffentlicher Raum gesellschaftlicher, politischer und kultureller Prozesse fungiert als sehr viel genauer arbeitender „Seismograf" von Eruptionen und Umbrüchen wie dies größere Einheiten, etwa Provinzen, Bundesstaaten oder Nationalstaaten tun und sie bildet als „Barometer" ebenso genauer Stimmungen und Wahrnehmungen „der" Gesellschaft oder ihrer Teile ab. Staat ist abstrakt, Stadt ist sichtbar.[12] Zugleich bieten in erster Linie Städte die Räume und Plätze für Repräsentationen, wie etwa Jubiläen, Stadtfeste, Gedenktage oder auch in Form von Denkmälern oder Museen. Für die Frage, wie und mit welchen Folgen sich jenseits zentraler Machtzentren und der dort gefällten Entscheidungen Systemwandel vollzieht, bietet „Stadt" deshalb einen besonders geeigneten Untersuchungsraum. Städtische Feste und Stadtjubiläen sind als Untersuchungsgegenstände für Gestaltung, Zielsetzung, Funktion und Resonanz von Repräsentationen wiederum besonders prädestiniert.[13] Gerade an ihrem Beispiel lassen sich Wirkungen von Systemwandel – konkret des Wandels vom Kaiserreich zur Republik, von dieser zur NS-Diktatur und schließlich von deren Ende in die „antifaschistisch-demokratische" Phase und der sich anschließenden erneuten Diktaturerrichtung unter SED-Herrschaft – präzise herausarbeiten. Verändern sich Vorstellungen von der Stadt und ihrem „Charakter", wie wird ihre Geschichte gedeutet und für Systemlegitimationen instrumentalisiert? Wer kann auf die Repräsentationen Einfluss nehmen, wer dominiert sie, wer partizipiert? Wie autonom agiert die Stadt? Wie stark ist sie in überkommunale Herrschaftsstrukturen eingebunden? Welche Funktionen füllen die städtischen Repräsentationen aus – für die Stadt selbst und/oder im überkommunalen Rahmen? Und schließlich – auf welche Resonanz treffen die Repräsentationen, schaffen sie Identifikation mit der Stadt und darüber Konsens und Loyalität zum jeweiligen System? Dieses Fragenbündel behandelt die Studie in einem Aufbau, der die Zäsuren und Wendemarken zu den jeweiligen Systemwechseln ebenso thematisiert wie die jeweils herausra-

[11] Roger Chartier: Einleitung: Kulturgeschichte zwischen Repräsentationen und Praktiken, in: Ders.: Die unvollendete Vergangenheit. Geschichte und die Macht der Weltauslegung, Berlin 1989, S. 7–20; vgl. auch Sandra Schürmann und Jochen Guckes: Stadtbilder und Stadtrepräsentationen im 20. Jahrhundert, in: IMS, 2005, 1, S. 5–10.
[12] Adelheid von Saldern: Symbolische Stadtpolitik – Stadtpolitik der Symbole. Repräsentationen in drei politischen Systemen, in: Dies. (Hg.): Inszenierter Stolz. Stadtrepräsentationen in drei deutschen Gesellschaften (1935–1975) unter Mitarbeit von Lu Seegers, Stuttgart 2005, S. 29–80, S. 41.
[13] Vgl. Adelheid von Saldern: Herrschaft und Repräsentation in DDR-Städten, in: Dies. (Hg.): Inszenierte Einigkeit. Herrschaftsrepräsentationen in DDR-Städten, unter Mitarbeit von Alice von Plato u. a., Stuttgart 2003, S. 9–58; von Saldern, Symbolische Stadtpolitik (2005); Lu Seegers: Stadtrepräsentationen. Zum Verhältnis von urbaner Kultur und Herrschaftssystem im Deutschland der dreißiger und sechziger Jahre (Projektbericht), in: IMS 2/2000, S. 22–24; A. von Saldern: Stadtfeiern im 20. Jahrhundert, in: Die Alte Stadt. Vierteljahreszeitschrift für Stadtgeschichte, Stadtsoziologie, Denkmalpflege und Stadtentwicklung 30 (2003) 4, S. 324–348; Stremmel, Selbstdarstellung (1994); Schott, Zukunft (2004).

genden Repräsentationen in den drei zur Debatte stehenden Systemen Weimarer Republik, Nationalsozialismus und DDR.

In allen Zäsuren der neuesten deutschen Geschichte lassen sich auch Kontinuitäten ausmachen. Forschungen zur Stadtgeschichte haben personelle Kontinuitäten in den kommunalen Verwaltungen herausgearbeitet, die für die Zäsur 1918/19 sicherlich am stärksten, aber auch für jene von 1933 deutlich festzustellen sind.[14] Selbst die radikalste Zäsur 1945 war nicht lediglich durch Brüche, sei es im Personal, sei es in politisch-administrellen Strukturen geprägt.[15] Wendemarken der Geschichte wie die Novemberrevolution 1918, die nationalsozialistische Machtübernahme und das Ende des Zweiten Weltkrieges und der NS-Diktatur sind aber trotz der erkennbaren Kontinuitäten und mancherlei eher fließender Übergänge auch für die Stadt wirkungsmächtig. Dies gilt insbesondere für die Ebenen politischer Öffentlichkeit, für die Fragen der Partizipation und Einflussnahme. Zunächst werden also neben den Abläufen der Umbrüche selbst vor allem deren Folgen für die städtische Gesellschaft skizziert. Der Schwerpunkt liegt dabei auf den Formen und Strukturen politischer Beteiligung und ihrer Veränderung, auf Inklusion und Exklusion bestimmter Gruppen und Milieus der städtischen Gesellschaft, sowie auf der Präsentation der Akteure oder Akteursgruppen in ihrer Einbindung in die städtischen, gesellschaftlich-kulturellen Strukturen, zum Beispiel ein vorhandenes Netz von Vereinen. Bei dieser Darstellung der Systemwechsel und ihrer Folgen kann keine umfassende Stadtgeschichte des 20. Jahrhunderts geleistet werden. Eine stärkere Beachtung der ökonomischen Stellung der Stadt in ihren Austauschbeziehungen zum agrarischen Umfeld und ihrer Rolle als regional bedeutender Hafenstadt wird ebenso wenig erfolgen wie eine detaillierte sozialgeschichtliche Untersuchung städtischer Schichten und damit zusammenhängender sozialpolitischer Folgerungen.

Im Anschluss und zur Einführung der detaillierten Analyse der Repräsentationen werden im zweiten Teil der Studie Stadtbilder und Stadträume ausgelotet. Welche Konstanten an Bildern vom „Wesen", vom „Charakter" der Stadt bestehen, werden sie jeweils in systemadäquate, neu formierte Sichtweisen integriert oder gar neu erfunden?[16] „Stadtbild" bedeutet dabei sowohl das „Image", die Identität einer Stadt, wie sie literarisch formuliert und auch ganz pragmatisch im

---

[14] Sabine Mecking/Andreas Wirsching: Stadtverwaltung als Systemstabilisierung? Tätigkeitsfelder und Handlungsspielräume kommunaler Herrschaft im Nationalsozialismus, in: Diess. (Hg.): Stadtverwaltung im Nationalsozialismus. Systemstabilisierende Dimensionen kommunaler Herrschaft, Paderborn, München, Wien, Zürich 2005, S. 1–19, S. 7ff. mit Verweisen auf die Beiträge von Bernhard Gotto, Bettina Tüffers und Sabine Mecking in diesem Band; von Saldern, Symbolische Stadtpolitik (2005), S. 40. Für Pommern und die Zäsur 1918/19 siehe Bert Becker: Verwaltung und höhere Beamtenschaft in Pommern 1918/19, in: Pommern zwischen Zäsur und Kontinuität: 1918, 1933, 1945, 1989, hrsg. v. Bert Becker und Kyra T. Inachin, Schwerin 1999, S. 39–68.

[15] Für Mecklenburg-Vorpommern siehe Detlev Brunner: Der Schein der Souveränität. Landesregierung und Besatzungspolitik in Mecklenburg-Vorpommern 1945–1949, Köln, Weimar, Wien 2006, bes. S. 68ff.

[16] Zum „Wesen"/„Charakter" der Stadt siehe Rolf Lindner: Perspektiven der Stadtethnologie, in: Historische Anthropologie 5 (1997) 2, S. 319–328, S. 187, sowie Jochen Guckes: Der „Habitus der Stadt" in historischer Perspektive: Dresden, Freiburg i. Br. und Dortmund 1900–1960, in: Volkskunde in Sachsen 17/2005, S. 9–29.

Stadtmarketing modelliert wird[17], als auch das Stadtbild im engeren Sinne, also das Bild seiner Bauten und Baudenkmäler, jenes Bild, das sich konkret in Grundriss und Silhouette niederschlägt. Werden Veränderungen angestrebt als Ausdruck des neuen Systems?[18] Die Ebene des „Stadtbildes" ist eng verbunden mit dem „Stadtraum" als öffentlichem Raum, als Repräsentationsraum. In der Literatur ist zu Recht darauf verwiesen worden, dass der innerstädtische Raum „als Bühne der politischen Willensbildung und Willenspräsentation seit Mitte des 19. Jahrhunderts" für das städtische Bürgertum an Bedeutung verloren habe und der öffentliche Raum zur Führung eines regen politischen Diskurses generell nicht mehr zwingend erforderlich gewesen sei, weil sich an dessen Stelle Foren wie Parlamente und andere „geschlossene" Räume etabliert hätten.[19] Gleichwohl spielte der öffentliche Raum, zumal zentrale Plätze wie der Stralsunder Alte Markt, für politische Artikulation in Form von Kundgebungen wie auch als Repräsentationsort allgemein eine prominente Rolle.[20] Dies gilt nicht nur für die stadtoffiziellen Inszenierungen, sondern auch für ein konkurrierendes Milieu, wie beispielsweise jenes der Arbeiterbewegung zu Zeiten der Weimarer Republik, das den öffentlichen Raum ebenfalls besetzt. Welche Wirkung der Stadtraum eines solch nahezu geschlossen erhaltenen, historisch hoch präsenten Stadtensembles wie jenes von Stralsund auf die Identität der Stadt und ihrer Bewohner hat, ist eine weiterführende Frage, die dabei aufzuwerfen ist.[21] Der niederländische Historiker Willem Frijhoff legte 1988 den Befund vor, dass „sich die Identität einer Stadt, selbst wenn Gebäude und Infrastruktur nicht mehr existieren, im Lebensstil, in den Gewohnheiten und im Gedächtnis ihrer Bewohner erhält".[22] Jan Assmann wiederum hat, anknüpfend an Forschungen des Kunsthistorikers und Kulturwissenschaftlers Aby Warburg, auf „Fixpunkte" verwiesen, die das „kulturelle Gedächtnis" einer Gesellschaft teils über Jahrtausende hinweg stabilisieren können. Derartige „Fixpunkte" seien „schicksalhafte Ereignisse der Vergangenheit", deren Erinnerung durch „kulturelle Formung" in Texten, Riten oder Denkmälern, und „institutionalisierte Kommunikation", d.h. Rezitation (der Texte), Begehung (der Riten) und Betrachtung (der Denkmäler) wachgehalten würden.[23] Wirkt, so wäre im Falle Stralsunds zu fragen, die hohe Kontinuität des historisch gewachsenen Stadtrau-

17 Zum Beispiel Berlin vgl. Thomas Biskup/Marc Schalenberg (Hg.): Selling Berlin. Imagebildung und Stadtmarketing von der preußischen Residenz bis zur Bundeshauptstadt, Stuttgart 2008.
18 Vgl. Michael Lissok: Denkmalpflege als Stadtbildpflege am Beispiel Stralsunds von zirka 1920 bis 1970, in: Architektur und Städtebau im südlichen Ostseeraum. Zwischen 1936 und 1980, hrsg. v. Bernfried Lichtnau, Berlin 2002, S. 190–213.
19 Vgl. Gerd Kuhn: Suburbanisierung in historischer Perspektive, in: Clemens Zimmermann (Hg.): Zentralität und Raumgefüge der Großstädte im 20. Jahrhundert, Stuttgart 2006, S. 61–81, S. 64.
20 Zur Bedeutung des öffentlichen Raumes siehe u. a. Adelheid von Saldern: Stadt und Öffentlichkeit in urbanisierten Gesellschaften. Neue Zugänge zu einem alten Thema, in: IMS 2/2000, S. 3–15.
21 Zum Zusammenhang von Stadtraum und Identität der Stadtbewohner vgl. Guckes, Stadtbilder (2005), S. 76.
22 Willem Frijhoff: The City and its Memory, unveröffentlichtes Manuskript. Vortrag auf dem Symposium "Urban identity and collective memory", Rotterdam 1988, zit. nach Lindner, Perspektiven (1997), S. 325.
23 Jan Assmann: Kollektives Gedächtnis und kulturelle Identität, in: Ders./Tonio Hölscher (Hg.): Kultur und Gedächtnis, Frankfurt a. M. 1988, S. 9–19, hier S. 12.

mes als systemübergreifender „Fixpunkt" und prägt diese auch das „Stadtbild" einer nach 1945 stark fluktuierenden Stadtgesellschaft? Lassen sich generell stadthistorische Grundpfeiler erkennen, die über die verschiedenen Systemwandel hinweg auf die Konstruktion des „Stadtbildes" und auf den der Stadt zugeschriebenen Charakter wirken?[24]

Im Anschluss an dieses einführende Kapitel folgt die Darstellung der drei herausragenden Repräsentationen, die in eine abschließende diachron vergleichende Analyse mündet.

Ein die System- und Epochenwechsel übergreifender komparatistischer Zuschnitt ist bislang insbesondere von Adelheid von Saldern und einer unter ihrer Leitung stehenden Forscherinnengruppe umgesetzt worden, deren Ergebnisse in zwei umfangreichen Sammelbänden vereint sind.[25] Auch Jochen Guckes hat im Zusammenhang mit seiner Dissertation erste Ergebnisse unter anderem zu Dresden präsentiert, die den Zeitraum von 1900 bis 1960 umfassen.[26] Weitere Aufsatzbände zur Festkultur in Leipzig und Hannover sind zwar ebenfalls epochenübergreifend, aber nicht konzeptionell komparativ angelegt.[27] Ein jüngst zu den Stadtjubiläen Berlins 1937 und 1987 erschienener Band ist durch ein deutliches Missverhältnis zwischen hohem diskurstheoretischen Anspruch Foucaultscher Prägung und mitunter banalen praktischen Forschungsergebnissen geprägt.[28] Die vorliegende Studie kann also auf konzeptionellen Vorarbeiten aufbauen, führt aber über die vorliegende Forschungslage hinaus, da ein diachroner Vergleich, der den Wandel vom Ende des Kaiserreichs bis hin in die 1950/60er Jahre der DDR umfasst, bislang nur in Ansätzen vorliegt.[29]

Für den Zeitraum der Weimarer Republik ragt in Stralsund das 300. Jubiläum des sogenannten Wallensteintages im Jahre 1928 heraus. Es handelt sich um die Wiederkehr jenes Tages, an dem das Wallensteinsche Heer am 24. Juli 1628 die Belagerung der Stadt aufgab und unverrichteter Dinge abziehen musste. In den beiden weiteren Systemen, der NS-Zeit und der DDR, liegen jeweils die Jubiläen der Stadtgründung – die 700-Jahr-Feier 1934 und die 725-Jahr-Feier 1959. Die Be-

[24] Elfie Rembold hat in ihrer vergleichenden Studie zu den Gubener Stadtjubiläen 1935 und 1960 die in den Festzügen feststellbaren thematischen Kontinuitäten als derartige „Pfeiler des kulturellen Gedächtnisses der Stadtbewohner" erkannt, siehe Elfie Rembold: Vom „Bollwerk deutscher Kultur" zur geteilten Stadt an der „Oder-Neiße-Friedensgrenze". Stadtjubiläen in Guben (1935 und 1960), in: Adelheid von Saldern (Hg.): Inszenierter Stolz. Stadtrepräsentationen in drei deutschen Gesellschaften (1935–1975) unter Mitarbeit von Lu Seegers, Stuttgart 2005, S. 241–295, S. 293.
[25] A. v. Saldern (Hg.): Inszenierte Einigkeit. Herrschaftsrepräsentationen in DDR-Städten, unter Mitarbeit von Alice von Plato u. a., Stuttgart 2003, und Dies. (Hg.), Inszenierter Stolz (2005).
[26] Siehe Guckes, Habitus (2005), sowie Ders.: Städtische Selbstbilder im Widerstreit. Politische Bürgerlichkeit in Dresden in Selbstdarstellungstexten der 1920er Jahre und bei der 750-Jahrfeier der Stadt 1956, in: Ulrich Rosseaux/Wolfgang Flügel/Veit Damm (Hg.): Zeitrhythmen und performative Akte in der städtischen Erinnerungs- und Repräsentationskultur zwischen Früher Neuzeit und Gegenwart, Dresden 2005, S. 147–172. Vgl. auch Sandra Schürmann: Dornröschen und König Bergbau. Kulturelle Urbanisierung und bürgerliche Repräsentationen am Beispiel der Stadt Recklinghausen 1930–1960, Paderborn 2005.
[27] Hans-Dieter Schmid (Hg.): Feste und Feiern in Hannover, Bielefeld 1995; Feste und Feiern. Zum Wandel städtischer Festkultur in Leipzig, hrsg. v. Katrin Keller, Leipzig 1994.
[28] Krijn Thijs: Drei Geschichten, eine Stadt. Die Berliner Stadtjubiläen von 1937 und 1987, Köln, Weimar, Wien 2008.
[29] Guckes, Habitus (2005).

schränkung auf diesen Zeitraum und diese drei Repräsentationen folgt forschungs-
praktischen wie arbeitsökonomischen Entscheidungen. Zum einen ist die Studie in
einen größeren Forschungszusammenhang des Instituts für Zeitgeschichte eingebettet, der den Systemwandel im Mecklenburg-Vorpommern des 20. Jahrhunderts
in einem Längsschnitt von der Weimarer Republik bis in die DDR untersucht.
Eine wesentliche Erweiterung in die Zeit des Deutschen Kaiserreichs schloss sich
damit aus, wenngleich dies, gerade im Hinblick auf städtische Repräsentationen
und Festkultur, durchaus Erkenntnis erweiternd sein könnte. Eine Ausdehnung in
Richtung der Zäsur 1989/90 unter Einschluss der 750-Jahr-Feier 1984 hätte
schließlich den Umfang der Forschungsarbeiten erheblich gesteigert. Mit der Fo-
kussierung auf den Zusammenhang von Zäsur – Systemwandel – Repräsentation
erscheint die getroffene Beschränkung vertretbar, zumal für die Zeit der DDR
keine umfassende Analyse der städtischen Repräsentation in Betracht gezogen
wurde, hätte dies doch eine deutliche Schwerpunktverlagerung auf jene 40 Jahre
der Existenz des zweiten deutschen Staates in der Zeit nach 1945 bedeutet.

Die Kapitel zu den Repräsentationen in den drei Systemen behandeln jeweils
die Vorbereitungen und Intentionen, die auftretenden Akteure, die Partizipations-
möglichkeiten oder angestrebten Mobilisierungen, die Gestaltung und Durchführung der einzelnen Festinszenierungen und ihre Resonanz. Dabei werden die drei
Jubiläen nicht isoliert, sondern in historische Prozesse eingebettet betrachtet. Vor
allem für die NS-Zeit, aber auch für die Zeit der DDR werden Folgeprozesse skizziert, die für die Einordnung der jeweiligen Jubiläumsrepräsentationen von Bedeutung sind.

Für die Zeit des Kaiserreichs und auch der Weimarer Republik hat die Forschung festgestellt, dass städtische Feste vorwiegend bürgerliche Feste waren, wie
überhaupt von einer starken mentalen Symbiose von Stadt und Bürgertum auszu-
gehen ist. Im Selbstverständnis des städtischen Bürgertums waren Stadt und Bürgertum eins.[30] Trotz einer vor allem ab 1918/19 in den öffentlichen Raum drängenden Arbeiterbewegung mit einer deutlich präsenten Kulturbewegung hat sich
daran nichts Wesentliches geändert. Welche Folgerungen dies für Stralsund, einer
Stadt mit sehr ausgeprägtem und stark historisch fundiertem bürgerlichen Selbstverständnis in jenen Zeiten hatte, in denen dieses traditionelle Selbstverständnis
zur Disposition gestellt wurde oder ideologisch begründet eliminiert werden sollte, ist eine der Fragen, die übergreifend behandelt werden. Gibt es weiterwirkende
bürgerliche Akzente und Einflüsse auch nach 1933 bzw. nach 1945?[31] Für die
städtische Festkultur während der NS-Zeit wurden Befunde präsentiert, die
NSDAP habe sich gegenüber einer deutlich erkennbaren ideologischen Überformung zurückgehalten, wie überhaupt das gängige Bild entmachteter Kommunen
im NS-Regime korrigiert wurde. Stattdessen werden in der neueren Forschung
Eigenständigkeiten und die Besetzung neuer Tätigkeitsfelder durch kommunale

---

[30] Vgl. von Saldern, Stadtfeiern (2003), S. 344; Klaus Tenfelde: Stadt und Bürgertum im 20. Jahrhundert, in: Wege zur Geschichte des Bürgertums. Vierzehn Beiträge, hrsg. v. Klaus Tenfelde
und Hans-Ulrich Wehler, Göttingen 1994, S. 317–353.
[31] Für Dresden vgl. Guckes, Städtische Selbstbilder (2005).

Akteure ausgemacht.[32] Inwieweit trifft dies auch für die Zeit der DDR zu?[33] Überspielten städtische Repräsentationen die kommunale Machtlosigkeit und gerierten sich Oberbürgermeister in diesem Rahmen wider die administrativen Realitäten als „potente Akteure"?[34] Wie stark griff die SED vor Ort und mit ihrem hierarchischen Apparat in die Gestaltung der Jubiläumsinszenierung ein? Wollte sie gar ein neues Geschichtsbild etablieren?

Das abschließende Kapitel thematisiert zusammenfassend die Kernfrage der Studie: Welche Rolle spielt die Stadt als Akteur in Demokratie und Diktatur und welche Bedeutung hat sie als Identifikationsraum in den jeweiligen Systemen und jenseits des Systemwandels?

Die Studie kann sich auf ein breites Quellenfundament stützen, dessen archivalisches Kernmaterial dem Stralsunder Stadtarchiv entstammt. Die in diesem Archiv erhaltene Überlieferung zur Stadtgeschichte ist außerordentlich reichhaltig und aussagekräftig, wobei, ähnlich vergleichbaren Archiven, für den Zeitraum der NS-Diktatur Lücken bestehen. Ausgewertet wurden Unterlagen des Magistrats bzw. Oberbürgermeisters, für den Zeitraum nach 1945 des Rates der Stadt und des Stadtparlaments („Bürgerschaftliches Kollegium" bis 1933) sowie diverse Personalakten und Nachlässe, darunter die Nachlässe der sozialdemokratischen Lokalpolitiker Karl Kirchmann und Max Fank. Zu Letzterem wurde ein weiterer Teilnachlass herangezogen, der derzeit in der Forschungs- und Dokumentationsstelle des Landes zur Geschichte der Diktaturen in Deutschland an der Universität Rostock aufbewahrt wird. Aus dem Schweriner Landeshauptarchiv und dem Landesarchiv Greifswald wurde für den Zeitraum ab 1945 Aktenmaterial zu den Parteien KPD, SPD und SED (vor allem Kreisleitung der SED Stralsund) sowie aus dem Bereich Regierungspräsident/Regierungsbezirk Stralsund (bis 1932) ausgewertet. Aus den Beständen des Bundesarchivs, Berlin, wurden für den Zeitraum bis 1933 bzw. 1945 einzelne Akten aus den Bereichen Reichskanzlei, NSDAP, Deutsche Volkspartei (DVP), Deutsch-Nationale Volkspartei (DNVP) und für die Zeit ab 1945 Archivalien aus den Beständen des Ministeriums für Bauwesen (DH 1), und des Staatssekretärs für Kirchenfragen (DO 4) eingesehen. Zudem wurden aus dem Bereich der Stiftung Parteien und Massenorganisationen der DDR im Bundesarchiv (SAPMO) Materialien aus dem Historischen Archiv der KPD und einige Splitter aus

---

[32] Vgl. Minner, Geschichtsdeutung (2003), u.a. S.355f.; von Saldern, Stadtfeiern (2003), S.332; Mecking/Wirsching, Stadtverwaltung (2005), u.a. S.6. Zu Freiräumen im lokalen/regionalen kulturellen Leben siehe bereits Volker Dahm: Nationale Einheit und partikulare Vielfalt. Zur Frage der kulturpolitischen Gleichschaltung im Dritten Reich, in: VfZ 43 (1995) 2, S.221–265, S.264.

[33] Zur Rolle kommunaler Akteure in der DDR vgl. Anita Maaß: DDR-Stadtgeschichte – Zwischen zentralstaatlichen Zwängen und lokalen Handlungsressourcen. Tagungsbericht „Städte im Sozialismus", 6.–7. Februar 2004, Berlin, in: Volkskunde in Sachsen 16/2004, S.249–256, S.250f. Lu Seegers hat darauf verwiesen, dass im Falle der zeitgleich mit der „Ostseewoche" stattfindenden 750-Jahr-Feier Rostocks die Handlungsspielräume der Stadtverwaltung beschränkt gewesen seien, während im Magdeburger Fall der dortige Oberbürgermeister durch persönliche Netzwerke die Handlungsmöglichkeiten habe erweitern können. Vgl. Lu Seegers: „Die Zukunft unserer Stadt ist bereits projektiert". Die 750-Jahrfeier Rostocks im Rahmen der Ostseewoche 1968, in: v. Saldern (Hg.), Inszenierte Einigkeit (2003), S.61–106, S.106, sowie Dies.: „Schaufenster zum Westen". Das Elbefest und die Magdeburger Kulturfesttage in den 1950er und 1960er Jahren, in: Ebenda, S.107–144, S.144.

[34] Vgl. von Saldern, Stadtfeiern (2003), S.326.

den Beständen der SED, der FdJ und des Kulturbundes geprüft. Nach Sichtung
der vorliegenden Inventare zu den Beständen des ehemaligen Stettiner Staats-
archivs (Archiwum Państwowe w Szczecinie) erschien eine dortige Akteneinsicht
verzichtbar, zumal der zeitliche Schwerpunkt der in Stettin aufbewahrten Materialien überwiegend vor dem Untersuchungszeitraum dieser Studie liegt.[35]
    Ein thematischer Zuschnitt, wie ihn die vorliegende Studie verfolgt, bedarf nicht
nur der Basis archivalischer Dokumente, sondern muss Quellen heranziehen, die
die Konstruktion des „Bildes" der Stadt und seiner Geschichte sowie deren Inszenierung zum Inhalt haben. Ausgewertet wurden deshalb Stadtbücher, Stadtführer
und stadthistorische Publikationen sowie weitere zeitgenössische Texte, insbesondere Jubiläumspublikationen. Eine besondere Rolle nimmt dabei die zeitgenössische Presse ein. Stralsund verfügte bis 1933 über eine für eine Stadt dieser Größe
beachtliche Presselandschaft, die ein Spektrum von links bis rechts umfasste. Zu
nennen sind vor allem die „Stralsundische Zeitung", das 1772 erstmals erscheinende Traditionsblatt des Stralsunder konservativen Bürgertums, sowie das „Stralsunder Tageblatt", das sich nach dem Verlagswechsel 1919 von einem neutral, demo-
kratisch orientierten Blatt zum Organ der nationalistischen Rechten in Stralsund
wandelte. Als sozialdemokratische Zeitung erschien ab Januar 1920 bis zu ihrem
Verbot 1933 „Der Vorpommer".[36] Die Presseberichterstattung bis 1933 gibt nicht
nur den öffentlich geführten politisch-kulturellen Diskurs wider, sondern kann
auch mancherlei Lücke in der archivalischen Überlieferung füllen. Dies gilt auch
für die Zeit der NS-Diktatur, in der zwar die demokratische Vielfalt der Zeitungslandschaft gewaltsam beendet wurde, aber neben dem NS-Blatt „Pommersche
Zeitung" auch noch das „Stralsunder Tageblatt" bis Ende März 1943 weiter erscheinen konnte. Für den Zeitraum nach 1945 existiert zunächst keine kommunale
Presse in Stralsund. Seit April 1946 erschien das SED-Organ „Landes-Zeitung" in
verschiedenen regionalen Ausgaben, darunter auch einer Stralsunder Ausgabe. Mit
der „Ostsee-Zeitung" und ihrer Stralsunder Ausgabe ab August 1952 liegt für die
725-Jahr-Feier und die damit zusammenhängende Geschichtskampagne wichtiges
Quellenmaterial vor. Nicht zuletzt sind die filmischen und fotografischen Quellen
zu erwähnen, die für die Beschreibung des Stadtbildes und des Stadtraumes und
der Jubiläumsrepräsentationen herangezogen wurden. Sie entstammen den Film-
und Bildbeständen des Stralsunder Stadtarchivs sowie aus zeitgenössischen Publikationen.

---

[35] Vgl. Staatsarchiv Stettin – Wegweiser durch die Bestände bis zum Jahr 1945. Bearbeitet v. Radoslaw Gaziński, Paweł Gut und Maciej Szukała. Aus dem Polnischen übersetzt v. Peter Oliver
Loew, hrsg. von der Generaldirektion der Staatlichen Archive Polens, Oldenburg 2004 (url:
http://www.bkge.de/11815.html); vgl. auch Andrzej Głowacki; Marek Baumgart; Janusz Faryś:
Quellen zur Geschichte der deutschen Arbeiterbewegung in polnischen Staatsarchiven. Deutsche Bearbeitung und Vorwort von Walter Momper, Berlin 1983, S. 29.
[36] Zur Stralsunder Zeitungslandschaft bis 1933 siehe Hans Heino Reinhardt: Die Geschichte des
Zeitungswesens in Stralsund. Inaugural-Dissertation genehmigt von der philologisch-historischen Abteilung der Philosophischen Fakultät der Universität Leipzig, Stralsund 1936.

Stralsund 1939.
(aus Broschüre: „Tysk Feriekurs för studerande ungdom 14 juni – 26 juli 1939 Stralsund")

II. Die Zäsuren und die Stadt

Wie wirkungsmächtig sind die zur Periodisierung der neuesten deutschen und europäischen Geschichte und Zeitgeschichte allgemein akzeptierten Zäsuren für die Stadtgeschichte? Sind die städtischen Gesellschaften und die kommunalen Politik- und Verwaltungsstrukturen nicht eher durch Kontinuitätslinien in jenen Umbruchszeiten geprägt, stärker zumindest als staatliche politische Zentren und Institutionen? Gerade für die Zäsuren vom Kaiserreich zur Republik und von dieser wiederum zum nationalsozialistischen Deutschland sind in der Stadtgeschichtsforschung derartige Kontinuitäten konstatiert worden.[1] Gleichwohl ist eine Periodisierung entlang der Zäsurdaten 1918, 1933 und 1945 auch für die Stadtgeschichte sinnvoll.[2] Gilt es doch zu untersuchen, welche Formen und Möglichkeiten der politischen Beteiligung sich herausbildeten oder begrenzt wurden und wie sich politische Strukturen und ihre jeweilige gesellschaftliche Basis veränderten. Dies ist von besonderem Interesse für die zentrale Frage, wer, wie und mit welchen Zielen Einfluss auf die städtischen Repräsentationen nehmen konnte und nahm. Im Folgenden sollen deshalb ausgehend von den genannten Zäsuren die Konturen

---

[1] Siehe von Saldern, Symbolische Stadtpolitik (2005), S. 38.
[2] Zur Periodisierung der europäischen Stadtgeschichte vgl. Friedrich Lenger: Einleitung, in: Ders./Klaus Tenfelde (Hg.): Die europäische Stadt im 20. Jahrhundert. Wahrnehmung – Entwicklung – Erosion, Köln, Weimar, Wien 2006, S. 1–21, hier S. 10ff.

der sich wandelnden Systeme auf der Stadtebene skizziert werden und insbesondere der Frage nachgegangen werden, wie sich Beteiligungsmöglichkeiten gestalteten, welche Veränderungen eintraten, welche Kontinuitäten feststellbar sind. Dies
ist nicht zuletzt für die Unterscheidungsmerkmale von Demokratie und Diktatur
in der Stadt von grundlegender Bedeutung.

1. „1918"

1.1 „Ohne Störung ... und in aller Ruhe"

Stralsund im Oktober 1918

Am 3. Oktober 1918 berichtete die konservative „Stralsundische Zeitung" über
eine kürzlich „sehr stark" besuchte Werbeversammlung im Hotel „Artushof".
Geworben wurde für die neunte im September 1918 aufgelegte Kriegsanleihe – es
war die letzte dieser von der Reichsbank zur Finanzierung des Krieges ausgegebenen Anleihen. Zur Werbung bestand augenscheinlich aller Anlass. Bankdirektor
Adolf Schmidt[3], Hauptredner der Veranstaltung und Vorstandsmitglied des Ortsvereins der „Deutschen Vaterlandspartei", nahm „Unmut, Verzagtheit und Ver-
drossenheit" im deutschen Vaterland wahr, ja, es würden „den unsinnigsten Ge-
rüchten [...] nur zu willig Ohr und Mund geschenkt." Schmidt pries die Aussich-
ten der Anleihe in „geldlicher Hinsicht" als die „denkbar günstigsten", aber leider
sei „die Stimmung im Volke nicht die beste". Gegen diesen Geist „Front zu machen", sei die vornehmste Aufgabe. „Unser siegreiches Heer hat keine Niederlage
erlitten, keinen Zusammenbruch, wie die Gegner ihn im Verlaufe der 50 Monate
Krieg hundertfach erlebt haben." Schmidt malte ein Schreckensbild der Sklaverei
für Deutschland, ginge es nach dem Willen der Kriegsgegner, deshalb müsse
Deutschland „im Vertrauen auf den höchsten Gott weiter kämpfen und siegen."
Ein jeder sei „in seiner Umgebung ein Kraftzentrum gegen innere und äußere
Feinde". Und natürlich sollte das Publikum möglichst zahlreich die Kriegsanleihe
zeichnen, als Beitrag zu jenem „gigantischen Kampf", den es jetzt zu kämpfen
gelte.[4]

Am selben Tag, an dem das traditionsreiche Stralsunder Blatt über diese Propa-
gandaveranstaltung berichtete, trat das Deutsche Kaiserreich in seine kurze letzte
Phase ein. Prinz Max von Baden übernahm am 3. Oktober 1918 die Reichskanz-
lerschaft und band die Vertreter der Reichstagsmehrheit aus SPD, Zentrum und
Fortschrittlicher Volkspartei, die mit der Reichstagsresolution vom 19. Juli 1917
für einen Frieden ohne Annexionen und Kontributionen eingetreten waren, in die

---

3 Schmidt, Adolf (1870–1933), Bankdirektor und dänischer Konsul, Stralsunder Ratsherr, gehörte
   nach 1918 der DVP an, ab April 1929 im Gauvorstand Stralsund der DVP, ab 1929 Mitglied des
   Pommerschen Provinziallandtages, im Sept. 1930 erfolglose Kandidatur für den Reichstag, Vizepräsident der Stralsunder Handelskammer, im Januar 1933 verstorben. Vgl. Pommern-Stimmen,
   6. Jg., Nr. 15, 31.5. 1929, S. 117; Nr. 26, 16.12. 1929, S. 224; Jg. 7, Nr. 17, 5.9. 1930, S. 131, sowie
   Langemak an Polizeidirektor Dr. von Starck, 28.2. 1933, StaS, Rep. 18/1430.
4 „Für die neunte Kriegsanleihe. Eine Werbeversammlung in Stralsund", in: Stralsundische Zeitung, 3.10. 1918, S.2.

Regierungsverantwortung ein. Die erste Amtshandlung dieser seit Ende Oktober
1918 erstmals auf parlamentarischer Grundlage agierenden Reichsregierung war
die Einleitung von Waffenstillstandsverhandlungen. Die Entscheidung zu diesem
Schritt basierte auf der Einsicht, dass der Krieg für Deutschland nicht mehr zu
gewinnen war, eine Einsicht, die sich bis Ende September 1918 auch bei der Obers-
ten Heeresleitung (OHL) Bahn gebrochen hatte. Entgegen der von der politischen
Rechten bald lancierten „Dolchstoß-Legende" war es bekanntermaßen die OHL
selbst, die am 29. September 1918 Waffenstillstandsverhandlungen forderte und es
als vorteilhaft ansah, wenn diese nicht von den bisherigen Verantwortlichen für
Kriegspolitik und Kriegsführung, sondern von unbelasteten Kräften, eben jenen
Vertretern der Mehrheitsparteien des Reichstages, geführt wurden.

Das konservative Stralsunder Bürgertum nahm diese Entwicklungen mit Schre-
cken zur Kenntis und mobilisierte mit einer unverminderten Kriegspropaganda
ganz im Sinne der bisherigen Verlautbarungen der Deutschen Vaterlandspartei.
Der Zuspruch zu dieser radikal gegen Verständigung zwischen den Kriegspartei-
en, für „Siegfrieden" und Annexionen auftretenden Partei war in Stralsund rasant.
Verzeichnete die Partei zur Zeit der Gründung des Ortsvereins am 24. September
1917 325 Mitglieder, so schlossen sich bereits sechs Wochen später 1 258 Stralsunder in ihr zusammen.[5] Am 19. Oktober 1918 erschien in der „Stralsundischen
Zeitung" ein Aufruf mit dem Titel „Deutsche Frauen!" Unterzeichnet war er mit
Datum vom 17. Oktober 1918 von 20 Frauen, mehrheitlich Gattinnen der konservativen Honoratiorenschaft, darunter Frau Justizrat Dr. Langemak, Frau Superintendent Hornburg, Frau Oberbürgermeister Gronow, Frau Pastor Lützen, Frau
Bankdirektor Schmidt und andere, deren Männer zum größten Teil das Führungs-
personal der „Vaterlandspartei" stellten. Sie warnten vor den Forderungen der
Feinde, die Deutschland einen Frieden aufzwingen wollten, „der schlimmer wäre
als der Krieg". Dies dürfe nicht sein und könne auch nicht geschehen, „wenn wir
alle zusammenstehen, Arm und Reich, Vornehm und Gering, denn es geht uns alle
gleich an". Ganz im Sinne des Kaiserwortes am Beginn des Krieges, er kenne nur
noch Deutsche, beschworen die vaterländischen Damen die Volksgemeinschaft im
Kriege. Noch sei nicht alles verloren, „noch stehen unsere tapferen Heere tief in
Feindesland", man müsse bereit sein, Opfer zu bringen. Der Aufruf sollte, von
möglichst vielen gezeichnet, an die Regierung gesandt werden. Der entsprechende
Brieftext „An den Herrn Reichskanzler" war im Anschluss abgedruckt.[6] Für den
30. Oktober 1918 war eine Vaterländische Kundgebung angekündigt, die – sym-
bolhaft für die Haltung der protestantischen Kirche der Stadt – in einer der die
Silhouette der Stadt prägenden Gotteshäuser, der St. Nikolaikirche, stattfand. Es
predigte Superintendent Dr. Hornburg[7], der wie der Hauptredner und Vorsitzende des Stadtparlaments, Professor Dr. Badke[8], führendes Mitglied der Vaterlandspartei war. Die Liste der Vereine, die ihre Beteiligung zugesagt hatten, umfasste

---

[5] Stralsunder Volkszeitung vom 2.10.1917 und vom 7.11.1917.
[6] „Deutsche Frauen!", in: Stralsundische Zeitung, 19.10.1918.
[7] Hornburg, Johannes Otto Ferdinand, Dr. theol. h. c., von 1887 bis 1923 Pfarrer an St. Nikolai,
    s. Geschichte der Stadt Stralsund (1984), S. 512.
[8] Badke, Otto, Prof. Dr., gest. 1922, von 1887 bis 1920 Oberlehrer in Stralsund, s. Geschichte der
    Stadt Stralsund (1984), S. 507.

nahezu das komplette Aufgebot an konservativ-nationalen, militaristischen und
nationalistischen Organisationen, das die Stadt aufzuweisen hatte, darunter die
Kolonialgesellschaft, der Flottenverein, sämtliche Krieger- und Militärvereine, der
Vaterländische Frauenverein, die Freie Konservative Vereinigung, die Bürgervereine der Stadt, Evangelische Frauenhilfe, Verein der evangelischen Gustav-Adolf-
Stiftung und andere mehr. Insgesamt 50 Vereine beteiligten sich. Die Ankündigung zu dieser Kundgebung erging in Form einer „Bekanntmachung", unterzeichnet vom „Obmann für die Kriegsanleihe, Bürgermeister Lütke".[9] Die Form, die
beteiligten Persönlichkeiten, all dies wies auf eine quasi offizielle Veranstaltung
der Stadt hin. Es waren aber auch kritische Stimmen zu vernehmen. In der Sitzung
des städtischen Parlaments, des Bürgerschaftlichen Kollegiums, vom 29. Oktober
1918 verwies der einzige in diesem Gremium vertretene Sozialdemokrat, Wilhelm
Goebel[10], auf Misstrauen, das „in gewissen Kreisen" der Bevölkerung gegen diese
Kundgebung wach geworden sei. Man vermute, „daß sie von der Vaterlandspartei
ausgehe". Allein dieser zaghafte Vorbehalt erntete eine geharnischte Erwiderung
eines der Hauptmatadoren der „vaterländischen" Sache in Stralsund. Justizrat Paul
Langemak betonte „energisch", dass die Vaterlandspartei mit der Kundgebung
nichts zu tun habe. Aber selbst wenn es der Fall wäre, würde die Veranstaltung
dadurch weder besser noch schlechter werden. „Sie diene den Zwecken der Kriegsanleihe, also dem Vaterlande, und es sei unter allen Umständen Pflicht eines jedes
anständigen Menschen, dem Vaterland zu helfen." Langemaks brüske Zurückwei-
sung „wurde mehrfach von Zustimmungsäußerungen aus dem Kollegium begleitet."[11] Langemak hatte wenige Tage zuvor in einer Versammlung der Vaterlandspartei am 27. Oktober 1918 eine ausführliche Propagandarede zugunsten der
Kriegsanleihe und einer Fortsetzung des Krieges gehalten. „Alle Gerüchte über
Auflösung unserer Front sind unverantwortliche Lügen", die aber leider das Vorgehen der Reichsleitung bei ihrem Waffenstillstandsangebot vom 4./5. Oktober
beeinflusst hätten. Langemak sah selbst in der sich zurückziehenden Armee im
Westen noch eine „unerschütterliche Westfront, welche der Feind nicht hat durch-
brechen können und die in glänzenden Kämpfen Schritt für Schritt dem Feinde
die schwersten Verluste bei ihrer rückwärtigen Bewegung zufügt." Hier wurde
noch der Rückzug zum Sieg. Langemaks Tiraden gipfelten in dem Ausruf: „Wir
sind bereit zum Kampf bis auf das äußerste, sowie die Regierung den Ruf zur nationalen Verteidigung ergehen läßt. Gerade aber, wenn wir das wollen, so müssen
wir auch dem Vaterlande geben, was es braucht." Deshalb sei die Zeichnung der
Kriegsanleihe „nötiger wie je."[12]

---

[9] „Bekanntmachung", datiert auf den 26.10.1918, in: Stralsundische Zeitung, 29.10.1918.
[10] Wilhelm Goebel (gest. 14.2.1920), wurde in Nachwahlen ins Bürgerschaftliche Kollegium im
Herbst 1915 gewählt, in der Sitzung am 14.12.1915 vereidigt und in das Gremium eingeführt.
Vgl. Stralsunder Volkszeitung, 6.11.1915 und 21.12.1915, sowie 40 Jahre Sozialdemokratie.
Beiträge zur Geschichte der Stralsunder Sozialdemokratie (Verfasser Max Fank, Stralsund
1931), S. 14; Nachruf in Der Vorpommer, 22.2.1920, S. 3.
[11] „Bürgerschaftliches Kollegium, Sitzung vom 29. Oktober", in: Stralsundische Zeitung,
31.10.1918, S. 5.
[12] „Deutsche Vaterlandspartei", in: Stralsundische Zeitung, 30.10.1918.

... und im November 1918

Am Samstag, dem 2. November 1918, fand im Stralsunder Stadttheater ein weiterer Festabend zur Werbung für die neunte Kriegsanleihe statt. Nach rezitatorischen Genüssen wie dem Vortrag der von Theaterdirektor Dr. Philipp Manning verfassten Lyrik „Das Gottesgericht", einem vom Theaterorchester gestalteten musikalischen Teil und auch humoristischen Einlagen fand sich das Publikum zur Zeichnung von 14 000 Mark an Kriegsanleihe bereit.[13] Insgesamt wurden in Stralsund für die letzte Kriegsanleihe noch einmal Anleihen im Wert von über 580 000 Mark gezeichnet.[14]

Zum Zeitpunkt, als Stralsunder Bürger noch immer bereit waren, erhebliche Mittel für eine Fortsetzung des Krieges zur Verfügung zu stellen, waren die Zeichen der Zeit längst in eine andere Richtung gestellt. Am 27. Oktober 1918 hatte der Matrosenaufstand auf der deutschen Hochseeflotte mit ersten Dienstverweigerungen begonnen. Er wirkte als Initialzündung der deutschen Revolution, die sich ab dem 3. November von Kiel sowie von Zentren wie München und Berlin aus rasch über das Deutsche Reich verbreitete. Am 9. November 1918, um zwei Uhr nachmittags, rief der Sozialdemokrat Philipp Scheidemann vom Balkon des Berliner Reichstags die deutsche Republik aus, zwei Stunden danach verkündete der spätere Mitgründer der KPD, Karl Liebknecht, von einem Balkon des Berliner Schlosses aus die „freie sozialistische Republik". Gegen Mittag des 9. November wurde die Abdankung des Kaisers bekannt gemacht. Wilhelm II. begab sich ins holländische Exil. Vertreter der MSPD und der USPD bildeten die neue Regierung, den „Rat der Volksbeauftragten".

In Stralsund verliefen die revolutionären Ereignisse in ausgesprochen ruhigen Bahnen. Die konservative „Stralsundische Zeitung" konstatierte am 12. November 1918: „Bis jetzt haben sich erfreulicherweise in Stralsund keinerlei Ausschreitungen ereignet, die neue Bewegung hat sich bis jetzt ohne Störung des öffentlichen und privaten Lebens und in aller Ruhe vollzogen."[15] Am 9. November, einem Sonnabend, fand um fünf Uhr nachmittags im Restaurant „Panzers Garten" eine Versammlung von Soldaten statt, die einen Soldatenrat gründen wollten. Das Garnisonskommando beorderte zwar eine Kompanie zur Auflösung der Versammlung, doch die Truppe lief zu den versammelten Soldaten über. Der nunmehr gegründete Soldatenrat gab am folgenden Tag bekannt, dass er die Führung der Garnison Stralsund übernommen habe. Er rief zur Ruhe und Ordnung auf und kündigte strengste Bestrafung jeglicher Art von Ausschreitung oder Plünderungsversuchen an. „Jeder gehe wie bisher seiner gewohnten Arbeit nach."[16] Am Abend

---

[13] Stralsundische Zeitung, 6. 11. 1918, S. 6.
[14] Johannes Höft: Finanzstatistik Stralsunds von 1874 bis zur Gegenwart, Greifswald 1937, Tabelle XIV; Karl Heinz Jahnke: Von der Novemberrevolution bis zur Befreiung vom Faschismus, in: Geschichte der Stadt Stralsund (1984), S. 291-331, S. 291 mit Bezugnahme auf eine Meldung im Stralsunder Tageblatt vom 8. 11. 1918.
[15] Stralsundische Zeitung vom 12. 11. 1918, S. 2.
[16] Aufruf des Soldatenrats vom 10. 11. 1918: „An die Bürgerschaft Stralsunds", in: StaS, Rep. 18/386, Bl. 1. Zu den Abläufen vgl. Bericht des Oberbürgermeisters Ernst Gronow an den Herrn Königlichen Regierungs-Präsidenten, Stralsund, 11. 11. 1918, in: StaS, Rep. 18/386, Bl. 2, sowie „Mitteilungen des Soldatenrates in Stralsund vom 13. 11. 1918", in: Stralsundische Zeitung, 15. 11. 1918, S. 2.

des 9. November berief die SPD eine öffentliche Versammlung ein, auf der der Reichstagsabgeordnete Georg Schöpflin sowie der mehrmals für den Wahlkreis Stralsund kandidierende Simon Katzenstein sprechen sollten. Da beide wegen „Zugsperre" nicht von Berlin nach Stralsund reisen konnten, übernahm der Vorsitzende des Konsumvereins Otto Neumann die Rede. Auch er rief zu Besonnenheit auf. Die zahlreichen Versammlungsbesucher „entfernten sich in Ruhe. Umzüge wurden nicht veranstaltet."[17] Am Vormittag des 10. November bildeten Mitglieder der SPD einen „provisorischen" Arbeiterrat. Neumann wurde dessen Vorsitzender.[18] Eine Demonstration des Soldatenrates, an dem sich auch Zivilpersonen beteiligten, fand dann am Nachmittag dieses Tages statt. Auch diese Veranstaltung verlief ohne Zwischenfälle. Ein kurzzeitig auf dem Alten Markt stationiertes Maschinengewehr wurde bald wieder abgezogen. Etwas revolutionären Glanz brachten zwei rot beflaggte Torpedoboote, die an diesem Sonntag im Stralsunder Hafen einliefen. Wie Oberbürgermeister Ernst Gronow[19] gehört haben wollte, brachten diese Boote Kieler Arbeiter nach Stralsund, um auf dem Land Kartoffeln zu holen. Am Montag, dem 11. November, schien es dann doch etwas brenzliger für die Spitze der Stadtverwaltung zu werden. Gegen 10 Uhr erschien eine Abordnung des Soldatenrates, die Oberbürgermeister Gronow und Bürgermeister Arthur Lütke[20] abführte, jedoch die beiden Herren nach nur kurzer Verhaftung auf dem Garnisonskommando wieder freiließ, mit der Begründung, es liege ein Irrtum vor.[21] Begünstigt wurde die schnelle Freilassung vermutlich durch die bereits am 10. November, nur einen Tag nach ihrer Bildung, neu gewählte Spitze des Soldatenrates unter Leitung des aus Stettin stammenden Rechtsanwaltes und liberalen Demokraten Dr. Brock. Unter Brocks Führung vereinte sich der Soldatenrat am 13. November mit dem mittlerweile um Angehörige der USPD erweiterten Arbeiterrat zum Arbeiter- und Soldatenrat Stralsund, Vorsitzende wurden Brock und Neumann.[22]

Brock wurde in DDR-Darstellungen als Beispiel reaktionärer Versuche angeführt, in Zusammenarbeit mit den „rechten" SPD-Funktionären den revolutionären Elan der Arbeiter und Soldaten zurückzudrängen und in bürgerlich-demokratische Bahnen zu lenken.[23] Wie stark der „revolutionäre Elan" in der Realität ausgeprägt war, ist allerdings fraglich. In der Wahrnehmung des konservativen Rates der Stadt und der altehrwürdigen „Stralsundischen Zeitung" fielen die revolutio-

---

[17] So der Bericht des Oberbürgermeisters Ernst Gronow an den Herrn Königlichen Regierungs-Präsidenten, Stralsund, 11.11.1918, in: StaS, Rep. 18/386, Bl. 2.

[18] Vgl. die ansonsten verfälschende Darstellung Jahnkes, Von der Novemberrevolution (1984), S. 292.

[19] Gronow, Ernst August Friedrich (1856–1932), ab 1898 Erster Bürgermeister Stralsund, 1909 Verleihung des Titels Oberbürgermeister, bis 1924 im Amt, 1924 zum Ehrenbürger ernannt. Siehe Grete Grewolls: Wer war wer in Mecklenburg-Vorpommern, Bremen 1995, S. 167f.

[20] Lütke, Arthur Felix Emanuel, Jurist, von 1907 bis 1924 Bürgermeister in Stralsund, s. Geschichte der Stadt Stralsund (1984), S. 514.

[21] Vgl. ebenda, im Bericht Gronows ist allerdings nur die Verhaftung Lütkes angegeben, zur Verhaftung beider Bürgermeister siehe Stralsundische Zeitung, 12.11.1918, S. 2.

[22] Siehe die Bekanntmachung des Arbeiter- und Soldatenrates vom 14.11.1918: „An die Bevölkerung Stralsunds", in: Stralsundische Zeitung, 15.11.1918, S. 1, zu den Abläufen siehe auch Mitteilungen des Soldatenrates in Stralsund, in: Ebenda, S. 2.

[23] So der Tenor in Jahnke, Von der Novemberrevolution (1984), S. 292ff.

nären Umtriebe in der Stadt nicht sonderlich ins Gewicht. Stralsund war damit keine Ausnahme. Auch im benachbarten Greifswald war der Umbruch nicht von radikalen Auseinandersetzungen begleitet. Die Bilder bewaffneter Straßenkämpfe aus den revolutionären Zentren in Berlin oder München stehen nicht beispielhaft für die Novemberrevolution in den kleineren Städten und auf dem Lande.[24]

Brock kehrte am 24. November 1918 nach Stettin zurück, nachdem, wie er bei seiner Verabschiedung am 21. November ausführte, die Entwicklung in geordnete Bahnen gelenkt war, und die „Sicherheit der Stadt" als gewährleistet angesehen werden konnte.[25] Zunächst jedoch, noch vor der Vereinigung des neugebildeten Soldatenrates mit dem Arbeiterrat, waren die Aktionen offenkundig nicht aufeinander abgestimmt. Während der Soldatenrat am 12. November 1918 mit Vertretern der Stadtverwaltung, der Geistlichkeit und verschiedener Behörden einvernehmlich über die Regelung der neuen Verhältnisse konferierte, reichte der Arbeiterrat einen von Karl Kirchmann[26] (USPD) und Wilhelm Goebel (MSPD) unterzeichneten Antrag an Bürgermeister und Rat ein, in dem er die Erweiterung des Rates um drei Mitglieder und des Bürgerschaftlichen Kollegiums um 12 Mitglieder des Arbeiterrates forderte. Mündlich hatte er diese Forderung bereits am 11. November beim Oberbürgermeister vorgebracht. Er erwartete „umgehende Erledigung" des Antrages bis spätestens 13. November, vormittags 10 Uhr.[27] Offenbar hatten die Abgesandten des Arbeiterrates gegenüber Gronow auch gefordert, dass die Leitfigur des konservativen Bürgertums, Justizrat Dr. Paul Langemak, aus dem Bürgerschaftlichen Kollegium ausscheiden sollte. Jedenfalls deutete Goebel dies am 3. Dezember 1918 im Bürgerschaftlichen Kollegium an, nachdem Langemak tatsächlich am 15. November 1918 sein Mandat niedergelegt hatte. Der Arbeiter- und Soldatenrat distanzierte sich jedoch von dieser Forderung, Langemak trat wieder in die Bürgervertretung ein, und auch der ultimativ vorgebrachte Antrag nach Erweiterung der städtischen Gremien um Mitglieder des Arbeiter- und Soldatenrates blieb folgenlos. Grund dafür war die Maßgabe des Rates der Volksbeauftragten respektive der preußischen Regierung, dass sich an den Zusammensetzungen der bisherigen Gremien in den Kommunen bis zu den vorgesehe-

---

[24] Zur Situation in Greifswald siehe Helge Matthiesen: Greifswald in Vorpommern. Konservatives Milieu im Kaiserreich, in Demokratie und Diktatur, 1900–1990, Düsseldorf 2000, S. 83 f. Zur Situation in Mecklenburg und Vorpommern siehe Werner Müller, Fred Mrotzek, Johannes Köllner: Die Geschichte der SPD in Mecklenburg und Vorpommern, Bonn 2002, S. 83 ff.

[25] „Mitteilung des Arbeiter- und Soldatenrates, 22. 11. 1918", in: Stralsundische Zeitung, 24. 11. 1918, Beilage.

[26] Kirchmann, Karl (1885–1967), Tischler, ab August 1918 Partei- und Gewerkschaftsfunktionär in Stralsund, Nov. 1918 stellvertr. Vorsitzender des Arbeiter- und Soldatenrates, 1919–1933 Arbeitersekretär des ADGB-Bezirkskartells, ab 1902 SPD, ab 1917 USPD, Dez. 1920 bis Sept. 1921 KPD, danach wieder USPD und ab 1922 erneut SPD; 1923/24 Mitglied des Reichstages, 1925–1933 Mitglied des preuß. Landtages; in der NS-Zeit mehrmals verhaftet, zuletzt im Aug./Sept. 1944; nach Kriegsende in Stralsund beim Verwaltungsaufbau aktiv, Tätigkeit als Leiter des Wirtschaftsamtes, Amtsenthebung wegen kritischer Äußerungen über sowjetische Kommandanten, erneute Zugehörigkeit zur SPD, ab April 1946 SED. Siehe Artikel: Karl Kirchmann, in: Klaus Schwabe: Wurzeln, Traditionen und Identität der Sozialdemokratie in Mecklenburg und Pommern, Schwerin 1999, S. 63 f.; zur KPD-Mitgliedschaft siehe Karl Heinz Jahnke, Von der Novemberrevolution (1984), erneute außerdem Vermerk o. D., gez. Fk. [Fank], zu den „Fällen" Krüger, Arbeitsamt und Kirchmann, in: StaS, NL Fank, Fan 152.

[27] Der Arbeiter- und Soldatenrat [sic!] an Bürgermeister und Rat, Stralsund, den 12. 11. 1918, gez. i. V. Karl Kirchmann, II. Vorsitzender; i. V. W. Goebel, in: StaS, Rep. 29/233, Bl. 5.

nen Neuwahlen nichts ändern sollte.[28] Diese zentralen Vorgaben fanden ihre Ent-
sprechung in Richtlinien für die Arbeiter- und Soldatenräte auf regionaler und
kommunaler Ebene, wie die Beschlüsse der Provinzialkonferenz der Räte am
29. November 1918 in Stettin zeigten.[29]

Der Stralsunder Arbeiter- und Soldatenrat war, von den geschilderten kurz-
zeitigen Irritationen abgesehen, grundsätzlich auf ein einvernehmliches Verhältnis
mit den bislang dominierenden politischen Kräften aus dem Bürgertum der Stadt
bedacht. Für einen „Huldigungsumzug" auf die neuen politischen Verhältnisse, so
die Wortwahl der „Stralsundischen Zeitung", erbat der Arbeiter- und Soldatenrat
nicht nur die Hissung der städtischen Fahne mit dem Stadtwappen am Rathaus,
sondern auch eine kurze Ansprache des Oberbürgermeisters.[30] Am Sonntag, dem
17. November 1918, marschierte am frühen Nachmittag „ein langer Zug von Soldaten des hiesigen Ersatz-Bataillons und Arbeitern der hiesigen Gewerkschaften
unter den Klängen der Musikkapelle durch die Stadt unter Begleitung einer zahlreichen Volksmenge." Auf dem Alten Markt hielten die beiden Vorsitzenden des
Arbeiter- und Soldatenrates, Brock und Neumann, vom Balkon des alten Stadttheaters Ansprachen. Brock entwarf die Perspektive des neuen Deutschlands als
„Hort der Freiheit und der Gerechtigkeit" und verwarf die Entwicklung in Russ-
land als abschreckendes Beispiel. Neumann hob die Befreiung der Frau hervor
und sprach von der Aussicht auf eine glückliche Zukunft „unter Umleitung des
jetzigen Wirtschaftslebens in die sozialistische Gesellschaft". Und Oberbürgermeister Gronow warb schließlich für Ruhe und Ordnung und erklärte die Bereitschaft des amtierenden Rates, mit dem Arbeiter- und Soldatenrat zusammenzuar-
beiten, weil das Vaterland „über allem steht." Mit Ausnahme von Neumanns Ansprache, die in einem Hoch auf den „internationalen Völkerbund" endete, klangen
alle Ansprachen in Hochrufen auf das deutsche Vaterland aus. Auch in der abend-
lichen Veranstaltung im Saal des „Jägerstalls" war von Sozialismus kaum, aber viel
von Ruhe und Ordnung die Rede. Lediglich der stellvertretende Vorsitzende des
Arbeiter- und Soldatenrates, der unabhängige Sozialdemokrat Karl Kirchmann,
hielt den Sozialismus für die einzige Rettung der Menschheit, räumte jedoch ein,
es fehle „gegenwärtig noch die Möglichkeit, den Sozialismus sofort voll zu entfalten." In einer abschließenden Resolution bekannte der Arbeiter- und Soldatenrat
„die alsbaldige Einberufung einer konstituierenden Nationalversammlung" im
„Interesse der Aufrechterhaltung des inneren Friedens und zur Sicherung der Mitwirkung des gesamten deutschen Volkes an der politischen Gestaltung des Reiches" als notwendig. Bis zu diesem Zeitpunkt ruhe „der Schutz der durch die Revolution errungenen bürgerlichen Freiheit" in der Organisation des Arbeiter- und

---

[28] Vgl. ein von Paul Hirsch (MSPD) und Heinrich Ströbel (USPD) als Vorsitzende der preußischen Revolutionsregierung gezeichnetes Telegramm, abgedruckt im Reichsanzeiger und Preußischen Staatsanzeiger, Nr. 270 vom 14.11.1918, in: StaS, Rep. 29/233, Bl. 17 und Bl. 18/RS.
[29] Richtlinien für die Arbeiter- und Soldatenräte für die Provinz Pommern. Beschlossen am
29. November 1918 durch die Provinzialkonferenz der Arbeiter- und Soldatenräte auf dem Rathause in Stettin, in: StaS, Rep. 18/386, Bl. 29b.
[30] Ratsbeschluss vom 16.11.1918, in: StaS, Rep. 18/386, Bl. 11.

Soldatenrates. „Jede Diktatur wird abgelehnt." Die Versammlung endete wiederum in Hochrufen auf das Vaterland.[31]

1.2 Wandel und Neuformierung

Die Novemberrevolution des Jahres 1918 hatte keine durchgreifende Entmachtung der dominierenden Eliten zur Folge. Insofern blieb eine radikale Zäsur aus. Dies galt für weite Bereiche des Staatswesens und der Gesellschaft im Deutschen Reich allgemein, für Stralsund galt es im Besonderen.[32] Zwar regten sich auch hier seit den 1870er Jahren erste Anzeichen einer Arbeiterbewegung, die nach dem Sozialistengesetz 1890 in die Gründung einer sozialdemokratischen Parteiorganisation mündeten. Doch die wirtschaftliche und gesellschaftliche Struktur der als „Hort für Rentiers" apostrophierten Stadt waren nicht dazu angetan, eine politisch stärkere und in der städtischen Gesellschaft breiter verankerte Sozialdemokratie entstehen zu lassen.[33] Bei weitgehendem Fehlen von Industrie, was der bewussten Entscheidung der bürgerlichen Honoratiorenschaft entsprach, nahm Stralsund wirtschaftlich vor allem die Funktion eines Umschlagplatzes ländlicher Erzeugnisse, insbesondere Getreides, sowie eines Handelsplatzes für die Bedürfnisse der umliegenden, gutswirtschaftlich geprägten Region ein. Als Sitz eines Regierungspräsidenten – bis 1932 – wies die Stadt eine verhältnismäßig hohe Anzahl an Beamten und Angestellten auf. Ein konservativ-national orientiertes Bürgertum, verbunden mit einer ebenso ausgerichteten protestantischen Kirche sowie das Militär waren tragende Pfeiler der städtischen Gesellschaft. Diese blieb in ihrer sozialen Zusammensetzung bei mäßigem Wachstum und geringer Fluktuation weitgehend stabil. In der Zeit von der Jahrhundertwende bis zum Ende des Ersten Weltkrieges war die Bevölkerung bei deutlichen Bevölkerungsrückgängen in den Jahren 1917/18 von 31 150 (1900) auf 35 050 Einwohner (1918) gewachsen. Auch in den folgenden Jahren der Weimarer Republik war eine ruhige, kontinuierlich mäßig steigende Bevölkerungsentwicklung zu konstatieren. Zum Stichtag der Volkszählung am 16. Juni 1933 zählte Stralsund 43 635 Einwohner.[34]

Obwohl das preußische Dreiklassenwahlrecht für die Wahlen zum Bürgerschaftlichen Kollegium nicht galt, war das Stralsunder kommunale Wahlrecht bis 1918 an Voraussetzungen gebunden, die den Großteil unselbständig Beschäftigter von einer Beteiligung ausschloss. Das Wahlrecht besaßen Bürger der Stadt, die entweder ein Wohnhaus im Stadtkreis besaßen oder ein „stehendes Gewerbe" mit mindestens zwei Gehilfen betrieben oder ein Jahreseinkommen von mindestens 300 Talern (Stand 1873), dies waren 900 Mark, hatten. Bei Wochenlöhnen von bis

---

[31] Bericht über die Kundgebungen des Arbeiter- und Soldatenrates Stralsund vom Sonntag, 17. November 1918, in: Stralsundische Zeitung, 24. 11. 1918, Beilage.

[32] Für Pommern siehe Becker, Verwaltung (1999), S. 67.

[33] Zur Sozialstruktur der Stadt siehe Herbert Ewe: Stralsund im 19. Jahrhundert, 1815–1890, in: Geschichte der Stadt Stralsund (1984), S. 261 f., zur Frühzeit der Arbeiterbewegung siehe Karl Heinz Jahnke: Aus den ersten Jahren der Tätigkeit der Sozialdemokratischen Partei Deutschlands in Stralsund, in: Greifswald-Stralsunder Jahrbuch 1 (1961), S. 76–88.

[34] Zur Bevölkerungsentwicklung siehe Johannes Höft: Finanzstatistik Stralsunds von 1874 bis zur Gegenwart, Greifswald 1937, Tabelle XL, sowie Statistische Jahrbücher deutscher Städte, Jgg. 26 (1931), 27 (1932), und Statistisches Jahrbuch deutscher Gemeinden, Jg. 30 (1935).

zu 14 Mark, wie sie männliche Arbeiter 1878 in der Stralsunder Spielkartenfabrik verdienten, waren derartige Jahreseinkommen nicht zu erreichen. Erst um 1910 waren reichsweit Durchschnittseinkommen von über 900 Mark erzielt worden. Frauen waren auch auf Stadtebene generell von der Wahlbeteiligung ausgeschlossen, denn „Personen weiblichen Geschlechts" konnten das Bürgerrecht nicht erlangen.[35] In Nachwahlen im Dezember 1915 war es der Sozialdemokratie erstmals gelungen, einen Vertreter in das städtische Parlament zu entsenden.[36] Die auf kommunalem Parkett handelnden Sozialdemokraten – die Ereignisse der Revolution bestätigten dies – waren in ihrer Mehrheit in den gemäßigten Kurs der Mehrheitspartei eingebunden. Altgediente Parteifunktionäre, wie der aus Süddeutschland stammende, ab 1890 in Stettin und seit 1912 in Stralsund wirkende und ab Ende 1915 im Stadtparlament vertretene Wilhelm Goebel waren keine revolutionären Kämpfernaturen.[37] Zwar spaltete sich auch in Stralsund im Frühsommer 1917 eine Unabhängige Sozialdemokratie von der SPD ab, und langjährige Genossen wie der 1864 geborene und seit 1893 amtierende Kassier des sozialdemokratischen Wahlvereins, Theodor Glaue, oder der Geschäftsführer des Konsumvereins Wilhelm Prehn (1878-1960) vollzogen diesen Schritt mit.[38] Doch trotz erbitterter Konflikte zeigte sich frühzeitig wieder die Bereitschaft zu gemeinsamer Arbeit. So bildeten SPD und USPD nach den Wahlen zum Bürgerschaftlichen Kollegium vom 2. März 1919 eine Fraktionsgemeinschaft, lange bevor sich beide sozialdemokratischen Parteien im Jahre 1922 wieder vereinigten.[39]

Bei aller von der konservativen Presse der Stadt besonders hervorgehobenen Einvernehmlichkeit war die in den Tagen der Revolution und der nachrevolutionären Phase stets erhobene Forderung nach Ruhe und Ordnung nicht ohne Realitätsbezug. Am 4. Januar 1919 geriet das heimkehrende Infanterie-Regiment 42 in Auseinandersetzungen mit „auswärtigen Matrosen", die, so die heimatliche Presse, „anscheinend der Spartakusgruppe" nahestanden. Die Matrosen versuchten den Infanteristen das Seitengewehr abzunehmen, doch Letztere wehrten sich erfolgreich gegen derartige „Belästigung". Dass ein vorhandener Befehl, das Seitengewehr abzulegen, nicht befolgt worden sei, entschuldigte die „Stralsundische

[35] Siehe Rezeß der Stadt Stralsund vom 21.10.1870, mit Kommentaren und Änderungen, Stralsund 1912, sowie Verordnung betr. das Verfahren bei der Wahl der Mitglieder des bürgerschaftlichen Kollegiums vom 13.4.1893, gez. Bürgermeister und Rath, jeweils in: StaS, Rep. 29/233, Bl. 7ff. Vgl. auch Georg-Christoph von Unruh: Provinz Pommern, in: Verwaltungsgeschichte Ostdeutschlands 1815-1945, hrsg. v. Gerd Heinrich, Friedrich-Wilhelm Henning und Kurt G. A. Jeserich, Stuttgart, Berlin, Köln 1993, S. 589-676, S. 597f. Angaben betr. Löhne und Einkommen siehe Ewe, Stralsund im 19. Jahrhundert (1984), S. 261; Gerd Hohorst, Jürgen Kocka, Gerhard A. Ritter: Sozialgeschichtliches Arbeitsbuch. Materialien zur Statistik des Kaiserreichs 1870-1914, München 1975, S. 107.
[36] Vgl. Stralsunder Volkszeitung, 6.11.1915 und 21.12.1915.
[37] Der Vorpommer, 22.2.1920, S. 3; Sozialdemokratischer Kreis-Wahlverein Stralsund-Franzburg-Rügen: Tätigkeitsbericht für die Geschäftszeit 1912-13 (1. Juli 1912 bis 1. April 1913), in: Nachlass Max Fank, Ordner „55", in: Forschungs- und Dokumentationsstelle des Landes zur Geschichte der Diktaturen in Deutschland, Universität Rostock.
[38] Zu den Vorgängen siehe „Kreis-Generalversammlung für Stralsund-Franzburg-Rügen, abgehalten in Stralsund am 3. Juni 1917 im Gewerkschaftshaus", in: Stralsunder Volkszeitung, 7.6.1917, zur Entwicklung der USPD in Stralsund: „Von der USPD. Ortsverein Stralsund, 3. Juni 1917-24. Sept. 1922", handschriftliche Aufzeichnungen, in: NL Fank/Rostock, Ordner 8, Bl. 61-65.
[39] Ebenda, Bl. 62.

Zeitung" mit den „Verhältnissen", der Befehl sei offenbar noch nicht „durchge-
drungen". Der Berichterstatter betonte, „daß die Zusammenstöße in keinem Falle
durch Angehörige des Regiments verursacht sind, sondern lediglich durch die Ei-
genmächtigkeiten der Matrosen verursacht wurden."[40]
  Besonders im Verlauf des ersten Nachkriegsjahres zeigte sich in der Bevölkerung teils erhebliche Unruhe, wie Berichte des Bankdirektors Adolf Schmidt be-
legen. Schmidt, zugleich Ratsherr, war seitens des Rates Beauftragter für die seit
September 1919 vom Oberpräsidenten der Provinz Pommern angeforderten Berichte über den Zustand der öffentlichen Ordnung. Er konstatierte am 7. Oktober
1919 einen fortwährend vorhandenen „Keim zu Unruhen". Falls die Reichswehr,
wie geplant, aus Stralsund verlegt werden solle, sei damit zu rechnen „dass wieder
grössere Unruhen Platz greifen, zu deren Unterdrückung die Polizei kaum im
Stande sein wird".[41] Die Ursache für die Missstimmungen sah Schmidt vor allem
in der Teuerung der Lebensmittel. Sicherlich sprach Schmidt hier auch als Interessenvertreter der Stadt, denn der Verlust der Garnison hätte selbstredend negative
wirtschaftliche Folgen für die Kommune nach sich gezogen. Und Schmidt widersprach sich auch selbst, wenn er nur einen guten Monat später der Arbeiterschaft
in Stralsund ein mehrheitlich gutes Verhältnis zu ihren Arbeitgebern attestierte
und festhielt, dass sie von politischen „Hetzern" nicht belästigt werden wollten.
Dennoch war sozialer Sprengstoff vorhanden, der sich mitunter auch in Streiks
entlud.[42] Arbeitslosigkeit stellte in der sich nach 1918 entwickelnden Inflations-
krise zwar nur ein marginales Problem dar, dennoch war vor allem in der unmit-
telbaren Nachkriegszeit ein Ansteigen der Arbeitslosenzahlen zu verzeichnen. Die
Umwandlung von Rüstungs- in Friedensproduktion war eine Ursache, und die
demobilisierten Soldaten mussten wieder in den Arbeitsmarkt eingegliedert werden. Im Februar 1919 gab es rund 800 Arbeitslose in der Stadt, es kam zu Arbeits-
losendemonstrationen und Ausschreitungen im Bürgerschaftlichen Kollegium.[43]
Besonders heftige Tumulte und Plünderungen brachen am 4. Mai 1919 aus. Anlass
war die Versorgung mit minderwertigem Fisch, während die Qualitätsware nach
außerhalb zu Hochpreisen verkauft wurde. In der Haupteinkaufsstraße wurden
ganze Geschäfte ausgeräumt, die Reichswehr griff ein, es gab zwei Tote. Im Einverständnis mit Magistrat, Bürgerschaftlichem Kollegium und Arbeiterrat ver-
hängte das Garnisonskommando Stralsund am 5. Mai 1919 den Belagerungszu-
stand über den Stadtkreis Stralsund.[44]

---

[40] Stralsundische Zeitung, 7. 1. 1919, S. 1.
[41] Bericht Ratsherr Schmidt an Oberpräsidenten Stettin, 7. 10. 1919, in: StaS, Rep. 18/389, Bl. 4 VS/
   RS.
[42] Bericht Schmidt (handschriftlich) v. 18. 11. 1919, in: StaS, Rep. 18/389, Bl. 8.
[43] „Bürgerschaftliches Kollegium, Sitzung vom 21. Januar 1919", in: Stralsundische Zeitung,
   23. 1. 1919, S. 2. Weitere Berichte siehe Stralsundische Zeitung vom 19. 2. bis 21. 2. 1919.
[44] „Bekanntmachung, gez. Brinck, Oberst und Garnisonsältester, 5. Mai 1919", in: Stralsundische
   Zeitung, 7. 5. 1919, S. 1; zur Schilderung der Verhältnisse siehe ebenda, Ausgabe vom 6. 5. 1919,
   S. 2, darin auch die Erklärung von Bürgermeister und Rat, Bürgerschaftlichem Kollegium, Arbeiterrat und Bürgerausschuss v. 5. 5. 1919. Siehe außerdem Karl-Heinz Jahnke: Die Geschichte
   der revolutionären Arbeiterbewegung in Stralsund von ihren Anfängen bis zur Gründung der
   SED (1891–1946), Inaugural-Dissertation, Greifswald 1960, S. 82ff., der, von Fehlern im Detail
   abgesehen, eine stark einseitige, den „revolutionären" Traditionen folgende Darstellung der Ereignisse bietet.

Die sozialen Probleme der Demobilmachungsphase waren eine wesentliche Ursache für den gesellschaftlichen Unruhezustand, der sich auch in Zuwachsraten der Kriminalität und dem Aufweichen bislang vermeintlich fester moralischer Maßstäbe bemerkbar machte – mithin typische Erscheinungen, wie sie in Nachkriegssituationen feststellbar sind.[45] Darüber hinaus befand sich die Gesellschaft trotz der fehlenden Ausprägung der Revolution als sozialer Revolution in einem Zustand des Umbruchs. In der Stadt herrschte ein hohes Maß an politischer Mobilisierung und dies keinesfalls nur bei den beiden Parteien der Sozialdemokratie, die mit dem Ende des Kaiserreichs die Chancen auf ein demokratisches und soziales oder sozialistisches Deutschland gekommen sahen, und im November und Dezember 1918 Massenkundgebungen abhielten. Auch die verschiedenen bürgerlichen Strömungen und selbst die traditionellen, konservativen Kräfte machten mobil, nachdem ein kurzer Moment des Schocks, der Verunsicherung oder des fatalistischen Sich-Abfindens dem Impuls gewichen war, bisherige Machtpositionen auch unter den neuen Gegebenheiten behaupten zu wollen.

Zuerst ergriffen im bürgerlichen Spektrum die liberalen Kräfte die Initiative. Nachdem eine von der Fortschrittlichen Volkspartei am 15. November 1918 einberufene öffentliche Versammlung erste Überlegungen über die Stellung des Bürgertums unter den neuen politischen Verhältnissen debattiert hatte, kam am 25. November 1918 eine aus 200 Personen bestehende „Bürgerversammlung" im Hotel „Brandenburg" zusammen, um einen „Bürgerrat" zu wählen. Dieser bestand aus 41 Personen und setzte sich anteilsmäßig aus Vertretern der diversen Berufsgruppen, darunter kaufmännische und technische Angestellte, selbständige Kaufleute, Lehrer, Industrie, Großkaufleute und Bankiers, Fischindustrie, Beamte und Arbeiter zusammen. Als Vertreter der Arbeiter traten Mitglieder der liberal orientierten hirsch-dunckerschen Gewerkvereine, dem unternehmerfreundlichen Bund wirtschaftsfriedlicher Arbeiter und evangelischer Arbeitervereine auf. Initiatoren des Ganzen waren Ratsherr Dr. Carl Heydemann[46], späterer Oberbürgermeister der Stadt und Nationalliberaler, sowie der Fortschrittsparteiler Dr. Karl Müller, Gründer der liberalen Deutschen Demokratischen Partei (DDP) in Stralsund.[47] Über die näheren Aufgaben dieses „Bürgerrates" oder „Bürgerausschusses" schwieg sich die lokale Berichterstattung aus. Seitens der Fortschrittlichen Volkspartei war auf eine konstruktive Mitarbeit am „Wiederaufbau des Reiches" auf dem „Boden der neuen Verhältnisse" orientiert worden.[48] Zugleich hatte diese liberale Partei am 13. November 1918 – ähnlich wie der Arbeiterrat – Forderungen an Rat und Kollegium gerichtet, Mitglieder ihrer Partei zu den beiden Gremien

---

[45] Siehe mit Bezug auf Stralsund Richard Bessel: Germany after the First World War, Oxford 1993, S. 240 f.

[46] Heydemann, Carl (1878–1939), Dr. jur., seit 1907 besoldeter Ratsherr, ab Mai 1924 bis Mai 1936 Erster Bürgermeister bzw. Oberbürgermeister (Titelverleihung 1925) in Stralsund; 1919 bis 1921 Mitglied der DVP, dann parteilos und ab 1927 bis 1933 Mitglied der DNVP, siehe StaS, Rep. 39/2543 (Personalakte).

[47] Stralsundische Zeitung, 27. 11. 1918, S. 2. Zur Bildung von Bürgerräten siehe Hans-Joachim Bieber: Bürgertum in der Revolution. Bürgerräte und Bürgerstreiks in Deutschland 1918–1920, Hamburg 1993, S. 56 ff., mit Bezügen zu Stralsund S. 62 und 65.

[48] Siehe den Aufruf zur öffentlichen Versammlung am 15. 11. 1918, in: Stralsundische Zeitung, 15. 11. 1918, S. 4.

hinzuzuziehen.[49] Dieser „Bürgerrat" sollte ein bürgerliches Pendant zum Arbeiter- und Soldatenrat sein. Sein Entstehen war Ausdruck für den politischen Willen des liberalen Teils des Stralsunder Bürgertums, sich aktiv in dieser Umbruchszeit einzumischen und nicht der Sozialdemokratie bzw. dem Arbeiter- und Soldatenrat und den sich wieder formierenden Konservativen das Feld zu überlassen. Zum anderen verweist die Initiatorenschaft Müllers und Heydemanns auf die zunächst vorhandenen Versuche, eine geeinte liberale Partei zu schaffen, ein Unterfangen, das bald scheiterte und in öffentlich ausgetragenen persönlichen Anwürfen und Anfeindungen ausartete.

Für die Mitglieder der „Freien konservativen Vereinigung", die am 4. Dezember 1918 im „Goldenen Löwen" zusammentrafen, stand ein Anschluss an die neu gegründete DDP ohnehin nicht zur Debatte, denn, so Fabrikdirektor Brukner, die Partei sei lediglich ein Anhängsel der SPD, ja schlimmer noch als diese. Sollte sich die ebenfalls neu gegründete Deutsche Volkspartei (DVP) mit der DDP zusammenschließen, dann käme nur ein Anschluss an die Deutsch-Nationale Volkspartei (DNVP) in Frage.[50] Am folgenden Tag, dem 5. Dezember 1918, hielt die DVP eine Versammlung im Hotel „Brandenburg" ab. „Der Saal war, was jetzt bei politischen Versammlungen die Regel zu sein scheint, bereits eine halbe Stunde vor Beginn bis auf den letzten Platz besetzt." Tenor des Hauptredners Professor Clemens Thaer aus Greifswald war zum einen eine klare Ablehnung der Forderungen der Linken nach Enteignungen oder dem Achtstundentag in der Landwirtschaft, andererseits jedoch auch ein Loyalitätsbekenntnis zur gegenwärtigen Regierung: „Nötig sei jetzt, daß Ruhe und Ordnung eintrete. Das geschehe durch Anerkennung der Ebertschen Regierung, denn dadurch bekämpfe man den Bolschewismus."[51]

All die rege Versammlungstätigkeit diente nicht nur der Mobilisierung der Sympathisanten und der Gewinnung neuer Anhänger, sondern sehr bald auch der konkreten Wahlwerbung für die am 19. und 26. Januar 1919 anstehenden Wahlen zur deutschen Nationalversammlung und zur preußischen Landesversammlung. Hierfür galt es neue Wählerschichten zu gewinnen, insbesondere jene, die bislang nicht wahlberechtigt waren. Das mit der Revolution durchgesetzte neue Wahlrecht hatte bisherige Einschränkungen aufgehoben. Das allgemeine, gleiche und geheime Wahlrecht galt nun für alle Bürger ab 20 Jahren, einschließlich der bislang ausgeschlossenen Frauen und auch der Soldaten, deren Wahlrecht im Deutschen Kaiserreich für die Dauer ihrer aktiven Militärzeit geruht hatte.

Vor allem das Frauenwahlrecht rief die unterschiedlichen Propagandisten auf den Plan. Und die Frauen ihrerseits waren hochinteressiert. Eine von bürgerlichen und kirchlichen Frauenorganisationen einberufene Versammlung im Lyzeum am 28. November 1918 war derart überfüllt, dass hunderte Interessentinnen wieder zurückkehren mussten. Im Saal standen die Menschen dicht gedrängt.[52] Ein

---

49 Schreiben der Fortschrittspartei, gez. Müller, an Bürgermeister und Rat, Stralsund, den 13. 11. 1918, in: StaS, Rep. 29/233, Bl. 13–16.
50 Stralsundische Zeitung, 6. 12. 1918, S. 3.
51 Stralsundische Zeitung, 7. 12. 1918, S. 2.
52 „Eingesandt: Zur Versammlung der Frauen Stralsunds. (gez.) Eine der freundlich Geladenen", in: Stralsundische Zeitung, 1. 12. 1918, S. 6.

„Fräulein" Dr. Eckelmann informierte die Frauen über das neue Wahlrecht, über die Notwendigkeit der Nationalversammlung und über die Pflicht der Frauen, sich zu beteiligen. Ohne für einzelne bürgerliche Parteien Werbung zu machen, trat die Rednerin eindeutig für die bürgerliche Sache ein und wandte sich gegen die verschiedenen linken Flügel, insbesondere gegen die Spartakusgruppe, aber auch gegen den gemäßigten Teil der Sozialdemokratie, die eine sozialistische Gesellschaftsordnung anstrebe, was für das deutsche Volk nur Unglück bedeute. Es würde alle Ordnung schwinden, „das ganze produktive Leben wäre zum Tode verurteilt".[53] Ähnlich wie in dieser Versammlung lautete der Tenor eines Beitrages „Frauen und ihr neues Recht" in der „Stralsundischen Zeitung" vom 15. Dezember 1918. Während die sozialdemokratischen Frauen auf das neue Wahlrecht vorbereitet seien und wüßten, was sie zu wählen hätten, träfen die Neuerungen die bürgerlichen Frauen weitgehend unvorbereitet. Ein „diktatorisches Gesetz", so die Autorin, habe den Frauen „fast zu schnell und unvermittelt" die staatsbürgerliche Gleichberechtigung mit dem Mann verliehen. Trotz solcher konservativer Töne sparte der Artikel nicht mit Kritik. Die bürgerlichen Frauen seien in politischer Gleichgültigkeit verharrt und auf Familie und Haus fixiert gewesen – Funktionen, auf die das Bürgertum die Frauen allerdings auch bewusst beschränkt hatte. Nun gelte es die Wahl als Pflicht aufzufassen und nicht nur Gefühlen zu folgen, denn es gehe um „Aufsteigen oder das Versinken unseres Volkes in Not und Schande".[54] An die „moralische Wahlpflicht" der Frauen appellierte auch ein Redner in einer Wahlversammlung der DVP Anfang Januar 1919. Denn noch nie habe das deutsche Volk einen „so tiefen Stand erreicht wie jetzt. Alles Blut sei vergeblich geflossen, alle Tränen umsonst geflossen." Ein „Gewaltfrieden allerschlimmster Art" drohe, nur die Nationalversammlung könne helfen. Der Wahlausgang hänge im Wesentlichen von der Stimmabgabe der erstmals wahlberechtigten Frauen ab.[55]

Das allseitige Umwerben der Frauen auch von politischen Kräften, die ein politisches Engagement von Frauen bislang als reichlich überflüssig angesehen hatten, wie das große Interesse der Frauen selbst markierten deutlich einen politischen und gesellschaftlichen Umbruch. Dabei sollten, jedenfalls in dem angesprochenen gesellschaftlichen Milieu, den emanzipatorischen Bestrebungen doch enge Grenzen gesetzt sein. „Unser Volksleben ist krank, von einem schleichenden Gift durchseucht, dessen furchtbare Wirkungen wir im öffentlichen Leben vor allem auf dem Gebiet der Volkssittlichkeit täglich erkennen können." So lautete das erbitterte und drastische Urteil von Gertrud Traeder in einem Beitrag des Evangelischen Gemeindeblatts für Stralsund im Sommer 1920. Die höchste Ehescheidungsrate in Preußen (20 139 Anträge) im Jahre 1918 oder die Aufhebung der Verordnung wider das Konkubinat aus dem Jahre 1870 durch die mecklenburg-schwerinische Landesregierung sah Traeder als Symptome einer verderblichen Entwicklung an, einer Entwicklung, in der der Bund für Mutterschutz und Sexualreform für die staatliche Ehevermittlung sogar Klubs für Unverheiratete vor-

---

[53] Stralsundische Zeitung, 30. 11. 1918, S. 2.
[54] Stralsundische Zeitung, 15. 12. 1918, S. 5, 1. Beilage.
[55] Stralsundische Zeitung, 4. 1. 1919, S. 2.

schlage, in denen die Mitglieder auf Formularen Auskünfte über Stand, Vorbildung, Religion, Einkommen, Alter, besondere Liebeleien und Gesundheitszustand ausfüllen könnten – ja, so die entsetzte Autorin, solle ein Heiratswilliger sich denn eine Frau wie in einem Katalog aussuchen, was solle bei solcher Ehe aus der Kindererziehung werden? Durch Forderungen nach einer obligatorischen Kindergartenpflicht ab dem 4. Lebensjahr und nach „zwangsweiser gemeinsamer Schulspeisung", wie sie die USPD erhebe, werde die christliche Familie „zerrissen und zerfetzt". Völlig fassungslos kommentierte die Autorin schließlich das Ansinnen Hamburger Prostituierter, sich organisieren zu wollen. Das „Gewerbe" solle zu einer „Sache der Öffentlichkeit" gemacht werden – „welch ungeheurer Tiefstand der Volkssittlichkeit". Um dem entgegenzusteuern, „haben wir Frauen die heiligernste Pflicht, gesunde Familien unserem Volk zu schenken und zu erhalten."[56] Wahlbeteiligung ja, aber sonst sollten die tradierten Rollenzuschreibungen nicht aus den Fugen geraten. Dass sich gerade die evangelische Kirche für ein konservatives Gesellschaftsmodell engagierte, war dabei nur konsequent, war sie doch gerade in Pommern und auch in Stralsund eine getreue Verfechterin von Monarchie und „vaterländischen" Werten. Noch bis in die frühen 1920er Jahre hinein finden sich Huldigungsgedichte und Segnungen an Kaiser und Kaiserin, die „geliebte Landesmutter", im Stralsunder Gemeindeblatt.[57] In die Propaganda zur Wahl der Nationalversammlung schaltete sich die evangelische Kirche in Stralsund ebenfalls aktiv ein. Anfang Januar 1919 hatten die Gemeinderäte und Gemeindevertretungen der vier evangelischen Gemeinden in Stralsund die Wähler und Wählerinnen zu einer Versammlung im „Brandenburg" eingeladen. Superintendent Dr. Hornburg sprach zur Frage „Ist Religion Privatsache" und geißelte die antikirchliche Propaganda der Sozialdemokratie. Seine Schlussfolgerung: „Aus dieser Stellungnahme der Sozialdemokratie zu unseren heiligsten Gütern müsse die Wählerschaft für die bevorstehende Wahl zur Nationalversammlung die Folgerungen ziehen."[58]
Im Ausmaß nicht so entscheidend wie das Frauenwahlrecht, aber von politisch dennoch hoher Bedeutung, war die Wahlpropaganda gegenüber den Soldaten und Offizieren, nicht zuletzt unter der Prämisse, dass der revolutionäre Umbruch ja aus der Armee heraus entstanden war. Besonders kernig trat dabei die DNVP auf. In einer Versammlung am 12. Januar 1919 sprach Korvettenkapitän von Forstner über das Thema „Marine und Revolution". Für den U-Boot-Kommandanten war klar, dass die Revolution nicht in der Marine entstanden war, sondern von außen zielbewusst durch die Sozialdemokratie hineingetragen worden sei. Für die Offiziere, die ja jetzt wählen dürften und die sich zweifellos politisch zusammenschließen würden, gebe es nur einen Kampf, den Kampf gegen die Sozialdemokratie. „Es kommt die Stunde der Abrechnung, in der das Deutsche Volk klar stellen wird, wer die Schuld an den heutigen Zuständen trägt." Zwar gab es auch gemäßigte Töne, wie die Rede des Hauptgeschäftsführers Thomas, Stettin, der betonte, die Deutschnationale Partei sei gewillt, „auf den Boden jeder Staatsform zu treten,

[56] Gertrud Traeder: Volkssittlichkeit und Familienleben, in: Evangelisches Gemeindeblatt für Stralsund, 1. Jg., Nr. 41, 1. 8. 1920.
[57] Vgl. z. B. Evangelisches Gemeindeblatt, 2. Jg., Nr. 17, 23. 1. 1921 und Nr. 30, 24. 4. 1921.
[58] Stralsundische Zeitung, 5. 1. 1919, S. 4.

die Ruhe und Ordnung, die einen Wiederaufbau unseres Wirtschaftslebens sichert." Doch als von Forstner nochmals das Wort ergriff, entstand ein derartiger Tumult, dass die Versammlung geschlossen werden musste.[59]

Die gesteigerte politische Mobilisierung schlug sich nicht nur in einem außerordentlich starken Besuch der fast täglich stattfindenden Versammlungen der Parteien nieder. Auch ein großer Zustrom neuer Mitglieder, insbesondere zu den Organisationen der Arbeiterbewegung, zeigte ein hohes Maß an politischer Interessiertheit und zugleich hohe Erwartungen an jene Kräfte an, die als Träger der neuen politischen Ordnung identifiziert wurden. Der Sozialdemokratie gehörten am Vorabend des Ersten Weltkrieges zum Stichtag vom 28. Juli 1914 702 Mitglieder an, am Ende des ersten Quartals 1919 zählte die SPD 885 Mitglieder. Die USPD vereinte zur gleichen Zeit über 1 000 Mitglieder.[60] Gegenüber dem Vorkriegsstand bedeutete dies eine mehr als 100prozentige Steigerung für die nunmehr gespaltene Sozialdemokratie. Die KPD fiel zu diesem Zeitpunkt so gut wie gar nicht ins Gewicht. Eine Ortsgruppe entstand erst im Herbst 1919. Im November 1927 zählte die KPD-Ortsgruppe 55 Mitglieder, im Sommer 1928 45 Mitglieder.[61] Deutlicher noch als bei den sozialdemokratischen Parteien war der Mitgliederzuwachs bei den Gewerkschaften. Vereinte das Stralsunder Ortskartell 1914 16 Gewerkschaften mit insgesamt 645 Mitgliedern, so zählte es 1919 29 Gewerkschaften mit 4 918 Mitgliedern.[62] Zahlen zu den übrigen christlichen und hirschdunckerschen (liberalen) Gewerkschaftsrichtungen liegen ebenso wenig vor wie Mitgliedszahlen zu den bürgerlichen Parteien.

1.3 Pluralismus und Machtkontinuität

Die beiden Januarwahlen zur Nationalversammlung und zur Preußischen Landesversammlung sowie die Wahl zum Bürgerschaftlichen Kollegium im März 1919 zeigten, wie die politischen Sympathien in der Stralsunder wahlberechtigten Bevölkerung verteilt waren. Hier setzte sich bei den beiden überregionalen Wahlen ein Trend fort, der sich bereits in den letzten Reichstagswahlen vor dem Krieg angedeutet hatte. Dabei verlagerte sich der Wählerzuspruch noch stärker auf die Sozialdemokratie, aber auch die Stimmenanteile für die linksliberale DDP waren beachtlich. Diese Wahlergebnisse entsprachen bei allen regionalen Abstufungen einer allgemeinen Entwicklung, die in Stralsund jedoch eine weit deutlichere Ausprägung aufwies. Die beiden übrigen bürgerlichen Parteien, insbesondere die

---

[59] Stralsundische Zeitung, 14.1.1919, Beilage.
[60] 40 Jahre Sozialdemokratie. Beiträge zur Geschichte der Stralsunder Sozialdemokratie (Verfasser Max Fank, Stralsund 1931), S. 9 und 11.
[61] U.B. Stralsund, KPD Vorpommern: Bericht an die BL der KPD, Bez. Pommern, über die Erfolge während der Werbekampagne, während des Oktobers und bis zu den Jahresfeiern der U.S.S.R., Barth, den 10.11.27, in: SAPMO-BArch, RY 1/I 3/3/22, Bl. 66–70, Bl. 67; Bericht über die Kreiskommunalkonferenz in Stralsund und Barth a. d. Ostsee, gez. Hoernle, Eingangsstempel: 3. Aug. 1928, in: Ebenda, Bl. 74 f.; weitere Angaben siehe Handschriftliche Chronik zur Geschichte der Stadt Stralsund von Max Fank, Bl. 459, in: NL Fank/Rostock, Ordner 5, sowie Jahnke, Von der Novemberrevolution (1984), S. 294.
[62] Angaben nach tabellarischen Aufstellungen in der handschriftlichen Chronik zur Geschichte der Stadt Stralsunds von Max Fank, in: NL Fank/Rostock, Ordner 5. Unklar ist, ob es sich um Jahresdurchschnittszahlen oder um Zahlen zu einem bestimmten Stichdatum handelt.

Tabelle 1:   *Wahlergebnisse in Stralsund 1912 und 1919 (absolut/von Hundert der abgege-*
benen Stimmen)

Partei/Liste	Deutscher Reichstag 12.1.1912	Deutsche Natio-nalversammlung 19.1.1919	Preußische Lan-desversammlung 26.1.1919	Bürgerschaft-liches Kollegium 2.3.1919
Abgegebene Stimmen/ Wahlbeteiligung	6237 (87,0)	19500 (84,2)	18220 (79,1)	13606 (60,45)
SPD/MSPD	2244 (36,0)	7633 (39,2)	7325 (40,2)	4806 (35,3)
USPD	--	487 (2,5)	318 (1,7)	612 (4,5)
Liste Schönfeld (Eisenbahner)	--	--	--	716 (5,3)
Zentrum	--	284 (1,5)	311 (1,7)	--
Konservative	1072 (17,2)	--	--	--
Fortschrittliche Volkspartei	2913 (46,8)	--	--	--
DDP	--	6767 (34,8)	6165 (33,8)	--
DVP	--	3194 (16,4)	2852 (15,6)	--
DNVP	--	1103 (5,7)	1224 (6,7)	--
Liste Lewerenz („Neu-trale Liste")	--	--	--	1426 (10,5)
Liste des Bürgeraus-schusses	--	--	--	6032 (44,3)
ungültig	8 (0,1)	32 (0,2)	25 (0,2)	14 (0,1)

Quellen: Stralsundische Zeitung, 21.1.1919, S.2; 28.1.1919, S.2; 3.3.1919, S.1 und 4.3.1919, S.2;
Handschriftliche Chronik zur Geschichte der Stadt Stralsunds von Max Fank, Bl.458, in: NL Fank/
Rostock, Ordner 5.

DNVP, in der die Träger der alten Machtordnung konzentriert waren, fielen demgegenüber stark ab. Ein völlig anderes Bild als die Ergebnisse der Wahlen zur Nationalversammlung und Preußischen Landesversammlung zeichnete der Ausgang
der Wahl des Bürgerschaftlichen Kollegiums vom 2. März 1919. Dies betraf weniger die SPD, die zusammen mit der auf Kommunalebene stärkeren USPD und einer gewerkschaftlichen Liste einen etwa gleichen Stimmenanteil erreichen konnte,
sondern vor allem das bürgerliche Lager. Anders als auf Reichs- und Landesebene
gelang es hier zunächst, einen starken bürgerlichen Block zur Wahl zu stellen, der
von „links" bis „rechts" die unterschiedlichen politischen Strömungen vereinte,
darunter den Linksliberalen Karl Müller ebenso wie den Deutschnationalen Paul
Langemak und andere ehemalige Aktivisten der „Vaterlandspartei". Diese „Liste
des Bürgerausschusses" erreichte die meisten Stimmen und 22 von 48 Sitzen im
Kollegium. Eine sich als „unpolitisch" bzw. „neutral" bezeichnende, bürgerliche
Liste erhielt 5 Sitze. Die vereinigte sozialdemokratische Fraktion stellte 21 Sitze.[63]
Die vermeintliche bürgerliche Geschlossenheit zerbrach jedoch schnell. Schon bei
der konstituierenden Sitzung des neu gewählten Kollegiums am 18. März 1919
hatte sich eine 12 Abgeordnete umfassende demokratische Fraktion unter Füh-

[63] Stralsundische Zeitung, 4.3.1919, S.2.

rung Karl Müllers von der gemeinsamen bürgerlichen Liste abgespalten. Die deutsch-nationalen Reste dieser Liste hatten sich mit der „Unpolitischen Liste" vereint. Diese unter dem Namen „Unpolitische Vereinigung" firmierende Fraktion umfasste 15 Sitze.[64] Eine solche bislang im Bürgerschaftlichen Kollegium so nicht vorhandene parteipolitische Scheidung war Ausdruck der Politisierung der Kommunalpolitik und einer stärker konfliktorientierten Mobilisierung. Als weitere Neuerung zogen erstmals sechs Frauen als Mitglieder in das Kollegium ein, drei davon gehörten der gemeinsamen sozialdemokratischen Fraktion an, die übrigen verteilten sich auf die beiden bürgerlichen Fraktionen.

Auffallend ist die mit nur 60,45 Prozent deutlich niedrigere Wahlbeteiligung an der Kommunalwahl. Eine gewisse Wahlmüdigkeit nach den bereits kurz zuvor erfolgten Wahlen, die vermutlich für die Geschicke des Deutschen Reiches als wichtiger eingeschätzt wurden, war wohl ein Grund. Für die Bedeutung der Kollegiumswahlen war möglicherweise auch entscheidend, dass über die eigentliche Stadtregierung ja nicht entschieden wurde. Weder das Amt des ersten Bürgermeisters bzw. Oberbürgermeisters, noch die Funktionen der hauptamtlichen Räte standen zur Wahl. Die neun unbesoldeten Ratsmitglieder wurden erst am 18. September 1919 gewählt.[65]

Die Novemberrevolution hatte in Stralsund zwar zu einer Demokratisierung des Wahlrechtes geführt, die verfassungsrechtliche Basis des Magistrats stand jedoch mitnichten für eine Zäsur, sondern in deutlicher Kontinuität der bisherigen Ordnung. Der von Wilhelm I. im Oktober 1870 bestätigte „Rezeß für die Stadt Stralsund", eine Art städtischer Verfassungsurkunde, bezog sich hinsichtlich der Regularien der Bürgermeisterwahl auf ein noch zu Zeiten der schwedischen Zugehörigkeit Stralsunds gegebenes sogenanntes „Patent" vom 18. Februar 1811.[66] Nach diesem „Patent" war die Wahl des Bürgermeisters dem Rat vorbehalten, nur die übrigen Magistratsmitglieder wurden durch das Bürgerschaftliche Kollegium gewählt. Obwohl die Sozialdemokraten zusammen mit den Demokraten im Stralsunder Stadtparlament im Mai 1919 nach kontroversen Verhandlungen mit dem Rat eine Änderung dieser Bestimmungen per Mehrheitsbeschluss im Kollegium durchgesetzt hatten, hatte diese „geradezu mittelalterliche Rezeßbestimmung", so der sozialdemokratische „Vorpommer", bis 1933 Bestand.[67] Die Gründe für diese verfassungsrechtliche Kuriosität sind nicht eindeutig nachvollziehbar. Denn angesichts der neuen demokratischen Verhältnisse in der Republik war das Ansinnen

---

[64] „Das neue Kollegium", in: Stralsundische Zeitung, 20.3.1919, S.1; in diesem Bericht sind die jeweiligen Parteiangaben der gewählten Ausschussmitglieder und Vorsitzenden des Kollegiums genannt. Die Namen der demokratischen Fraktionsmitglieder wurden mit der Liste der gewählten Abgeordneten der „Liste des Bürgerausschusses" abgeglichen, dazu Stralsundische Zeitung, 4.3.1919, S.2.

[65] Siehe Wählerliste des Bürgerschaftlichen Kollegiums, in: StaS, Rep. 29/233, Bl.100f.

[66] Zu diesem Patent siehe Wolfgang Wagner: Vorpommern und die Konsolidierung des schwedischen Rechts in der Gesetzessammlung von 1807, in: Ders. (Hg.): Das schwedische Reichsgesetzbuch (sveriges Rikes lag) von 1734: Beiträge zur Entstehungs- und Entwicklungsgeschichte einer vollständigen Kodifikation, Frankfurt a.M. 1986, S.107–129, hier S.128. Zur Zusammensetzung und Wahl von Magistrat und Bürgermeister siehe § 7 Rezeß der Stadt Stralsund vom 21.10.1870, mit Kommentaren und Änderungen, Stralsund 1912, in: StaS, Rep. 29/233, Dokument [Bl.] Nr.7.

[67] Der Vorpommer, 8.3.1924, S.3.

der demokratischen und sozialdemokratischen Fraktionen völlig überzeugend, und die Forderung, dass die Wahl „sämtlicher Magistratsmitglieder" und eben auch des Bürgermeisters durch die Stadtverordnetenversammlung zu erfolgen habe, durchaus einsichtig. Im Übrigen hatte sich der Rat nach einigem Hin und Her selbst dazu verständigt, sich dieser Forderung anzuschließen.[68] Ein Hinderungsgrund für die Durchsetzung der Reform war die Haltung des preußischen Ministeriums des Innern, das auf eine Anfrage des Stralsunder Magistrats vom 14. April 1919 anwortete, es sei beabsichtigt, eine grundlegende Revision des Gemeindeverfassungsrechts möglichst bald durchzuführen. Von Vorschlägen betreffs Abänderung des Stadtrezesses sei deshalb abzusehen.[69]

Als im Frühjahr 1924 der seit 1898 amtierende Oberbürgermeister Gronow seinen Rücktritt ankündigte, wurde die Streitfrage des Wahlmodus wieder aktuell. Gronows Rücktritt zum 1. April 1924 war ein absolutes Novum, denn bislang hatten Stralsunds Erste Bürgermeister ihr Amt jeweils bis zum Tode versehen. Am 6. März 1924 stellte die sozialdemokratische Fraktion im Bürgerschaftlichen Kollegium einen Antrag, in der „mit aller Entschiedenheit gegen die Absicht des Rates, von sich aus eine Ersatzwahl für den ausgeschiedenen Herrn Oberbürgermeister Gronow vorzunehmen", Einspruch erhoben wurde. „Das Bürgerschaftliche Kollegium", so der Antragstext weiter, sei der Auffassung, „dass über diese für das Wohl der Stadt bedeutungsvollste Angelegenheit nicht der Rat, sondern das Bürgerschaftliche Kollegium zu entscheiden und die Wahl vorzunehmen hat." Der Vorsitzende des Kollegiums wurde beauftragt, eine Entscheidung des preußischen Ministers des Innern über die Auslegung des entsprechenden Paragraphen des „Gesetzes über die vorläufige Regelung der Gemeinde-Wahlen" vom 12. Februar 1924 einzuholen.[70] In der selben Sitzung stimmten die Sozialdemokraten jedoch auch einem Antrag der demokratischen Fraktion zu, die Vorbereitung der Bürgermeisterwahl einer Kommission, bestehend aus drei Kollegiumsmitgliedern und zwei Ratsmitgliedern, zu übertragen. Seitens des Kollegiums wurden die Mitglieder Paul Langemak („unpolitische Fraktion", DNVP), Otto Kortüm[71] (SPD) und Otto Freyer (DDP) in dieses Gremium gewählt, der Rat war durch Gronow selbst und Konsul Adolf Schmidt vertreten.[72] Dieses Gremium einigte sich auf den bisherigen Stadtsyndikus Dr. Carl Heydemann als Nachfolger Gronows. Am 20. März 1924 erklärte die SPD-Fraktion, sie stehe zwar nach wie vor auf dem

[68] Zum Vorgang siehe „Entwurf der neuen Fassung des § 7 des Stadtrezesses für die Stadt Stralsund", in: StaS, Rep. 29/233, Bl. 51, Sitzung des Geschäftsordnungsausschusses des Bürgerschaftlichen Kollegiums in Gegenwart der Deputierten des Rats, nämlich der Herren Gronow, Dr. Heydemann, Fritsche und Rompe, Stralsund, den 24. Mai 1919, in: Ebenda, Bl. 53f., sowie die Ratsbeschlüsse vom 26. und 27.5.1919, in: Ebenda, Bl. 57.

[69] Der Minister des Innern an den Magistrat in Stralsund, Berlin, den 15. Mai 1919, in: StaS, Rep. 29/233, Bl. 52.

[70] Niederschrift über die Sitzung des Bürgerschaftlichen Kollegiums zu Stralsund vom 6. März 1924, Anlage 5, in: StaS, Rep. 34/225. Gesetzestext in: Preußische Gesetzessammlung, Jg. 1924, Nr. 12, S. 99ff.

[71] Kortüm, Otto (1891-1966), ab 1918 in der Reichspostverwaltung, ab 1922 in der Reichsfinanzverwaltung tätig (Steuersekretär); seit 1918 Mitglied der SPD, 1924-1933 unbesoldeter Ratsherr in Stralsund, 1933 Entlassung und KZ-Haft, zu Kortüms weiterem Lebensweg siehe unten S. 67f.; vgl. außerdem Artikel Otto Kortüm, in: Schwabe, Wurzeln (1999), S. 67f.

[72] Niederschrift über die Sitzung des Bürgerschaftlichen Kollegiums zu Stralsund vom 6. März 1924, Anlage 8, in: StaS, Rep. 34/225, sowie Der Vorpommer, 14.3.1924, S. 2.

Standpunkt, dass die Wahl des ersten Bürgermeisters durch das Kollegium zu erfolgen habe. Allerdings sei die Rechtslage nicht geklärt und ein Rechtsstreit würde
von langer Dauer sein. Die baldige Besetzung der Stelle des Ersten Bürgermeisters
sei jedoch nötig. Deshalb schließe sich die Fraktion dem Kommissionsbeschluss an.
Die Fraktion betonte zudem, dass ihre Mitglieder „politische Gegner" Heydemanns, aber davon überzeugt seien, „daß er ein tüchtiger Verwaltungsbeamter ist."
Sämtliche Fraktionen im Kollegium erklärten sich „mit der Wahl des Herrn Stadtsyndikus Dr. Heydemann zum Ersten Bürgermeister der Stadt Stralsund einverstanden."[73] Am 6. Mai 1924 ernannte der preußische Innenminister Carl Severing
(SPD) den von Rat und Bürgerschaftlichem Kollegium gemeinsam vorgeschlagenen
Heydemann zum Ersten Bürgermeister der Stadt Stralsund. Seine Amtszeit betrug
12 Jahre. Am 20. Mai 1924 führte Regierungspräsident Dr. Hermann Haussmann
(DDP)[74] den neuen Ersten Bürgermeister in sein Amt ein. Den Titel „Oberbürgermeister" erhielt Heydemann durch einen vom preußischen Staatsministerium am
6. September 1925 genehmigten Beschluss des Bürgerschaftlichen Kollegiums vom
14. Mai 1925.[75] Mit diesem Prozedere war zwar das Stadtparlament an der Entscheidung über die Personalie Bürgermeister beteiligt, Wahlgremium war es – entgegen
der 1919 mehrheitlich verabschiedeten Forderung – nicht.

Für den hauptamtlichen Rat bedeutete die Personalentscheidung eine große
Machtkontinuität des konservativ und national geprägten Bürgertums. Der
promovierte Jurist Heydemann, Jahrgang 1878, hatte dem Rat der Stadt seit dem
1. Januar 1907 angehört, zuletzt als Syndikus. Auch sein Stellvertreter Dr. Walter
Fredenhagen war bereits seit Mai 1907 hauptamtliches Magistratsmitglied.[76] Bei
den übrigen hauptamtlichen Ratsfunktionen gab es zwar ab 1925 einen Personalwechsel[77], Sozialdemokraten zogen jedoch in diese Positionen nicht ein. Überhaupt waren nach den gleichzeitig zum Termin der Reichstagswahlen am 4. Mai
1924 durchgeführten Wahlen zum Bürgerschaftlichen Kollegium die Positionen
der Linken in Stralsund deutlich geschwächt. Die 1919 erlangte demokratisch-so-

---

[73] Niederschrift über die Sitzung des Bürgerschaftlichen Kollgiums zu Stralsund vom 20. März
1924, in: StaS, Rep. 34/225. Der Vorpommer, 22.3.1924, S.3.
[74] Haussmann, Hermann (1879–1958), ab 1919 Regierungspräsident des pommerschen Regierungsbezirkes Stralsund, zeitgleich mit dessen Auflösung am 1.10.1932 Versetzung in den Ru-
hestand. 1946 beim Aufbau der Staatlichen Akademie für Verwaltungswissenschaften in Speyer
aktiv, am 1.5.1947 zu deren erstem Rektor ernannt. Vgl. Dirk Schleinert: Hermann Haussmann,
letzter Regierungspräsident von Stralsund und Vertreter der Büroreform. Eine biographische
Skizze, in: Verfassung und Verwaltung Pommerns in der Neuzeit. Vorträge des 19. Demminer
Kolloquiums zum 75. Geburtstag von Joachim Wächter am 12. Mai 2001, hrsg. v. Henning
Rischer und Martin Schoebel, Bremen o. J., S.151–160.
[75] Das Bürgerschaftliche Kollegium folgte damit einem Ratsbeschluss vom 21.4.1925, vgl. Abschrift in: StaS, Rep. 29/677, Bl. 27; zur Genehmigung des preußischen Staatsministeriums siehe
Regierungspräsident an Bürgermeister und Rat der Stadt Stralsund, Stralsund, 16.9.1925, Abschrift in: Ebenda, Bl. 28.
[76] Fredenhagen, Walter, geb. 17.12.1878 in Loitz, gest. 7.3.1945 in Stolp, Studium der Rechtswis-
senschaften, biografische Angaben in StaS, Rep. 39/1856 (Personalakte), siehe außerdem unten
S. 44f.
[77] Ab 1.1.1925 trat Ernst Kröning als Stadtsyndikus in den Rat ein, ab 1.12.1925 übernahm
Dankwart Gerlach die Funktion des Stadtbaurates und Dr. Friedrich von Starck fungierte ab
1.1.1927 als Polizeidirektor, eine Position, die bis 1926 Ratsherr Hermann Neefe innegehabt
hatte. Siehe Angaben an den Pommerschen Städtetag, gez. Bürgermeister und Rat, 7.5.1930, in:
StaS, Rep. 29/379, sowie Heimatkalender 1926 für die Stadt Stralsund und die Kreise Franzburg
und Grimmen, Grimmen [1926].

zialdemokratische Mehrheit war von einer konservativen Mehrheit abgelöst worden. Mit einer absoluten Mehrheit von 9 607 von 19 030 gültigen Stimmen zog eine
als „Arbeitsgemeinschaft" firmierende Liste mit 19 Sitzen in das auf insgesamt 36
Sitze verkleinerte Stadtparlament ein. Diese Liste bestand hauptsächlich aus Par-
teigängern der DNVP und DVP, wurde jedoch auch vom Zentrum und dem
Deutschvölkischen Wahlverband, der Wirtschaftspartei und einer Vielzahl bürgerlicher Organisationen der Stadt unterstützt.[78] Eine „Fraktion der Mitte" war mit
6 Sitzen vertreten und wurde aus verschiedenen Listen, darunter einer von verschiedenen Beamtenverbänden, den christlichen und hirsch-dunckerschen Gewerkschaften gestützte „Arbeitnehmerliste", und einer von Demokraten geprägten „Freien wirtschaftlichen Vereinigung" gebildet. Die Kommunisten errangen
1 493 Stimmen und drei Sitze und die SPD 4 261 Stimmen und acht Sitze.[79] Die
deutlich geringere politische Basis der SPD im Stadtparlament wirkte sich auch
auf die Wahl der unbesoldeten Ratsmitglieder aus. Die Sozialdemokraten konnten
nur einen der Räte, Otto Kortüm, stellen. Allerdings war mit Hermann Heinze
(1883–1961) ein weiterer Sozialdemokrat vertreten. Er war als Mitglied des freige-
werkschaftlichen Allgemeinen Deutschen Beamtenbundes über die „Arbeitnehmerliste" respektive die spätere „Fraktion der Mitte" nominiert worden. Alle übrigen unbesoldeten Ratsmitglieder entstammten der „Arbeitsgemeinschaft", und
mit Paul Langemak war das prominenteste Mitglied dieser Fraktion zum Vorsitzenden des Bürgerschaftlichen Kollegiums gewählt worden.[80]
Trotz unbestreitbarer Demokratisierung und erweiterter Partizipationsmöglich-
keiten sorgte ein in seiner Substanz kaum verändertes Netz politischer, sozialer
und kultureller Vereine und Organisationen dafür, dass das Bürgertum Stralsunds,
insbesondere dessen national und konservativ geprägter Teil weiterhin tonange-
bend blieb. Eine zentrale Rolle spielten dabei die vier Bürgervereine der Stadt, allen
voran der traditions- und einflussreiche Bürgerverein der Innenstadt. Vor allem er
fungierte als Kontaktzentrum und als politische Clearingstelle. Hier liefen die Fä-
den der verschiedenen ökonomischen und politischen Interessenvertreter zusammen. Angehörige des Magistrats, des Bürgerschaftlichen Kollegiums und der lokalen Wirtschaft tauschten sich aus und bereiteten die zu treffenden Entscheidungen
der Kommune vor. Der seit der Mitte des 19. Jahrhunderts aktive Verein hatte seit
Februar 1919 vorübergehend geruht, trat jedoch im Januar 1924 mit einer „Wieder-
errichtung-Versammlung" erneut auf den Plan. Am 22. Januar 1924 wählte er im
Hotel zur Post einen Vorstand, dem neben diversen Gewerbetreibenden, Hotelbe-
sitzern und Kaufleuten die Ratsherren Konsul Alfred Saeger und Gustav Freese
und der Kaufmann Ernst Emil Winter angehörten. Winter, der im Bürgerschaftlichen Kollegium ab Mai 1924 als Mitglied der bürgerlichen „Arbeitsgemeinschaft"
den stellvertretenden Vorsitz des Bürgerschaftlichen Kollegiums führte, wurde zum

---

[78] Siehe den Wahlaufruf für die Liste der „Arbeitsgemeinschaft" in: Stralsundische Zeitung, 2. 5.
    1924, S. 4.
[79] Zu den Ergebnissen: Stralsundische Zeitung, 6. 5. 1924, S. 7, und Der Vorpommer, 7. 5. 1924, Bei-
    lage. Durch diverse Übertritte verteilten sich die Sitze 1926 wie folgt: 20 Arbeitsgemeinschaft,
    10 SPD, 5 Fraktion der Mitte, 1 KPD, siehe Heimatkalender 1926 für die Stadt Stralsund und
    die Kreise Franzburg und Grimmen, Grimmen [1926].
[80] „Der neue Kurs im B. K.", in: Der Vorpommer, 17. 5. 1924, Beilage.

Vorsitzenden gewählt. Der Bürgerverein, der laut Jahresbericht für 1924/25 201 Mitglieder zählte, hielt es sich als Verdienst zu gute, „daß im Mai d. Js. eine bürgerliche Mehrheit in's Stadtparlament einziehen konnte".[81]

Die Aktivitäten des Bürgervereins und auch seiner Partnervereine in den Stralsunder Vorstädten (Knieper, Tribseer und Franken-Vorstadt) zielten auf die Wahrung bzw. die erneute Stärkung der zwischenzeitlich durch Revolution und Demokratisierung ins Wanken zu geraten drohenden, bürgerlichen Machtpositionen in der Stadt. Dabei enthielt sich der Verein betont einer einseitigen parteipolitischen Stellungnahme. Einzig die Ächtung des linksliberalen Lagers und namentlich deren Galionsfigur Dr. Karl Müller einte das politisch weitgehend der DVP und der DNVP zuzuordnende Milieu, das durch die Vereine repräsentiert wurde. Müller schloss sich 1924 der Sozialdemokratie an, ein Schritt, der die bis in Hass gesteigerte Ablehnung der bürgerlichen Rechten im Nachhinein zusätzlich gerechtfertigt erscheinen ließ. Abgesehen von dieser eindeutig antilinksliberalen Positionierung war eine bürgerlich-integrale Funktion charakteristisch für die Bürgervereine. Laut Satzung vom 12. Februar 1924 war „die Erweckung und Belebung bürgerlichen Gemeinsinnes und damit zugleich die Förderung des Gemeinwohles des Stadtkreises Stralsund im allgemeinen und in der Innenstadt im besonderen" Zweck des Bürgervereins der Innenstadt.[82] Eine Werbeschrift vom Anfang der 1930er Jahre betonte, der Bürgerverein der Innenstadt wolle „über alle Parteien hinweg ein starkes Bürgertum bilden helfen". Richtschnur der Vereinsarbeit seien „die besonderen Interessen" der Stadt, „unbeirrt von politischen Tagesmeinungen".[83] Mit diesen Zielbestimmungen formulierte der Bürgerverein der Innenstadt und ähnlich die drei übrigen Bürgervereine ein Ideal, das – unter Ausschluss der Arbeiterschaft – eine von Partei- und Interessenpolitik nicht zerklüftete Stadtbürgerschaft als etwas „Ganzes" definierte, eine Vorstellung, die an überkomme, mittelalterliche Strukturen der alten Hansestadt und ihres verklärten „starken" Bürgertums erinnern konnte. Ein Blick in die Mitgliederlisten des Vereins zeigt, dass die Vertreter alteingesessener Familien und die einflussreichen Honoratioren hier versammelt waren. Mitglieder waren der Verleger und Herausgeber der traditionsreichen „Stralsundischen Zeitung" Ferdinand Struck (1866-1933), der schon mehrmals genannte Justizrat Paul Langemak, Konsul Adolf Schmidt, der Fabrikant Carl-Friedrich Beug.[84] Nachdem der Apotheker Dr. Rudolph Knütter den Vorsitz des Bürgervereins Innenstadt im September 1932 aus gesundheitlichen Gründen niedergelegt hatte, übernahm Rechtsanwalt und Notar Arnold Lukas Langemak, einer der Söhne Paul Langemaks, den Vorsitz, ein Jurist wie sein Vater und sein Großvater, der Geheime Justizrat und seit 1912 Ehrenbürger der Stadt, Paul Langemak senior.[85] Die Familie Langemak ist beispielhaft für die vielfachen persönlichen Verästelungen im bürgerlichen Vereinsnetz. Paul Langemak (geb. 1867), der

---

[81] „Bericht über das Vereinsjahr 1924/25", in: Protokollbuch des Stralsunder Bürgervereins 1902-1926, StaS, Rep. 18/1427.
[82] Satzungen des Bürgervereins der Innenstadt, 12. 2. 1924, in: StaS, Rep. 18/1429.
[83] Bürgerverein der Innenstadt (o. D., vermutlich 1932): „Sehr geehrter Herr!", gez. der Vorstand, A. L. Langemak, Rechtsanwalt und Notar, in: StaS, Rep. 18/1430.
[84] Vgl. Mitgliederlisten aus verschiedenen Jahren in: StaS, Rep. 18/1428. Beug, Carl-Friedrich (1883-1965), Dr. jur., Fabrikant und Ratsherr, S. Geschichte der Stadt Stralsund (1984), S. 507.
[85] A. L. Langemak an Dr. Kahl, 27. 9. 1932, in: StaS, Rep. 18/1430.

Fraktionsvorsitzende der „Arbeitsgemeinschaft" im Kollegium, war nicht nur im Bürgerverein engagiert, sondern zugleich Vorsitzender im Haus- und Grundbesitzerverein, in gleicher Position im Kreiskriegerverein, Mitglied im evangelischen Gemeinderat, aktiv in der örtlichen DNVP, Mitglied in der Deutsch-Schwedischen Vereinigung; Langemaks Frau war wie ihr Gatte im Vaterländischen Frauenverein engagiert.[86] Der Vater, Geheimrat Langemak (1835-1926), war ebenfalls in der Kirche tätig als Gemeindekirchenrat von St. Nikolai, außerdem wirkte er im Wissenschaftlichen Verein zu Stralsund, einem exklusiven Herrenclub, in dem sich Persönlichkeiten wie der genannte Zeitungsverleger Struck, auch er evangelischer Gemeinderat, kirchliche Honoratioren wie Superintendent Dr. Hornburg, Ratsmitglieder, Offiziere und Persönlichkeiten aus dem bildungsbürgerlichen Milieu zu Vorträgen und zum geselligen Beisammensein trafen.[87] „Durch meine berufliche Stellung als Bankdirektor und vor allen Dingen durch meine langjährige Tätigkeit als Vorsitzender der verschiedensten Vereine habe ich Fühlung mit so ziemlich allen Kreisen der Stadt", so die Selbsteinschätzung des im Januar 1933 verstorbenen Adolf Schmidt, ehedem Ratsherr und einer der bürgerlichen Multifunktionäre.[88] Auch der im September 1932 ausscheidende Bürgervereinsvorsitzende und Apotheker Dr. Rudolph Knütter wurde als jemand beschrieben, der wegen seiner „vielen Beziehungen zu allen Kreisen der Stadt" für die Vereinsarbeit besonders wertvoll gewesen sei.[89]

So stabil und resistent sich das in den zahlreichen Vereinen durch vielerlei Personalunionen repräsentierte Bürgertum gegenüber der Zäsur „1918" gezeigt hatte, so deutlich erodierte diese organisierte Form stadtbürgerlichen Milieus im Zuge der folgenden Zäsur – „1933". Angesichts der heraufziehenden nationalsozialistischen „Revolution" brachen die Stützpfeiler des „bürgerlichen Gemeinsinns", die viele Jahre parteipolitischen Überformungen und Zerklüftungen getrotzt hatten, nach und nach ein. Dabei sägten einflussreiche Kräfte am eigenen Ast.

2. „1933"

2.1 Vorspiel

„Wir Deutschnationalen gönnen Hitler seine Erfolge, die er so in den großen Massen unseres Volkes erzielt, von ganzem Herzen."[90] So endete ein Artikel des „Stralsunder Tageblatts" über Hitlers ersten Auftritt in Stralsund in der Nacht

---

[86] Zu den zahlreichen Funktionen Langemaks siehe u. a. Stralsundische Zeitung, 7. 12. 1918, S. 2; Der Vorpommer, 21. 7. 1920 („Aus Stadt und Land"); Gericht des Bezirks Stralsund an den Herrn Präsidenten des Landes Mecklenburg-Vorpommern, Abt. Justiz, betr. Notare, Stralsund, den 17. 10. 1945, in: StaS, Rep. 50/101; Liste o. D. „Parteimässige Zusammensetzung des Stadtparlamentes vor 1933, soziale Zusammensetzung, Vorsitzende", in: StaS, NL Fank, Fan 012.

[87] Siehe Ferdinand Struck: Geschichte des Wissenschaftlichen Vereins zu Stralsund, 1867-1927, Stralsund 1934. (herausgegeben von seinem Sohn Dr. Joachim Lorenz Struck; Ferdinand Struck, geb. 13. 9. 1866, verstarb am 11. 1. 1933).

[88] Schreiben Schmidts an Oberpräsidenten, Stralsund, den 27. 1. 1920, in: StaS, Rep. 18/389, Bl. 15.

[89] Siehe persönliches Schreiben A. L. Langemaks an Knütter v. 22. 9. 1932, in: StaS, Rep. 18/1430.

[90] Siehe den Wiederabdruck „Als Adolf Hitler in Stralsund war" in der Jubiläumsausgabe des Stralsunder Tageblatts, 9. Mai 1934, 37. Jg., Nr. 107, „700 Jahre Stralsund", S. 33.

vom 19. auf den 20. Juli 1932. Nach diesem Bericht harrten über 20 000 Menschen aus allen Schichten stundenlang, um Hitler zu sehen, der, obwohl die Kundgebung auf 21.00 Uhr angesetzt war, erst nach 2.00 Uhr morgens erschien, um nur eine kurze Rede von etwa 15 Minuten zu halten. Wenig erstaunlich ist, dass der sozialdemokratische „Vorpommer" die Bedeutung dieser Veranstaltung gänzlich anders einschätzte. Nach seinem Bericht hatten die meisten Zuhörer bereits um 24.00 Uhr den Kundgebungsplatz verlassen, und Hitler habe nur vor seinen SA-Leuten sprechen können.[91] Doch welche Wahrnehmung auch immer der Realität näherkam, die Darstellung im deutschnationalen Sprachrohr der Stadt ist aufschlussreich. Hitler, der die Emotionen erreicht, den die Massen trotz Kälte und Regenschauer erwarten: „‚Heil Hitler!' brauste es auf, als er endlich erscheint." Allenfalls zwischen den Zeilen war ein Hauch von Kritik erkennbar, eine Bemerkung, die auf das Fehlen politischer Sachaussagen verwies. „Was Hitler, der zehn, höchstens fünfzehn Minuten spricht, sagt, soll nur die Herzen gewinnen. Politik? In der Wirkung ganz gewiß! Wer macht's ihm nach, dieses Schauspiel der Zehntausende?"[92] Diese Achtungsadresse war ein Mosaikstein im Verhalten eines Teils des Stralsunder Bürgertums, das die bisherige eigene Geschlossenheit zur Disposition stellte und schließlich aufbrechen ließ. Ähnlich wie im Reich insgesamt hatte die NSDAP auch in Stralsund bis zu den Wahlen am 14. September 1930 kaum eine Rolle gespielt. In den Wahlen zum Bürgerschaftlichen Kollegium am 17. November 1929 hatten 875 Wahlberechtigte die Nationalsozialisten gewählt, das waren 4,5 Prozent der abgegebenen Stimmen. Damit war die NSDAP auf Stadtebene zwar schon deutlich erfolgreicher als noch bei den Wahlen zum Reichstag und zum Preußischen Landtag vom 20. Mai 1928, als nur 333 bzw. 324 Stralsunder ihr Kreuz bei den Nazis machten (jeweils 1,5 Prozent), aber erst mit den Wahlen im September 1930 errang die NSDAP mit 5 389 Stimmen (22,4 %) jenen Massenanhang, den sie in den kommenden Wahlen noch erheblich ausbauen konnte.[93] Im Bürgerschaftlichen Kollegium war die NSDAP ab 1929 nur mit einem Abgeordneten vertreten. Und im Unterschied zum zunehmenden Massenzulauf bei den Wahlen lagen die Mitgliedszahlen der nationalsozialistischen Organisationen deutlich unter jenen, mit denen zum Beispiel die Sozialdemokratie aufwarten konnte. Am 30. April 1931 berichtete der Stralsunder Sozialdemokrat Max Fank[94] an die „Abwehrstelle" der republikanischen Schutzorganisation „Reichsbanner", die Stralsunder SA

---

[91] „Hitler kam erst nach Mitternacht", in: Der Vorpommer, 20. 7. 1932.
[92] „Als Adolf Hitler in Stralsund war", in: Stralsunder Tageblatt, 9. Mai 1934, Nr. 107 (Jubiläumsausgabe), S. 33.
[93] Zu den Zahlen 1928 siehe Stralsundische Zeitung, 22. 5. 1928, S. 1, betr. 1929 ebenda, 19. 11. 1929, 1. Beilage; zu den Ergebnissen 1930 siehe Quellenangabe bei Tabelle 2.
[94] Fank, Max (1899-1978), 1921 Eintritt in die SPD, 1933 aus politischen Gründen als Arbeiter in der Stralsunder Staatswerft „Kronhof" entlassen; nach Kriegsdienst Dienstverpflichtung in der „Kröger-Werft" Stralsund, in den letzten Kriegstagen aktiv gegen eine Verteidigung Stralsunds, nach Kriegsende Mitbegründer der SPD in Stralsund, Ortsvorsitzender und nach der Vereinigung zur SED Kreisvorsitzender, ab Herbst 1946 Mitglied des Landtages und Vorsitzender der Stralsunder Stadtverordnetenversammlung, wegen Kritik am kommunistischen Kurs in der SED verlor er 1947 seine Parteiämter, wirkte aber weiterhin als Parlamentarier. Beruflich war er als Oberfischmeister tätig. Am 19. März 1949 von sowjetischen Sicherheitsorganen verhaftet und wegen „Spionage" zu 25 Jahren Arbeitslager verurteilt, wurde er im Januar 1954 amnestiert, lebte fortan im Westen, ab 1963 bis zu seinem Tode in Hamburg. Siehe Artikel: Max Fank, in: Schwabe, Wurzeln (1999), S. 64-66.

umfasse etwa 80 meist junge Männer im Alter von 18 bis 24 Jahren. Zur Stärke der
NSDAP konnte er keine genauen Angaben machen, bei Mitgliederversammlungen seien jedoch allenfalls 65 Personen anwesend.[95] Nach Mitteilungen des Stralsunder Polizeidirektors Dr. Friedrich von Starck an den Regierungspräsidenten
am 11. Juli 1930 gehörten der Ortsgruppe der NSDAP 1930 etwa 150 Mitglieder
an. Die Ortsgruppe entfalte eine rege Versammlungstätigkeit, die Versammlungen,
zu denen auswärtige Redner erschienen, seien gut besucht.[96] In einer weiteren
Mitteilung vom 8. November 1930 gab von Starck die Stärke der SA mit schät-
zungsweise 40 bis 50 Mann an, die der Hitler-Jugend mit etwa 20 Mann.[97] Zum
Vergleich: Der Ortsverein der SPD verzeichnete im dritten Quartal 1930 703 Mitglieder und Ende Juni 1931 noch 604. In den freien Gewerkschaften waren Ende
1931 über 3 000 Mitglieder organisiert. Ihre Zahl ging jedoch auf 2 640 im Dezember 1932 zurück.[98] Dieser Rückgang hing vor allem mit der Entwicklung der
Arbeitslosigkeit zusammen. Arbeitslose Mitglieder verloren die Bindung zu ihrer
Organisation und kehrten ihr den Rücken. Im März 1928 waren in Stralsund 1 963
Erwerbslose registriert, am 1. Januar 1930 war die Zahl auf 2 330 angestiegen. 1932
war die Hälfte der Stralsunder Arbeiterschaft erwerbslos. In den Handwerks-
betrieben war die Zahl der Beschäftigten seit 1929 von 2 362 auf nur noch 700 zurückgegangen. Dramatisch war der Anstieg der sogenannten Wohlfahrtserwerbslosen, also jener Arbeitslosen, die keine Unterstützung mehr aus der Arbeitslosenversicherung erhielten, sondern auf die städtische Fürsorge angewiesen waren.
Ihre Zahl stieg von 453 am 31. März 1931 auf 1 059 am 31. März 1932.[99] Auch
wenn die Organisationen der Arbeiterbewegung angesichts dieser Entwicklungen
in der Krisenzeit der frühen 1930er Jahre ausdünnten, wies die Sozialdemokratie
organisatorisch wie auch in den Wahlen eine relativ große Stabilität auf. Anders
das bürgerliche Milieu. Hier fanden massive Verschiebungen zugunsten des rechten und rechtsradikalen Spektrums statt. Während das liberale Lager, allen voran
die zur Deutschen Staatspartei umformierte DDP, aber auch die rechtsliberale
DVP, in die Bedeutungslosigkeit absanken, avancierte die DNVP bis 1930 zur dominierenden Partei im bürgerlichen Lager, wurde seit den Wahlen des Jahres 1932
allerdings zügig von der NSDAP überholt. Immerhin bewiesen auch die Deutsch-
nationalen eine gewisse Stabilität und eroberten in den Novemberwahlen des Jahres 1932 wieder 23 Prozent der abgegebenen Stimmen. Wie deutlich sich jedoch
das politische Stimmungsbild in der Stadt gewandelt hatte, bewiesen die Reichs-

[95] Max Fank betr. Abwehrstelle, Stralsund, 30. 4. 1931, in: NL Fank/Rostock, Ordner 4, zur Aufgabe der Abwehrstellen siehe „Richtlinien für die Abwehrstellen" in: Ebenda. Ziel war es, vertraulich Material über antirepublikanische Organisationen und Parteien zu sammeln.
[96] Polizei-Direktion I, gez. Dr. v. Starck, an Regierungspräsidenten hier, Stralsund, den 11. Juli
1930, betr.: Orstgruppe der NSDAP, Verfügung v. 4.7.1930, in: Landesarchiv Greifswald
(LAG), Rep. 65c, Nr. 978, Bl. 17. (in dem Schreiben sowie in einer Anlage („Verzeichnis") weitere aktive Personen der Ortsgruppe mit biogr. Daten.
[97] Polizei-Direktion I, gez. v. Starck, an Regierungspräsidenten hier, Stralsund, den 8. November
1930, in: LAG, Rep. 65c, Nr. 978, Bl. 68.
[98] Statistiken in NL Fank/Rostock, Ordner 4, sowie handschriftliche Tabelle: „Ein halbes Jahrhundert sozialistische Arbeiterbewegung in Stralsund 1884 bis 1933, I. Die Stralsunder Gewerkschaften", in: Ebenda/Ordner 5.
[99] Vgl. Handschriftliche Chronik zur Geschichte Stralsunds, Bl. 462 f., in: NL Fank/Rostock,
Ordner 5; Statistisches Jahrbuch deutscher Städte, 27. Jg. 1932, Abschnitt XVI, Tab. IV, sowie
Jg. 28, 1933, S. 265; Jahnke, Von der Novemberrevolution (1984), S. 314.

Tabelle 2: Wahlergebnisse in Stralsund 1929 bis 1933 (absolut/von Hundert der abgegebenen Stimmen)

Partei/Liste	Bürgerschaftliches Kollegium 17.11.1929	Reichstag 14.9.1930	Reichstag 31.7.1932	Reichstag 6.11.1932	Reichstag 5.3.1933	Bürgerschaftliches Kollegium 12.3.1933
Abgegebene Stimmen	19414	24082	25020	23556	26668	22572
SPD	7410 (38,17)	7080 (29,4)	6242 (24,95)	5521 (23,44)	5945 (22,29)	4786 (21,21)
KPD	771 (3,97)	1787 (7,42)	1956 (7,82)	2367 (10,05)	1737 (6,51)	944 (4,18)
NSDAP	875 (4,51)	5389 (22,38)	12050 (48,16)	9076 (38,53)	13407 (50,27)	11849 (52,48)
Bürgerliche Mitte	872 (4,49)	--	--	--	--	--
Wohnungshilfe	509 (2,62)	--	--	--	--	--
Bürgerliche Einheitsliste	6708 (34,55)	--	--	--	--	1087 (4,82)
Mittelstandshilfe	1752 (9,02)	--	--	--	--	--
Deutsch-Völkische	321 (1,65)	--	--	--	--	--
DVP	--	1064 (4,42)	272 (1,09)	381 (1,62)	277 (1,04)	--
DDP/Staatspartei)	--	766 (3,18)	215 (0,86)	190 (0,81)	187 (0,70)	--
Zentrum	--	278 (1,15)	310 (1,24)	273 (1,16)	260 (0,97)	--
Wirtschaftspartei	--	999 (4,15)	42 (0,17)	41 (0,17)	--	--
DNVP/Kampffront Schwarz-Weiß-Rot	--	6000 (24,91)	3585 (14,33)	5403 (22,94)	4537 (17,01)	3787 (16,78)
zersplittert/Sonstige	7 (0,04)	570 (2,35)	148 (0,59)	141 (0,6)	60 (0,22)	--
ungültig	189 (0,97)	149 (0,62)	200 (0,8)	163 (0,69)	258 (0,97)	119 (0,53)

Quellen: Stralsundische Zeitung, 19.11.1929, 1. Beilage; 15.9.1930, 2. Beilage; 1.8.1932, 5. Sonderausgabe; 7.11.1932, Wahlausgabe; 6.3.1933, 2. Beilage; 13.3.1933, 1. Beilage.

präsidentenwahlen im selben Jahr. Im ersten Wahlgang lag der von den republikanischen Kräften gestützte bisherige Reichspräsident von Hindenburg mit 9540 Stimmen (36,7%) noch vor Hitler, den 8173 (31,4%) gewählt hatten. Der Kandidat der bürgerlichen Rechten, Theodor Duesterberg, erhielt 6410 Stimmen (24,7%). Doch im zweiten Wahlgang überholte Hitler mit 12281 Stimmen (52%) deutlich, Hindenburg konnte mit 9873 (41,8%) nur unwesentlich mehr Stimmen erringen. Er, der bei einem Besuch im Jahre 1927 vom deutschnationalen Stralsund noch wie ein Ersatzkaiser gefeiert worden war, hatte seine Sympathien an Hitler verloren.[100] Entgegen der von der DNVP-Reichsführung ausgegebenen Parole, sich im zweiten Wahlgang zu enthalten, hatte offenkundig ein großer Teil der deutschnationalen Wählerschaft in Stralsund für Hitler gestimmt.[101]

Zum offenen Bruch innerhalb des bürgerlichen Milieus kam es im Vorfeld der letzten Wahlen zum Bürgerschaftlichen Kollegium vom 12. März 1933. Anders als

---

[100] Zu den Zahlen Der Vorpommer, 11.4.1932, Beilage.
[101] Siehe die Einschätzung im „Vorpommer", ebenda.

bei den früheren Kommunalwahlen trat erstmals nicht mehr eine bürgerliche Einheitsliste an. Eine solche war in der Zeit ab 1919 unter wechselndem Namen von den Vertretern der Bürgervereine mit den „auf nationalem Boden stehenden politischen Parteien", in erster Linie der DNVP und der DVP, sowie „wirtschaftlichen Verbänden", insbesondere dem Deutsch-Nationalen Handlungsgehilfen-Verband und anderen berufsständischen Organisationen, ausgehandelt worden. Die politisch einflussreiche Moderatorenrolle konnten die Bürgervereine, allen voran jener der Innenstadt, nun nicht mehr spielen. Die im Kabinett Hitler engagierten Deutsch-Nationalen waren „gezwungen, ihre eigene Liste aufzustellen", so die Mitteilung in einem Wahlflugblatt der „Bürgerlichen Einheitsliste", die sich nunmehr vor allem aus Mitgliedern der Deutschen Volkspartei und den verbliebenen Vertretern der Bürgervereine und diverser berufsständischer Verbände zusammensetzte. Die Bürgerliste warb ganz in der Tradition früherer Bürgerlisten damit, jenseits von Parteipolitik nur dem Gemeinwohl der Stadt verpflichtet zu sein. Sie stand für die Förderung des Mittelstandes, für „christliche Erziehung in Schule und Haus", für die „Stärkung des Bewusstseins nationaler Zusammengehörigkeit des gesamten Bürgertums". Das Rathaus sollte „frei von Parteistreit und Parteizwang" gehalten werden.[102] Die Deutsch-Nationalen, die nun als „Kampffront Schwarz-Weiß-Rot" antraten, waren ihrerseits darum bemüht, die Bürgervereine auf ihre Seite zu ziehen. Am 14. Februar 1933 versicherte die DNVP dem Vorsitzenden des Bürgervereins Innenstadt, Arnold Lukas Langemak, dass auf ihrer Liste Personen aufgestellt würden, die seit langem das Vertrauen der Bürgervereine besäßen, darunter auf Platz 1 Justizrat Langemak, auch Sohn Arnold Lukas war auf dem allerdings völlig aussichtslosen Platz 29 vorgesehen. Dieser engagierte sich jedoch für die Liste des Bürgervereins. Am 18. Februar 1933 teilte er der DNVP mit, dass der Bürgerverein Innenstadt am 15. Februar 1933 beschlossen habe, zusammen mit den anderen Bürgervereinen eine eigene Liste aufzustellen.[103] Der Riss innerhalb des national gesinnten Bürgertums ging selbst durch die Familie Langemak. Nachdem das Tischtuch zwischen den Deutsch-Nationalen und den gemäßigten nationalen bürgerlichen Kräften in Stralsund zerschnitten war, sparte die DNVP nicht mit Kritik an ihren ehemaligen Verbündeten. Die DVP sei völlig zerrieben, und die Wirtschaftspartei habe versagt. Die DNVP, die jahrelang unter dem Motto des „Unpolitischen" angetreten war, bezeichnete nun die frühere Bezeichnung der „Unpolitischen Liste" als eine Lächerlichkeit, denn natürlich habe alles, was im Rathaus vorgegangen sei, mit Politik zu tun gehabt. Angesichts des konservativen Zuschnitts der Stadtpolitik klang es nachgerade kurios, wenn die DNVP nun dafür warb, dass auf dem Rathaus endlich „nationale" und „christliche" Politik getrieben werde, nachdem dort „vierzehn Jahre hindurch seit der Revolution Politik im Sinne der Marxisten nur zu oft betrieben worden" sei. „Politik im Sinne der jetzigen nationalen Reichsregierung und der nationalen Ein-

[102] Siehe Wahlflugblatt „Bürgerliche Einheitsliste", in: StaS, Rep. 29/1436.
[103] Vgl. DNVP an Bürgerverein Innenstadt, z. Hd. Langemak (jun.), gez. Oldenburg und Vosberg, sowie A. L. Langemak an die Deutschnationale Volkspartei, Geschäftsstelle Stralsund, 18.2.1933, in: StaS, Rep. 29/1436. Siehe auch A. L. Langemak an Seiffert v. 27.2.1933 betr. dessen Bestimmung als Vertreter der Bürgervereinsliste für den Presseausschuss, in: Ebenda.

heitsfront des erwachenden Deutschland soll und muß auf dem Rathaus betrieben werden."[104]

Das Modell einer parteiübergreifenden, national und durchaus auch konservativ orientierten bürgerlichen Gestaltungsmacht hatte angesichts der nationalsozialistischen „Machtergreifung" ausgedient. Die Bürgerliste hatte keinen Erfolg. Sie errang nur 1087 Stimmen und zog mit zwei Abgeordneten in das Bürgerschaftliche Kollegium ein, die „Kampffront" dagegen hatte 3783 Stimmen erhalten (6 Mandate). Der absolute Gewinner war jedoch die NSDAP mit 11841 Stimmen und 21 Sitzen. Die SPD verbuchte immerhin noch 4786 Stimmen (8 Mandate) und die KPD 944 (1 Mandat).[105]

2.2 „Nationalsozialistische Revolution"...

Die Ernennung Hitlers zum Reichskanzler am 30. Januar 1933 rief in der bürgerlichen Gesellschaft Stralsunds wie auch anderswo keinerlei Proteststürme hervor. Besonders der konservativ, nationalistisch geprägte Teil dürfte die „Einrahmung" Hitlers in ein Kabinett aus mehrheitlich Deutsch-Nationalen oder parteilosen Konservativen als Garantie angesehen haben, dass etwaige antibürgerliche und antikapitalistische Strömungen innerhalb der NS-Bewegung nicht zum Durchbruch kommen würden. Die Regierung der „nationalen Einheit" war aus dieser Perspektive begrüßenswert. Pastor Walter Langkutsch maß ihr im Stralsundischen Gemeindeblatt gar eine eminent wichtige Bedeutung zur Sicherung der Glaubensfreiheit zu. In der Ausgabe vom 12. Februar 1933 mahnte er: „Sollte einmal diese Regierung stürzen, dann ist die rote Flut nicht mehr zu halten, dann ist der Kommunismus da und dann werden wir auch nicht mehr frei und offen unseres Glaubens leben können. Darum müssen wir alle mithelfen, daß das Werk des Wiederaufbaus gelingen möchte."[106] Für die Reichstagswahlen am 5. März 1933 sprach sich das Gemeindeblatt für die Wahl des Kandidaten der „Kampffront Schwarz-Weiß-Rot" aus, denn: „Wir können nicht Parteien stützen, die das Evangelium hindern oder es auf Privatfrömmigkeit beschränken wollen, die es aus dem öffentlichen Leben verbannen wollen."[107] Noch enthusiastischer feierte Pastor Wittenberg die „nationale Erhebung" in einem Festgottesdienst am 26. März 1933 aus Anlass des Gautages des Königin-Luise-Bundes in Stralsund: „Freut euch mit dem erwachten Deutschland. Mit dem Frühling des Jahres 1933 ist zugleich ein deutscher Frühling angebrochen, die nationale Erhebung, für die wir seit den dunklen Novembertagen 1918 gearbeitet und gestrebt, gelitten und geblutet haben. Der Geist von Potsdam, der alte Preußengeist hat den Sieg über die Geister der Tiefe davongetragen, die die Seele unseres Volkes vergiftet haben."[108]

---

[104] „Unpolitische Liste der Bürgervereine", in: Stralsunder Tageblatt, 10.3.1933, Zeitungsausschnitt in: StaS, Rep. 29/1436.
[105] Stralsundische Zeitung, erste Beilage zu Nr. 61, Montag, 13.3.1933.
[106] Siehe die von Lgk (Langkutsch) gezeichnete Kolumne „Aus Welt und Zeit", in: Evangelisches Gemeindeblatt für Stralsund, Nr. 7, 12.2.1933, S. 55.
[107] Evangelisches Gemeindeblatt für Stralsund, Nr. 10, 5. März 1933, S. 76f.
[108] „Gautag des Bundes Königin Luise", in: Stralsunder Tageblatt, 27.3.1933.

Während das national gesinnte Bürgertum die vorgebliche Wiederkehr des glorreichen Preußentums feierte, kündigten die Nationalsozialisten in Stralsund das
Vorwärtstreiben „ihrer Revolution" an. Am 5. April 1933 trat das neu gewählte
Bürgerschaftliche Kollegium zu seiner konstituierenden Sitzung zusammen. Der
von NSDAP und Deutsch-Nationalen gewählte Vorsitzende, Rechtsanwalt Dr.
Hans Fraustaedter, erklärte in seiner Antrittsrede, seine Wahl bedeute die Machtübernahme des Nationalsozialismus in Stralsund. Früher habe es bei Amtsüber-
nahmen immer geheißen, dass man als Vorsitzender des Kollegiums alle Parteien
gleich behandeln wolle. Dies sei jetzt vorbei, das Programm der Nationalsozialisten heiße „Vernichtung des Marxismus in Stralsund". Wer da nicht mitmachen
wolle, solle den Saal verlassen. Wer mitarbeiten wolle, der solle der Heimatstadt,
dem Vaterland „und unserem alleinigen Führer, dem Reichskanzler Adolf Hitler
Treue" geloben. Die SPD-Fraktion verließ daraufhin geschlossen die Sitzung.
Während ihrer Abwesenheit brachte der Vorsitzende ein dreifaches „Heil" aus,
die Fraktionen sangen das Deutschlandlied, die Nazis noch das Horst-Wessel-
Lied. Als die Sozialdemokraten zurückkehrten, wurden sie mit der Begründung,
sie hätten das Treuegelöbnis abgelehnt, von der Sitzung für drei Tage ausgeschlossen. Der sozialdemokratische Fraktionsvorsitzende August Streufert[109] protestierte, man habe nur das Gelöbnis auf „unseren alleinigen Führer" abgelehnt, dies
könne die SPD nicht mitmachen, und außerdem entspreche diese Praxis nicht der
geltenden Geschäftsordnung. Der Vorsitzende schloss daraufhin die SPD für zwei
Wochen von den Sitzungen aus.[110]
Dies war die letzte Teilnahme der Sozialdemokratischen Fraktion an einer Sitzung des Bürgerschaftlichen Kollegiums. Das einzige kommunistische Mandat im
Stadtparlament war von vornherein annulliert worden. Wie im Deutschen Reich
insgesamt waren es auch in Stralsund die Vertreter der Linken, die als erste der
nationalsozialistischen Verfolgung ausgesetzt waren. „Vernichtung des Marxismus" war die Parole, oder, wie es ein Redner auf einer Kundgebung am 23. Juni
1933 auf dem Alten Markt formulierte, „diejenigen, die heute noch Anhänger der
SPD sind, [seien] auszurotten."[111] Am 28. Februar 1933 verbot die preußische
Regierung den sozialdemokratischen „Vorpommer". Obwohl das Reichsgericht
dieses wie auch ein weiteres Verbot im März jeweils aufhob, blieb die Zeitung verboten, da die preußische Regierung jeweils neue Verbote aussprach.[112] Damit war
die Möglichkeit öffentlicher Meinungsäußerung für die Sozialdemokratie beendet.

---

[109] Streufert, August, geb. 1887, Tischler, seit 1921 Arbeitsvermittler und stellvertr. Geschäftsführer beim öffentlichen Arbeitsnachweis in Stralsund, ab 1928 als Abteilungsleiter von der
Reichsanstalt für Arbeitsvermittlung und Arbeitslosenversicherung übernommen. Ab 1919
Mitglied des Bürgerschaftlichen Kollegiums in Stralsund, ab 1921 dort Fraktionsvorsitzender
der SPD, seit 1929 Mitglied des Provinziallandtages Pommern und von Sept. 1930 bis Nov.
1932 Abgeordneter im Reichstag. Nach 1933 mehrmals inhaftiert, wurde er im Rahmen der
Massenverhaftungen im Anschluss an das missglückte Attentat auf Hitler (20. 7. 1944) ein weiteres Mal inhaftiert und ins KZ Neuengamme verschleppt, wo er am 26. 12. 1944 verstarb.
Siehe Reichstags-Handbuch, V. Wahlperiode 1930, hrsg. v. Bureau des Reichstages, Berlin
1930, S. 489f., sowie Artikel „August Streufert" in Schwabe, Wurzeln (1999), S. 53.
[110] Vgl. Zeitungsausschnitt, vermutlich Stralsunder Tageblatt, April 1933, in: NL Fank/Rostock,
Ordner 5.
[111] Stralsunder Tageblatt, 24. 6. 1933, 1. Beilage.
[112] Müller/Mrotzek/Köllner (2002), S. 157ff.; Handschriftliche Chronik zur Geschichte der Stadt
Stralsund von Max Fank, Bl. 465 und 466, in: NL Fank/Rostock, Ordner 5.

Dies galt auch für Versammlungen. Am 22. März 1933 besetzte die Polizei das Stralsunder Gewerkschaftshaus, um eine für diesen Tag angesetzte SPD-Zusammenkunft zu verhindern.[113] Am 10. Mai 1933 wurde das Vermögen der SPD beschlagnahmt. Das Verlagshaus und die Druckerei des „Vorpommer" in Stralsund wurden fortan durch die nationalsozialistische „Pommersche Zeitung" genutzt.[114] Die sozialdemokratischen unbesoldeten Mitglieder des Rates, Otto Kortüm und Hermann Heinze, wurden offiziell am 18. April 1933 aus ihren Funktionen entlassen.[115] Seit 24. Juni 1933 in „Schutzhaft", mussten beide am 2. August 1933 nach den Bestimmungen des „Berufsbeamtengesetzes" vom 7. April 1933 als Finanzbeamte wegen ihrer früheren SPD-Zugehörigkeit aus dem Staatsdienst ausscheiden.[116] Kortüm war bereits am Morgen des 16. Juni 1933 kurzzeitig im Rahmen einer „Großrazzia" gegen Angehörige von SPD und KPD verhaftet worden. Bei dieser Aktion waren 20 Personen, darunter bekannte Stralsunder Sozialdemokraten wie Karl Kirchmann, festgenommen worden.[117] Allein in den Monaten März und April 1933 nahm die Polizei insgesamt 81 Haussuchungen bei potenziellen Nazi-Gegnern vor.[118]

In der genannten Sitzung vom 5. April 1933 beschloss das Bürgerschaftliche Kollegium auf Antrag der NSDAP und unter Abwesenheit der ausgeschlossenen SPD-Fraktion, dass die Stadt sofort „alle geschäftlichen Beziehungen mit Warenhäusern, Konsumvereinen und jüdischen Händlern abzubrechen" habe und „neue nicht aufnehmen" dürfe.[119] Wenige Tage zuvor, am 1. April 1933, hatten die Nationalsozialisten auch in Stralsund den Boykott gegen jüdische Geschäfte inszeniert. Allerdings war die Aktion nicht vom erwünschten Erfolg gekrönt. Einem Bericht der Personalleiterin des Warenhauses Tietz an die Konzernleitung zufolge hatten vorwiegend weibliche Kunden die von SA gebildete Doppelreihe durchbrochen, um zum Einkaufen in das Warenhaus zu gelangen.[120] Der radikale Antisemitismus der NSDAP stieß in der Stadt, in der die kleine jüdische Minderheit gut integriert war, vorerst auf keine positive Resonanz.

Anders verhielt es sich mit dem „Kampf gegen den Marxismus", insbesondere den Maßnahmen gegen Kommunisten, die durchaus auf wohlwollende Unterstützung im konservativen Milieu trafen. Im „Evangelischen Gemeindeblatt für Stralsund" sprach Pastor Langkutsch am 16. Juli 1933 von „der berechtigten Aus-

---

113 Rundschreiben Nr. 1: An alle Mitglieder der Sozialdemokratischen Partei Ortsverein Stralsund, Stralsund, den 18. März 1933, in: NL Fank/Rostock, Ordner 15, sowie Handnotiz Fanks auf dem Rundschreiben.

114 Müller/Mrotzek/Köllner (2002), S. 159; Handschriftliche Chronik zur Geschichte der Stadt Stralsund von Max Fank, Bl. 467, in: NL Fank/Rostock, Ordner 5.

115 Vgl. die jeweils auf den 18. 4. 1933 datierten und von Heydemann gezeichneten Vermerke in StaS, Rep. 29/676, Bl. 57 und 59.

116 Siehe Personalakte Otto Kortüm, in: StaS, Rep. 39/3216, darin auch Informationen zu Heinze.

117 „Groß-Razzia in Stralsund", in: Stralsunder Tageblatt, 16. 6. 1933, 1. Beilage.

118 „81 Haussuchungen in 8 Wochen", in: Stralsunder Tageblatt, 28. 4. 1933, in: Materialsammlung „Die Demokratenverfolgung I", in: NL Fank/Rostock, Ordner 5.

119 Vgl. Abschrift der Beschlüsse [von Bürgerschaftlichem Kollegium und Rat], gez. Wohlfahrtsamt, Kröning, 12. Mai 1933, in: StaS, Rep. 29/147, Bl. 171.

120 Siehe Peter Genz: Stralsund, in: Wegweiser durch das jüdische Mecklenburg-Vorpommern, hrsg. v. Irene Dieckmann, Potsdam 1998, S. 265 f., der Autor konnte den privaten Nachlass der genannten Personalleiterin, Käthe Zwiener, auswerten.

schaltung der Kommunisten und Sozialdemokraten" und begrüßte das Ende der
Parteien. „Wir wollen dankbar sein, daß die Parteien ausgelöscht sind. Jetzt ist der
Weg frei, Volksgemeinschaft zu bauen."[121]
Dennoch mischte sich in die nationale Aufbruchsstimmung auch Besorgnis, wie
weit die Nationalsozialisten nun mit ihren „revolutionären" Bestrebungen gehen
wollten. Spürbar wurden derartige Stimmungen auf dem Treffen des deutsch-national geprägten Stahlhelm-Bundes am 20. und 21. Mai 1933, an dem 5 000 Stahlhelmer in Stralsund aufmarschierten. Der Landesführer von Pommern-Grenzmark,
Major von Wolff-Kusserow, hegte Zweifel an der Zuverlässigkeit der Nazis: „Wir
strecken ehrlich und mit bestem Wollen unsere Soldatenhände hin. Wir erheben
aber den Anspruch, daß die braune Front mit der gleichen Soldatentreue ein-
schlägt." Versuchen, die „Stahlhelmehre anzutasten", werde man die Kraft „unserer disziplinierten Geschlossenheit rücksichtslos entgegensetzen."[122]
Die Skepsis war durchaus berechtigt, zumal in Pommern wie in Stralsund der
sogenannte „sozialistische" Flügel der NSDAP stark war, der nicht nur „die Marxisten", sondern auch die „Reaktionäre" im Kleide des konservativen Bürgertums
„hinwegfegen" wollte. Hatte der Fraktionsvorsitzende der NSDAP am 5. April
1933 noch vergleichsweise zurückhaltend den Anspruch erhoben, die NSDAP
wolle in der Stadtverwaltung maßgebend und ausschlaggebend „beteiligt" sein, so
ging die NSDAP-Fraktion am 7. Juni 1933 zum Frontalangriff gegen die nach wie
vor amtierende bürgerlich-konservative Stadtregierung über. Sie stellte einen Miss-
trauensantrag gegen Oberbürgermeister Carl Heydemann, Bürgermeister Walter
Fredenhagen und den Stadtsyndikus Ernst Kröning[123]. Der Hauptvorwurf lautete, die Stadtoberhäupter und die Stadtverwaltung hätten mit ihrer „Misswirt-
schaft" die Stadt in einen Schuldenberg von 10 Millionen RM getrieben. Dieser
Anklagepunkt diente als Anlass für eine Generalabrechnung der Nazis. Deren
Fraktionsführer, Gerichtsassessor Arthur Kamradt, sah die Gefahr, die „nationalsozialistische Revolution" werde „verwässert". In Stralsund habe man von der
„nationalsozialistischen Revolution [...] nicht viel gemerkt. Man spricht von ‚nationaler Revolution!'" Als Referenz verwies er auf den neuen Kreisleiter der
NSDAP, Reichel, der „keinen Stillstand" kenne. „Die Revolution wird weiterge-
tragen, sie stürmt vorwärts über bürgerliche Gemächlichkeit hinweg". Es sei für
die Mehrheit der Bevölkerung, die die NSDAP gewählt habe, unerträglich, dass
die Stadtverwaltung weiterhin im Amt sei. Die bisherigen Verantwortlichen müssten zurücktreten. Zumal sie mit „Marxisten" zusammengearbeitet hätten, so zum
Beispiel Heydemann, der dem ausscheidenden Ratsherrn Otto Kortüm einen
überschwänglichen Abschiedsbrief geschrieben habe, oder der Personalleiter

121 Langkutsch (Aus Welt und Zeit) in: Evangelisches Gemeindeblatt für Stralsund, 16.7.1933,
    S. 231, zitiert nach Owe Gustavs: Reichsgottesdienst auf Hiddensee 1933-1945, 2. Aufl., Berlin
    2008, S. 311f.; siehe auch Werner Klän: Die evangelische Kirche Pommerns in Republik und
    Diktatur. Geschichte und Gestaltung einer preußischen Kirchenprovinz 1914-1945, Köln,
    Weimar, Wien 1995, S. 147.
122 „5 000 Stahlhelmer marschieren", in: Stralsunder Tageblatt, 22.5.1933.
123 Kröning, Ernst, geb. 1886, Jurist, ab 1925 Ratsherr, ab 1927 Stadtsyndikus in Stralsund, 1933
    beurlaubt. Vgl. Fragebogen für die Kartei des Deutschen Gemeindetages über leitende Kom-
    munalbeamte, Stralsund, den 9. Nov. 1933, in: StaS, Rep. 29/315, Bl. 10.

Gustav Görs[124], ein „Duzfreund" Kortüms, der Einstellungen und Entlassungen
ohne die Hinzuziehung der NSDAP vorgenommen habe. Stadtsyndikus Kröning,
veranwortlich für das Wohlfahrtsamt, habe Mitarbeiter beschäftigt, die der SPD
und der KPD angehört hätten. Fredenhagen habe die „NS-Bewegung" ebenfalls
brüskiert, weil er ihr die Katharinenhalle als Tagungsort verweigert habe, während
er sie dem „Stahlhelm" zur Verfügung gestellt habe. Den geballten Angriffen der
NS-Fraktion vermochten die Deutschnationalen im Kollegium nicht zu folgen.
Sie schlossen sich den Anträgen, in denen die Rücktritte Heydemanns, Fredenhagens, Krönings und die Entlassung des Magistratsrates Görs gefordert wurden,
nicht an. Und auch die Angegriffenen selbst waren nicht gewillt, der Aufforderung zum Rücktritt nachzukommen. Heydemann betonte, dass er hinter der neu-
en Reichsregierung stehe und sich ihr unterordne. Er habe bereits gegen „die Marxisten" gekämpft, als Kamradt „noch auf der Schulbank saß" – eine Äußerung, die
von „Protestrufen" aus der NSDAP-Fraktion unterbrochen wurde. Auch Fredenhagen betonte seine nationale Gesinnung und sah keine Veranlassung zum Rücktritt. Kröning wies ebenfalls die Vorwürfe gegen seine Amtsführung zurück.[125]
Angesichts solcherart Beharrungsvermögen legte die „NS-Bewegung" nach. Am
9. Juni 1933 veranstaltete sie auf dem Alten Markt eine „scharfe Abrechnung" mit
den Stralsunder Bürgermeistern, eine Kundgebung, die „einem altgermanischen
Volksgericht glich". „Einige tausend" Parteigenossen und NS-Sympathisanten
versammelten sich, um von den „Herren des Stralsunder Stadtrates Rechenschaft
zu verlangen für das, was in den letzten Jahren vorgegangen war." Kreisleiter Reichel kündigte an, „die Stadt, wenn es sein mußte, mit Gewalt von diesen politischen Verwandlungskünstlern zu befreien."[126] Im deutschnational orientierten
„Stralsunder Tageblatt" erschien am 16. Juni 1933 eine vorsichtige Rechtfertigung
der Stadtverwaltung. In einer „Zuschrift einer Persönlichkeit, die bis vor kurzem
ehrenamtlich in der Kommunalpolitik Stralsund tätig gewesen ist", wurde nicht
nur die Schuldensumme als zu hoch bezeichnet, auch die Gründe für die Verschuldung wurden genannt und gerechtfertigt. Wohnungsneubauten, Straßenbau-
ten, der Bau des neuen Wasserwerkes waren in der Aufzählung jener Projekte enthalten, die mehrere Millionen RM verschlungen hatten. Zudem wurde die Finanz-
politik der Reichsregierung und Preußens als Gründe genannt.[127] Tatsächlich war
die Nazi-Anklage der hohen Verschuldung vor allem eine kommunale „Propagan-
daschlacht". Stralsund stand mit seiner hohen Verschuldung nicht allein. Zahlreiche Städte hatten ähnliche und teils noch weit höhere Belastungen. In der Gruppe
der Städte mit bis zu 50 000 Einwohnern lag Stralsund mit seiner Pro-Kopf-Verschuldung von 234,70 RM im Mittelfeld. Städte wie Kolberg mit 401 RM und

[124] Görs, Gustav, geb. 1879, seit 1898 in der Stadtverwaltung Stralsund tätig, seit 1904 als Beamter,
ab 1928 Magistratsrat, 1919–1921 Mitglied der DDP, 1924–28 DVP, 1932/33 DNVP, 1929–1933
Mitglied des Bürgerschaftlichen Kollegiums, ab April 1934 förderndes Mitglied der SS, ab
1.5.1937 Parteianwärter der NSDAP, spätestens ab 1940 Mitglied der NSDAP, vgl. StaS, Rep.
39/2083 (Personalakte).
[125] Siehe „Mißtrauensvotum gegen Oberbürgermeister Dr. Heydemann", in: Pommersche Zeitung, Beilage NS-Vorpommer, 9.6.1933.
[126] „Scharfe Abrechnung mit den Stralsunder Bürgermeistern", in: Pommersche Zeitung, Beilage
NS-Vorpommer, 10.6.1933.
[127] „Stralsunds 10-Millionen-Schuld", in: Stralsunder Tageblatt, 16.6.1933, 1. Beilage.

Konstanz oder Baden-Baden mit rund jeweils 550 RM Pro-Kopf-Verschuldung befanden sich in einer noch weit schwierigeren Situation.[128] Die Gründe für die Schuldenhöhe waren überall im Wesentlichen die gleichen: Höhere Ausgaben in der Wirtschaftskrise insbesondere für die wachsende Zahl der von der Kommune zu unterstützenden Wohlfahrtserwerbslosen bei zugleich sinkenden Einnahmen. Stralsund hatte hier als Stadt mit umfangreichem Gutsbesitz, aus dem ebenfalls geringere Einnahmen flossen, bei gleich bleibenden Unterhaltungskosten zusätzliche Belastungen zu tragen. Im Übrigen lag die Pro-Kopf-Verschuldung der Stadt im Jahre 1914 bei der geringeren Bevölkerungszahl von 36 000 mit 9 Millionen Mark noch höher.[129] Zumindest dies konnte wohl kaum der verderblichen Zusammenarbeit zwischen konservativem Bürgertum und den „Marxisten" angelastet werden.

Trotz vorhandener Widerstände des bürgerlich-konservativen Milieus musste es Zug um Zug bisherige Bastionen aufgeben. Dies galt für den organisatorischen wie für den personellen Bereich. Der nationalliberal orientierte Flügel des Stralsunder Bürgertums war in die Bedeutungslosigkeit abgefallen. Seine politische Heimat, die Deutsche Volkspartei (DVP), gab am 25. April 1933 auf. An diesem Tag lösten sich Gauorganisation und Ortsverein dieser Partei auf, noch bevor das offizielle Ende der Partei auf Reichsebene am 4. Juli des Jahres besiegelt wurde.[130] Die DNVP hatte sich am 27. Juni 1933 reichsweit aufgelöst.[131] Mit dem „Gesetz gegen die Neubildung von Parteien" vom 14. Juli 1933 waren außer der NSDAP jegliche Parteien in Deutschland verboten.

Auch für die Bürgervereine kam das endgültige Aus. Noch am 1. September 1933 korrespondierte der Vorsitzende des Bürgervereins der Innenstadt, Arnold Lukas Langemak, mit dem Vorsitzenden des Bürgervereins Tribseer Vorstadt, Wilhelm Seitz, über die Frage einer Verkleinerung des Vorstandes des Bürgervereins. Der Arbeitsausschuss der Bürgervereine hatte beschlossen, „keine Satzungsänderungen in der Weise von uns aus zu beantragen, dass der Führergedanke in unserm Verein so durchgeführt wird, wie in andern gleichgeschalteten Vereinen, nämlich dass der Vorsitzende allein gewählt wird und seine Mitarbeiter beruft."[132] Doch derartige Überlegungen waren schon wenige Tage später gegenstandslos. Am 6. September 1933 übersandte Langemak die in seinem Besitz befindlichen Akten des Bürgervereins an den neuen der NSDAP angehörenden Vorsitzenden Erich Fischer.[133] Am 5. Oktober beschloss eine außerordentliche Mitgliederver-

128 Schuldenstand zum Stichtag v. 31. 3. 1933, vgl. Statistisches Jahrbuch deutscher Städte, 29. Jahrgang, 1934, S. 457.
129 Zur wirtschaftlichen und finanziellen Entwicklung der Stadt siehe ausführlich „Bericht des Oberbürgermeisters, der gelegentlich der Anwesenheit des Herrn Oberpräsidenten am 16. Dezember 1930 im Rathause zu Stralsund erstattet wurde", in: StaS, Rep. 29/2367.
130 Handschriftliche Chronik zur Geschichte der Stadt Stralsund von Max Fank, Bl. 467, in: NL Fank/Rostock, Ordner 5. Zur endgültigen Auflösung der DVP siehe Hans Booms: Die Deutsche Volkspartei, in: Erich Matthias, Rudolf Morsey (Hg.): Das Ende der Parteien 1933, Düsseldorf 1960, S. 523–539, S. 537.
131 Vgl. Friedrich Frhr. Hiller von Gaertringen: Die Deutschnationale Volkspartei, in: Matthias/Morsey, Das Ende der Parteien, S. 543–652, S. 614f. u. 652.
132 A. L. Langemak an Lehrer Wilhelm Seitz, 1. 9. 1933, in: StaS, Rep. 18/1437.
133 Bürgerverein (Innenstadt) Stralsund an den Herrn Kaufmann Erich Fischer, Stralsund, den 6. 9. 1933, gez. A. L. Langemak, in: StaS, Rep. 18/1433.

sammlung die Auflösung des Vereins. Das Erscheinen der Mitglieder, die der NSDAP angehörten, war „auf Anordnung des Kreisleiters Pflicht".[134] Langjährige Mitglieder wie Studienrat Dr. Wilhelm Bräuner (DVP)[135] bekannten nun: „Angesichts unserer innenpolitischen Verhältnisse halte auch ich ein Weiterbestehen des Bürgervereins für nicht mehr am Platze."[136] Justizrat Dr. Paul Langemak hatte gegen die Auflösung ebenfalls „nichts einzuwenden" und erklärte zugleich seinen Austritt aus dem Verein.[137] Mit den Bürgervereinen verschwanden wichtige, die städtische Gesellschaft und Politik maßgeblich prägende Organisationen und Kernstücke bürgerlichen Selbstverständnisses. Für diese Art autonomer bürgerlicher Foren war unter nationalsozialistischen Vorzeichen kein Platz mehr. Nur Vereine, die für eine politische Instrumentalisierung von Interesse waren, wie die Deutsch-Schwedische Vereinigung, oder die im nationalsozialistischen Sinn umgestaltet werden konnten, wie der Turn- und Sportverein von 1860 e. V., existierten weiterhin.[138]

Im Herbst 1933 setzten die Nationalsozialisten die seit dem Frühsommer geforderten Personalveränderungen im Magistrat durch. Stadtsyndikus Ernst Kröning hatte seine Beurlaubung, Polizeipräsident Friedrich von Starck seine Pensionierung beantragt.[139] Nun galt es, den zweiten Bürgermeister Walter Fredenhagen aus seiner Position zu drängen. Ziel war es, Oberbürgermeister Heydemann, dessen Amtszeit erst im Mai 1936 ablief, einen Nationalsozialisten als Stellvertreter zur Seite zu stellen. Fredenhagen verweigerte sich zunächst – mit Heydemanns Unterstützung – und war mit dem für ihn vorgesehenen Wechsel nach Stolp oder Swinemünde, wo er in gleicher Position als zweiter Bürgermeister fungieren sollte, nicht einverstanden. Erst nachdem ihm die NSDAP-Gauleitung drohte, sie werde nunmehr seine Pensionierung betreiben, da er sich „in völliger Außerachtlassung der staatspolitischen Notwendigkeiten geweigert habe, den ehrenvollen und gleichwertigen Posten" in Stolp anzunehmen, und auch Heydemann mit seinen Interventionen in Stettin und Berlin zugunsten seines langjährigen Mitstreiters erfolglos geblieben war, gab Fredenhagen nach.[140] Fredenhagens Entscheidung, Stralsund zu verlassen, kommentierte NSDAP-Kreisleiter Reichel mit der Bemerkung, Fredenhagen möge nur schnell sein Bewerbungsgesuch absenden, „es

<hr>

134 Vgl. Karte betr. Einberufung der außerordentlichen Hauptversammlung, gez. Erich Fischer, Vorsitzender, in: StaS, Rep. 18/1433.
135 Bräuner, Wilhelm, Dr., Studienrat an der Städtischen Oberrealschule zu Stralsund, Fächer: Deutsch, Geschichte, Erdkunde, seit 1928 Mitglied des Bürgerschaftlichen Kollegiums, Ortsvorsitzender der DVP, ab April 1929 1. Vorsitzender des Gauvorstandes der DVP, s. Bericht über das Schuljahr 1925 von Direktor Dr. Alfred Batereau, Stralsund 1926, in: StaS, Rep. 29/2362, Bl. 39, Pommern-Stimmen, Nr. 26, 1. 10. 1928, S. 209, Pommern-Stimmen, Nr. 15, 31. 5. 1929, S. 117.
136 Bräuner an Fischer, betr. Bürgerverein, Stralsund, 3. 10. 33, in: StaS, Rep. 18/1433.
137 Dr. Langemak, Justizrat, an den Vorsitzenden des Bürgervereins Innenstadt, Erich Fischer, 6. Okt. 1933, in: StaS, Rep. 18/1433.
138 Zur Anpassung und Gleichschaltung des Stralsunder Turnvereins siehe: Kreisgruppen-Turnfest in Stralsund, 17. u. 18. August 1935 und 75-Jahrfeier des Stralsunder Turn- und Sportvereins v. 1860, [Stralsund 1935].
139 Siehe Dr. W. Fredenhagen an Regierungsvizepräsident Honig, Stettin, Stralsund, 22. 9. 1933, in: StaS, Rep. 29/445.
140 Siehe NSDAP Gauleitung Politisches Amt, Stettin, 2. Okt. 1933, gez. Dr. Jacok, handschriftliche Abschrift, sowie Fredenhagen an Heydemann, 4. 10. 1933, in: StaS, Rep. 29/445.

sei höchste Zeit, dass er aus Stralsund verschwinde".[141] Das rüde Vorgehen der
NSDAP gegenüber ihren einstmaligen Verbündeten rief bei diesen Erbitterung
hervor. Heydemann protestierte am 4. Oktober 1933 bei der NSDAP Gauleitung
in Stettin und verwies auf jenes feierliche Abkommen, das Hitler am 28. Juni 1933
eigenhändig unterzeichnet habe, und in dem „die ehemaligen Angehörigen der
deutschnationalen Front" von ihm als „volle und gleichberechtigte Mitkämpfer
des nationalen Deutschland anerkannt und vor jeder Kränkung und Zurück-
setzung geschützt [werden]. Dies gilt insbesondere für alle Beamten und Angestellten."[142] Privat vermerkte der Oberbürgermeister am 11. Oktober 1933: „So
behandelt man Leute, die 26 Jahre der Stadt treu und sehr erfolgreich gedient
haben!!"[143] An Stelle Fredenhagens wurde am 17. November 1933 das NSDAP-
Mitglied Gerd Pohlman (Jahrgang 1901) als zweiter Bürgermeister eingesetzt.[144]
Mit Ausnahme der Funktion des Oberbürgermeisters wurden die hauptamtlichen
Räte seit der NS-Machtübernahme ausgewechselt. Allerdings waren noch im Februar 1934 von fünf Funktionen nur vier besetzt, und außer Pohlman war nur ein
weiteres NSDAP-Mitglied vertreten.[145]

2.3 ...und Machtdurchsetzung

Das radikale Auftreten der Nationalsozialisten und die auch in Stralsund unüber-
sehbaren Verfolgungs- und Unterdrückungsmaßnahmen gegen die politische Opposition und andere nicht konforme Kräfte standen in einem Missverhältnis zur
Durchschlagskraft der NSDAP bei der Machteroberung in der Stadtverwaltung.
Natürlich fand auch in Stralsund ein Umbruch statt, der für einen Teil der Bevölkerung, vor allem die aktiven Vertreter der Linken und die kleine jüdische Minderheit, frühzeitig massive und brutale Konsequenzen hatte. Auch hier traten jene
Veränderungen in Kraft, die, formal im Rahmen des Notverordnungsparagraphen
noch durch die Verfassung gedeckt, die bürgerlichen Freiheitsrechte aus den Angeln hoben. Dies galt auch für die gesetzlichen Änderungen, mit denen die verfas-
sungs- und verwaltungsrechtliche Basis kommunaler Arbeit verändert wurde. Mit
dem preußischen „Gesetz zur Erzielung weiterer Ersparnisse in der gemeindlichen Verwaltung" vom 6. April 1933 wurde die in Stralsund noch auf einer Bestimmung von 1811 fußende Regelung, nach der der Bürgermeister seitens des
Rates „präsentiert" und vom preußischen Staatsministerium ernannt wurde, beseitigt. In einer Ausführungsbestimmung zum Gesetz hieß es, dass das „in einzelnen
Landesteilen noch geltende Präsentationsrecht" beseitigt und auch die in den
Stadtrezessen vorgesehene Ernennung durch das Staatsministerium nicht mehr an-
zuwenden sei. „Anstelle dieser Ernennung aufgrund einer Präsentation der Stadtverordnetenversammlung tritt in Zukunft die Wahl dieser Beamten durch die

141 Vermerk [Heydemanns], S. 11. 10. 33 mit Paraphe H[eydemann], in: StaS, Rep. 29/445.
142 Vgl. OB Dr. Heydemann an Herrn Gaugeschäftsführer und Gauleitung der NSDAP, Stral-
    sund, 4. 10. 1933, in: StaS, Rep. 29/445.
143 Vermerk [Heydemanns], S. 11. 10. 33 mit Paraphe H[eydemann], in: StaS, Rep. 29/445.
144 Siehe die Liste des Rathauspersonals zum Stand November 1933, in: StaS, Rep. 29/315, sowie
    den Vermerk v. 17. 11. 1933, gez. Heydemann, in: StaS, Rep. 29/147, Bl. 234.
145 Siehe die Liste des Rathauspersonals zum Stand November 1933, in: StaS, Rep. 29/315, sowie
    Ergänzungsvermerke vom 6. 1. und 19. 2. 1934 in: Ebenda.

Stadtverordnetenversammlung."[146] Zwar beendete diese Reform das bisherige, ja keineswegs demokratische Prozedere, doch an einer Demokratisierung war der NSDAP selbstredend nicht gelegen. Dies stellte das preußische Gemeindeverfassungsgesetz vom 15. Dezember 1933 klar, indem es vorhandene Kontrollfunktionen der parlamentarischen Gremien aushebelte und die alleinige Verantwortung für Entscheidungen der kommunalen Verwaltung auch formell auf Bürgermeister respektive Oberbürgermeister übertrug.[147] Damit war auf kommunaler Ebene das Führerprinzip installiert. Aus den Mitgliedern des Bürgerschaftlichen Kollegiums wurden „Gemeinderäte". Mit dem Gesetz zur Sicherung der „Einheit von Partei und Staat" war die NSDAP als „Trägerin des deutschen Staatsgedankens [...] mit dem Staat unlöslich verbunden." Die Partei wurde „Körperschaft des öffentlichen Rechts".[148]

Von einer Einheit von Partei und Staat unter nationalsozialistischen Vorzeichen konnte in der Stralsunder Realität jedoch kaum die Rede sein. Im Gegenteil, das Verhältnis zwischen dem konservativ-nationalen Oberbürgermeister Heydemann und der NSDAP war angespannt und konfliktreich. Dies zeigten die Auseinandersetzungen um die personelle Umgestaltung des Rates im Herbst 1933, die Angriffe der NSDAP auf das Stadtoberhaupt seit Sommer des Jahres und es schlug sich in einer insgesamt eisigen, konfrontativen Atmosphäre nieder. Bei offiziellen Veranstaltungen, zu denen der NSDAP-Kreisleiter ins Stralsunder Rathaus einlud, wurde Heydemann schlicht ignoriert, während die nationalsozialistischen Ratsherren anwesend waren – so geschehen im August 1933.[149] Heydemann beschwerte sich mehrmals bei Gauleiter Wilhelm Karpenstein[150] und bat am 14. Oktober 1933 um Beilegung der Konflikte zwischen Stadtverwaltung und Partei. Die Antwort Karpensteins vom 16. Oktober 1933 war deutlich. Es müsse „nach Einsetzung des 2. Bürgermeisters aus der alten Parteigenossenschaft ein absolutes Zusammenarbeiten zwischen Partei und der Stadtverwaltung gewährleistet werden."[151]

Trotz dieser klaren Vorgabe blieb das Verhältnis angespannt. Die Stadtverwaltung in Stralsund hielt während der Amtszeit Heydemanns gewisse konservative Nischen aufrecht, die sich auch in personellen Kontinuitäten niederschlug. So

[146] Vgl. „Bestimmungen aus den neuen Gemeinde-Verfassungsgesetzen betr. die Besetzung der Stelle des Bürgermeisters bei der Stadtverwaltung Stralsund", gez. Görs, 25.10.33, in: StaS, Rep. 29/677, Bl. 30–32.

[147] Friedrich-Wilhelm Henning: Rahmenbedingungen und Grundzüge der Verwaltungsgeschichte Ostdeutschlands von 1815 bis 1945. Erster Teil, in: Verwaltungsgeschichte Ostdeutschlands 1815–1945, hrsg. v. Gerd Heinrich, Friedrich-Wilhelm Henning und Kurt G. A. Jeserich, Stuttgart, Berlin, Köln 1992, S. 3–83, S. 81.

[148] § 1, Gesetz zur Sicherung der Einheit von Partei und Staat, in: Reichsgesetzblatt 1933 I, S. 1016.

[149] So geschehen bei einer NS-Veranstaltung am 25.8.1933, siehe dazu Abschrift des Einladungsschreibens der NSDAP, Kreisleitung, v. 24.8.1933 an die Ratsherrn Gerlach und Mielke, sowie das Beschwerdeschreiben Heydemanns an Staatsrat Karpenstein (Gauleiter) v. 28.8.1933, in: StaS, Rep. 29/445.

[150] Karpenstein, Wilhelm (1903–1968), ab 1921 NSDAP, Jurist, seit 1930 Abgeordneter des Reichstages, seit April 1931 bis zu seiner Funktionsenthebung im Juli 1934 Gauleiter NSDAP Pommern. Siehe Kyra T. Inachin: Der Aufstieg der Nationalsozialisten in Pommern, Schwerin 2002, S. 30f. u. 36f.

[151] Heydemann an Karpenstein, 14.10.1933, in: StaS, Rep. 29/445, sowie Karpenstein an Heydemann, 16.10.1933, in: StaS, Rep. 29/444.

blieb nicht nur der Oberbürgermeister, sondern auch einer seiner engsten Mitarbeiter, der im Frühsommer 1933 attackierte Magistratsrat Gustav Görs, ehemals Mitglied der DNVP und einer der tragenden Säulen im Verwaltungsapparat, weiterhin im Amt.[152] Die vorerst begrenzte Durchsetzungskraft der NSDAP im Verwaltungsapparat war auch durch die Instabilität der NSDAP begründet. Im Zuge der Säuberungen in NSDAP und SA, deklariert als „Niederschlagung" des sogenannten „Röhm-Putsches", geriet die Stralsunder wie die pommersche NSDAP insgesamt ins Strauchein. Die starke Verankerung des „linken" Flügels im Gau Pommern führte zu einem umfangreichen Personalwechsel in der Gauleitung wie in den meisten Kreisleitungen der NSDAP.[153] Am 23. Juli 1934 druckte die Stralsunder Presse eine Bekanntmachung der Reichspressestelle der NSDAP vom Sonnabend, dem 21. Juli 1934, ab: „Der Gauleiter von Pommern, Wilhelm Karpenstein, wurde wegen wiederholter Nichtbefolgung von Anordnungen der Parteiführung heute vom Führer seines Postens enthoben. Zum neuen Gauleiter von Pommern wurde der Pg. Franz Schwede, der bisherige Oberbürgermeister von Koburg, ernannt."[154] Karpenstein war noch am 1. Juli 1934, also am Tag der Erschießung des SA-Führers Ernst Röhm, auf dem NSDAP-Kreisparteitag in Pyritz aufgetreten und geißelte das Vorgehen der „Reaktion". Konservative wie Heydemann durften sich angesprochen fühlen. „Wir werden zur rechten Stunde zugreifen und immer wieder demonstrieren, daß wir kein Verständnis besitzen für die reaktionären Elemente, die versuchen, den Dolchstoß in unseren Rücken zu führen. Diese Reaktionäre sehen nicht die Gegenwart mit ihren gewaltigen Kräften und Idealen, sondern leben nur in der Vergangenheit, wie sie sich ihnen vor 50 und 60 Jahren vorstellte, als sie in der Gesellschaft und im Publikum etwas gegolten haben, und vergessen, daß das Rad der Zeit weiterrollt."[155] Es war diese Parole des „Kampfes gegen die Reaktion", die der neue Gauleiter Franz Schwede-Coburg[156] nach seiner Amtsübernahme als „blindwütiges Herumtrampeln" verurteilte. Die Reaktion, so Schwede in einer Rede Mitte August 1934 in Stettin, sterbe aus. Man könne nicht jeden, der nach dem 30. Januar 1933 nicht „Eingang in die Bewegung" gefunden habe, in der Öffentlichkeit als reaktionär bezeichnen. „So können wir die Erziehung des Volkes nicht erreichen."[157] Am 14. August 1934 teilte Gauleiter Schwede-Coburg mit, dass er den Stralsunder Kreisleiter Reichel

---

[152] Görs arrangierte sich in der Folgezeit mit dem Nationalsozialismus, wurde 1937 Parteianwärter und spätestens ab 1940 auch Mitglied der NSDAP, s. o. Anm. 124.

[153] Vgl. Kyra T. Inachin: Der Gau Pommern – eine preußische Provinz als NS-Gau, in: Die NS-Gaue. Regionale Mittelinstanzen im zentralistischen „Führerstaat", hrsg. v. Jürgen John, Horst Möller und Thomas Schaarschmidt, München 2007, S. 280–293, S. 280f.

[154] Stralsunder Tageblatt, Montag den 23. 7. 1934, gleichlautend in: Pommersche Zeitung, 23. 7. 1934.

[155] Pommersche Zeitung, 2. 7. 1934.

[156] Schwede(-Coburg), Franz (1888–1960), 1922 Beitritt zur NSDAP in Coburg, dort politisch aktiv, zuletzt als Oberbürgermeister (1934), als Nachfolger Wilhelm Karpensteins ab Juli 1934 Gauleiter in Pommern und in Personalunion Oberpräsident der Provinz Pommern, im Nov. 1948 Verurteilung durch das Spruchgericht in Bielefeld (9 Jahre) und 1951 Verurteilung durch die Große Strafkammer des Landgerichts Coburg zu 10 Jahren wegen Körperverletzung im Amt und Misshandlung von Häftlingen. Teilverbüßung der Haft, Entlassung aus gesundheitlichen Gründen. S. Inachin, Aufstieg (2002), S. 40–42.

[157] „Neuer Kurs in Pommern. Eine Rede des Gauleiters Oberpräsidenten Schwede", in: Stralsunder Tageblatt, 15. 8. 1934, siehe auch Pommersche Zeitung, 14. 8. 1934.

von seinem Amt entbunden habe.[158] Nähere Begründungen gab Schwede für diese
Maßnahmen nicht an, aber in der zitierten Stettiner Rede verwies er pauschal darauf, dass die von ihren Ämtern entbundenen Funktionäre „mit den vom Führer
gekennzeichneten Verfehlungen des vergangenen Gauleiters als Mitwissende mit-
belastet sind."[159]

Die endgültige „Machtergreifung" fand in Stralsund mit der Amtseinführung
des nationalsozialistischen Oberbürgermeisters Dr. Werner Stoll am 17. Oktober
1936 statt. Der aus Thüringen stammende Stoll, Jurist und zum Zeitpunkt seiner
Amtsübernahme erst 34 Jahre alt, war zuvor zweiter Bürgermeister in Bamberg
und seit 1930 in Coburg zusammen mit dem jetzigen pommerschen Gauleiter
Schwede für die NSDAP aktiv gewesen.[160] Als erste Verfügung erließ er am
30. Oktober 1936 die Anordnung, dass fortan alle Sitzungen der Beiräte, Gemeinderäte und Beigeordneten mit den Worten zu eröffnen seien: „Ich eröffne die Sitzung im Namen des Führers." Die Teilnehmer hätten sich dabei von ihren Plätzen
zu erheben. Zu beenden seien die Sitzungen jeweils mit dem Satz „Ich schließe die
Sitzung. Heil Hitler! Die Worte ‚Heil Hitler' werden von sämtlichen Anwesenden
mit erhobener Hand nachgesprochen."[161] Der Nationalsozialismus zog nun auch
symbolisch in das Stralsunder Rathaus ein.

Nachdem die Amtszeit Heydemanns im Mai 1936 geendet hatte, und Bürgermeister Pohlman vorübergehend die Geschäfte des Oberbürgermeisters wahrgenommen hatte, betrat mit Werner Stoll ein Garant nationalsozialistischer Politik
die Bühne der Kommunalverwaltung. Seit der Deutschen Gemeindeordnung vom
30. Januar 1935 lag ein allgemeinverbindliches Verfassungsdokument vor, das die
Kompetenzen und Aufgaben der kommunalen Gremien und die Stellung der
NSDAP gegenüber den Gemeinden festlegte. Propagandistisch als Erbe des Freiherrn vom Stein, des preußischen „Schöpfers der gemeindlichen Selbstverwaltung"
verbrämt, sollte die neue Gemeindeverfassung die Gemeinden „in enger Zusammenarbeit mit Partei und Staat zu höchsten Leistungen befähigen und sie damit
instand setzen, [...] mitzuwirken an der Erreichung des Staatszieles: In einem ein-
heitlichen, von nationalem Willen durchdrungenen Volke die Gemeinschaft wieder
vor das Einzelschicksal zu stellen, Gemeinnutz vor Eigennutz zu setzen und unter
Führung der Besten des Volkes die wahre Volksgemeinschaft zu schaffen, in der
auch der letzte willige Volksgenosse das Gefühl der Zusammengehörigkeit findet."[162] Reichsinnenminister Wilhelm Fricks Kommentar vom 1. Februar 1935,
die Gemeindeordnung löse „in glücklicher Weise das Zusammenwirken von Partei
und Staat im gesamten Kreis der Gemeindeverwaltung", verwies implizit auf bislang bestehende Probleme dieses Zusammenwirkens. Bei Ein- und Unterordnung
in den nationalsozialistischen Staat wurde gleichzeitig der Wert der Kommunen in

[158] „Parteiamtlich wird bekanntgegeben", in: Pommersche Zeitung, 14. 8. 1934, zu weiteren Funk-
tionsenthebungen siehe z. B. Pommersche Zeitung, 9. 8. 1934.
[159] „Neuer Kurs in Pommern. Eine Rede des Gauleiters Oberpräsidenten Schwede", in: Stralsunder Tageblatt, 15. 8. 1934.
[160] Siehe StaS, Rep. 39/5466 (Personalakte).
[161] Allgemeine Verfügung des Oberbürgermeisters Nr. 1, Stralsund, den 30. Okt. 1936, in: StaS,
Rep. 29/158.
[162] So die Einleitung des Gesetzes, siehe Reichsgesetzblatt I, 30. 1. 1935, S. 49, siehe auch Die nationalsozialistische Gemeinde, 3. Jg., Folge 3, 1. 2. 1935, S. 68f.

jenem Staatsaufbau hervorgehoben. „Die Selbstverwaltung ist im Staate Adolf
Hitlers kein Fremdkörper, sie ist die *Keimzelle des Staatsgebäudes* und übernimmt
ihre Aufgaben aus den Händen der NSDAP, die den Staat schuf und mit dessen
Zukunft sie unlöslich verbunden ist."[163] Zugleich machte Frick klar, dass der
Parlamentarismus „aus den Gemeindestuben endgültig verbannt" sei. Die Mitwirkung der Bürgerschaft sei damit nicht ausgeschlossen. Allerdings vollzog sich
diese Spielart nationalsozialistischer Partizipation nicht mehr in Form einer „Ver-
tretungskörperschaft mit Kontrollbefugnissen", sondern die von der NSDAP er-
nannten Gemeinderäte sollten „in einheitlicher Zielsetzung" mit dem Leiter der
Gemeinde tätig sein. Und dieser wiederum wurde „auf Vorschlag des Beauftragten
der NSDAP nach Genehmigung der Aufsichtsbehörde von der Gemeinde ernannt." Die Kontrolle über seine Tätigkeit „übt in vollstem Umfange der Staat
aus".[164]
Stralsunds erster nationalsozialistischer Oberbürgermeister verkörperte die
„Einheit von Partei und Staat" gewissermaßen in seiner eigenen Person. Werner
Stoll war nicht nur Stadtoberhaupt, sondern in Personalunion auch Leiter des
Amtes für Kommunalpolitik in der Kreisleitung der NSDAP. Im Rahmen dieser
Funktion erstattete er Berichte an die Stettiner Gauleitung.[165] Zu einem direkten
Austausch zwischen Partei und Verwaltung in Form gemeinsamer Beratung kam
es allerdings erst ab Frühjahr 1941. Einer Anregung des Gauleiters folgend, fanden
kommunalpolitische Besprechungen zwischen den führenden Parteigenossen in
Partei und Stadtverwaltung ab Mai 1941 im Ratsbierkeller statt und sollten alle
vier bis sechs Wochen durchgeführt werden. Zweck der Zusammenkünfte war, so
Stoll in der ersten Zusammenkunft am 9. Mai 1941, Meinungsaustausch, Klärung
von Widersprüchen, „damit nach außen hin eine einheitliche Front geschaffen
wird". „Auf der kommunalpolitischen Besprechung sollen die wichtigsten Fragen
der Ratsherrnsitzung vorgesprochen werden und außerdem sonstige aktuelle Probleme zur Erörterung kommen." Die Ortsgruppenleiter sollten bis zur nächsten
Besprechung auftretende Fragen an das Kommunalpolitische Amt der Kreisleitung „oder am besten direkt an den Oberbürgermeister" richten, damit die Beant-
wortung in der nächsten Sitzung sichergestellt werden könne.[166]
Die in der Gemeindeordnung vorgesehenen Regelungen wie auch die sich in
der Realität herausbildenden Kommunikationsformen zwischen Partei und Verwaltung zeigten, dass die nationalsozialistische Diktatur zwar demokratische
Strukturen ausschaltete, aber auf eine in volksgemeinschaftlicher Diktion ver-
brämte Partizipation der städtischen Gesellschaft und ihrer gleichgeschalteten Institutionen nicht verzichten konnte.

---

[163] Die neue deutsche Gemeindeordnung. Von Reichsinnenminister Dr. Wilhelm Frick, in: Die
nationalsozialistische Gemeinde, 3. Jg., Folge 3, 1. 2. 1935, S. 58.
[164] Siehe ebenda.
[165] Siehe Berichte des Amtes für Kommunalpolitik an die Gauleitung in: StaS, Rep. 29/584; „Die
Organisation unseres Kreises", in: Pommersche Zeitung, 24./25. 6. 1939.
[166] Streng vertraulich! 1. Kommunalpolitische Besprechung am 9. Mai 1941 um 20.30 Uhr im
Ratsbierkeller, in: StaS, Rep. 29/599, Bl. 3ff.

3. „1945"

3.1 Vom „Endsieg" zum Kriegsende

„Die politische Lage kann als unverändert einwandfrei bezeichnet werden. Der Glaube an den Endsieg ist unerschütterlich."[167] So lautete das Resümee des Stralsunder Kommandos der Schutzpolizei in seinem Lagebericht für den Monat November 1944. Derartige Lageberichte waren ab September 1943 von allen Verwaltungsabteilungen der Stadt monatlich an den Oberbürgermeister zu richten, der diese weiter an den Regierungspräsidenten in Stettin leitete.[168] Die Auskünfte der Polizei gaben nahezu stereotyp eine Stimmung in der Bevölkerung wieder, die den Anschein einer „heilen Volksgemeinschaft im Krieg" vermittelte. „Die Stimmung der Bevölkerung ist ruhig und gelassen", so der Bericht für Januar 1944, sie sei „weiterhin zuversichtlich", hieß es im Februar und April des Jahres. Selbst nach dem schweren Bombenangriff vom 6. Oktober 1944, der nach dem vorläufigen amtlichen Stand vom 30. Oktober 1944 687 Zivilpersonen, 27 Soldaten und 54 Kriegsgefangenen das Leben gekostet hatte, bemerkte der Polizeibericht: „Die politische Lage ist durch den Terrorangriff und durch den erneuten Osteinsatz etwas gedrückt, jedoch ist das Vertrauen zum Führer und der Glaube an den Sieg nicht verloren gegangen."[169] Sicherlich waren unter der Stralsunder Bevölkerung derartige Haltungen vorhanden, sei es aus Fanatismus wie auch aus Fatalismus, weil Alternativen nicht denkbar waren. Zudem griffen Propaganda und Repression. Nicht anders ist der Hinweis vom 1. Oktober 1943 zu werten, dass nach der Übernahme des Reichsinnenministeriums durch den Reichsführer-SS und Chef der Deutschen Polizei, Heinrich Himmler, die „Gerüchtemacherei" und „Miesmacherei" stark nachgelassen habe. Dazu hätten auch die in der Presse veröffentlichten exemplarischen Strafen beigetragen. „Man kann sagen, daß eine Vorsichtigkeit und Zurückhaltung an den Tag getreten ist, die man früher nicht bemerkt hat."[170] Doch jenseits der genannten Aspekte, zu denen auch eine Art von Selbstsuggestion der Berichteschreiber sowie der Anspruch, aus seinem eigenen Bereich „Erfolge" zu melden, zu zählen wären, tritt in den Berichten eine Realität zum Vorschein, die den positiven Meldungen widersprachen. Wie vertrug sich die positive Stimmungslage mit Meldungen, dass allgemeine Krankheitserscheinungen, „bedingt durch die Zeit", zunähmen, dass die Kranken in langen Schlangen vor den Ärzten auf eine Behandlung warten mussten?[171] Nach dem Bombenangriff im Oktober 1944, der das Vertrauen in Führer und Endsieg angeblich nicht geschmälert hatte, machte sich Unmut in der „minderbemittelten Bevölkerung" bemerkbar. Besonders „bei den ausgebombten Frauen ist das Vertrauen zur Partei da-

---

167 Kommando der Schutzpolizei, 30.11.1944, Lagebericht, in: StaS, Rep. 29/100.
168 Oberbürgermeister an alle Verwaltungsabt., 18.9.1943, betr. Lageberichte, gez. Dr. Fichtner Staatskommissar, in: StaS, Rep. 29/100.
169 Kommando der Schutzpolizei, 29.10.1944, Lagebericht, sowie Der Oberbürgermeister als Ortspolizeibehörde, 31.10.1944, an den Oberbürgermeister, betr. Lagebericht für Oktober 1944, in: StaS, Rep. 29/100.
170 Kommando der Schutzpolizei an Oberbürgermeister, Stralsund, den 1. Oktober 1943, betr. Lagebericht, in: StaS, Rep. 29/100.
171 Kommando der Schutzpolizei, 29. November 1943, Lagebericht, in: StaS, Rep. 29/100.

durch etwas gesunken, weil sie bisher noch keine Arbeitskräfte zur Bergung ihres Hausrates erhalten haben, während Geschäftsleuten größere Arbeitskommandos gestellt wurden."[172] Ein Verfall von Moral und Sitte wurde in den Berichten beklagt, ein zunehmendes Verletzen von Regeln, wie etwa die Missachtung von Luftschutzvorschriften durch Wehrmachtsangehörige, die während der Fliegeralarme sogar „in Begleitung von Mädchen auf Bänken in den Anlagen" angetroffen worden waren, wie ein Bericht vom Oktober 1943 festhielt.[173] Schon im Dezember 1941 kam in einer der kommunalpolitischen Besprechungen der Stadtverwaltung mit NSDAP-Funktionsträgern das „undisziplinierte Treiben" von Jugendlichen nach Einbruch der Dunkelheit zur Sprache.[174] In der Folgezeit berichtete die Kriminalpolizei „laufend" über moralische Verfehlungen von Jugendlichen und von Frauen, deren Männer an der Front eingesetzt waren. So präsentierte der Tätigkeitsbericht des Amtes für Kommunalpolitik für den Monat April 1942 aus einer Vielzahl kriminalpolizeilich registrierter Vorfälle Beispiele wie jene 21-jährige Frau, die, obwohl mit einem an der Ostfront kämpfenden Soldaten verheiratet, sich „fortgesetzt mit Wehrmachtsangehörigen" herumtreibe. Ein anderes Beispiel: Ein 17-jähriger Jugendlicher habe mit einem gestohlenen Wagen Schwarzfahrten unternommen und auf einer dieser nächtlichen Fuhren versucht, eine „Kriegerfrau" in den Wagen zu ziehen und sie zu vergewaltigen.[175] Von solchen als besonders verwerflich präsentierten Fällen abgesehen, war auch ein alltäglicher Verfall von bisherigen Werten, der Achtung von Gesetz und Ordnung, feststellbar. So hielt die Güterverwaltung der Stadt Ende Oktober 1943 ein Zunehmen des Tausch- und Schleichhandels fest. Als bemerkenswert hob sie hervor, „daß Zuwiderhandlungen gegen die Bewirtschaftungsvorschriften in letzter Zeit in weiten Kreisen überhaupt nicht mehr als unehrenhaft angesehen werden, im Gegenteil rühme man sich sogar ganz offen seiner ‚guten Beziehungen', indem man von der Annahme ausgeht, daß alle Welt in der gleichen Weise verfahre."[176] Je länger der Krieg dauerte, desto mehr kamen die gewohnten gesellschaftlichen Abläufe aus dem Lot. Die „Zusammenbruchsgesellschaft" sandte ihre Vorboten schon vor dem „Zusammenbruch" im April/Mai 1945 aus. Einer der letzten Stralsunder Lageberichte aus nationalsozialistischer Zeit vom 1. März 1945 meldete: „Die grosse Schwierigkeit ist augenblicklich der Raum für Flüchtlinge."[177] Diese kamen seit Januar 1945 in großer Zahl in die Stadt, „in offenen Güterwagen, auf Pferdefuhrwerken, zu Fuß [...]. Viele Menschen sind durch die Anstrengungen erschöpft und sterben. An manchen Tagen ist es nicht möglich die Verstorbenen zu den Friedhöfen zu schaffen und zu beerdigen. Im April stehen Särge nicht mehr genügend zur Verfügung. Die Toten werden in Papiersäcken beerdigt."[178]

---

[172] Kommando der Schutzpolizei, 29.10.1944, Lagebericht, in: StaS, Rep. 29/100.
[173] Kommando der Schutzpolizei, 29.10.1943, Lagebericht, in: StaS, Rep. 29/100.
[174] 6. Kommunalpolitische Besprechung am 4. Dez. 1941, 20.30 Uhr, im Rathausbierkeller, in: StaS, Rep. 29/599, Bl. 53ff.
[175] Amt für Kommunalpolitik, gez. Dr. Stoll, an Gauleitung, Amt für Kommunalpolitik, 27.4.1942: Tätigkeitsbericht für den Monat April 1942, in: StaS, Rep. 29/601, Bl. 74f.
[176] Güterverwaltung an Staatskommissar Fichtner, vertraulich, 26.10.1943, in: StaS, Rep. 29/100.
[177] Stadtbauamt an Oberbürgermeister, 1.3.1945, Lagebericht, in: StaS, Rep. 29/100.
[178] Aufzeichnungen Max Fanks in der handschriftlichen Chronik zur Geschichte Stralsunds, S. 472, in: NL Fank/Rostock, Ordner 5.

In den letzten Monaten vor Kriegsende wurden in Stralsund Kräfte aktiv, die sich angesichts der immer deutlicher werdenden Niederlage gegen eine Verteidigung der Stadt und die ihr damit drohende Zerstörung einsetzten. Von einer breiter koordinierten Widerstandsbewegung konnte dabei nicht die Rede sein, wie überhaupt trotz illegaler Verbindungen vor allem zwischen Vertretern der Arbeiterbewegung und auch einiger Opfer an Leib und Leben ein stärker sichtbarer antinazistischer Widerstand in der Stadt nicht entwickelt werden konnte. Einige Wirkung erzielten Aktionen, die von einer „Aktionsgruppe Wanning/Poggendorf" ausgingen. Bernhard Wanning, Leiter der Nebenstelle Stralsund der Telefon- und Normalzeit AG Rostock, und der Betriebsleiter der Firma Koch und Poggendorf, Gerhard Poggendorf, hielten Ende März 1945 die Zeit für gekommen, die Bevölkerung mittels illegaler Flugblätter „zum Widerstand gegen die Fortführung der verhängnisvollen nationalsozialistischen Politik aufzurufen".[179] Zunächst unternahmen die beiden einen „legalen Schritt" und versuchten am 26. April 1945, den amtierenden, seit dem zweiten freiwilligen Fronteinsatz Dr. Werner Stolls kommissarisch eingesetzten Oberbürgermeister Dr. Hans Fichtner (1909-1981) von der Sinnlosigkeit weiteren Widerstandes zu überzeugen. Fichtner, seit November 1929 aktiver Nationalsozialist und ab Februar 1933 Mitglied der SS[180], wies die Argumente der beiden brüsk und drohend zurück. Im Übrigen, so Fichtners Behauptung, habe er auf die Verteidigungsentscheidung keinen Einfluss. Im Februar 1945 hatte der Stralsunder Wehrmachtskommandant, Kapitän zur See Herbert Zollenkopf, den Befehl erhalten, unter Hinzuziehung der Zivilbevölkerung Stralsund so zur Verteidigung auszubauen, dass die Stadt etwa drei Monate gehalten werden könne. Mitte April waren entsprechende Schanzarbeiten, darunter das Anlegen von Panzersperren und das Ausheben von Schützengräben, abgeschlossen.[181] In der Nacht vom 27. auf den 28. April 1945 plakatierten Poggendorf und Wanning die Aufforderung: „Der Feind steht vor den Toren der Stadt. Wollt Ihr die Stadt der Vernichtung preisgeben? Helft nicht noch den regierenden Bonzen, die Stadt zu verteidigen! Bei Annäherung des Feindes hißt an Euren Häusern die weiße Fahne!"[182] Obwohl die Polizei den größten Teil der Zettel abriss, blieb ein Teil hängen „und kam der breiteren Bevölkerung zur Kenntnis".[183] Zu diesem Zeitpunkt befand sich „der Feind im zügigen Vormarsch auf Greifswald". Nach dem Lagebericht des Wehrmachtskommandanten am 28. April 1945 herrschten in Stralsund chaotische Zustände. Die Zahl der in die Stadt strömenden

---

[179] [Bericht Poggendorf v. 30.5.1945:] „Antifaschistische Tätigkeit der Aktionsgruppe Wanning/Poggendorf vor und nach dem 30. April (Angriff auf Stralsund), in: LHAS, 10.31-1, 50, Bl. 2–6, hier Bl. 2, siehe auch Oskar Eggert: Das Ende des Krieges und die Besatzungszeit in Stralsund und Umgebung, 1945–1946, Hamburg 1967, Poggendorfs Bericht ist hier ab S. 203–207 abgedruckt. Zu den Abläufen siehe außerdem: Hans-Helmuth Knütter: Das Kriegsende in Stralsund und Rügen 1945, Recklinghausen 1986.

[180] Biografische Angaben siehe StaS, NL Knütter, Knü 28, darin Kopien der Karteikarten aus dem früheren Berliner Document Center (heute BArch) mit Nachweisen zu Mitgliedschaft NSDAP, SA und SS, sowie StaS, Rep. 39/1777 (Personalakte).

[181] Siehe Knütter, Kriegsende (1986), S. 8f.

[182] Zitiert nach ebenda, S. 14.

[183] [Bericht Poggendorf v. 30.5.1945:] „Antifaschistische Tätigkeit der Aktionsgruppe Wanning/Poggendorf vor und nach dem 30. April (Angriff auf Stralsund), in: LHAS, 10.31-1, 50, Bl. 2–6, hier Bl. 3.

Flüchtlinge ging in die Zehntausende. Der Hafen war mit kleinen Dampfern und Fischereifahrzeugen, mit denen sich Flüchtlinge oder Soldaten in westlicher Richtung absetzen wollten, völlig überfüllt. „Überall herrschen chaotische Zustände. Weisungen der Ordnungsorgane werden nur teilweise befolgt."[184] Das Chaos wurde am 29. April noch größer, nachdem die Stralsunder Bevölkerung per Lautsprecherdurchsagen aufgefordert worden war, die Stadt zu verlassen. Diese Evakuierung war auf einer von Gauleiter Schwede-Coburg anberaumten Besprechung mit den Wehrmachtskommandeuren und den leitenden NSDAP-Funktionären unter Einschluss des Oberbürgermeisters Fichtner vereinbart worden. Die Folge war eine panikartige Fluchtbewegung und ein heilloses Durcheinander in der Stadt.[185] Am 30. April 1945 wurde der Gefechtsstab in das Silo der Firma Koch und Poggendorf im Stralsunder Hafen verlegt. Poggendorf war nun durch seine in die Widerstandsaktionen eingeweihten Mittelsmänner in der Belegschaft über die Vorgänge genau informiert und versuchte die anwesenden Offiziere und Unteroffiziere des Stabes zu beeinflussen. Nach Einschätzung Poggendorfs war der übergroße Teil der Truppe und der Offiziere auch bereit zu kapitulieren. Über den Silomeister Loetz erhielt Poggendorf Kenntnis von einem russischen Funkspruch, der gegen Mitternacht des 30. April 1945 einen „außerordentlichen Luftangriff" auf die Stadt ankündigte. Zu diesem Zeitpunkt stand der Gefechtsstand bereits unter Artilleriebeschuss. Auch in einem Vorort Stralsunds wurde gekämpft. Obwohl Poggendorfs Intervention gegen ein Uhr am Morgen des 1. Mai 1945, nunmehr die weiße Flagge zu hissen, von dem zuständigen General im Gefechtsstab mit gezogener Pistole zurückgewiesen wurde, gelang es Poggendorfs Vertrauensleuten im Silo, gegen 5 Uhr morgens endlich die weiße Flagge auf dem Silo aufzuziehen. Am Morgen des 1. Mai 1945, gegen neun Uhr, „erschienen am Hafenkai die ersten russischen Spitzen mit einem Leutnant und etwa zehn Mann beim Silo. Der Gefechtsstand wurde vom Silomeister geöffnet, da sich im Silo noch beträchtliche Waffenvorräte und dergleichen befanden." Mit diesen Aktionen, so Poggendorfs Fazit, sei zwar nicht die kampflose Übergabe der Stadt erreicht worden, immerhin habe man jedoch einen Häuserkampf und die Zerstörung der Stadt durch Luftangriffe verhindert.[186]

„Gegen 10 Uhr begann der Einmarsch der Roten Armee. Sie fanden einige dutzend Leichen von Nazi-Größen, Uniformträger, die sich nach einem Saufgelage entleibt hatten. Die anderen waren nach Rügen geflohen."[187] Von Rügen aus versuchte sich der größte Teil des Stralsunder militärischen und politischen Führungspersonals Richtung Westen abzusetzen. Auch Oberbürgermeister Fichtner hatte mit einigen seiner Mitarbeiter nach Rügen übergesetzt. Für ihn blieb jedoch kein Platz in den Fluchtbooten reserviert, er kehrte aufs Festland zurück, wurde

---

184 Lagebericht Kapitän zur See Zollenkopf, 28.4.1945, zitiert nach Knütter, Kriegsende (1986), S. 14f.
185 Ebenda, S. 15f.
186 [Bericht Poggendorf v. 30.5.1945:] „Antifaschistische Tätigkeit der Aktionsgruppe Wanning/Poggendorf vor und nach dem 30. April (Angriff auf Stralsund), in: LHAS, 10.31-1, 50, Bl. 6.
187 Max Fank: Maifeiern im „Junkerland", in: Ost- und Mitteldeutscher Heimatbote, Zeitschrift für Vertriebene und Flüchtlinge, Nr. 4/5, Apr./Mai 1964, 12. Jg., in: NL Fank/Rostock, Ordner 12.

noch im Mai 1945 in einer Scheune in Stralsund verhaftet und an die Rote Armee übergeben.[188]

Etwa zur gleichen Zeit, als der Einmarsch der Roten Armee begann, suchten Wanning und Poggendorf den früheren sozialdemokratischen Ratsherrn Otto Kortüm auf. Sie baten ihn, „die Stadtgeschäfte" zu übernehmen. Zusammen mit Walter Picht[189] besprach diese Runde, zu der nach Kortüms Darstellung auch Max Fank gestoßen war, „erste Maßnahmen" und leitete diese ein.[190] Picht hatte bis zum Verbot 1933 der SPD angehört. Zusammen mit Kortüm und Fank fand er sich im Sommer 1944 zu einer sozialdemokratischen Widerstandsgruppe zusammen, die wie Poggendorf und Wanning eine Verteidigung der Stadt verhindern wollte. Nach der Zulassung der Parteien im Juni 1945 schloss sich Picht der KPD an. Otto Kortüm hatte in einem Rundschreiben an frühere Genossen der SPD vom 1. Mai 1945 über die Abläufe informiert und zugleich um Einverständnis und Unterstützung zu seiner Bereitschaft, die Amtsgeschäfte zu übernehmen, geworben.[191] Die Legitimation zur Übernahme des Bürgermeisteramtes erhielt Kortüm „im Laufe des Tages" von den Truppenkommandanten der Roten Armee, Generalmajor Ljastschenko und Oberst Fomenko, der ab 1. Mai 1945 als Militärkommandant der Stadt Stralsund eingesetzt war.[192] Noch mit Datum vom 1. Mai 1945 erließ Kortüm einen ersten Aufruf an die Stralsunder Bevölkerung, in der er auf die Bindung an Befehle des Militärkommandanten und auf die Pflicht der Deutschen zur Wiedergutmachung verwies. Am 2. Mai 1945 folgte eine Anordnung, in der Kortüm auf Anweisung Fomenkos zur Disziplin aufrief und die unnachsichtige Bestrafung von Plünderungen ankündigte.[193]

Ein offizielles Dokument zur Amtsübergabe an Kortüm, eine Bestallungsurkunde gar, ist nicht überliefert. Die Zeitverhältnisse waren nicht danach, bürokratische Gepflogenheiten einzuhalten. Noch herrschte Krieg, auch wenn in Stralsund selbst die Waffen schwiegen. Auf der kleinen, zwischen Rügen und dem Festland gelegenen Insel Dänholm befanden sich noch Einheiten der Wehrmacht, die am frühen

---

[188] B. Fichtner: 12 Jahre Gefängnis, Zuchthaus und Kriegsgefangenenlager. Lebensgeschichte des Stralsunder Oberbürgermeisters Dr. Fichtner, in: Ostsee-Anzeiger, Nr. 11, 15. 3. 2000, S. 15.

[189] Picht, Walter, geb. 1900, Arbeiter, Buchhalter und Büroarbeiter, 1933 entlassen und kurzzeitig im KZ Sonnenburg, 1940–1945 Kriegsdienst in der Marine. Seit Mai 1945 Richter am Gericht Stralsund, Januar–September 1946 als Generalstaatsanwalt in Mecklenburg-Vorpommern, Juni 1948–Mai 1953 Rechtsbeistand in Stralsund, Mai 1953 Flucht nach Westdeutschland; 1918–1921 USPD, 1925–1933 SPD, 1945 KPD, 1946–1953 SED, vgl. Die Landesregierung in Mecklenburg-Vorpommern unter sowjetischer Besatzung 1945 bis 1949, Bd. 1: Die ernannte Landesverwaltung, Mai 1945 bis Dezember 1946, hrsg. v. Werner Müller und Andreas Röpcke, eingeleitet und bearbeitet von Detlev Brunner, Bremen 2003, S. 572 und 646.

[190] [Bericht Poggendorf v. 30.5.1945:] „Antifaschistische Tätigkeit der Aktionsgruppe Wanning/ Poggendorf vor und nach dem 30. April (Angriff auf Stralsund), in: LHAS, 10.31-1, 50, Bl. 6. Vgl. Otto Kortüm an Hans Joachim Flöter, Hamburg, den 20. 6. 1961, veröffentlicht in: Marko Michels: Einheitszwang oder Einheitsdrang?! Der Vereinigungsprozeß von KPD und SPD zwischen 1945 und 1950 in Mecklenburg-Vorpommern, Schwerin 1999, S. 439ff. Siehe auch Artikel: Max Fank, in: Schwabe, Wurzeln (1999), S. 64ff., sowie Müller/Mrotzek/Köllner (2002), S. 173f.

[191] Otto Kortüm an Herrn …, Stralsund, den 1. Mai 1945, mit Anrede „Lieber Genosse!", in: NL Fank/Rostock, Ordner 22; Vermerk, dass das Schreiben nicht abgesandt wurde, vom 7.7.1965 mit Paraphe F[an]k, auf dem Dokument.

[192] Knütter, Kriegsende (1986), S. 22.

[193] Beide Dokumente aus dem Nachlass Otto Kortüms sind abgedruckt in Eggert, Ende (1967), S. 208 (Anlage 6 und 7).

Morgen des 1. Mai die Verbindung zum Festland gesprengt hatten. Auf Rügen
selbst lagen noch etwa 8000 Wehrmachtssoldaten. Um die Einheiten auf beiden
Inseln zur Kapitulation zu bewegen, wurden von Stralsund aus am Abend des
2. Mai 1945 zwei Gruppen deutscher Parlamentäre, mit entsprechenden Dokumen-
ten der Sowjets ausgestattet, zu den Inseln gerudert, darunter der auf Rügen ver-
handelnde katholische Geistliche Friedrich Radek[194], der seit 1922 in Stralsund als
Priester und Zentrumspolitiker wirkte. Der Erfolg dieser Aktionen wird in der
Literatur völlig gegensätzlich bewertet. Eine von den Sowjets geforderte offizielle
Übergabe der Inseln durch die deutschen Truppen erfolgte offenkundig nicht. Die
vom Dänholm nach Rügen abziehenden Truppen sprengten sogar noch die Strelasundbrücke, so dass nach der bereits erfolgten Sprengung der Ziegelgrabenbrücke
die seit 1936/37 existierende Bahn- und Straßenverbindung zur Insel Rügen ge-
kappt war. Tatsache ist, dass beide Inseln kampflos geräumt wurden und in den
Tagen des 4. und 5. Mai 1945 die letzten Transportschiffe mit Soldaten und Zivilisten von Rügen Richtung Schleswig-Holstein ablegten. Mit diesen Schiffen verlie-
ßen auch die Generäle mit ihren Stäben sowie der Gauleiter Schwede-Coburg die
Insel. Allerdings wurden nicht alle Militärpersonen evakuiert. Nach sowjetischen
Angaben hatte die Rote Armee noch 4000 Gefangene auf Rügen gemacht.[195]
    Die sich vielfältig widersprechenden Aussagen Beteiligter aus Militär und Zivil-
bevölkerung und die dabei posthum auftretende Konkurrenz, wer nun wie viel
Anteil an der Vermeidung weiterer Opfer in jenen letzten Kriegstagen hatte, verweist auf die Unübersichtlichkeit einer kurzen Zeitspanne, in der sich die Ereignisse überstürzten und Akteure mit sehr unterschiedlichen Interessen zeitgleich
handelten. Die nunmehr Verantwortung übernehmenden Zivilisten der bereits besetzten Stadt Stralsund verfolgten andere Ziele als die militärischen Stäbe und die
regionalen NS-Eliten, die vor allem Zeit für ihre Flucht aus dem Kontrollbereich
der Roten Armee gewinnen wollten. Mit zeitlichem Abstand konstruierten die
verschiedenen Beteiligten „ihre" Version, die sich jeweils in den sich herausbildenden Ost-West-Kontext einordnete. Jenseits dieser nachträglichen Stilisierungen
halten zeitgenössische Dokumente Informationen bereit, die zwar die eine oder
andere Detailfrage offen lassen, aber die Skizze eines Prozesses ermöglichen.
Sichtbar werden dabei ein tiefgreifender Zusammenbruch sowie Stufen eines Neu-
beginns, die im Vergleich zu den beiden vorangegangenen Zäsuren den wohl nach-
haltigsten Umbruch in der Stadt markieren.

3.2 Die Stadt im Umbruch

Die ersten Nachkriegstage und -wochen verliefen in jeder Hinsicht chaotisch und
turbulent. Der am 1. Mai 1945 eingesetzte Bürgermeister, Otto Kortüm, wurde

---

[194] Zu Radek siehe Wolfgang Knauft: Friedrich Radek (1884–1964), in: Ders. (Hg.): Miterbauer
    des Bistums Berlin. 50 Jahre Geschichte in Charakterbildern, Berlin 1979, S. 133–151.
[195] Zu den Ereignissen siehe Knütter, Kriegsende (1986); StaS, Nachlass Knütter, Knü 27 und
    Knü 28, darin Zeitzeugenberichte; siehe außerdem Eggert, Ende (1967); Hans-Jürgen Meyer:
    Blinkzeichen am Rügendamm, Berlin (Ost) 1971; Jahnke, Von der Novemberrevolution
    (1984), S. 328 ff., sowie Dietrich Richter: Die antifaschistisch-demokratische Umwälzung
    1945–1949, in: Geschichte der Stadt Stralsund (1984), S. 332–366, hier S. 332 f.; Erich Murawski:
    Die Eroberung Pommerns durch die Rote Armee, Boppard 1969, S. 342 ff.

bereits am 6. Mai wieder entlassen. Der Anlass war eine angesichts der Kürze der Zeit und der Zeitumstände nicht durchzuführende Anweisung des sowjetischen Kommandanten, 300 Arbeitskräfte für die Instandsetzung des Rügendammes bereitzustellen. An Kortüms Stelle trat der aus Ostpreußen stammende, erst 25 Jahre alte Emil Frost. Frost hatte als Kriegsgefangener der Sowjetunion die Antifaschulungen des kommunistisch gelenkten Nationalkomitees Freies Deutschland (NKFD) durchlaufen, trat im Februar 1944 in den Dienst der Roten Armee und war einer jener Kader, die zur Unterstützung der Besatzungstruppen in der sowjetisch besetzten Zone zum Einsatz kamen.[196] Am 7. Mai 1945 traf Frost zu einer Besprechung im Stralsunder Rathaus mit Vertretern der zu diesem Zeitpunkt noch nicht zugelassenen Parteien SPD und KPD sowie der Stadtverwaltung zusammen. Anwesend waren unter anderen Otto Kortüm, Bernhard Wanning, der sich im Juli 1945 der KPD anschloss, die Sozialdemokraten Wilhelm Burmeister[197] und Hermann Heinze, dessen Sohn Wolfgang auf Grund seiner Widerstandstätigkeit wegen „Hochverrat" verurteilt und am 12. Januar 1945 hingerichtet worden war, die Kommunisten Hans Felski[198] und Artur Rozyczka sowie Walter Picht und Malte Gielow jun.[199], die sich als ehemalige SPD-Mitglieder ebenfalls der KPD anschlossen. Die bisherige Stadtverwaltung war durch den Archivar Dr. Peter Pooth[200] und den Leiter der Finanzverwaltung und Stadthauptkasse, Geß, vertreten.[201]

Obwohl Kortüm seine Funktion als Bürgermeister verloren hatte, übernahm er in dieser Sitzung die Funktion eines Vorsitzenden. Er begrüßte die Anwesen-

---

[196] Frost, Emil, geb. 1920 in Heiligenstein/Ostpreußen, vom 10. bis 16. Lebensjahr Gymnasium in Leipzig, nach Reichsarbeitsdienst (1936/37) Ausbildung zum Flugzeugpiloten bei der Lufthansa Berlin (1937–39), Einberufung zum Kriegsdienst, Einsätze in Polen, Frankreich, Norwegen, Sowjetunion, dort ab 1.9.1941 in Kriegsgefangenschaft. Frost durchlief diverse antifaschistische Schulungen und wurde ab Februar 1944 an die Front berufen. „Kurz nach der Einnahme der Stadt Stralsund nahm ich auf Anordnung des Frontstabs der II. Weißrussischen Front meine Tätigkeit als Bürgermeister in Stralsund auf." Siehe Lebenslauf vom 28.8.1945, in: StaS, Rep. 39/1904 (Personalakte), Frost (KPD/SED) war vom September 1945 bis 1950 als Oberbürgermeister in Stralsund tätig. Über die Gründe seines Ausscheidens aus dieser Funktion konnte nichts ermittelt werden.

[197] Wilhelm Burmeister war 1936 von einem Sondergericht in Stettin zusammen mit anderen früheren Funktionären der Transportarbeiter- und Eisenbahnergewerkschaften wegen illegaler Tätigkeit im Rahmen der „Internationalen Transportarbeiter-Föderation", ITF, gegen das NS-Regime („Vorbereitung zum Hochverrat", sog. Roskilde-Prozess) zu eineinhalb Jahren Gefängnis verurteilt worden. S. Müller/Mrotzek/Köllner (2002), S. 167, sowie „Aus der Liste der Opfer der Widerstandsbewegung der sozialistischen Arbeiterschaft Pommerns", in: NL Fank/Rostock, Ordner 8, Bl. 220–224.

[198] Felski, Hans (1897–1963), KPD/SED, vor der Annullierung der kommunistischen Mandate 1933 Mitglied des Bürgerschaftlichen Kollegiums, 1933 Verhaftung, illegale Arbeit gegen das NS-Regime, vgl. Geschichte der Stadt Stralsund (1984), S. 318, 321 u. 510.

[199] Gielow, Malte (1893–1969), vor 1933 SPD, ab 1945 KPD/SED, nach Kriegsende 1945 in der Verwaltung der Stadt Stralsund tätig, s. Geschichte der Stadt Stralsund (1984), S. 338 und 510, sowie StaS, Rep. 39/2022 (Personalakte). Zu Rozyczka (Jg. 1900), siehe S. 61.

[200] Pooth (1884–1958), war eigentlich Naturwissenschaftler, wandte sich jedoch nach dem Verlust seiner Stellung als Chemiker 1932 historischen Studien zu und wirkte ab Oktober 1932 zunächst unentgeltlich, dann als wissenschaftlicher Hilfsarbeiter im Stralsunder Stadtarchiv. Seit 1937 fest angestellt, musste er wegen eines Gehirnschlages am 17.5.1945 seine Tätigkeit aufgeben. Vgl. Herbert Ewe: Peter Pooth und seine Bedeutung für das Archiv. Ein Beitrag zur Geschichte des Stadtarchivs Stralsund, in: Greifswald-Stralsunder Jahrbuch, Bd. 5 (1965), S. 119–127.

[201] Siehe Protokoll der Besprechung am 7. Mai 1945 zwischen Vertretern der SPD und KPD in der Ratsstube im Stralsunder Rathause, sowie Präsenzliste in: NL Fank/Rostock, Ordner 2.

den und den neuen Bürgermeister, leitete und schloss die Sitzung. Aufschlussreich war Kortüms Wahrnehmung des Bürgermeisters. Er, der ja im Auftrag der
sowjetischen Truppen handelte, fühle „deutsch", so Kortüm. „Wir werden mit
ihm zusammen arbeiten vorbehaltlos für eine bessere Zukunft."[202] Frost hatte
sich seinerseits für eine enge Zusammenarbeit mit Kortüm auch während dessen
vorübergehender Absetzung ausgesprochen. Nach Kortüms rückblickender Einschätzung war es maßgeblich Frosts „verständiger Einstellung" und Vermitt-
lungstätigkeit bei der Sowjetischen Kommandantur zu verdanken, dass „sehr viel
Unheil von der Stadt abgewendet worden ist", die Übergriffe der sowjetischen
Truppen bald eingegrenzt werden konnten und auch die damit zusammenhängende Selbstmordrate in Stralsund im Vergleich zu anderen Städten relativ nied-
rig war.[203] Genau um diese Themen ging es in der Besprechung am 7. Mai. Die
Ausschreitungen, so Frost, seien nicht zu entschuldigen, „aber um im Krieg
kämpfen zu können, muß der Soldat von Haß erfüllt sein. Und dieser Haß wurde
besonders genährt durch die Bluttaten, welche deutsche Soldaten in Rußland be-
gingen. In Charkow sind 35 000, in Kiew 95 000 Menschen von Deutschen er-
mordet worden." Frost kündigte an, dass der Kommandant gegen ausschreitende
Soldaten vorgehe. „Er hat mir gestern Abend versprochen, daß in zwei Tagen die
Ordnung wieder hergestellt sein wird."[204] Bei allem verantwortlichen Handeln
im Interesse der Stralsunder Bevölkerung vergaß Frost natürlich nicht seine politische Mission. Noch bevor die KPD mit ihrem Gründungsaufruf vom 11. Juni
1945 an die Öffentlichkeit ging, unterbreitete Frost bereits einen Grundsatz aus
diesem Programm. „Niemand will das deutsche Volk bolschewisieren. Dazu ist
es noch nicht reif." Etwas vorauseilend gab er zudem kund: „Wir erstreben eine
Volksdemokratie" – ein Begriff, der zu diesem Zeitpunkt noch nicht offiziell als
Zielbeschreibung eingeführt war – „die mächtiger ist als die Weimarer Demokratie." Es werde nicht mehr wie damals 30 und mehr Parteien geben, sondern nur
drei oder vier demokratische Parteien. „Die Nazifunktionäre", so Frost weiter,
„werden wir ausmerzen."[205]
Die ehrgeizige Ankündigung Frosts am 7. Mai 1945, in zwei Tagen sei die Ruhe
und Ordnung in Stralsund wiederhergestellt, war keinesfalls umzusetzen. Dies
unterstrich ein im Ton ungewöhnlich offen und scharf formulierter Bericht der
Stadtverwaltung über die Lage in Stralsund an den sowjetischen Kommandanten
vom 15. Mai 1945. Dieser unter der Verantwortung Frosts entstandene Bericht
verwies auf weitere zahlreiche Vergewaltigungen und Plünderungen. An den Ausschreitungen hätten sich in großem Umfang auch die auf den Landgütern beschäftigten ausländischen Arbeitskräfte, insbesondere Polen, beteiligt. Die Bevölkerung

---

[202] Siehe ebenda.
[203] Vgl. Otto Kortüm an Hans Joachim Flöter, Hamburg, 20.6.1961, abgedruckt in: Michels, Einheitszwang (1999), S. 439–441. Im Mai und Juni 1945 wurden in Stralsund trotz erheblicher
Überbelegung mit Flüchtlingen 72 Selbstmorde gezählt; s. ebenda. In erheblich kleineren Gemeinden wie Teterow (9700 Einwohner) wurden im Mai 1945 120 Selbstmorde registriert.
Siehe Damian van Melis: Entnazifizierung in Mecklenburg-Vorpommern. Herrschaft und
Verwaltung 1945–1948, München 1999, S. 23.
[204] Protokoll der Besprechung am 7. Mai 1945 zwischen Vertretern der SPD und KPD in der
Ratsstube im Stralsunder Rathause, in: NL Fank/Rostock, Ordner 2.
[205] Ebenda.

empfinde einen Zustand der „Rechtlosigkeit". Sie sei in den ersten Stunden der
Besetzung zwar zu der Überzeugung gekommen, dass die Propaganda der NSDAP
eine Greuelpropaganda gewesen sei, doch nach den anschließenden Erfahrungen
„entstand in der Bevölkerung der Glaube, dass alles, was bis dahin gegen den
Kommunismus ins Feld geführt wurde, doch auf Wahrheit beruht."[206] Als wollte
der Berichterstatter jegliches Missverständnis über die politische Orientierung der
Stralsunder Bevölkerung vermeiden, betonte er schon im ersten Satz, dass sich das
in den „letzten Kriegsjahren" bereits bestehende „ablehnende Verhalten der Bevölkerung" gegen die Maßnahmen der NSDAP in den letzten Kriegsmonaten
noch verstärkt habe, „nachdem für viele Einsichtige klar zu erkennen war, dass
jeder weitere Widerstand gegen die alliierten Mächte aussichtslos sei" und nur
weiteres unnötiges Blutvergießen bedeute. Diese „Strömungen gegen die Partei"
und der Wille, die Stadt kampflos zu übergeben, habe eine Reihe von Einwohnern
veranlasst, nach Mitteln und Wegen zu suchen, um dies zu erreichen.[207] Die
NSDAP selbst habe in den letzten Monaten vor Kriegsende kaum mehr Aktivitäten entwickelt. Auch für die aktuelle Situation betonte der Bericht: „Zurzeit sind
keine Anzeichen für eine aktive Betätigung im Sinne der NSDAP vorhanden,
nachdem die wenigen, die bis zuletzt noch aktiv tätig gewesen sind, entweder aus
dem Leben geschieden sind oder Stralsund verlassen haben oder in Schutzhaft genommen worden sind. Bei der allgemeinen Einstellung der Bevölkerung würden
Bestrebungen in solchem Sinne auch auf keinen fruchtbaren Boden fallen, wenn
Ruhe und Ordnung für die Zukunft gewährleistet werden."[208] Sollte etwa die Bevölkerung, die doch dem Nationalsozialismus seit längerem ablehnend gegenübergestanden habe, nun doch anfällig dafür sein, falls „Ruhe und Ordnung" nicht
wieder einkehrten? Dieser Bericht war nicht nur insofern beachtlich, weil er keineswegs von bürgerlichen Vertretern der Stadt verfasst worden war, die eilfertig
um Distanz zum NS-Regime bemüht waren, sondern von Vertretern einer Stadtverwaltung, die unter der Leitung eines im Auftrage der Besatzungsmacht handelnden Antifa-Kaders stand. Auch die deutliche Kritik an den Ausschreitungen
und das Bild einer mehrheitlich antinazistisch gestimmten Stadtgesellschaft musste
angesichts der Autorenschaft erstaunen. Fast konnte man den Eindruck gewinnen,
dass in Stralsund außer einer „Handvoll" Nazis, die nun entweder tot, verhaftet
oder geflüchtet waren, es keine Nationalsozialisten gegeben habe und auch von
Zustimmung und Loyalität zum NS-Regime nicht die Rede habe sein können.
Dieses Bild entsprach einer zeittypischen, keinesfalls auf Stralsund begrenzten
Konstruktion von der „Verführung" und dem „Missbrauch" des deutschen Volkes
durch eine letztlich kleine Zahl nazistischer Verbrecher. Die Stadt „als Opfer"
wurde auch in einem für die Veröffentlichung vorgesehenen umfangreichen Tätigkeitsbericht über die Zeit vom 1. Mai 1945 bis zum Juli 1946 gezeichnet. Es hieß,
der Neuaufbau solle mit dem Ziel einer „antifaschistischen, demokratischen
Gemeinde, die in den Mauern unserer alten, ehrwürdigen Stadt glücklicher und

---

[206] An den Herrn Militärkommandanten der Stadt Stralsund: Bericht über die politische Lage in
der Stadt Stralsund, 15. Mai 1945, Paraphe G[ielow], in: StaS, Rep. 50/19.
[207] Ebenda.
[208] Ebenda.

3. „1945"   59

friedliebender Arbeit nachgeht und nie wieder das Opfer eines alles zerstörenden
Volksverführers werden will", erfolgen.[209] Als weiterer Sinn dieses Konstrukts
der „Verführung" erschließt sich die Fortsetzung der Opferrolle, nunmehr unter
Besatzungssituation, in der das „Volk", die „Stadtbevölkerung", für etwas büßte,
für das sie keine Verantwortung trug. Nun mag sich das in Stralsund vorhandene
konservativ geprägte bürgerliche Milieu zumindest eine unterschwellige Distanz
gegenüber dem Nationalsozialismus erhalten haben, auch die illegalen Aktivitäten und Kontakte vor allem von Anhängern der verbotenen Arbeiterorganisatio-
nen wurden bereits erwähnt. Dennoch: War die Nazi-Herrschaft in Stralsund nur
ein „Spuk", der nun gleichsam über Nacht vom 30. April auf den 1. Mai 1945
„verschwunden" war? Hatten in den Wahlen von 1932 und 1933 nicht über 12 000
Stralsunder für Hitler und die NSDAP gestimmt? War die aus Bevölkerungskrei-
sen geäußerte Empörung darüber, dass einer der elf im November 1941 noch in
der Stadt lebenden Juden ohne „Judenstern" auf einem Fahrrad herumfahre,
während „Volksgenossen" zur Arbeit laufen müssten, nur nationalsozialistische
Fiktion?[210] Und waren die ab 1941 zahlreichen Beschwerden wegen „Belästigun-
gen" durch zwangsverpflichtete polnische „Zivilarbeiter" und entsprechende
Forderungen nach Sanktionen nur von aktiven Pgs. erhoben worden?[211] Sicherlich schwanden Loyalität und Zustimmung zur NS-Diktatur im Laufe des zu-
nehmend aussichtslosen Krieges, aber hatten sie nicht vorher auch in Stralsund
bestanden?

Das Ausmaß, in welchem man in jener Phase des Zusammenbruchs und Umbruchs Verantwortung eingestand, war für das Selbstverständnis und die eigene
Rollenzuschreibung der neuen Verantwortlichen wie auch für den Charakter, der
der Stadt zugeschrieben wurde, zweifellos von Bedeutung, überlagert wurde dies
alles von der Notwendigkeit, die akuten Probleme in den Griff zu bekommen und
sich allmählich einem Zustand der „Normalität" zu nähern. Ein Tätigkeitsbericht
der Stadtverwaltung aus der zweiten Hälfte des Jahres 1945 resümierte: „Niemals
zuvor in der 700-jährigen Geschichte der Stadt hat eine Leitung der Verwaltung
vor so schweren Problemen gestanden, wie in den vergangenen Wochen nach
dem Zusammenbruch des verbrecherischen Hitlerregimes."[212] Die außerordentlichen Anforderungen an diese Verwaltung waren wohl auch der Grund, dass der
seit 6. Mai 1945 amtierende Militärkommandant Major Tscherkassow am 17. Mai
1945 den erfahrenen und mit den Verhältnissen der Stadt bestens vertrauten Otto
Kortüm wieder als Oberbürgermeister einsetzte. Emil Frost wurde ihm zusammen mit Hermann Salinger als Stellvertreter und Bürgermeister zur Seite gestellt.
Mit Salinger (1911-1970) war ein weiterer für den Einsatz im sowjetisch besetzten

---

209 Vorwort, S. 1, in: [Tätigkeitsbericht, Mai 1945 bis Juli 1946], o. D., 68 Seiten, in: StaS, Rep.
    50/19.
210 Streng vertraulich! 5. Kommunalpolitische Besprechung am 7. November 1941 um 20.30 Uhr
    im Rathausbierkeller, in: StaS, Rep. 29/599, Bl. 48 ff., hier Bl. 50.
211 Siehe zum Beispiel Streng vertraulich! 2. kommunalpolitische Besprechung am 5. Juni 1941
    20.30 Uhr im Rathausbierkeller, in: StaS, Rep. 29/599, Bl. 29 ff., hier Bl. 30 RS, sowie Streng
    vertraulich! 3. kommunalpolitische Besprechung am 15. August 1941 20.30 Uhr im Rathaus-
    bierkeller, in: Ebenda, Bl. 37 ff., hier Bl. 38 RS und 39.
212 „Tätigkeitsbericht der Stadtverwaltung Stralsund" o. D. [im zweiten Halbjahr 1945], in: StaS,
    Rep. 50/19.

Deutschland geschulter Kader in der neuen Stadtverwaltung vertreten.[213] Als Mitglieder der Verwaltung ernannte Tscherkassow zudem Walter Picht als Richter, Gerhard Juhl als Staatsanwalt und Hans Felski als Leiter der Polizei.[214]

Obwohl Stralsund in einem landwirtschaftlich geprägten Umland lag, gestaltete sich die Versorgung außerordentlich schwierig. Der seit dem 16. Juni 1945 als Instrukteur der provisorischen KPD-Landesleitung in Stralsund eingesetzte Otto Faust[215] berichtete, dass im Zeitraum bis 9. Juli 1945 nur ein halbes Brot pro Woche und Erwachsenen verabreicht wurde. Fleisch und Fett habe es schon seit über sechs Wochen nicht mehr gegeben. Als Brotaufstrich gebe es nur Sirup. „Wenn es uns gelingt, aus der Nähe von Franzburg-Barth aus der Molkerei einiges heranzuführen, vorausgesetzt, dass es unterwegs nicht wieder abgejagt wird, dann können wir den Schwerstarbeitern pro Woche 50 Gramm Fett geben."[216] Ähnliches berichtete Kortüm in einer Unterredung mit Gustav Sobottka am 27. Juni 1945. Sobottka (1886–1953) war Leiter einer der drei sogenannten „Initiativgruppen", die ab 6. Mai 1945 aus Moskau eintreffend im Gebiet Mecklenburg und Vorpommern zur Unterstützung der Besatzungsmacht operierte. Nach Kortüms Angaben stand auf den städtischen Gütern kein einziges Stück Vieh mehr.[217] Dies war nicht nur unter Ernährungsgesichtspunkten katastrophal, sondern damit fehlte auch Zugvieh, das besonders für die bevorstehende Ernte benötigt wurde. Deren Einbringung bereitete den Bauern außerordentliche Sorgen. Nach dem Bericht Fausts gab es im Umkreis Stralsunds und auf der Insel Rügen Dörfer, in denen „nicht ein einziges Pferd mehr vorhanden" sei. „Keine Landmaschinen, keine Sensen, wenn der eine oder andere Bauer sich irgendwo ein Bestandteil von einer Landmaschine geholt hat, setzt die Maschine wieder in Gang, dann kommt die Rote Armee und kassiert die Maschinen ein. Ebenso ist es mit den Sensen."[218] Versorgungsmängel waren ein Dauerthema auch der folgenden Monate bis in das Jahr 1947 hinein. Nicht nur Grundnahrungsmittel wie Kartoffeln fehlten, auch der Mangel an Heiz-

---

[213] Salinger, geb. in Hopfing bei Wien, war gelernter Industriekaufmann. Er wurde 1941 zur Wehrmacht einberufen und geriet am 6.5.1942 in sowjetische Kriegsgefangenschaft. 1943/44 Kursant an den Antifa-Schulen in Taliza und Krasnogorsk, Anfang April 1944 delegierte das NKFD ihn als Divisionsbeauftragten an die 1. u. 2. Belorussische Front. Vgl. Gottfried Hamacher unter Mitarbeit von Andre Lohmar und Harald Wittstock: Deutsche in der Résistance, in den Streitkräften der Antihitlerkoalition und der Bewegung „Freies Deutschland". Ein biographisches Lexikon. Arbeitsmaterial, Berlin 2003, S. 120. Salinger war als Nachfolger Frosts von 1950 bis 1954 Oberbürgermeister von Stralsund.

[214] Siehe Befehl Nr. 3 des Militärkommandanten der Stadt und des Stadtkreises Stralsund, Stralsund, den 23. Mai 1945, gez. Major Tscherkassow; als Anlage 15 abgedruckt in Eggert, Ende (1967), S. 213; dies ist das offizielle Dokument zur Ernennung der genannten Personen, Kortüm war jedoch bereits ab spätestens 18. Mai wieder im Amt und unterfertigte unter diesem Datum wieder offizielle Dokumente der Stadtverwaltung, siehe Anlage 14, in: Ebenda, S. 212. Zu Salinger siehe auch Geschichte der Stadt Stralsund (1984), S. 503.

[215] Faust, Otto (1911–1975), 1929 KPD, ab 1933 Emigration Sowjetunion, 1936 Politkommissar im Spanischen Bürgerkrieg, 28.5.1945 Rückkehr aus der Sowjetunion, Einsatz als Instrukteur der provisorischen KPD-Landesleitung in Stralsund, 1945/46 Mitglied der KPD-Landesleitung Mecklenburg-Vorpommern, anschließend bis 1948 Leiter der Geschäftsabteilung SED-Landesvorstand, zeitweise Mitglied des Sekretariats der SED-Landesleitung, 1954 Mitglied der Zentralen Revisionskommission SED, 1958 Mitarbeiter im ZK der SED, siehe Landesregierung, Bd. 1 (2003), S. 630.

[216] Bericht Faust Stralsund, o. D. [für den Zeitraum 16.6.-9.7.1945], in: LHAS, 10.31-1, 1, Bl. 137f.

[217] Unterredung mit dem Bürgermeister Korthy [sic! i. e. Kortüm], Stralsund, [27.6.1945], Sobottka, in: LHAS, 10.31-1, 1, Bl. 146.

[218] Bericht Faust Stralsund, o. D. [für den Zeitraum 16.6.-9.7.1945], in: LHAS, 10.31-1, 1, Bl. 137f.

material hatte negative Auswirkungen auf die Stimmung der Bevölkerung. „Ein
großer Teil der Bevölkerung friert", so der Tätigkeitsbericht des Rates der Stadt
über den Monat Februar 1947.[219]
Mit den Versorgungsmängeln stieg die Kriminalität. Insbesondere Diebstähle,
Einbrüche, aber auch Straßenraub nahmen zu, wie Berichte aus dem Winter
1945/46 festhielten.[220] Obwohl die massenhaften Vergewaltigungen durch Soldaten der Besatzungsarmee der ersten Nachkriegswochen zurückgegangen waren,
sorgten im Sommer 1946 „die wieder zahlreicher gewordenen Übergriffe von einzelnen Angehörigen der Roten Armee" für „erhebliche Beunruhigung" in der Bevölkerung.[221] Und im Oktober des Jahres hatte sich durch die früher eintretende
Dunkelheit „die Unsicherheit auf den weniger belebten Straßen in den Abend-
und Nachtstunden erheblich verschärft".[222] Wirksamen Schutz und effektive Ver-
brechensbekämpfung konnte die auf deutscher Seite neu formierte Polizei angesichts fehlender Bewaffnung und mangelnder Ausbildung nicht gewährleisten.
Wie andernorts auch, befanden sich zudem in der Stralsunder Polizei „Elemente",
die das „Mein und Dein nicht unterscheiden konnten oder es nicht verstanden,
sich einwandfrei zu führen", wie der Tätigkeitsbericht der Stadtverwaltung über
das erste Nachkriegsjahr einräumte. Eine nicht näher benannte Anzahl von Poli-
zeianwärtern sei deshalb wegen Dienstverfehlungen entlassen worden, der Chef
der Kriminalpolizei Artur Rozyczka wurde von KPD und SPD im Januar 1946
veranlasst, „auf eigenen Wunsch" auszuscheiden.[223]
Zu den typischen Nachkriegsproblemen zählte eine erhöhte Seuchengefahr. In
den ersten drei Nachkriegsmonaten hatte sich die Zahl der Typhusfälle um das
Zwanzigfache des Normalen erhöht.[224] Während Typhus und Fleckfieber erfolgreich bekämpft werden konnten, und auch gegen die Verbreitung von Geschlechts-
krankheiten bereits ab Herbst 1945 gezielte Maßnahmen durch systematische Rei-
henuntersuchungen ergriffen wurden, stieg die Zahl der an Tuberkulose erkrank-
ten Personen auch noch im Sommer 1946 an.[225]
Die Wohnsituation in der Stadt war angesichts der Zerstörungen im Oktober
1944 äußerst angespannt. Über ein Viertel der Einwohner hatte die „Wohnmög-
lichkeit" verloren.[226] Der noch in den letzten Kriegsmonaten einsetzende Zustrom
von Flüchtlingen und vor allem die von der Stadt entweder vorübergehend oder
dauerhaft zu versorgenden sogenannten „Umsiedler" aus den ehemals deutschen

[219] Der Rat der Stadt Stralsund: Tätigkeitsbericht für die Zeit vom 1. bis 28. Februar 1947, 15.3.
1947, in: StaS, Rep. 50/19.
[220] An den Herrn Präsidenten des Landes Mecklenburg-Vorpommern, Abt. Innere Verwaltung,
Stralsund, den 5. Dezember 1945, Der Oberbürgermeister, in: StaS, Rep. 50/19; Oberbürgermeister an Präsidenten des Landes, Stralsund, 18.1.1946, Tätigkeitsbericht, in: Ebenda.
[221] Tätigkeitsbericht des Oberbürgermeisters für die Zeit vom 1. bis 30. Juni 1946, Stralsund, den
13. Juli 1946, gez. i. A. Kröning, Stadtrat, in: StaS, Rep. 50/19.
[222] Der Oberbürgermeister der Stadt Stralsund: Tätigkeitsbericht für die Zeit vom 1. bis 31. Oktober 1946, 13.11.1946, in: StaS, Rep. 50/19.
[223] [Tätigkeitsbericht, Mai 1945 bis Juli 1946], o.D., 68 Seiten, S.44, in: StaS, Rep. 50/19, sowie
KPD Kreisleitung Stralsund-Franzburg-Barth, 31.1.1946, an die Landesleitung der KPD: Bericht des 1. Sekretärs für die Zeit vom 15.–31.1.46, in: LHAS, 10.31-1, 50, Bl.78ff., hier Bl.79.
[224] „Tätigkeitsbericht der Stadtverwaltung Stralsund" o.D. [im zweiten Halbjahr 1945], in: StaS,
Rep. 50/19.
[225] [Tätigkeitsbericht, Mai 1945 bis Juli 1946], o.D., 68 Seiten, S.26ff., in: StaS, Rep. 50/19.
[226] Ebenda, S.6, in: StaS, Rep. 50/19.

Ostgebieten verschärften die Situation nicht nur auf dem Gebiet der Wohnungs-
verwaltung. Ein Rückblick im Dezember 1945 nannte eine Zahl von „weit über
eine halbe Million dieser Heimatlosen", die in den vergangenen sieben Monaten
„hier durchgeschleust" worden seien. „Die Betreuungsstelle hatte eine ungeheure
Arbeit zu bewältigen. [...] Mehr als 1½ Millionen Portionen Essen wurden in der
Gemeinschaftsküche ausgegeben."[227] Die Unterbringung der in der Stadt verblei-
benden Umsiedler sei, so der Tätigkeitsbericht des Oberbürgermeisters über den
Monat November 1946, „nur unter den größten Schwierigkeiten und in ungenü-
gender Weise möglich" gewesen. „Da außerdem noch in der Hafengegend für die
deutsch-russische Transportgesellschaft Wohnungen freigemacht werden mußten,
sind die Aufgaben des Wohnungsamtes fast nicht mehr zu lösen. Eine weitere Be-
lastung der Stadt ist nicht mehr tragbar."[228]
    Die Aufnahme der Flüchtlinge und Vertriebenen bedeutete in der Folge eine
außerordentliche Aufgabe der Integration und sollte zudem bisherige Strukturen
der Stadtgesellschaft deutlich verschieben. Zum Stichtag vom 20. April 1947 zählte
Stralsund 53 027 Einwohner, darunter 15 570 Umsiedler. Von diesen Umsiedlern
stammten 8 684 aus Polen, das heißt, aus den nun unter polnischer Verwaltung
stehenden pommerschen, west- und ostpreußischen sowie schlesischen Gebieten,
4 132 kamen aus der Tschechoslowakischen Republik, es handelte sich um Sude-
tendeutsche, 1 566 kamen aus anderen SBZ-Ländern und 1 187 aus den West-
zonen.[229] Bei den beiden zuletzt genannten Gruppen ist nicht klar, aus welchen
Gebieten sie ursprünglich geflohen oder vertrieben worden waren. Mit dieser
Bevölkerungsentwicklung hatte die Stadt nicht nur ihre durch Evakuierungen und
Kriegsverluste dezimierte Einwohnerzahl gesteigert und den Stand vom 17. Mai
1939 (52 931) wieder erreicht, auch innerhalb der Bevölkerung waren deutliche
Verschiebungen die Folge. Auch wenn der Großteil der „Neubürger" aus den öst-
lich der Oder gelegenen Regionen der Provinz Pommern sowie dem angrenzen-
den Westpreußen stammte, kehrte nun eine stärkere Heterogenität der Herkunft,
und damit einhergehend eine größere kulturelle und mundartliche Vielfalt ein.
Dies galt auch für die kirchliche Zugehörigkeit der Einwohnerschaft. War die
Stadt bis zum Kriegsende eindeutig protestantisch dominiert, so war die ehemals
kleine katholische Minderheit nun erheblich angewachsen. Bis Ende des Krieges
umfasste die katholische Glaubensgemeinde in Stralsund etwa 1 500 Personen,
1951 dagegen über 5 000 Gemeindemitglieder, wozu noch eine etwa gleich große
Anzahl aus der ländlichen Umgebung sowie den Kreisen Grimmen und Rügen
kam.[230] 1957 lebten in der mittlerweile 64 000 Einwohner zählenden Stadt 7 000
Bürger katholischen Glaubens.[231] Insgesamt war die Bevölkerungsentwicklung
der Stadt von einer erheblich größeren Fluktuation als in den Zeiten vor dem Krieg

[227] Rückblick auf das Jahr 1945, gez. Gielow, Dez. 1945, in: StaS, Rep. 50/19.
[228] Der Oberbürgermeister der Stadt Stralsund: Tätigkeitsbericht für die Zeit vom 1. bis 30. No-
    vember 1946, 13.12.1946, in: StaS, Rep. 50/19.
[229] Bericht über die Zahl der Bevölkerung und angekommenen Umsiedler in der Stadt Stralsund
    zum 20. April 1947, in: StaS, Rep. 50/1207c, Bl. 22.
[230] Wer kennt St. Katharinen in Stralsund?, in: Der Demokrat, Nr. 107, 11.5.1951.
[231] Vgl. Hartwig an Oberbürgermeister von Stralsund. Betr.: Katholischer Kirchenbau in Stral-
    sund, 21.2.1957, in: BArch, DO 4/2134, Bl. 31. Schreiben Hirschbergs an Hartwig v. 4.2.1957,
    in: Ebenda, Bl. 28f.

geprägt. In einer offiziellen Stellungnahme der Stadt zur Entwicklung der ersten
fünf Nachkriegsjahre hieß es lapidar: „Der Zustrom von Flüchtlingen und Abwanderungen haben die Zusammensetzung der Bevölkerung verändert."[232] Berücksichtigt man jene hier nur angedeuteten „Abwanderungen", die bald als „Republikflucht" sanktionierten Wanderungsbewegungen gen Westen, dann entsteht
zusammen mit dem massenhaften Zuzug aus den ehemaligen deutschen Ostgebieten ein umfassender Bevölkerungswandel, der die einstmals weitgehend stabile gesellschaftliche Struktur der Hansestadt nachhaltig veränderte. Ein westlicher Blick
auf die Stadt im Jahre 1984 resümierte: „Zirka 10000 Stralsunder haben sich zwischen 1945 und 1961 nach Westdeutschland abgesetzt. Wenn von 54000 Einwohnern (1945) über 10000 weggehen, so bleiben rund 40000 übrig. Wenn heute wieder 73000 Einwohner in Stralsund leben, so sind mindestens 50 Prozent, wahr-
scheinlich sogar mehr ‚Neubürger', die zugewandert oder nach 1945 geboren sind.
Die alte Bürgerschicht gibt es nur in wenigen Resten."[233]

3.3 Neubeginn und Weichenstellungen der Diktatur

„Wir leben nunmehr in einer freien Welt, wir dürfen Parteien bilden, Gewerkschaften und Genossenschaften bilden, alles ist uns freigestellt, was uns bei den
Nazis verboten war. Das ist vorbei."[234] Es war Wilhelm Prehn, ein Veteran der
Stralsunder Arbeiterbewegung, geboren im Jahr des Sozialistengesetzes 1878 und
langjähriger Geschäftsführer der Konsumgenossenschaft, der dies auf der Neu-
gründungsversammlung der Stralsunder Konsumgenossenschaft am 14. Februar
1946 ausrief. Prehns Wahrnehmung steht exemplarisch für die unter den Vertretern der Arbeiterbewegung verbreitete Stimmung. Das Ende der nationalsozialistischen Gewaltherrschaft und die in der Sowjetischen Besatzungszone per SMAD-
Befehl vom 10. Juni 1945 schon früh erfolgte Zulassung demokratischer und anti-
faschistischer Parteien und Organisationen weckte in vielen die Hoffnung auf
einen Neuanfang in Freiheit. Zweifelsohne war die KPD auch in Stralsund im
Rahmen der sowjetischen Besatzung vor den übrigen politischen Kräften bevor-
zugt. Allein die Tatsache, dass kommunistische Funktionäre aus dem sowjetischen
Exil offiziell im Auftrag der Besatzungsmacht agierten und noch vor den Partei-
engründungen beim Aufbau der Verwaltung und der Koordinierung politischer
Maßnahmen aktiv waren, unterstrich ihre herausgehobene Rolle. Die KPD konnte sich als erste der Parteien am 13. Juni 1945 mit 40 Mitgliedern formieren. Der
ehemalige Abgeordnete des preußischen Landtags und des Reichstags, Hans Kollwitz (1883–1948), wurde als Vorsitzender und Kreissekretär gewählt.[235] Die Sozi-

[232] Stralsund. 5 Jahre Aufbau. Der Rat der Stadt Stralsund, September 1950 (hrsg. vom Rat der
Stadt anläßlich der Ausstellung „5 Jahre Aufbau"), S. 10.
[233] Hans-Helmuth Knütter: 750 Jahre Stralsund – Stralsund und die deutsche Geschichte, in:
Zwei deutsche Städtejubiläen an der Ostsee. 700 Jahre Flensburg. 750 Jahre Stralsund (Mare
Balticum 1984, hrsg. v. der Ostseegesellschaft e. V., Hamburg), S. 92–96.
[234] Protokoll über die am 14. Februar 1946, abends 19.00 Uhr stattgefundene Neugründung der
Konsumvereine im Ernst Thälmann-Haus, Sarnowstr. 14, Stralsund, den 15. Februar 1946, in:
StaS, NL Fank, Fan 013.
[235] Bericht über den Aufbau und die Arbeiten der Kommunistischen Partei in Stralsund, Stral-
sund, den 18. Aug. 1945, gez. Wickles, in: LHAS, 10.31-1, 50, Bl. 7–9.

aldemokraten und die Vertreter der bürgerlichen Parteien traten bald darauf in Erscheinung. Am 22. Juni 1945 kamen 16 Sozialdemokraten zusammen, gründeten die „Sozialdemokratische Partei Stralsund" und konstituierten einen Vorstand mit Max Fank als Vorsitzendem.[236] Vier Tage später trafen im Rathaussaal Vertreter von KPD, SPD sowie des früheren Zentrums und der Liberalen zusammen und gründeten einen „antifaschistischen Block". Ein öffentlicher Aufruf forderte die Verurteilung von Faschisten, die sich an der Judenverfolgung, in den KZs und an „Verbrechen gegen unsere Volksgenossen" beteiligt hatten, und erklärte einmütig den Willen, „den Kampf gegen die Reste des Faschismus zu führen, um schnell den Weg für die Errichtung eines freien demokratischen Deutschlands zu ebnen."[237] Dieser Aufruf stieß auf die Kritik Gustav Sobottkas. Die Unterzeichner waren nicht als Vertreter ihrer Parteien aufgetreten, auch nicht als solche gekennzeichnet und dies widersprach der Linie der KPD. Der Block sollte von den antifaschistischen Parteien gegründet und entsprechende Dokumente von deren Vertretern gezeichnet werden. Es dürfe keinen „Einheitsfrontquark", keinen „antifaschistischen Mischmasch" geben, so Sobottka.[238] Nach dem Konzept der KPD war die Gründung der SPD und der bürgerlichen Parteien erforderlich, um diese dann in den „Block" integrieren und auf eine gemeinsame Politik festlegen zu können. Nach Mitteilungen Max Fanks an den Berliner Zentralausschuss der SPD am 15. August 1945 waren die Veranstaltungen des Antifa-Blocks vor allem „Propagandaveranstaltungen" für die KPD.[239] Fank beklagte in diesem Schreiben auch die deutliche Bevorzugung der KPD durch die Sowjets. Während die KPD am Ort über vier Kraftwagen verfüge, habe die SPD keinen einzigen. Die KPD beschäftige 22 Angestellte, die SPD vier, und all dies, obwohl die Sozialdemokratie mit 268 Mitgliedern gegenüber der KPD mit etwa 200, den Demokraten mit 150 und dem „Zentrum", also der CDU, mit etwa 80 Mitgliedern, die größte Partei am Orte sei.[240] Anfangs waren jedoch kritische Töne gegenüber der KPD nicht zu vernehmen, im Gegenteil. Im Schreiben an den sowjetischen Stadtkommandanten vom 23. Juni 1945 hatte Fank ein Aktionsprogramm der Stralsunder Sozialdemokratie mitgeteilt, das die „vollinhaltliche Übernahme" des KPD-Gründungsaufrufes vom 11. Juni 1945 sowie das „Anstreben eines organisatorischen Zusammenschlusses der marxistischen Arbeiter- und Bauernbewegung" enthielt. Zu diesem Zweck sollte schon „jetzt organisatorisch mit der örtlichen KPD" zusammengewirkt werden, „um nach außen geschlossen aufzutreten und nach innen alle Gegensätze auszuschalten".[241] Auch die am 26. Juni 1945 im Rathaus versammelten Antifaschisten aller Richtungen billigten das KPD-Aktions-

---

[236] Schreiben Max Fank an sowjetischen Kommandanten, Stralsund, 23.6.1945, in: Andreas Malycha: Auf dem Weg zur SED. Die Sozialdemokratie und die Bildung einer Einheitspartei in den Ländern der SBZ. Eine Quellenedition, Bonn 1995, S. 3f.
[237] Aufruf des antifaschistischen Blocks Stralsund vom 26.6.1945, in: LHAS, 10.31-1, 50, o. Bl.
[238] Vgl. Unterredung mit Gen. Kollwitz am 27.6.1945, in: LHAS, 10.31-1, 1, Bl. 146 (Zitat), sowie Unterredung mit Gen. Faust am 27.6.1945 in Stralsund, gez. Sobottka, 30.6.1945, in: Ebenda, Bl. 149.
[239] SPD, Unterbezirk Pommern, an Zentralausschuss der SPD, Stralsund, 15.8.1945, gez. Max Fank, in: NL Fank/Rostock, Ordner 22.
[240] Ebenda.
[241] Schreiben Max Fanks an sowjetischen Kommandanten, Stralsund, 23.6.1945, in: Malycha: Auf dem Weg (1995), S. 3f.

programm einmütig.[242] Das Kalkül der KPD, mit einem bürgerlich-demokratisch verbrämten Programm Sympathie und Vertrauen in breiteren nicht-kommunistischen Bevölkerungsschichten zu erlangen, schien in Stralsund aufzugehen. Mitte August 1945 war die anfängliche antifaschistische Einvernehmlichkeit und Aufbruchstimmung einer deutlichen Ernüchterung gewichen. Dies galt für das Verhältnis zwischen den Arbeiterparteien wie auch für die Haltung der bürgerlichen Demokraten. Erzpriester Radek forderte in einem Schreiben an den Stralsunder Antifa-Block am 14. August 1945 „mehr persönliche Freiheit und Sicherheit. Ablehnung des Denunziantenwesens" und die „klare Stellungnahme, daß nur die Beamten und Angestellten zu entlassen sind, die sich mehr als nominell in der NSDAP betätigt haben." Radeks Einschätzung: „Wenn der Hunger aufhört und die allgemeine Unsicherheit, wird die Bevölkerung sich gern der neuen Ordnung fügen. Dann erst wird richtiger Frieden sein!"[243]

Trotz baldiger Klage über Bevorzugung und Ungerechtigkeiten, die vor allem seitens der Sozialdemokratie erhoben wurde, hatte auch die KPD mit Akzeptanzproblemen bei der Besatzungsmacht zu kämpfen. Otto Faust, KPD-Instrukteur für Stralsund und Rügen, beklagte sich bitter über die herablassende Art des Stadtkommandanten Major Tscherkassow. Fausts Bitte um einen Erlaubnisschein für ein Automobil am 29. Juni 1945 wies Tscherkassow ab, da könne ja „jeder Deutsche kommen und mit einem Wagen herumfahren". Dass Faust im Auftrage der KPD handelte, interessierte den Offizier reichlich wenig. Dem Hinweis Fausts, dass die KPD darum kämpfe, die „Überreste des Faschismus auszurotten", entgegnete der Major mit der Bemerkung, was heiße hier KPD, wo sei denn die Partei „bisher die ganze Zeit gewesen".[244] Bis Mitte August 1945 wurde der KPD wie den übrigen Parteien nicht gestattet, öffentliche Versammlungen abzuhalten, dies war lediglich dem Antifa-Block vorbehalten.[245] Beim Neuaufbau der städtischen Verwaltung stieß die KPD an personelle Grenzen. Ende Januar 1946 teilte die Parteiorganisation der Stadtverwaltung mit, dass der Versuch, weitere Stellen in der Verwaltung mit KPD-Mitgliedern zu besetzen, gescheitert sei, „da es an geeigneten Kräften aus unseren Reihen fehlte". Lediglich bei der Polizei und Feuerwehr seien die Unterbringungsmöglichkeiten „restlos ausgenutzt" worden.[246] Bei der Stadtverwaltung jedoch nahmen die 42 KPD-Angehörigen von insgesamt 350 Mitarbeiterinnen und Mitarbeitern nur eine Minderheitsposition ein (12 Prozent). Hier waren die SPD-Mitglieder mit 144 (41,2 Prozent) die stärkste Gruppe, gefolgt von den Parteilosen (121, 34,6 Prozent), Liberaldemokraten (39, 11,1 Pro-

---

242 Aufruf des antifaschistischen Blocks Stralsund vom 26.6.1945, in: LHAS, 10.31-1, 50, o. Bl.
243 Christlich-demokratische Union an den Block der antifaschistischen Parteien in Stralsund, gez. Radek, Erzpriester: Bericht über die Stimmung der Bevölkerung und Vorschläge zur Behebung der Klagen. Stralsund, 14.8.1945, in: NL Fank/Rostock, Ordner 22.
244 Bericht Faust – Stralsund, o. D. (Juli 1945), in: SAPMO-BArch, RY 1/I 3/15/34, Bl. 49f.
245 SPD, Unterbezirk Pommern, an Zentralausschuss der SPD, Stralsund, 15.8.1945, gez. Max Fank, in: NL Fank/Rostock, Ordner 22.
246 Bei der Ordnungs- und Kriminalpolizei waren von 115 Bediensteten 55 Mitglieder der KPD (47,8 Prozent), ebenso viele gehörten der SPD an, Parteilose (2) und Liberaldemokraten (3) fielen nicht ins Gewicht. Bei der Feuerwehr konnte die KPD mit 19 von 33 Feuerwehrleuten die Mehrheit stellen. Der Rest gehörte der SPD an. Siehe Abschrift: Auszug aus dem Schreiben der Parteiorganisation der Stadtverwaltung Stralsund vom 31. Januar 1946, in: LHAS, 10.31-1, 50, Bl. 49.

zent) und vier Christdemokraten (1,1 Prozent).[247] Bis Mitte März 1946 hatte die KPD in der mittlerweile auf 481 Mitarbeiter angewachsenen Verwaltung ihren Anteil auf 15 Prozent (72 Mitarbeiter) steigern können, lag damit aber immer noch deutlich hinter den Sozialdemokraten (165 Bedienstete, 34,3 Prozent). 193 Mitarbeiterinnen und Mitarbeiter waren parteilos (40,1 Prozent), 48 (10 Prozent) gehörten der LDP an und nur 3 (0,6 Prozent) besaßen ein Parteibuch der CDU.[248] Selbstverständlich sagen derartige Zahlenangaben noch nichts über die Qualität der jeweiligen Positionen und deren Einflussgebiet aus. So standen bis zu Kortüms Entlassung am 27. August 1945 dem aus der SPD stammenden Oberbürgermeister zwei Antifa-Schüler des NKFD und KPD-Mitglieder, Emil Frost und Hermann Salinger, als Stellvertreter zur Seite. Emil Frost wurde Nachfolger Kortüms. Die Leitung der Polizei lag in kommunistischer Hand, und mit Heinrich Rau (1879-1963) und dem ihm Ende September 1945 nachfolgenden Ernst Pollin (Jahrgang 1901) als Personalchefs der Stadtverwaltung sowie Bernhard Wanning als Sekretariatsleiter für den Bereich Industrie hatten weitere KPD-Mitglieder leitende Funktionen in der Stadtverwaltung inne.[249] Aber auch die bloße Mitgliedschaft in der KPD lässt zu diesem frühen Zeitpunkt keine verlässlichen Rückschlüsse auf jeweilige Haltungen zu, war doch mit Wanning beispielsweise ein Mann vertreten, der keinerlei kommunistische Vergangenheit aufzuweisen hatte.

Bei aller notwendiger Differenzierung setzte die kommunistische Präsenz in der Stralsunder Stadtverwaltung eine klare politische Zäsur, die durch die gesamte personelle Umstrukturierung unterstrichen wurde. Nach einem noch unter der Verantwortung Otto Kortüms, vermutlich im August 1945 angefertigten Tätigkeitsbericht waren seit dem 1. Mai 1945 65 Beamte und Angestellte wegen „politischer Unzuverlässigkeit" entlassen worden, weitere 120 Entlassungen waren aus „anderen Gründen" erfolgt. 140 Neueinstellungen mussten auch wegen der Übernahme früherer Reichsbehörden und der Erweiterung des Aufgabengebietes der Verwaltung vorgenommen werden.[250] Am 17. Dezember 1945 meldete der Stralsunder Oberbürgermeister an die KPD-Landesleitung in einem „Bericht für Herrn Major Gretschischnikow", dass die „Bereinigung" nunmehr durchgeführt sei. 414 Beamte und Angestellte waren seit dem 1. Mai 1945 entlassen worden, dies entsprach 78 Prozent der Gesamtzahl. Dabei waren den Vorschriften entsprechend auch solche Verwaltungsbeamte entlassen worden, die „der NSDAP nur unter dem Druck ihrer früheren Dienstvorgesetzten beigetreten waren und ihr nur nominell angehört hatten."[251] Anlass für diese Maßnahmen, die die anfängliche Dif-

---

247 Abschrift: Auszug aus dem Schreiben der Parteiorganisation der Stadtverwaltung Stralsund vom 31. Januar 1946, in: LHAS, 10.31-1, 50, Bl. 49.

248 Errechnet nach [Bericht Pollin, Personalchef Stadtverwaltung] An die Kreisleitung der KPD, Stralsund, 13. 3. 1946, in: LHAS, 10.34-2, 308, Bl. 82-84.

249 Siehe Liste der Genossen, die in den Selbstverwaltungen Funktionen ausüben: Kreisfreie Städte Mecklenburg-Vorpommern, Vertraulich, angefertigt am 30. 9. 1945, in: LHAS, 10.31-1, 2, Bl. 59ff.; hier Bl. 60f.; [Bericht Pollin, Personalchef Stadtverwaltung] An die Kreisleitung der KPD, Stralsund, 13. 3. 1946, in: LHAS, 10.34-2, 308, Bl. 82.

250 Tätigkeitsbericht der Stadtverwaltung Stralsund, o. D., vermutlich: Aug. 1945, 20 Seiten, S. 20, in: StaS, Rep. 50/19.

251 An die Landesleitung der KPD in Schwerin, Bericht für Herrn Major Gretschischnikow, 17. 12. 1945, gez. Oberbürgermeister, in: StaS, Rep. 50/19. Eingeschlossen in die angegebenen Zahlen war auch das Personal städtischer Betriebe und Einrichtungen wie des Krankenhauses.

ferenzierung zwischen aktiven und „nominellen" Pgs. aufhoben, war eine Anordnung der Sowjetischen Militäradministration des Landes (SMA) vom 21. November 1945, sämtliche noch in den Organen der Selbstverwaltung, sei es auf
kommunaler oder auf Landesebene, tätige ehemalige NSDAP-Mitglieder zu entlassen und den Vollzug dieser Anordnung bis zum 28. November 1945 zu melden.[252] Die Militäradministration hatte seit Juli 1945 auf eine rigide Entnazifizierung der Verwaltungsapparate gedrungen und die auf deutscher, auch kommunistischer Seite angeratenen Differenzierungen, die auf ein Aufrechterhalten der
Verwaltungsabläufe gezielt hatten, nicht akzeptiert. Bereits am 24. Juli 1945 hatte
der Leiter des Sektors Inneres der SMA, Major Serebrijski, gefordert, dass die
Verwaltung „restlos von den Nazis gesäubert werden" müsse. „Nicht einer darf
weiterarbeiten."[253] Nach weiterem Drängen der SMA hatte der für Inneres zuständige Vizepräsident der Landesverwaltung Hans Warnke (KPD) am 30. August
1945 eine Verordnung erlassen, die spätere Einzelfallprüfungen in Aussicht stellte,
ansonsten jedoch festschrieb, dass zunächst „grundsätzlich" alle NSDAP-Mitglieder aus den Verwaltungen zu entlassen seien, „unabhängig" von der Frage, ob sie
aktive oder nur „nominelle" Parteimitglieder gewesen seien.[254]

Im Rahmen dieser strengen Entnazifizierungspraxis muss auch der „Fall Kortüm" bewertet werden. Otto Kortüm wurde in einem auf den 1. September 1945
datierten Befehl des Stralsunder Kommandanten, Oberst Sidorow, zum 27. August
1945 „von seinem Amt als Oberbürgermeister befreit". Eine nähere Begründung
für diese Maßnahme enthielt der Befehlstext nicht. Es hieß lediglich, dass diese wie
auch weitere Personalmaßnahmen im „Interesse der Festigung der städtischen
Selbstverwaltung und der Erhöhung der Arbeitsleistung in der städtischen Wirtschaft und zur Einführung einer strafferen Ordnung in der Stadt" erfolgten. [255]
Kortüm hatte einige Jahre später von einem körperlichen Zusammenbruch Mitte
August 1945 berichtet, den er angesichts der Belastungen durch Denunziationen
erlitten hatte. Diese Denunziationen seien von „Kriminellen", die sich in politischen Ämtern befunden hätten, sowie von kommunistischer Seite aus gegen ihn
gerichtet worden.[256] Der Anlass für diese Denunziationen war, dass Kortüm am
1. Mai 1937 der NSDAP beigetreten war.[257] Kortüm hatte nach seiner Entlassung

[252] Vgl. Landesregierung, Bd. 1 (2003), Dokument 80, S. 387.
[253] So die Mitteilung des Chefdolmetschers Arved Berner an den Vizepräsidenten Hans Warnke
     am 24. 7. 1945, siehe dazu Detlev Brunner: Der Schein der Souveränität. Landesregierung und
     Besatzungspolitik in Mecklenburg-Vorpommern 1945-1949, Köln, Weimar, Wien 2006,
     S. 223.
[254] Siehe ebenda, S. 224 f.
[255] Zitiert nach Eggert, Ende (1967), S. 247 (Anlage 55).
[256] Otto Kortüm, Hamburg, den 8. 7. 52: Eidesstattliche Erklärung, veröffentlicht in: Michels,
     Einheitszwang (1999), S. 434. Belegt sind Versuche nach Kortüms Absetzung, ihn als national-
     sozialistischen Konjunkturritter zu deklarieren. Diese Versuche fußten auf Denunziationen
     ehemaliger Pgs. und wurden durch den Chef der Kriminalpolizei lanciert, der wegen unhalt-
     barer Zustände in der Polizei seinen Hut zu nehmen musste. Siehe Kriminal-Polizei Stralsund,
     8. Sept. 1945: „Was spricht die Stralsunder Bevölkerung über die Absetzung des Oberbürger-
     meisters Kortüm?", gez. Rozyczka, in: StaS, NL Kirchmann, Kir 01. Hier weiteres Material
     zum Vorgang.
[257] Zur Datierung des NSDAP-Beitritts gibt es unterschiedliche Angaben. Fank nennt 1937, s. SPD,
     Unterbezirk Pommern an Zentralausschuss der SPD, Stralsund, 15. 8. 1945, gez. Max Fank, in:
     NL Fank/Rostock, Ordner 22. 1938 wird in einer Kurzcharakteristik zu Kortüm genannt,
     siehe Durchschlag mit Handnotiz: „an Hpt. Swonkin am 7. 8. 45", in: LHAS, 6.11-11, 44,

aus dem KZ 1933 als Steuerberater gearbeitet. Trotz seiner NSDAP-Mitgliedschaft hatte er während der NS-Herrschaft illegale Kontakte zu ehemaligen Stralsunder Funktionären der Arbeiterbewegung unterhalten.[258] Nicht zuletzt wegen seiner antinazistischen Haltung kam er als Oberbürgermeister im Mai 1945 in Frage. Die Sowjetische Kommandantur in Stralsund hatte von Kortüms NS-Mitgliedschaft Kenntnis, und obwohl der Stadtkommandant ab 29. Juli 1945 die Entfernung aller Nazis aus den Ämtern gefordert hatte, nahm er Kortüm von dieser Anordnung aus. Nach Informationen Max Fanks hatte der Stadtkommandant Kortüm sogar aufgefordert, „jeden, der auf seine Mitgliedschaft hinweist, der Kommandantur zur Bestrafung zu melden."[259] Alle Parteien einschließlich der KPD waren über Kortüms NSDAP-Mitgliedschaft informiert, brachten deshalb jedoch keine Einwände vor.[260] Auch am Tag seiner Entlassung bescheinigte der Antifa-Block Kortüm nochmals, „daß er trotz seiner zeitweiligen Zugehörigkeit zur NSDAP ein überzeugter Antifaschist gewesen ist."[261] Doch wie sollte ein Oberhaupt einer Stadt, das aus welchen Gründen auch immer der NSDAP beigetreten war, all jene Maßnahmen durchsetzen und verantworten, die im Rahmen der Entnazifizierung und der Beschlagnahme und Sequestrierung von Nazi-Eigentum anstanden? Wie sollte eine Ausnahme begründet werden? Es dürften diese Fragen gewesen sein, die den Stralsunder Kommandanten zu seinem Schritt Ende August 1945 bewogen hatten.

Bei der im zitierten Bericht vom 17. Dezember 1945 genannten Zahl von über 400 Entlassenen handelte es sich mitnichten nur um ehemalige NSDAP-Mitglieder. Wie ein weiterer Bericht vom Juli 1946 konkretisierte, waren nur etwa die Hälfte wegen NSDAP-Mitgliedschaft entlassen worden. Beim Rest handelte es sich offenkundig zu einem Teil um neu eingestellte Kräfte, die den Anforderungen nicht genügt hatten und deren Austausch gegen anderes Personal erforderlich war.[262] Insgesamt ist eine große Fluktuation erkennbar, aus der nur einige wenige Personen herausragten, die personelle Kontinuität verkörperten. Ein Beispiel ist der Leiter des Stralsunder Museums und führende Historiker der Stadt, Dr. Fritz

Bl. 52, sowie Eggert, Ende (1967), S. 13. Otto Bartels, in den Jahren 1928/29 als Geschäftsführer des „Vorpommer" in Stralsund tätig, gab an, Kortüm habe diesen Schritt ihm gegenüber ausführlich begründet, „weil es für ihn keine andere Wahl mehr gab und er sich tarnen mußte". Otto Bartels, Stadtrat in der Stadtverwaltung der Universitätsstadt Tübingen, Tübingen, den 30. November 1946: Erklärung an Eides Statt, gez. Bartels, Abschrift in: StaS, NL Kirchmann, Kir 01.
258 Kortüm war kein Einzelfall. Fank erwähnt in einem Schreiben an Rügener Genossen vom 24. Juli 1945, dass in Stralsund eine „Anzahl Genossen vorhanden [gewesen seien], die sogar dem von mir gegründeten ‚illegalen Klub' angehörten und dann doch einige Jahre Mitglieder der Nazi-Partei gewesen sind." Diese Genossen seien in die SPD aufgenommen worden, die KPD verfahre ähnlich. Vgl. Sozialdemokratische Partei, Stralsund, den 24. Juli 1945, an Werte Genossen [Rügen]; gez. Fank, in: NL Fank/Rostock, Ordner 2.
259 SPD, Unterbezirk Pommern, an Zentralausschuss der SPD, Stralsund, 15. 8. 1945, gez. Max Fank, in: NL Fank/Rostock, Ordner 22.
260 Vgl. eine politische Kurzcharakteristik zu Kortüm, die zusammen mit anderen Charakteristiken an die SMA-Landesverwaltung weitergeleitet worden war: Durchschlag mit Handnotiz: „an Hpt. Swonkin am 7. 8. 45", in: LHAS, 6. 11-11, 44, Bl. 52-56, hier Bl. 52.
261 Entschließung, Stralsund, den 27. 8. 1945, gez. von Wickles (KPD), Radek (CDU), Joh. Lange (LDP) und Max Fank (SPD), Abschrift, in: StaS, NL Kirchmann, Kir 01.
262 Vgl. Bericht des Sekretariats I (Hauptverwaltung) über die Tätigkeit in der Zeit vom 1. 5. 45 bis 30. 6. 1946, Stralsund, den 10. Juli 1946, Chef des Sekretariats I, in: StaS, Rep. 50/108.

Adler, der bei allerhand Schwierigkeiten während der NS-Zeit seine Funktion von 1919 bis zu seiner Flucht in den Westen im Jahre 1950 ausübte. Adler, bislang parteilos, schloss sich 1945 der SPD an. Auch seine Assistentin und Nachfolgerin Käthe Rieck hatte bereits vor 1945 im Museum gearbeitet.[263] Entnazifizierung und Enteignung von aktiven Nationalsozialisten und Kriegsverbrechern waren Maßnahmen, die einen deutlichen und erforderlichen Bruch markierten und zugleich Weichen stellten, die Prozesse politischer Transformation eröffneten. Auf die politische Instrumentalisierung der Entnazifizierung ist in der Literatur wiederholt verwiesen worden.[264] Auch die „Bereinigung" der Wirtschaft, die Beschlagnahme von Betrieben und von Eigentum fanden unter Gesichtspunkten der zukünftigen ökonomischen Verwertbarkeit statt. Das Motiv, Verantwortliche für das NS-Regime zur Rechenschaft zu ziehen, geriet schnell in den Hintergrund.[265] In Stralsund, das kaum über Industrie verfügte, wurden „verhältnismäßig wenige Betriebe von dieser Maßnahme erfaßt."[266] Zumal die Rote Armee nach der Besetzung der Stadt die „ausschließlich für die Wehrmacht tätigen Betriebe" übernommen und zum Teil oder ganz demontiert hatte. Es handelte sich dabei um die Kröger Werft GmbH, um den Fallschirmhersteller Richard von Kehle und Sohn und um die Firma August Stelling, die Schlauchboote fertigte.[267] Als weitere Werke wurden zum Beispiel die Eisengießerei C. A. Beug, die Pommersche Eisengießerei und Maschinenfabrik A. G. und die Stralsunder Vereinsbrauerei demontiert.[268] Auf dem Gelände der demontierten Krögerschen Werft fertigte die im Oktober 1945 unter Beteiligung der Stadt gegründete „Ingenieurbau GmbH" ab 1946 Fischkutter im sowjetischen Auftrag. Mit Befehl der Sowjetischen Militäradministration vom 14. April 1947 wurde „Ingenieurbau" in einen „landeseigenen Betrieb" umgewandelt. Damit war die Grundlage für die ab 1948 errichtete Großwerft als volkseigener Betrieb, die „Volkswerft" Stralsund, gelegt.[269] Mit dieser Werft entstand das Symbol für das „neue" Stralsund im Deutschland der „Arbeiter- und Bauernmacht" und ein Großbetrieb, dessen Belegschaft von etwa 1 500 Beschäftigten im Jahre 1948 in den folgenden 12 Jahren auf über 6 000 Beschäftigte anschwoll.[270] Die seit dem September 1945 unter dem Motto des Kampfes gegen das für Militarismus verantwortliche „Junkertum" sowie gegen Nazis und Kriegsverbrecher durchgeführte Bodenreform veränderte die sozialen und wirtschaftlichen Strukturen ebenfalls, insbesondere in der gutswirtschaftlich geprägten Region Stralsunds.

[263] Zu Adler vgl. StaS, Rep. 39/823 (Personalakte), sowie StaS, NL Knü 22 (Berichte Adlers zu seiner Verhaftung und seiner Flucht in den Westen). Zu Käthe Rieck StaS, Rep. 39/4642 (Personalakte), sowie Hansestadt Stralsund (Hg.): Frauen in der Stralsunder Stadtgeschichte, Stralsund 1998.

[264] Vgl. z.B. Helga A. Welsh : Revolutionärer Wandel auf Befehl? Entnazifizierungs- und Personalpolitik in Thüringen und Sachsen (1945–1948), München 1989, S. 48 und öfter, siehe auch Brunner, Schein (2006), S. 229f.

[265] Ausführlich dazu Brunner, Schein (2006), S. 242ff.

[266] [Tätigkeitsbericht, Mai 1945 bis Juli 1946], o. D., 68 Seiten, S. 5, in: StaS, Rep. 50/19.

[267] Tätigkeitsbericht der Stadtverwaltung Stralsund, o. D., vermutlich: Aug. 1945, 20 Seiten, S. 3, in: StaS, Rep. 50/19.

[268] [Tätigkeitsbericht, Mai 1945 bis Juli 1946], o. D., 68 Seiten, S. 9, in: StaS, Rep. 50/19.

[269] Zur Entwicklung der Werften in Mecklenburg-Vorpommern und der Volkswerft in Stralsund und zu weiteren Quellen- und Literaturverweisen siehe Brunner, Schein (2006), S. 302ff.

[270] Zahlen siehe Dietrich Strobel/Werner Ortlieb: Volkswerft Stralsund, Hamburg 1998, S. 160.

Für den städtischen Bereich erlangte die Bodenreform naturgemäß weniger Bedeutung, für Stralsund jedoch mit seinem umfangreichen städtischen Gutsbesitz war sie von großem Belang. Die Mitteilung der Stadtverwaltung über den Abschluss der Bodenreform an den Präsidenten des Landes vom 5. Dezember 1945 gibt die Dimensionen nur unvollständig wieder. Im Zuge der ab September 1945 durchgeführen Bodenreform wurden alle Gutsbetriebe mit Ländereien größer als 100 Hektar enteignet und aufgeteilt. Auf dem Stralsunder Stadtgebiet waren davon zwei von der Stadt verwaltete Klostergüter, drei im städtischen Eigentum befindliche Güter sowie ein Gut, dessen Besitzer im April 1945 geflüchtet war, betroffen.[271] Allerdings hatte der Gutsbesitz Stralsunds weit mehr Güter und Flächen auf Rügen und im Landkreis Franzburg-Barth umfasst, nämlich insgesamt 45 Güter und 70 Bauernhöfe mit einer Gesamtfläche von 18 500 ha aus dem Besitz der städtischen Güter- und Klosterverwaltung.[272] Ein Rückblick der Stadtverwaltung vom Dezember 1945 auf das vergangene Jahr resümierte bedauernd, die Stadt habe mit der Aufgabe ihres alten umfangreichen Grundbesitzes, „mit dessen Erträgen sie manche soziale Hilfe leisten konnte, ein schweres Opfer gebracht".[273] Die Enteignung der städtischen Güter schnitt ein wesentliches Feld städtischen Handlungsraumes ab.

Die prägnanteste Zäsur im politischen Bereich war die Vereinigung von KPD und SPD zur SED im Frühjahr 1946. Diese Vereinigung wurde in der Sowjetischen Besatzungszone bekanntermaßen in einer Weise vollzogen, die von vielerlei Druck und Zwang auf Sozialdemokraten geprägt war und jedenfalls eines nicht zur Grundlage hatte: einen demokratischen Willensbildungsprozess innerhalb der beiden Parteien, die die Vereinigung vollzogen. Dies gilt grundsätzlich auch für Stralsund. Max Fank hatte bereits am 24. Juli 1945 parteiintern weitsichtig eine Perspektive gezeichnet, nach der die KPD, die sich nur auf die Rote Armee stützen könne, sich des antifaschistischen Blocks bedienen werde, um bei kommenden Wahlen eine Einheitsliste aufzustellen.[274] Trotz vielerlei Kritik an der KPD befürwortete Fank eine Vereinigung an sich durchaus. Nachdem die Spitzen der beiden Parteien sich am 20./21. Dezember 1945 in Berlin auf eine Vereinigung prinzipiell geeinigt hatten, hob Fank in einer Besprechung der Arbeitsgemeinschaft zwischen KPD und SPD in Stralsund am 28. Dezember 1945 das Prinzip der demokratischen Grundlage der künftigen Einheitspartei hervor, das in jener Berliner Entschließung enthalten war. Freie und geheime Wahl der Parteileitungen sei festgelegt. Dies sei der einzige Punkt gewesen, „durch den die Sache noch nicht zum Abschluß" gekommen sei. Nunmehr sei gesichert, dass nicht eine Partei die andere verschlucke. „In sachlicher Hinsicht sehe ich heute keinen Hinderungsgrund mehr, sondern höchstens noch in personeller Hinsicht."[275] Vermutlich spielte

---

271 An den Herrn Präsidenten des Landes Mecklenburg-Vorpommern, Abt. Innere Verwaltung, Stralsund, den 5. Dezember 1945, Der Oberbürgermeister, in: StaS, Rep. 50/19.
272 Angaben nach Handschriftliche Chronik zur Geschichte Stralsunds, S. 475, in: NL Fank/Rostock, Ordner 5.
273 Rückblick auf das Jahr 1945, gez. Gielow, Dez. 1945, in: StaS, Rep. 50/19.
274 Vgl. Sozialdemokratische Partei, Stralsund, den 24. Juli 1945, an Werte Genossen [Rügen], gez. Fank, in: NL Fank/Rostock, Ordner 2.
275 Vgl. KPD, Kreisleitung Stralsund-Franzburg-Barth, Stralsund, 1.1.1946: Bericht über die Sitzung der Arbeitsgemeinschaft der KPD-SPD am 28.12.1945, 19.00 Uhr im Parteihaus der

Fank mit diesem Hinweis auf den Vorsitzenden der KPD-Kreisorganisation, Georg Wickles, an. Zwischen ihm und Fank entspannen sich in der Folge heftige Auseinandersetzungen, bei denen Wickles' schillernde, kriminelle Vergangenheit sowie durch ihn verschuldete Unregelmäßigkeiten in der Geschäftsführung eine Rolle spielten.[276] Doch bevor diese Konflikte offen ausbrachen, traten beide in Sachen Einheitspartei, die auf Stralsunder Kreisebene bereits am 24. März 1946 als erste im Land Mecklenburg-Vorpommern aus der Taufe gehoben worden war, einvernehmlich auf. Beide präsentierten sich in einem gemeinsamen Rundfunkinterview in Schwerin nach der „Verschmelzung" zusammen mit dem ersten Neumitglied der SED. Fank berichtete von einer derart großen „Begeisterung auf den Kreiskonferenzen", die den Ausschlag für die Überzeugung gegeben habe, jetzt die Vereinigung zu vollziehen. Die SED werde der „wesentlichste Faktor" für die Einheit Deutschlands und ein Signal für die gesamte Arbeiterschaft Deutschlands sein.[277] Jenseits dieser nach außen präsentierten Euphorie stellte sich in der Realität die kritische Prognose ein, die Fank bereits im Sommer 1945 getroffen hatte. Bei den zunächst provisorischen Formen parlamentarischer Beteiligung und erst recht bei den Kommunalwahlen am 15. September 1946 agierte die SPD nicht mehr selbständig, sondern war gefangen im gemeinsamen Parteikorsett mit der KPD. In dem am 13. November 1945 geschaffenen Stadtausschuss war die SPD noch eigenständig mit drei Delegierten vertreten, ebenso die KPD, die LDP entsandte zwei und die CDU einen Vertreter.[278] Mit dem Gesetz Nr. 2 der Landesverwaltung vom 5. Juni 1946 wurde dieser Ausschuss durch eine beratende Stadtversammlung, bestehend aus 30 Mitgliedern, abgelöst. Die Stadtversammlung setzte sich aus je fünf Mitgliedern der SED, CDU, LDP und des FDGB zusammen, ferner aus je zwei Mitgliedern der FDJ, des Frauenausschusses, der „Bauernorganisation", der späteren Vereinigung der gegenseitigen Bauernhilfe (VdgB), des Kulturbundes sowie je einem Mitglied der Industrie- und Handelskammer und der Handwerkskammer.[279]

Die hier vertretenen, später unter dem Begriff „Massenorganisationen" subsumierten Verbände und Organisationen markierten ebenfalls eine Zäsur, im politischen Sinne zur vorangegangenen nationalsozialistischen Herrschaft, in ihrer

KPD, in: LHAS, 10.31-1, 50, Bl. 92–94. In einem SPD-Dokument ist als Datum dieser Besprechung der 29. 12. 1945 angegeben. Siehe SPD Stralsund, 31. 12. 45: Bericht über die Tätigkeit der SPD vom 21. 12. bis 31. 12. 1945, in: NL Fank/Rostock, Ordner 2. Zur sog. „Sechziger-Konferenz" am 20./21. 12. 1945 und der dort verabschiedeten Entschließung siehe Einheitsdrang oder Zwangsvereinigung? Die Sechziger-Konferenzen von KPD und SPD 1945 und 1946, mit einer Einführung von Hans-Joachim Krusch und Andreas Malycha, Berlin 1990, bes. S. 162.

[276] Die gegen Wickles (1900–1970) erhobenen Vorwürfe beinhalteten ein stattliches Vorstrafenregister in der Zeit noch vor seiner KPD-Mitgliedschaft ab 1928, einen „unmoralischen" Lebenswandel, da er mit einer Prostituierten zusammenlebte, sowie nicht verbuchte Schnapslieferungen, Materialien dazu in: LAG, Rep. IV 4/09, Nr. 4a. Wickles musste 1947 seine Funktionen aufgeben und wurde 1949 aus der SED ausgeschlossen, 1953 jedoch wieder aufgenommen. LAG Rep. IV 4/09, Nr. 55, Bl. 25 ff., siehe auch SED-Kreisvorstand Stralsund, Abt. Personal-Politik, an Landesvorstand, 19. 1. 1948, in: LHAS, 10.34-2, 308, Bl. 273.

[277] Abschrift der Rundfunksendung, mit Anschreiben „Lieber Max!", gez. Werner Burmann, Schwerin, 29. 3. 46, in: NL Fank/Rostock, Ordner 2.

[278] Vgl. Richter, Umwälzung (1984), S. 353.

[279] [Tätigkeitsbericht, Mai 1945 bis Juli 1946], o. D., 68 Seiten, S. 4 f., in: StaS, Rep. 50/19.

Struktur als „Einheitsorganisationen" sowie gegenüber der pluralistischen Vielfalt in der Zeit vor 1933. Das Ziel der „Einheit" besaß gerade in Gewerkschaftskreisen große Attraktivität, eine Zersplitterung der Kräfte, die auch als ein Grund für die „kampflose Kapitulation" der Gewerkschaften gegenüber dem Nationalsozialismus 1933 gesehen wurde, sollte durch eine Einheitsgewerkschaft ein für alle Mal überwunden werden. Unter den politischen Bedingungen der Sowjetischen Besatzungszone und der im Oktober 1949 gegründeten DDR geriet diese Einheitsgewerkschaft jedoch Zug um Zug nicht nur unter die politische Dominanz der führenden kommunistischen Kräfte, sondern wurde zu einem politischen Anhängsel der SED mit klaren von der Partei zugewiesenen Aufgaben. Der nach einer Vorbesprechung am 7. Juli 1945 gegründete Ortsausschuss des FDGB erhielt schnell großen Zuspruch. Bereits am 2. August 1945 konnte er knapp 800 Mitglieder verbuchen.[280] Im Februar 1946 war die Mitgliederzahl auf 5 509 Mitglieder angewachsen.[281]

Die Zusammensetzung der beratenden Stadtversammlung erinnerte an die künftige Systematik, nach der seit den „Volkswahlen" im Oktober 1950 alle Wahlen zu den parlamentarischen Gremien in der DDR durchgeführt wurden: eine nach einem bestimmten Schlüssel festgelegte Einheitsliste, in der die SED zusammen mit den von ihr kontrollierten Massenorganisationen immer die Mehrheit der Sitze hatte und in der nach dem Prinzip des Blocks auch die übrigen Parteien mit vorher festgelegter Zahl der Sitze bedacht wurden. Die für den 15. September 1946 angesetzte Kommunalwahl wurde allerdings noch nach dem Konkurrenzprinzip durchgeführt. Gerade in den Städten griffen die vielfach belegten Behinderungen der CDU und LDP seitens der sowjetischen Besatzungsmacht nicht in dem Maße wie auf dem flachen Lande. Zwar gibt es auch für Stralsund Hinweise auf Beschränkungen der Wahlpropaganda der beiden Parteien, aber dennoch konnte vor allem die LDP mit knapp 37 Prozent der abgegebenen Stimmen ein beachtliches Ergebnis erzielen. Die CDU fiel demgegenüber mit 11,5 Prozent deutlich ab, die SED jedoch erlangte mit fast 51 Prozent die absolute Mehrheit. Sie stellte 26 Abgeordnete in der Stadtverordnetenversammlung, die LDP 19, die CDU 5.[282]

Die im September 1946 eingeführte „Demokratische Gemeindeordnung" bestimmte die Gemeindevertretungen und Stadtverordnetenversammlung zu den höchsten Gremien auf kommunaler Ebene. Sie wählten die Stadträte und Oberbürgermeister bzw. Bürgermeister und diese waren in ihrem Handeln den parlamentarischen Gremien verantwortlich. Reste einer eigenständigen Ratsbeschlussfassung oder eine Gewaltenteilung waren in dieser Gemeindeverfassung, ähnlich wie in den späteren Landesverfassungen, nicht vorgesehen. Die Selbstverwaltungsaufgaben waren umfassend und schlossen nicht nur Aufgaben auf wirtschaftlichem,

[280] Protokoll: Versammlung über Gründung von Gewerkschaften v. 7.7.45 im Kollegiastensaal des Rathauses, in: StaS, NL Fank, Fan 001, sowie Richter, Umwälzung (1984), S. 339.
[281] Mitgliederzahlen zum Stand vom 10.2.1946 s. FDGB Ortsausschuss Stralsund, 13.2.1946, in: LHAS, 10.34-2, 314, Bl. 9.
[282] Stimmenanteile errechnet nach Ergebnissen der Gemeindewahl in Stralsund, in: StaS, Rep. 50/437, siehe auch Richter, Umwälzung (1984), S. 354. Zu Wahlbehinderungen in Stralsund siehe Handschriftliche Chronik zur Geschichte der Stadt Stralsunds von Max Fank, Bl. 476, in: NL Fank/Rostock, Ordner 5, zum Thema allgemein Landesregierung, Bd. 1 (2003), Einleitung, S. 64 f.

sozialem und kulturellem Gebiet, sondern auch die Aufrechterhaltung von Sicherheit und Ordnung, also Polizeifragen, ein. Das in der Kommunalverfassung verankerte demokratische Selbstverwaltungsprinzip wurde jedoch von den Führungsansprüchen der SED überformt und schließlich ausgehöhlt. Schon die in Mecklenburg-Vorpommern wenige Tage nach der Veröffentlichung der Gemeindeverfassung im Amtsblatt veröffentlichte Verordnung, dass jeweils die stärkste Partei den Oberbürgermeister zu stellen habe, unterstrich den Machtanspruch der SED. Sollte doch auf diese Weise verhindert werden, dass Stimmenmehrheiten der beiden bürgerlichen Parteien die Wahl eines CDU- oder LDP-Kandidaten ermöglichten.[283] In Stralsund war diese Bestimmung überflüssig, verfügte die SED hier doch über eine absolute Mehrheit. Allerdings zeigte sich in der Stadtverordnetenversammlung trotz aller Einbindung in die Blockpolitik ein konkurrierendes Verhalten der Parteien. Max Fank hielt in seinem Rechenschaftsbericht des SED-Vorstandes am 27. Juli 1947 über das zurückliegende Jahr fest, die CDU betreibe im Stadtparlament „Obstruktion", die bürgerlichen Stadtverordneten ließen sich vielfach nur „vom eigenen Interesse" leiten. Fanks weitere Behauptung, der SED falle die Aufgabe zu, „anderen [!] Parteien zu lehren, was Demokratie ist, und wie die Arbeit in einem Stadtparlament ablaufen muss", verwies auf jenen Dominanz- und Gestaltungsanspruch der SED, der in ein anderes Verständnis von „Demokratie" wies.[284] Deutlich wurde dies in einer Inszenierung der „neuen Demokratie". Am 25. Juni 1947 eröffnete Max Fank als Vorsitzender der Stadtverordnetenversammlung eine vom Rat der Stadt und der Stadtverordnetenversammlung einberufene Einwohnerversammlung, auf deren Tagesordnung „Rechenschaftsbericht der Stadtverwaltung" stand. Eine derartige Konstruktion war in der Kommunalverfassung nicht vorgesehen, sie enthielt auch keinerlei die Stadtverwaltung bindende, sanktionierende Funktion. Sie diente einzig und allein einer Einbindung der Bevölkerung, einer Form der Partizipation, die zwar Kritik einschloss, aber faktische Opposition mit politischer Wirkung ausschloss. Der Sinn dieser und weiterer folgender Versammlungen, so erläuterte Fank, sei, „die Einwohnerschaft unserer Stadt mehr und mehr zu positiver Mitarbeit an der Verwaltung unserer Stadt heranzuziehen." Fank überhöhte die Veranstaltung zu einem Ereignis von tiefgreifender Bedeutung. Es sei „das erste Mal in der Geschichte unserer 700 Jahre alten Stadt", dass die Stadtverwaltung vor die Einwohnerschaft der Stadt tritt, „um ihre Tätigkeit der Kritik der Wählerschaft zu unterstellen". Das Ganze diente ihm, und damit der SED, als ein Beispiel, dass „wir […] dabei [sind], ein wirklich demokratisches Gemeinschaftsleben aufzubauen, in dem auch tatsächlich nur das Volk regiert, in dem auch tatsächlich die Demokratie arbeitet."[285] Diese Art der mehr oder weniger erzwungenen Beteiligung und Einbindung der Bevölkerung ist konstitutiv für Diktaturen, die auf die Zustimmung des Volkes nicht verzichten können und wollen. Mit der Transformationsphase in Richtung „Volksdemokratie"

---

[283] Diese Bestimmung folgte einer Anweisung der SMA des Landes, vgl. dazu Landesregierung, Bd. 1 (2003), Dokument 132, S. 580.
[284] Rechenschaftsbericht des Vorstandes, handschriftlich: „27. VII. 47, SED Stralsund", gez. 26.7. 47 M[ax] F[ank], in: StaS, NL Kirchmann, Kir 11.
[285] Rededisposition „Eröffnung der Einwohnerversammlung am 25. Juni 1947", in: NL Fank/ Rostock, Ordner 13.

wurden in Stralsund diese Elemente sichtbar. Dass diese gelenkte „demokratische" Partizipation tatsächliche Beteiligung und auch Erfolge von Partizipation nicht ausschließen konnte, wird im Zusammenhang mit den Repräsentationen der Stadt zu erörtern sein.

Was die Prinzipien der Selbstverwaltung und der kommunalen Kompetenzen anbelangt, so ist auch in Stralsund eine Entwicklung zu verfolgen, die den Weg in die administrative Entmachtung der Stadt beschreibt. Eine 1950 anlässlich einer Ausstellung „5 Jahre Aufbau" vom Rat der Stadt herausgegebene Broschüre dokumentiert dies eindrücklich. Während es in der Anfangsphase 1945/46 in der Stadtverwaltung keine Strukturveränderungen gegeben hatte, begann ab 1947 ein Wandel. Stadtsparkasse, Polizei, Einwohnermeldeamt und Hafengemeinschaft wurden im Laufe dieses Jahres aus der Stadtverwaltung herausgelöst, die Umsiedlerabteilung aufgelöst. 1948 folgte das Steueramt, die Feuerwehr wurde Anfang 1949 der Landesregierung unterstellt, und die Ämter für Handel und Versorgung der Stadt und des Kreises wurden am 1. Oktober 1949 zusammengelegt. Als bedeutsamster Schnitt in die Kompetenzen der Stadt muss die 1949 vorgenommene Bildung der Kommunalen Wirtschaftsunternehmen (KWU) hervorgehoben werden, in die die aus der Stadtverantwortung gelösten stadteigenen Betriebe, allen voran die Stadtwerke (Elektrizität, Gas) integriert wurden. Gerade diese Werke hatten im städtischen Bereich eine herausragende Bedeutung einer eigenständigen Steuerung der Infrastruktur besessen. Im kulturellen Bereich wurde ebenfalls zentralisiert. Die bisher der städtischen Abteilung für Kultur und Volksbildung unterstellten Kammerlichtspiele wurden in die Kulturellen Unternehmen Mecklenburgs (KUM) integriert und das Stadttheater von der Deutschen Volksbühne übernommen. 1950 folgten noch weitere Verlagerungen von Verwaltungsstellen, so wurde die Abteilung Statistik dem Statistischen Landesamt in Schwerin unterstellt. Auch die ideologische Schulung der Verwaltungsangestellten wurde seit dem Sommer 1949 obligatorisch.[286]

Die Transformation einer in Teilen als demokratischer Aufbruch und als Befreiung von nationalsozialistischem Terror wahrgenommenen Phase in eine wiederum repressive Diktatur war gepaart mit politischer „Säuberung" und willkürlichen Terrormaßnahmen. Für Letztere steht das Beispiel des Stralsunders Karl-Heino Preuss, der im September 1950 von Mitarbeitern der Staatssicherheit verhaftet und auf Grund völlig aus der Luft gegriffener Anschuldigungen, er sei ein „Spion", von einem sowjetischen Militärtribunal zu 15 Jahren Lagerhaft in der Sowjetunion verurteilt wurde.[287] Auch Max Fank, sozialdemokratischer Gründungsaktivist, Landtagsabgeordneter, Vorsitzender der Stadtverordnetenversammlung und bis August 1947 Kreisvorsitzender der SED, wurde am 19. März 1949 von sowjetischen Sicherheitsorganen verhaftet und ebenfalls wegen „Spionage" zu 25 Jahren Arbeitslager verurteilt.[288] Bernhard Wanning (Jahrgang 1898), der zusammen mit Gerd Poggendorf in den letzten Kriegstagen für eine kampflose Übergabe der

---

[286] Stralsund. 5 Jahre Aufbau (1950), S. 14 ff.
[287] Vgl. Anne Drescher: Haft am Demmlerplatz. Gespräche mit Betroffenen. Sowjetische Militärtribunale Schwerin 1945 bis 1953, Schwerin 2001, S. 159 ff.
[288] Artikel: Max Fank, in: Schwabe, Wurzeln (1999), S. 64 ff.

Stadt aktiv geworden war, fiel in Ungnade. Seit Juli 1945 Mitglied der KPD, des
Kreisvorstandes der SED sowie Stadtrat, wurde Wanning 1948 aus seinen Funktionen entfernt. In einem Bericht der personalpolitischen Abteilung des SED-
Kreisvorstandes wurden allerlei Mutmaßungen über Wanning zusammengefasst:
„Von Gen. W. wird behauptet, daß er Mitglied der NSDAP und förderndes Mit-
glied der SS gewesen ist. [...] Seine Lebensweise unterliegt einer starken Kritik.
Man sagt ihm nach, er habe korrupte Elemente, Nazis und Katholiken (er selbst
ist Katholik) bei ihrer Selbständigmachung begünstigt. Sein Verhalten als Partei-
genosse entspricht nicht unserer Auffassung, er ist schon seit vielen Monaten auf
keiner Parteiversammlung gewesen. Eine Untersuchung gegen Wanning läuft."[289]
Als Ergebnis dieser „Untersuchung" wurde Wanning „wegen seiner moralischen
Schwächen" aus der SED-Kreisleitung ausgeschlossen. Laut einer Propaganda-
schrift der SED aus dem Jahre 1962 lebte er in Hamburg.[290] In den DDR-Darstellungen zur Geschichte der Stadt taucht sein Name nicht auf.[291]
Die genannten Beispiele stehen für eine Entwicklung, in der sich die SED Zug
um Zug von anfänglich bekundeten, demokratisch-sozialistischen Prinzipien ent-
fernte und sich zu einer „Partei neuen Typus" entwickelte. Diese Partei der Diktatur betrieb nach innen mit straffen, rigiden Methoden eine ideologische Gleich-
richtung der Mitgliedschaft und exekutierte dies zum Beispiel in einer umfassend
angelegten „Parteiüberprüfung" 1951. Ihre Politik des forcierten Aufbaus des Sozialismus, die mit massiven Verschlechterungen für die Beschäftigten (Normerhö-
hungen) einherging, führte auch in Stralsund zu Missstimmung und Ablehnung.
Im Juni 1953 entlud sich die Unzufriedenheit in Streiks und Demonstrationen.
Am 18. Juni 1953 traten 5000 Werftarbeiter des sozialistischen Vorzeigebetriebes
„Volkswerft" in den Ausstand. Bauarbeiter und Belegschaften anderer Betriebe
solidarisierten sich. Die Unruhen dauerten bis zum 23. Juni 1953 an.[292] Die Werft
stand bereits seit 1950 in den Schlagzeilen. Im Dezember 1950 wurde die Werks-
leitung in einem propagandistisch aufgezogenen Prozess wegen bewusster Sabota-
ge abgeurteilt. Der Werftleiter erhielt 10 Jahre Zuchthaus, wurde jedoch nach fast
jährlichem Wechsel in der Betriebsleitung 1957 wiederum als Werftdirektor eingesetzt.[293]
Für die staatliche Verwaltungsebene bedeutete der politische Transformations-
prozess weitere Zentralisierung, Abbau formal noch vorhandener föderaler Strukturen und Selbstverwaltung. Mit dem „Gesetz über die weitere Demokratisierung
des Aufbaus und der Arbeitsweise der staatlichen Organe in den Ländern der
Deutschen Demokratischen Republik" vom 23. Juli 1952 wurden die Länder aufgelöst, die Gemeindeordnungen von 1946 bestanden jedoch offiziell weiter fort.

---

[289] SED-Kreisvorstand Stralsund, Abt. Personal-Politik, an Landesvorstand, 19.1.1948, in:
LHAS, 10.34-2, 308, Bl. 273.
[290] Das nationale Dokument und die Entwicklung Stralsunds, hrsg. v. Kreisleitung der SED, Abt.
Agitation/Propaganda, Stralsund 1962, S. 22.
[291] Z. B. Jahnke, Von der Novemberrevolution (1984), S. 328.
[292] Zu den Vorgängen siehe Ilko Sascha Kowalczuk, unter Mitarbeit von Gudrun Weber: 17. Juni
1953 – Volksaufstand in der DDR. Ursachen – Abläufe – Folgen, Bremen 2003, S. 177f.
[293] Vgl. „Prozeß gegen die ehemalige Leitung der Volkswerft Stralsund", 1. bis 3. Verhandlungstag, doppelseitige Druckschrift, jeweils herausgegeben vom Amt für Information Schwerin,
o. D. [Dezember 1950]. „Stralsunder Zugvögel", in: Die Zeit, Nr. 52, 26. 12. 1957.

Gleichwohl wurden die Stadtkreise wie im Prinzip alle Verwaltungseinheiten als administrativ-territoriale Einheiten der Republik deklariert. Irgendwelche autonomen Kompetenzen ergaben sich daraus nicht, die Kommunen waren keine Körperschaften des öffentlichen Rechts mehr. Im „Gesetz über die örtlichen Organe der Staatsmacht" vom 18. Januar 1957 wurden die örtlichen Volksvertretungen als „oberste Organe der Staatsmacht" bezeichnet, deren Aufbau auf dem „Prinzip des demokratischen Zentralismus" beruhe. Für die örtlichen Räte galt das Prinzip der „doppelten Unterstellung". Demnach waren sie sowohl der sie wählenden Volksvertretung wie auch dem nächsthöheren Rat unterstellt.[294] Dessen Beschlüsse waren für die Räte der Städte oder Gemeinden verbindlich. Welche Konsequenzen diese Ein- und Unterordnung städtischer Organe in einem von der Hegemonialpartei SED gesetzten staatlichen Gesamtrahmen für kommunale Gestaltungs- und Partizipationsstrukturen bedeutete, wird im Zusammenhang mit den Stadtrepräsentationen zu diskutieren sein.

---

[294] Vgl. im Überblick: Georg Brunner: Die Verwaltung in der SBZ und DDR, in: Deutsche Verwaltungsgeschichte, Bd. 5. Die Bundesrepublik Deutschland, hrsg. v. Kurt G. A. Jeserich u. a., Stuttgart 1987, S. 1218-1283, hier S. 1243 ff. Zu den zitierten Gesetzen Gesetzesblatt der DDR 1952, S. 613 f., dass. 1957, Teil 1, S. 65 ff.

III. Die Repräsentationen im Systemwandel

Die Stadt als unmittelbarer Erfahrungsraum der Gesellschaft nimmt nicht nur, aber vor allem im Hinblick auf die Frage nach den Zäsuren und Systemwandlungsprozessen eine besondere Bedeutung ein. Gerade nach Umbrüchen geraten Identitätsbildung, Schaffung von Loyalität und Zustimmung zu zentralen Anliegen der jeweils neuen oder sich gewandelten Systeme. Welche Rolle spielen städtische Repräsentationen bei der Schaffung von Identität, einer städtischen Identität und/oder einer regionalen oder nationalen Identität? Umgekehrt ist zu fragen, wie sich die systemischen Wandlungsprozesse auf die städtischen Repräsentationen auswirken? Verändern sich Formen, Gestaltungen, sind Kontinuitäten erkennbar, zum Beispiel in historischen Konstruktionen? Gibt es Anstrengungen der Uminterpretierung? Wie versuchen die jeweiligen Systeme sich der Geschichte der Stadt zu bemächtigen, oder stellt die städtische Historie Stützpfeiler und Fundamente bereit, die unabhängig von den Brüchen weiterwirken? Wie stark treten „die Stadt" oder die sie repräsentierenden Gruppen und gesellschaftlichen Milieus als Akteur/Akteure der Repräsentationen auf? Welche Möglichkeiten der Partizipation und Mitgestaltung gibt es? Wie ordnet sich „Stadt" in den überregionalen und nationalen Kontext ein, und welche Einflüsse wirken von dieser Seite auf die Stadtrepräsentation? Bevor das Verhältnis von Repräsentation und Systemwandel am Beispiel des 300. Jubiläums des „Wallensteintages" 1928 sowie der beiden Stadtjubiläen 1934 und 1959 diskutiert wird und dabei nach Zielsetzungen, Funktionen und Resonanzen gefragt wird, richtet sich der Blick auf das Bild der Stadt und auf den Stadtraum als öffentlichen Raum und als Raum der Repräsentation.

1. Stadt-Bild und Stadt-Raum

Die im Folgenden skizzierten Kontinuitäten und Wandlungen des Bildes der Stadt beziehen sich sowohl auf „Bild" im Sinne eines zugeschriebenen Charakters oder einer Identität der Stadt als auch auf konkrete Überlegungen zur Gestaltung des Stadtbildes, seiner Silhouette und baulichen Anordnung. Damit eng verbunden ist Stadt-Raum im Sinne der Stadt und ihrer zentralen Plätze als Räume der Öffentlichkeit. Hier vollziehen sich Handlungen und Repräsentationen, die Macht/Herrschaft darstellen und ihrerseits Identitätsangebote unterbreiten und durch diese wie durch die öffentliche Präsenz als solcher wiederum das Stadtbild prägen oder prägen wollen. Diese Besetzung des öffentlichen Raumes wird in einem weiteren Schritt behandelt, bevor das Kapitel mit einem Exkurs zu Denkmälern als Formen der Repräsentation abschließt.

Stralsunds Altstadt in den 1930er Jahren.
(aus Broschüre: Junger Norden. Erstes deutsch-schwedisches Gemeinschaftslager der Hitler-Jugend 1937. Rückblick und Ausblick. Stralsund, im Mai 1938, hrsg. v. der Stadt Stralsund)

1.1 Bilder der Stadt

„Es liegt ein unbeschreiblicher Zauber über der Stadt am Sunde, über ihren Kirchen und Giebelhäusern, ihren Mauerresten und märchenschönen Winkeln, ein Zauber, der sich niemals in Worte fassen und beschreiben, sondern immer nur erfühlen läßt. Man könnte auf Stralsund das Wort im besonderen anwenden, das Goethe einst von der Schönheit im allgemeinen sagte: ‚Es ist ein schwimmendes, glänzendes Schattenbild, dessen Umriß keine Definition erhascht.‘"[1] Das romantisierende Bild, das die städtische Werbeabteilung zeichnete und das Presse und Publizistik bereitwillig aufnahmen, zieht sich trotz vereinzelter Kritik[2] als Kontinuum durch die verschiedenen Systeme. Das Bild einer in sich geschlossenen mittelalterlichen Stadt wurde mit entsprechenden Illustrationen und Werbematerialien in Szene gesetzt und auch in zeitgenössischen Dokumentarfilmen gezeichnet. Die „Vossische Zeitung" schrieb zu dem 1932 von dem „Kulturfilmer" Dr. Hans Cürlis[3] realisierten Tonfilm über Stralsund: „Ein altes deutsches Städtebild scheint

[1] „II. Stralsunder Turn- und Sportwoche, 24. Juli bis 31. Juli 1927. Ortsausschuss für Leibesübungen Stralsund", Festbuch und Programm in: StaS, Rep. 29/2362, Bl. 58–71, hier Bl. 63f.
[2] Vgl. Stralsund. Aufgenommen von der Staatlichen Bildstelle. Beschrieben von Fritz Adler, Berlin 1926, in: Pommern. Aufgenommen von der Staatlichen Bildstelle. Eingeleitet von Martin Wehrmann. Beschrieben von Fritz Adler, Karl Fredrich und Otto Schmitt, Berlin 1927. Adler kritisierte darin den nur flüchtigen Betrachter der Stadt, der ein „unklares, verschwommenes Gefühl der Romantik" erhalte und dem „das ganze wahre Gesicht dieser Stadt" verborgen bleibe (S. 5).
[3] Cürlis hatte bereits 1927 einen Kurzdokumentarfilm über Stralsund („Stralsund die Inselstadt") produziert. Zu Cürlis vgl. Ulrich Döge: Kulturfilm als Aufgabe. Hans Cürlis (1889–1982), Berlin 2005 (Filmblatt-Schriften 4).

sich über die Jahrhunderte hinweg in ursprünglicher Gestalt in unsre Zeit hinübergerettet zu haben. Stralsund ist eines der schönsten Denkmäler vergangener Jahrhunderte."[4] Film und Illustrationen zeigen zugleich die geografischen Voraussetzungen des historischen Stadtbildes – eine Stadt am Meer, umgeben von Teichen, ein Siedlungsort, der der 1234 gegründeten Stadt den „Charakter einer Wasserburg" verlieh.[5] Diese Wasserlage der Stadt vor allem führte dazu, dass sich ihr historischer Kern trotz mancherlei Veränderungen durch Kriegseinwirkungen und Brände im 17. Jahrhundert, die Schleifung von Wallanlagen und den Abriss von Stadttoren im Laufe des 19. Jahrhunderts über die Zeiten hinweg erhielt. Daran änderten auch die Ausdehnung der Stadt in die drei Vorstädte (Knieper, Tribseer und Franken) seit der Wende vom 19. zum 20. Jahrhundert und der Bombenangriff im Oktober 1944, trotz aller Schäden an historischer Bausubstanz, nichts. Folgten Grundriss und Stadtraum einer naturbedingten Zwangsläufigkeit? So jedenfalls lauteten die Formulierungen in einem Manuskript zur nationalsozialistischen Verkehrswerbung. Darin erschien „Stralsund, ein von der Natur zwangsläufig in seiner Grundstruktur erhaltenes Musterbeispiel politischer deutscher Macht und kultureller Leistung im Nordosten des Reiches im 14. u. 15. Jahrhundert."[6] Bei aller Betonung des Neuaufbaus nach 1945 hieß es 1950 durchaus ähnlich: Stralsund bleibe „darüber hinaus, was es seit dem Mittelalter ist: ein aus dem Schoße der Natur durch die gesellschaftliche Ordnung gewachsenes Kleinod der deutschen Landschaft."[7] Naturgegebene und schicksalhafte Verbundenheit der Stadt mit dem Meer ist eine Figur, die durch die Systeme hinweg zur Beschreibung der Stadt bemüht wurde[8], insbesondere mit jenem Zitat aus Ricarda Huchs Gedicht über Stralsund aus den 1920er Jahren: „Meerstadt ist Stralsund, vom Meer erzeugt, dem Meere ähnlich. Auf das Meer ist sie bezogen in ihrer Erscheinung und ihrer Geschichte." Huchs Text war an prominenter Stelle auf dem Titelblatt der 1934 erschienenen Jubiläumsausgabe des „Stralsunder Tageblatts" abgedruckt[9] und auch das „Neue Deutschland" der SED griff 28 Jahre später in einem Porträt „Stralsund. Stadt an der Ostsee" auf die Dichterin zurück, setzte jedoch mit dem Gedicht „Sturmlied" („Nur kämpfend … ist Leben Glück") einen anderen Akzent.[10] Das 1969 erschienene Stralsund-Buch von Herbert Ewe begann in seinem ersten Kapitel „Meerstadt" ebenfalls mit Huchs Versen.[11] „Venedig der Ostsee"[12]

---

[4] Vossische Zeitung v. 24. 9. 1932 über die Vorführung des Stralsund-Filmes im Berliner Gloria-Palast, in: StaS, Rep. 18/1558.

[5] Herbert Ewe: Zur Baugeschichte Stralsunds, in: Die Altstadt von Stralsund. Untersuchungen zum Baubestand und zur städtebaulichen Denkmalpflege, Berlin 1958, S. 9–57, S. 13.

[6] Disposition o. D. zur Stralsunder Verkehrswerbung, in: StaS, Rep. 29/2378, Bl. 14/15.

[7] Der Schriftsteller Herbert A. W. Kasten in: Stralsund. 5 Jahre Aufbau. Der Rat der Stadt Stralsund, September 1950, S. 12. (Broschüre herausgegeben vom Rat der Stadt anlässlich der Ausstellung „5 Jahre Aufbau").

[8] Siehe z. B. Wolfgang Rudolph: Stralsund. Die Stadt am Sund, hrsg. v. Käthe Miethe, Rostock 1955, S. 237 f.

[9] Stralsunder Tageblatt, 9. Mai 1934, 37. Jg., Nr. 107: Jubiläumsausgabe „700 Jahre Stralsund"; das Gedicht ist in der neueren Literatur zu Stralsund häufig zitiert, siehe z. B. Andreas Neumerkel; Hannelore Schulze: Stralsund 1860–1945. Ein photographischer Streifzug, (Veröffentlichungen des Stadtarchivs Stralsund, Bd. 12), Bremen 1997, S. 5.

[10] Neues Deutschland, 14. 7. 1962, Nr. 191, Beilage Nr. 28 („Unsere sozialistische Heimat"), S. 3.

[11] Herbert Ewe: Stralsund, Rostock 1969, S. 7.

[12] So ein Pressetext zur 300-Jahr-Feier des Wallensteintages 1928, in: StaS, Rep. 29/1564.

war ein weiteres Attribut für einen Ort, an dem das Meer gar schöner sein sollte als in südlichen Gestaden: „Nicht in Neapel, und nicht in Palermo oder Syrakus habe ich das Meer so wunderbar schwarzblau gesehen, wie eines Abends von der Spitze der Ballastkiste am Stralsunder Hafen – während die Sonne hinter der Stadt in zyklopischen, von Feuergluten angestrahlten Wolken unterging", so der zeitweilig in Stralsund lebende Schriftsteller Friedrich Spielhagen (1829-1911).[13] Die frische Meeresluft, die ein Werbetext aus dem Jahre 1939 als „Atem der Ostsee" in die Gassen der Altstadt wehen ließ[14], erhielt 1950 einen aufklärerischen Charakter. So mutete es den Schriftsteller Herbert A. W. Kasten an, „als wehte die frische Seeluft auch durch das geistige Leben, so daß es sich hier eher als anderswo freizuhalten vermag von dem Nebeldunst einer vergifteten Atmosphäre".[15]

Wie die geografische Lage an Sund und See, so reizten das „an Schönheit und Eindruckskraft" unübertreffliche Panorama der Stadt[16] zu stereotyp vorgetragenen Interpretationen. Die steinernen Zeugen einstiger Hansestärke eigneten sich als hervorgehobenes Charakteristikum der Stadt, unabhängig davon, ob man dies als Tat der Stadtbürgerschaft oder einer Führerpersönlichkeit deklarierte, wobei dies selbstverständlich für die jeweiligen Legitimationsstrategien von wesentlicher Bedeutung war.[17] Die drei vom 13. bis zum 15. Jahrhundert erbauten mittelalterlichen Kirchen dominierten das Stadtbild. „Drei Kirchen herrschen. Dunkelrot flammen die Backsteintürme, Kupferhelme leuchten giftgrün vom Himmel. Die schweren Dächer und die vierschrötigen stumpfen Türme prägen der Stadt unzweideutig norddeutschen Charakter auf."[18] Der von Rathaus, Bürgerhäusern und der ältesten Kirche St. Nikolai umrahmte Alte Markt war nicht nur einer der zentralen öffentlichen Orte der Stadt, er wurde auch als Symbol eines Dreiklangs „des geistigen, politischen und sozialen Lebens mittelalterlicher Stadtbürger in seiner harmonischen Geschlossenheit" gefasst.[19] Diese Sinndeutung aus dem Jahre 1939 knüpfte an Interpretationen aus der Zeit vor 1933 an und Fritz Adler griff sie wiederum 1947 auf. Er sprach von der Geschlossenheit und eben jenem „Dreiklang von Bürgerhaus, Marktplatz und Kirche", worin die geistigen Kräfte sichtbar würden, „denen das hansische Stralsund einst seine Größe verdankte: lebendig sich regender Tatwille des einzelnen in einem starken Bürgersinn gebunden, deren endlichem Wirken der fromme Glaube jederzeit Schranke und Ziel vom Ewigen

---

[13] Zitiert nach Rudolph, Stralsund (1955), S. 238.

[14] Siehe Lissok, Denkmalpflege (2002), S. 203.

[15] Stralsund. 5 Jahre Aufbau (1950), S. 10.

[16] „II. Stralsunder Turn- und Sportwoche, 24. Juli bis 31. Juli 1927. Ortsausschuss für Leibesübungen Stralsund", Festbuch und Programm in: StaS, Rep. 29/2362, Bl. 64.

[17] Pommersche Zeitung, 30.1.1934, „Das geschichtliche Antlitz unserer Stadt. Eine Betrachtung von Walter Köster": „Nicht der Bürger in seiner Masse tat es, sondern das Werk vollbrachten seine Führer, die zur Leistung und Fortentwicklung, oder auch zu Niedergang und Rückschritt leiteten. Stralsunds Geschichte bietet Beispiel über Beispiel." Anders die Sicht Fritz Adlers, dass sich gerade in den Hansestädten nicht der Impuls eines Einzelnen, sondern der „Schöpferwille einer Volksgemeinschaft", das „Schicksal einer Gesamtheit" widerspiegele. Vgl. Stralsund. Aufgenommen von der Staatlichen Bildstelle. Beschrieben von Fritz Adler 1926, in: Pommern. Aufgenommen von der Staatlichen Bildstelle. Eingeleitet von Martin Wehrmann. Beschrieben von Fritz Adler, Karl Fredrich und Otto Schmitt, Berlin 1927, S. 6.

[18] „II. Stralsunder Turn- und Sportwoche, 24. Juli bis 31. Juli 1927. Ortsausschuss für Leibesübungen Stralsund", Festbuch und Programm in: StaS, Rep. 29/2362, Bl. 64.

[19] Werbetext 1939, zit. n. Lissok, Denkmalpflege (2002), S. 203.

Der Dreiklang Kirche – Rathaus –
Markt.
(Stadtarchiv Stralsund, Fotosammlung,
VIII B-011a)

her setzte."[20] Der 1953 erschienene, von Stadtarchivar Herbert Ewe verfasste
Stadtführer verwies mit seinem Titel „Führer durch die Werftstadt" zwar auf die
neue industrielle Bedeutung der Stadt, und auch im Text behauptete der Autor:
„Heute bestimmt die Volkswerft weitgehend das Gepräge der Stadt." Das Titelbild zeigte jedoch nicht die Volkswerft als neuen sozialistischen Identifikationsort,
sondern ganz traditionell den Alten Markt mit Rathaus und St. Nikolai. Auch im
Text selbst waren vorwiegend bildliche Bezüge zum alten Stralsund vorhanden,
nur eine Illustration zeigte den Stapellauf eines in der Volkswerft gefertigten Schif-
fes.[21] Erst die zweite Auflage des zur 725-Jahr-Feier herausgegebenen Jubiläums-
bandes erschien 1960 mit einer stilisierten Volkswerft auf dem Buchumschlag.[22]
Die erste Auflage aus dem Jahre 1959 zierte eine Luftbildaufnahme mit Blick über
die Altstadt zum Strelasund.[23]
    Während in der Tourismuswerbung aus der NS-Zeit das Harmonisierende und
bei Adler der gegenseitige Bezug von städtischem Bürgertum und protestanti-

---

[20] Fritz Adler: Die St. Nikolai-Kirche in Stralsund, (Große Baudenkmäler, Heft 105), Berlin 1947,
    S. 2.
[21] Stralsund. Ein Führer durch die Werftstadt von Herbert Ewe, Stralsund 1953 (Veröffentlichung
    des Stadtarchivs, der Stralsundischen Museen und des Kulturbundes zur demokratischen Er-
    neuerung Deutschlands), S. 14 f.
[22] Stralsund. Chronik einer Stadt im sozialistischen Aufbau, bearbeitet vom Stadtarchiv Stralsund,
    Stralsund 1960. Dieser Band stellte eine vor allem durch Illustrationen des Stadtjubiläumsfestes
    erweiterte Ausgabe der Festschrift zur 725-Jahr-Feier aus dem Jahre 1959 dar.
[23] 725 Jahre Stralsund. 10 Jahre Arbeiter- und Bauern-Macht. Bearbeitet vom Stadtarchiv Stral-
    sund, Stralsund 1959.

schem Glauben dominierte, maßen andere Texte den kirchlichen Turmbauten Stralsunds eine zukunftsweisende Symbolik zu. So betonte Oberbürgermeister Heydemann in seinem Geleitwort zur Jubiläumsausgabe des „Stralsunder Tageblatts" 1934, noch heute spreche „der weitgespannte und mutige Geist unserer Vorfahren [...] aus den alten, mächtigen Bauwerken [...], die sich einst als trotzige und in die Zukunft weisende Wahrzeichen eines jungen Deutschtums in einem Lande erhoben, das bis dahin mehrere Jahrhunderte slawisch gewesen war." Dies sei Vermächtnis und Pflicht zugleich, „diese Kräfte jederzeit in uns wach und lebendig zu halten, [...], ganz besonders in diesem Augenblick der Wiedergeburt Deutschlands."[24] Ein weiterer Artikel in dieser Ausgabe des Tageblatts beschrieb die „himmelragenden Türme" der Kirchen als, „Zeigefinger, Wegweiser zur Höhe hinauf", als „Brücken hinauf aus der Unrast der Zeit in die Ewigkeit [...] die ragende Kraft."[25] Im Kontrast zu dieser in jenseitige Sphären weisenden Sinngebung der Baudenkmäler stand die nüchterne Betrachtung Herbert Ewes aus dem Jahre 1953. Ewe entdeckte in den Bauten der Kirchen, Klöster und des Rathauses die noch heute spürbare „Stärke jenes aufwärtsstrebenden Bürgertums des 13. und 14. Jahrhunderts" und betonte, dass es sich bei jenen Denkmälern „nicht um Schöpfungen einzelner" handele, sondern „Wille und Einsatz der bürgerlichen Gemeinschaft" das Bild geformt hätten.[26] Mit diesem Hinweis knüpfte Ewe an Sichtweisen aus republikanischer Zeit vor 1933 an, wie sie auch Fritz Adler vertreten hatte.[27]

Die Interpretationen der städtebaulichen Dominanten deuten bei aller Kontinuität der Bilder auch auf unterschiedliche Sichtweisen hin. Lag die Schwerpunktsetzung vor 1933 in einer Synthese städtischer Bürgerlichkeit und protestantischen Glaubens, so zeigen sich während des Nationalsozialismus harmonisierende, „volksgemeinschaftliche" Tendenzen sowie irrationale, mystifizierende Bezüge, während nach 1945 im Hinblick auf das mittelalterliche historische Erbe eine stärkere Nüchternheit einkehrt. In allen drei Fällen des Systemwandels sind Tendenzen vorhanden, sich von der vorangegangenen Periode positiv abzugrenzen. Für den seit 1919 in Stralsund tätigen Stadthistoriker Fritz Adler war die zweite Hälfte des 19. Jahrhunderts eine Zeit zivilisatorischer Verfallserscheinungen, die sich im Stralsunder Stadtbild in architektonischer Hinsicht niedergeschlagen habe.[28] Herbert Ewe griff 1958 diese Kritik Adlers aus dem Jahre 1926 nahezu wörtlich auf, führte sie aber in eine zeitgemäße politische Analyse weiter. Demnach hatten „kapitalistische Profitinteressen" zum Bau jener „bombastischen Hotel- und geschmacklosen Wohnbauten" geführt, die in der Nähe von Giebelhäusern aus der Gotik, Renaissance oder des Barock besonders „störend" wirkten.[29] Für die Zeit der Weimarer Republik sah Adler eine Wende. Die Phase allgemeiner Kulturlosigkeit würde allmählich „von den ersten Ausstrahlungen einer neuen Welthaltung und Gesinnung abgelöst" werden, „die in der zeitgenössischen Architektur nach

---

[24] Stralsunder Tageblatt, 9. Mai 1934, 37. Jg., Nr. 107, S. 3, Geleitwort von OB Heydemann.
[25] „Wie ich als Fremder Stralsund sah ..." gez. –sch, in: Stralsunder Tageblatt, 9. Mai 1934, 37. Jg., Nr. 107, S. 13.
[26] Stralsund. Ein Führer (1953), S. 16f.
[27] Vgl. Stralsund. Aufgenommen von der Staatlichen Bildstelle (1926), S. 6, s. o. Anm. 17.
[28] Ebenda, S. 27.
[29] Ewe, Zur Baugeschichte (1958), S. 45.

Gestaltung drängt."[30] Als Beleg für den Verfall Stralsunds um die Mitte des 19. Jahrhunderts wird der autobiografische Bericht Franziska Tiburtius' angeführt, jener Frau, die, 1843 auf Rügen geboren, ab 1871 in der Schweiz ein Medizinstudium absolvierte, zu einer Zeit, als in Deutschland Frauen noch nicht zum Studium zugelassen waren. Tiburtius erinnerte das Stralsund ihrer Kindheit im Jahr 1851 als eine „melancholische und schlafende Stadt", eng und schäbig. Ganz anders ihr Eindruck aus dem Jahr 1925. Nun nahm sie Stralsund als einen modernen „Durchgangspunkt des Weltverkehrs" wahr, „mit seinen hübschen Vorstädten, den eleganten Häusern, freundlichen Gartenanlagen, dem lebhaften Zustrom zu Bahnhof und Hafen ... . Auch jetzt noch sind die Straßen eng, teilweise krumm, aber sie sind gut gepflastert, seitlich mit Fußgängersteigen, von stattlichen Häusern und hübschen Läden eingefaßt".[31]

Der positive Kontrast einer sauberen, ruhigen Stadt zur Periode des Verfalls und der Kulturlosigkeit ist ein Element der Selbstwahrnehmung und der Selbstdarstellung der Stadt in den Jahren der Weimarer Republik. Dabei wurde „Sauberkeit" im konservativ geprägten, bürgerlichen Milieu durchaus auch im übertragenen, moralisch-sozialen Sinne verstanden. Der traditionsreiche Bürgerverein der Innenstadt befasste sich 1924 in mehreren Mitgliederversammlungen mit der „Säuberung der Straßenecken von Jugendlichen" und der Fernhaltung der Insassen der „Herberge zur Heimat", also der Obdachlosen, von den Rasenplätzen an der St. Marienkirche. Damit Arbeitslose und „herumlungernde Burschen" möglichst aus der städtischen Öffentlichkeit verschwanden, sollte der Arbeitsnachweis der Stadt vom zentralen „Neuen Markt" in eine Nebenstraße verlegt und die „Herberge zur Heimat" gänzlich aus dem Stadtinneren verbannt werden.[32] Nicht nur in der Frage der Exklusion bestimmter Bevölkerungsgruppen aus dem öffentlichen Stadtbild zeigten sich engagierte stadtbürgerliche Diskurse. Auch um die Gestaltung des Stadtbildes selbst entwickelten sich kontroverse Debatten, die das politisch sonst weitgehend geschlossene bürgerliche Milieu der Stadt in verschiedene Lager spaltete. So führten die Auseinandersetzungen um den Standort des 1927 eingeweihten Reichsbankgebäudes zu massiven Verstimmungen zwischen den Bürgervereinen und den Vertretern von Stadtverordnetenversammlung und Magistrat, eine Entwicklung, die seitens der städtischen Sozialdemokratie süffisant kommentiert wurde.[33] Ähnlich intensive Diskussionen entbrannten 1930/31 über die Neugestaltung des in direkter Nachbarschaft des Rathauses am Alten Markt gelegenen „Minerva-Hauses" als Giebel- oder Traufenhaus.[34] Diese Beispiele stehen für eine

[30] Stralsund. Aufgenommen von der Staatlichen Bildstelle (1926), S. 27.
[31] Zitiert nach Hans-Helmuth Knütter: 750 Jahre Stralsund – Stralsund und die deutsche Geschichte, in: Zwei deutsche Städtejubiläen an der Ostsee. 700 Jahre Flensburg. 750 Jahre Stralsund (Mare Balticum 1984, hrsg. v. der Ostseegesellschaft e. V., Hamburg), S. 92–96, S. 94; siehe auch Herbert Ewe: Stralsund, Rostock 1969, S. 20.
[32] Protokollbuch des Stralsunder Bürgervereins 1902-1926, Mitgliederversammlungen vom 8. 4. und 8. 7. 1924, in: StaS, Rep. 18/1427.
[33] Zu den Auseinandersetzungen im Sommer/Herbst 1925 siehe die Versammlungsniederschriften des Bürgervereins und die Presseberichterstattung in: StaS, Rep. 18/1427; zur Stellungnahme der SPD siehe Der Vorpommer, 8. 10. 1925, siehe außerdem StaS, Rep. 18/1428.
[34] Vgl. Lissok, Denkmalpflege (2002), S. 195 ff.

aktive Anteilnahme der Bürgerschaft an der Gestaltung des Stadtbildes, wobei das Bewahren von Tradition im Vordergrund stand.

Für die Zeit des Nationalsozialismus wird zwar Kontinuität in der Stadtbildpflege konstatiert, zumindest was Leitlinien und Zielvorgaben betraf[35], in der Selbstdarstellung grenzten sich die auf diesem Sektor Verantwortlichen jedoch deutlich von der vorangegangenen Zeit ab. Dies galt auch für das weiter gefasste Bild der Stadt im Sinne städtischen Selbstverständnisses. Beim Rückblick in die jüngere Vergangenheit der Stadtgeschichte wurde die Zeit der Republik ausgeklammert und allenfalls als Negativbild gezeichnet, die Zeit bis 1918 dagegen positiv geschildert. Deutlich wurde dies in der 1941 erschienenen Jubiläumsschrift zur 175-jährigen Geschichte des Stadttheaters. Der Präsident der Reichstheaterkammer und Reichskultursenator Ludwig Körner (1890-1968), der in der Spielzeit 1917/18 am Stralsunder Stadttheater als Schauspieler gearbeitet hatte, erinnerte als ersten Eindruck im Herbst 1917 den Gang „durch die sauberen Straßen Stralsunds, vorüber an schönen Geschäften und dem herrlichen Rathaus nach dem Musentempel, der Stätte meines künftigen Wirkens".[36] Das Vorzeigeprojekt des nationalsozialistischen Stralsund, die im Mai 1939 begonnene und im Frühjahr 1940 abgeschlossene „Entschandelung" der Semlower Straße, wurde als Ausdruck des „neuen starken Willens unserer Zeit zur Leistung für die Gemeinschaft" deklariert. Dieser Willen gebe der Straße ein „Gesicht", das „sowohl der vorhandenen baulichen Tradition als auch unserem heutigen Empfinden für Sauberkeit, Klarheit, Zweckmäßigkeit und Schönheit entspricht."[37] Die vorherige durch Reklameschilder, Veränderung der Fassaden und anderes mehr verursachte „Verschandelung" der Häuser waren Ausdruck jenes „liberalistischen" Zeitalters vor 1933, das „kaum eine Rücksicht auf die Gemeinschaft und daher auch keine Rücksicht auf das Gesamtbild einer Straße" gekannt habe. „Entscheidend für das Gesamtbild der Straßen und damit der Städte war der mehr oder weniger große Eigennutz des einzelnen."[38] Die Bewohner und Besitzer der in Frage stehenden Häuser sollten im nationalsozialistischen Sinne partizipieren: „Denn es galt, sie möglichst zu einer festen und bewußten Gemeinschaft von Menschen umzubilden, die nicht mehr oder weniger willenlos irgendwelche Maßnahmen über sich ergehen ließ, sondern die durchzuführenden Gedanken mitzutragen hatte." Im Zweifelsfall half die „Pflicht", die betroffenen Anlieger wurden „zum unbedingten Einverständnis mit den getroffenen, ihnen selbst ja dienlichen Maßnahmen" verpflichtet.[39] Stand bei dieser ansatzweise vorgenommenen Stadtsanierung die Herstellung eines als ursprünglich, traditionsgemäß erkannten Zustandes im Vordergrund, so zeigten sich in den Jahren des NS-Regimes auch Tendenzen, mittelalterliche Tradition und moderne Elemente miteinander zu versöhnen. Bei der

[35] Siehe ebenda, S. 198.
[36] Ludwig Körner: Gedanken zur Rolle der kleinen und mittleren Theater als Schulungsstätten für den deutschen Bühnennachwuchs, in: 175 Jahre Stralsunder Theater, (Autoren Peter Pooth u. a.) Stralsund o. J. (1941), S. 239–243, S. 239.
[37] Die Semlowerstraße in Stralsund. Entschandelung und Gestaltung, bearb. von Malermeister Alfred Dorn, hrsg. v. Reichsinnungsverband des Malerhandwerks in Verbindung mit dem Deutschen Heimatbund und der Stadt Stralsund, Berlin 1940, S. 15.
[38] Ebenda, S. 17.
[39] Zitate ebenda, S. 155f.

Die geöffnete Ziegelgrabenbrücke 1936.
(Stadtarchiv Stralsund, Fotoslg., III Ls-046)

Inszenierung des 1936 fertiggestellten Rügendammes regte der für die Imagewer-
bung der Stadt zuständige Verkehrsdirektor Wilhelm Meyer bei der Schriftleitung
des NS-Blattes „Der Führer" an, „das alte Stralsund zwischen der modernen Tech-
nik irgendwie hier und da im Bild auftauchen zu lassen."[40] In einem offenkundig
für die Presse bestimmten Text stellte Meyer eine Analogie zwischen den „gewaltigen Türmen" der mittelalterlichen Sakralbauten, von denen aus Stralsund 700
Jahre lang über den Sund nach Rügen gesehen habe, und jenem modernen Bau-
werk her, das nunmehr das Trennende des Wassers beendet habe und sich ebenfalls gen Himmel aufrichten könne. Die Ziegelgrabenbrücke, die Klappbrücke, die
das Festland mit der kleinen vorgelagerten Insel Dänholm verband, geriet ähnlich
den Kirchenbauten zu einer toten Materie, deren Geist man jedoch spüren konnte:
„Mächtige Stahlblechträger haben in Ruhestellung den Eindruck ewiger Unver-
rückbarkeit geweckt. Da beginnt auf einen Hebeldruck die Maschinerie zu spielen
und die 30 m lange Klappbrücke dreht sich in ihren Angeln und steht in 2 Minuten steil gegen den Himmel. In wiederum 2 Minuten ist der alte Zustand wieder
hergestellt; aber der Unterschied für uns ist der, dass wir etwas von der Kraft-
ansammlung und dem Geist, der in diesem toten Material steckt, und der in alle
Zukunft diesen Damm beherrschen wird, verspürt haben."[41]

---

[40] Meyer an Schriftleitung „Der Führer" [Hauptorgan der NSDAP, Gau Baden], z. Hd. Dr. Günther Röhrdanz, 19. 5. 1936, in: StaS, Rep. 29/323.
[41] „Der Stralsund-Rügendamm. Ein Werk des neuen Deutschland" von Wilhelm H. Meyer, in:
StaS, Rep. 29/323.

Bei aller Propaganda der Leistungen des „neuen Deutschlands" standen mit dem Rügendamm auch durchaus profane Erwägungen im Zusammenhang. Die Stadt sollte nach Vorschlägen des Kommunalen Amtes der NSDAP-Kreisleitung vom 18. Mai 1937 von dem erwarteten Tourismusstrom profitieren. Ein vorteilhaftes Stadtbild, das sich dem Besucher schon bei seiner Annäherung an die Stadt erschloss, wurde dafür als Voraussetzung gesehen. Unter dem Motto „Stralsund vom Steuer aus" sollte es Kraftfahrern ermöglicht werden, die historischen Hauptsehenswürdigkeiten bei ihrer an die Ostseebadeorte führenden Fahrt besichtigen zu können. Auf entsprechenden Einfallstraßen sollten sie zu Parkplätzen gelangen, deren Anlage die Sehenswürdigkeiten in ihrer Schönheit nicht beeinträchtigen, die Autofahrer aber in die Lage versetzen sollte, die Baudenkmäler in kurzen Strecken zu erreichen – Anklänge an spätere Vorstellungen einer „autogerechten Stadt", die für Stralsund aber nicht umgesetzt wurden.[42]

Stand mit dem Rügendamm das in der Region einzige dem „neuen Deutschland" zugeordnete, wenn auch schon Jahre zuvor geplante Aufbauwerk zu propagandistischen Zwecken zur Verfügung, so wurden darüber hinaus Überlegungen angestellt, Stralsund stärker zu industrialisieren und zu modernisieren. Auf einer Arbeitstagung zu Verkehrs- und Wirtschaftsfragen der Ostsee, die am 22./23. Februar 1941 im Löwenschen Saal des Rathauses stattfand, zeichnete der Staatssekretär im Reichsverkehrsministerium Gustav Koenigs eine Zukunft, die nicht bei der Konservierung der alten Stadt als mittelalterliches Denkmal stehen bleiben sollte. „Der eigenartige Zauber, welchen die Stadt Stralsund auf jeden Fremden ausübt", werde, so Koenigs, „durch den Ausbau des Hafens und die Heranziehung von Industrie kaum verloren gehen. [...] Der Glanz des Mittelalters" sei kein Grund, „der Stadt nunmehr nicht auch das Bild unserer Zeit aufzuprägen. Möge die starke und mächtige Entwicklung, welche wir nach dem Kriege zu erwarten haben, die Stadt Stralsund zu einer neuen Blüte führen."[43]

Der weitere Verlauf des Krieges und das Ende der nationalsozialistischen Herrschaft in Deutschland verhinderten die Realisierung derartiger Überlegungen. Es blieb dem unter „antifaschistisch-demokratischen" Vorzeichen verlaufenden Aufbau ab 1945 vorbehalten, in Stralsund eine Werftenindustrie nach sowjetischen Vorgaben zu errichten, die in den Jahren der DDR Bild und Charakter der Stadt prägen sollte. Dass die die Stadt repräsentierenden Kräfte nach dem Kriege sich deutlich von den vorangegangenen Systemen, insbesondere vom NS-Regime, abgrenzten, kann kaum verwundern. In der Frage städtebaulicher Entwicklung ergaben sich aber Ambivalenzen, die teils an frühere Debatten von Erhalt und Wahrung des Denkmalerbes anknüpften, teils radikale Wendungen im Sinne eines neuen sozialistischen Charakters der Stadt ansteuerten. Zu Beginn der 1950er Jahre standen Pläne zur Debatte, die die Schaffung eines „zentralen Platzes" zum Gegenstand hatten. Derartige Projekte waren unter dem Gesichtspunkt von Massenkundgebungen und entsprechenden Aufmarschplätzen auch in anderen Städ-

---

[42] Vgl. Amt für Kommunalpolitik der NSDAP-Kreisleitung an die Gauleitung der NSDAP Pommern, Amt für Kommunalpolitik, 18.5.1937, in: StaS, Rep. 29/583.
[43] Referat Koenigs: „Die wirtschaftliche Bedeutung der Ostsee nach dem Kriege unter besonderer Berücksichtigung der mittleren Ostseehäfen, insbesondere Stralsunds", in: StaS, Rep. 29/360, Bl. 37–51, Zitat: Bl. 51.

ten aktuell.[44] Im Falle Stralsunds kam eine Analyse der Hauptabteilung Städtebau, Hoch- und Tiefbau beim DDR-Ministerium für Aufbau vom 19. Mai 1951 zum Schluss, dass die Schaffung eines zentralen Platzes in der Altstadt „aus Raumgründen nicht möglich" sei. Der Alte Markt sei für diese Zwecke nicht ausreichend. Favorisiert wurde deshalb die Schaffung eines entsprechenden Platzes außerhalb der Altstadt.[45] In Beratungen zum Thema im Jahre 1953 wurde zum einen die Notwendigkeit betont, mit einem solchen zentralen Platz „unsere neue Gesellschaftsordnung in der Gestaltung zum Ausdruck zu bringen". Zugleich wurde jedoch besonderes Augenmerk auf „die große Tradition und die wertvolle historische Substanz der Stadt" gelegt und konstatiert, dass die „Wahl geeigneter Maßstäbe, die sich der historischen Substanz gut einfügen [...] von großer Bedeutung" sei.[46] Eine maßvolle Einbindung neuer Elemente in das historisch gewachsene Stadtbild war auch die Maxime der meisten städtischen Repräsentanten und Akteure auf dem Feld der Stadtsanierung am Ende der 1950er Jahre. Einem Band mit Untersuchungen zum historischen Baubestand und zur Denkmalpflege aus dem Jahre 1958 stellte Oberbürgermeister Bruno Motczinski[47] das Motto voran, „die städtebaulichen Forderungen der sozialistischen Gesellschaft mit den baulichen Bedingungen der alten Stadt abzustimmen und die Stadt als organische Einheit zu gestalten." Das sozialistische Stralsund sollte „als Denkmal seiner vielhundertjährigen Geschichte und als Zeugnis des Bauschaffens unserer Zeit seiner politischen und kulturellen Rolle entsprechend in unserem Arbeiter- und Bauern-Staat gestaltet und erneuert werden!"[48] Vor allem die Direktorin des Stralsunder Kulturhistorischen Museums, Käthe Rieck, vertrat in diesem Band engagiert eine Position des Bewahrens und bekannte kritisch, dass sich die unter den drängenden Aufbauarbeiten der Nachkriegszeit verständliche bisherige Unterschätzung denkmalpflegerischer Belange verhängnisvoll ausgewirkt habe. Stralsund habe „den beschämenden Ruf einer zum mindesten im Altstadtkern wenig gepflegten Stadt"[49] – eine Wahrnehmung, die auch seitens der Bevölkerung immer wieder geäußert wurde.[50]

[44] Vgl. z. B. Thomas Topfstedt: Aufbauplan und Demonstrationsplan – Das Leipziger Stadtzentrum in den fünfziger Jahren, in: Feste und Feiern. Zum Wandel städtischer Festkultur in Leipzig, hrsg. v. Katrin Keller, Leipzig 1994, S. 313–325; Alice von Plato: (K)ein Platz für Karl Marx. Die Geschichte eines Denkmals in Karl-Marx-Stadt, in: von Saldern (Hg.), Inszenierte Einigkeit (2003), S. 147–182, bes. S. 153 ff.
[45] Ministerium für Aufbau. Hauptabt. II, Städtebau, Hoch- und Tiefbau, Berlin, den 19. Mai 1951: „Gesamtanalyse der städtebaulichen Planung von Stralsund", Verantwortlich: Leucht, Abteilungsleiter für Städtebau, unter Mitarbeit v. Dr. Wolf, in: BArch, DH 1/38585.
[46] Protokoll über die Sitzung des provisorischen Beirates für Architektur beim Ministerrat am Freitag, dem 23. Oktober 1953, Mauerstr. 69/75 (auszugsweise gefertigte Abschrift), in: BArch, DH 1/38585.
[47] Motczinski, Bruno (1918–2008), SED, von 1958 bis 1962 Oberbürgermeister von Stralsund, im Juli 1962 Amtsenthebung durch SED-Kreisleitung. Siehe unten S. 165 und 167.
[48] Die Altstadt von Stralsund. Untersuchungen zum Baubestand und zur städtebaulichen Denkmalpflege (Deutsche Bauakademie. Schriften des Forschungsinstituts für Gebiets-, Stadt- und Dorfplanung. Städtebau und Siedlungswesen. Kurzberichte über Forschungsarbeiten und Mitteilungen, Heft 12/13, hrsg. v. Kurt W. Leucht), Berlin 1958, S. 7f.
[49] Käthe Rieck: Die Denkmalpflege in Stralsund und ihre nächsten Aufgaben, in: Die Altstadt von Stralsund (1958), S. 85–92, hier S. 85. Biografische Angaben siehe unten S. 167.
[50] Vgl. zum Beispiel Äußerungen über die schmutzige Stadt, die einer Stadt im „Kohlenpott" gleiche, im Protokoll über die Einwohnerversammlung im Volksgarten am Freitag, dem 16. 1. 1953, in: StaS, Rep. 50/829. Auch die Kommission zum 10. Jahrestag der Deutschen Demokratischen Republik, Unterkommission Stadtverschönerung, kritisierte den vernachlässigten Zustand der

Gegen das Votum des Abrisses historischer Bauten setzte Rieck die Forderung, „die an wertvollen Bauten der verschiedenen Jahrhunderte besonders reichen Straßen nach und nach so instand zu setzen, daß ihre vielfältige architektonische Schönheit voll zur Geltung kommt."[51] Die SED-Kreisleitung Stralsund sah dies völlig anders. In einer am 8. Mai 1959 verabschiedeten Vorlage zur Rekonstruktion der Stadt verwarf sie einen von der Stadtverordnetenversammlung verabschiedeten Wiederaufbauplan der Innenstadt, da er den Anforderungen „sozialistischer Rekonstruktion" und den „Erkenntnissen des sozialistischen Städtebaus" nicht entspreche. Die Vorlage für den Beschluss lieferte ein vom Stralsunder Stadtbaudirektor Karl-Heinz Loui gezeichneter Entwurf, der die historische Altstadt sozialistischen Städtebaukriterien unterordnen wollte. Maßstab waren die vom DDR-Ministerrat am 27. Juli 1950 beschlossenen „Sechzehn Grundsätze des Städtebaus", nach deren erstem Satz „die Struktur und architektonische Gestaltung der Stadt Ausdruck des politischen Lebens und des nationalen Bewußtseins sein" sollten.[52] Bezogen auf Stralsund, so der Entwurf, sei festzuhalten, dass die „Innenstadt mit ihren Dominanten und dem Rest der alten Bebauung Ausdruck eines feudalistischen Stadtbildes des Mittelalters" sei. Und daraus folgte: „Der Rekonstruktionsplan für die Gesamtstadt kann nur die sozialistische Umgestaltung derselben zum Inhalt haben." Und das bedeutete weiter: Die mittelalterlichen Baudenkmäler waren als „Teil des nationalen Kulturerbes unseres Volkes" und als „Zeugen des Könnens der arbeitenden Menschen jener Epochen" zu erhalten. Aber: „Die Rekonstruktion der Stadt kann sich nicht nach den Baudenkmalen richten, sondern die Baudenkmale müssen sich in das neue Gesamtbild einfügen."[53]

1965 waren die Pläne sozialistischer Umgestaltung der Stadt und die Veränderung des Stadtbildes durch neue „sozialistische" Dominanten vom Tisch. Die Grundsätze, die das Stadtbauamt am 5. Januar 1965 entworfen hatte, und die trotz mancherlei Korrekturen in ihrer Zielrichtung von der übergeordneten Behörde, dem Bezirksbauamt Rostock, gestützt wurden[54], legten zwar einleitend fest, dass die städtebauliche und architektonische Gestaltung der Stralsunder Altstadt „unserer gesellschaftlichen Ordnung, den fortschrittlichen Traditionen sowie den großen Zielen, die dem sozialistisch-kommunistischen Aufbau gestellt sind, Ausdruck verleihen" solle.[55] Doch die weiteren Punkte machten deutlich, dass alle Planungen dem mittelalterlichen Grundriss sowie der Baustruktur mit ihren Dominanten, also in erster Linie den beherrschenden Kirchenbauten sowie dem Rathaus,

Stadt, insbesondere der Hausfassaden, vgl. Arbeitsprogramm, gez. Sachtleber, Vorsitzender der Unterkommission, Stralsund, den 13.5.1959, in: StaS, Rep. 50/635.
[51] Rieck, Denkmalpflege (1958), S.91.
[52] Abgedruckt in Ministerialblatt der DDR, 1950, Nr.25.
[53] Rat der Stadt Stralsund, Stadtbauamt, Stralsund, den 6.5.59. Vorlage für das Büro der Kreisleitung der SED. Beschluß über Grundsätze über die Sozialistische Rekonstruktion der Stadt Stralsund, den Wiederaufbau und die sozialistische Umgestaltung der Altstadt, in: LAG, Rep. IV 4/09, Nr.318, Bl. 47–51; außerdem: Beschlussprotokoll Nr.46 der Bürositzung v. 8.Mai 1959, in: Ebenda, Bl. 1–5.
[54] Vgl. Abschrift! Bezirksbauamt Rostock, Rostock, den 17.2.1965. Stellungnahme zu den Grundsätzen der Rekonstruktion der Stralsunder Altstadt (2. Entwurf v. 27.1.1965), in: StaS, Rep. 50/179.
[55] Entwurf. Grundsätze zur Rekonstruktion der Stralsunder Altstadt, Stralsund, den 5.1.1965, Stadtbauamt, in: StaS, Rep. 50/179.

untergeordnet sein sollten. Bisherige Bausünden sollten schrittweise beseitigt werden, so etwa die „fremdartige Bebauung" außerhalb der alten Stadtmauer aus den
letzten Jahrzehnten, um den Blick auf die Altstadt wieder freizugeben. Die bau-
liche Geschlossenheit, ein Hauptbestandteil der Stadt bis zum 19. Jahrhundert, sei
in den vergangenen 60 Jahren teilweise verwischt, ja beseitigt worden. „Sie sollte
unter allen Umständen im modernen Sinne wieder hergestellt werden. Die Einführung neuer Straßen von den Wällen in das Stadtinnere ist zu vermeiden." Und
auch die Silhouette der Altstadt sowohl see- wie landseitig sollte in jedem Falle
gewahrt bleiben. „Alle Neubauten müssen, sofern sie in der Ansicht einer Alt-
stadtseite hervortreten, den bestehenden Dominanten untergeordnet werden."[56]
In ihrer Haltung wurden die lokalen Akteure vom Generalkonservator des Instituts für Denkmalpflege der DDR, Ludwig Deiters, gestützt. Deiters betonte in
einer Stellungnahme vom 27. Januar 1965 den hervorragenden Rang der historischen Substanz Stralsunds. In keiner anderen Stadt der DDR fänden die „ökonomischen und gesellschaftlichen Beziehungen im Grundriß und im Aufbau so be-
redten Ausdruck, bilden die Stadtkomposition, die Großbauten der Gesellschaft
und die erhaltenen historischen Bürgerhäuser eine Einheit von so bedeutendem
künstlerischen Wert." Stralsund sei „Denkmal von besonderer nationaler Bedeutung und internationalem Kunstwert".[57]
   Die vom Stralsunder Oberbürgermeister 1958 angemahnte organische Verbindung von Alt und Neu blieb jedoch auch in der Folgezeit ein Problem, das zeitgenössische Beobachter zum kritischen Nachdenken anregte. So stand der DDR-
Stararchitekt Hermann Henselmann (1905–1995) Ende der 1960er Jahre im Stralsunder Stadtmuseum nachdenklich vor einem Modell der Stadt. Angesichts des
Nebeneinanders der in jüngster Zeit entstandenen Neubausiedlungen am Rande
der Stadt und der historischen Innenstadt machte sich bei ihm ein unbefriedigen-
des Gefühl bemerkbar. In der Realität sei „Vergangenheit mit dem Gegenwärtigen
und Zukünftigen eng verflochten. Hier aber stehen die neuen Siedlungen noch
fremd gegenüber der alten Stadt." Die Städteplaner und Architekten stünden vor
der Aufgabe, „dieser Verwobenheit des bisher Gewachsenen mit dem Neuen eine
entsprechende Gestalt zu schenken: die Gestalt einer sozialistischen Stadt, in wel-
cher der kühne Geist der Hansen seine Fortsetzung findet in den Zielsetzungen
und Projekten der heute lebenden Generationen."[58]

1.2 Der öffentliche Raum

Die Deutungen und Interpretationen des Stadtbildes und dessen dominanter Elemente verweisen auf die unterschiedlichen Aneignungen von „Stadt" und ihrer
Geschichte im Wandel der Systeme. Dabei zeigen sich trotz aller politischer Ab-

---

[56] Entwurf. Grundsätze zur Rekonstruktion der Stralsunder Altstadt, Stralsund, den 5.1.1965,
   Stadtbauamt, in: StaS, Rep. 50/179.
[57] Vgl. Institut für Denkmalpflege, Berlin: Stellungnahme zu den „Grundsätzen zur Rekonstruktion der Stralsunder Altstadt" (aufgestellt vom Stadtbauamt am 5.1.1965), 27.1.1965, gez.
   Deiters, in: StaS, Rep. 50/179.
[58] Vgl. Hermann Henselmann: Reisen in Bekanntes und Unbekanntes, Leipzig/Berlin 1969, zu
   Stralsund S. 1–21, hier S. 20.

grenzung Kontinuitäten in Metaphern und Symbolik. Vor allem im Wandel von der Zeit der Republik hin zum „Dritten Reich" sind Versuche feststellbar, eine in der „nationalen Stadt" Stralsund verkörperte Kontinuitätslinie herzustellen. Derartige Bemühungen waren insbesondere beim „Stralsunder Tageblatt" vorhanden, jenem Blatt, das nach der zum 1. Juli 1934 erfolgten Fusion mit der „Stralsundischen Zeitung" als einzige nicht-nationalsozialistische Stralsunder Lokalzeitung auch während der NS-Zeit weiter erscheinen konnte.[59] In der Ausgabe zum 700-jährigen Gründungsjubiläum der Stadt im Jahre 1934 unterstrich die Zeitung ihre Bemühungen eines Brückenschlags von der alten nationalistischen Rechten zum Nationalsozialismus durch Wiederabdrucke von Artikeln zum Besuch des Reichspräsidenten Hindenburg 1927 und zum ersten Stralsunder Auftritt Hitlers 1932 sowie mit einem Erinnerungsbericht eines ab 1932 bei der Zeitung wirkenden Journalisten über seinen ersten Stadtbesuch 1929. Der Schreiber kam damals aus Brandenburg an der Havel und wollte sich an der Ostsee einige Tage erholen. Es war die Zeit der preußischen Kommunalwahlen, und während im „knallroten" Brandenburg „Kleinbürger [...] marxistische Propagandaplakate in den Schaufenstern" aushingen, flaggte Stralsund schwarz-weiß-rot. „Wie lange hatte ich das entbehrt! Und damals schon mischten sich die Banner mit dem Hakenkreuz brüderlich darein." An dieser Stelle hatte der Autor seine Erinnerungen ein wenig nachgebessert, denn 1929 verfügte die NSDAP in Stralsund über eine noch recht kleine Anhängerschaft – die Hakenkreuzbanner dürften stark in der Minderheit gewesen sein gegenüber jenem Symbol des kaiserlichen Deutschlands, der von den Deutsch-Nationalen bevorzugten schwarz-weiß-roten Reichsflagge. Doch es ging ja um den Brückenschlag zum „neuen" Deutschland. Und deshalb hielt der Autor als seinen ersten Eindruck fest: „Stralsund ist eine nationale Stadt, die Tradition gewahrt hat!" Und diese Tradition sei zu pflegen wie die „Ehrfurcht vor des reifen Mannes Tat". Das Jahr 1929 habe diese Tradition öffentlich noch nicht gekannt. „Wir haben sie inzwischen gefunden. Und wollen sie heilig halten. Wie der Führer sie heilig hält."[60]

Flaggen und Fahnen waren in allen drei Systemen sichtbare Zeichen der Besetzung des öffentlichen Stadtraumes, „Stralsund im Fahnenmeer" eine Metapher, die in der Lokalpresse zu Zeiten der Weimarer Republik wie während des „Dritten Reiches" stereotyp verwandt wurde, und auch bei den Demonstrationen und politischen Manifestationen des „neuen Deutschlands" nach 1945 waren Fahnen und Banner nicht wegzudenken. Das schwarz-weiß-rot beflaggte Stralsund sollte sichtbares Synonym für das „nationale" Stralsund sein und den politischen Charakter der Stadt kennzeichnen. Doch bei aller konservativ-nationalen Dominanz war die Zeit bis 1933 von Konkurrenz im Flaggenstreit ebenfalls geprägt wie von der Pluralität der Besetzung des öffentlichen Raumes. Der geschichtsmächtigste traditionelle öffentliche Ort und Versammlungsplatz der Stadt, der Alte Markt,

---

[59] Zum „Tageblatt" und seiner politischen Ausrichtung siehe Hans Heino Reinhardt: Die Geschichte des Zeitungswesens in Stralsund. Inaugural-Dissertation genehmigt von der philologisch-historischen Abteilung der Philosophischen Fakultät der Universität Leipzig, Stralsund 1936, S. 100ff.

[60] „Wie ich als Fremder Stralsund sah ...", in: Stralsunder Tageblatt, 9. Mai 1934, 37. Jg., Nr. 107, S. 13.

Die „nationale Stadt" flaggt schwarz-weiß-rot.
(Stadtarchiv Stralsund, Fotoslg.: VIII E-016)

wurde zwar von konservativem Bürgertum und Magistrat, die sich in einer Kontinuitätslinie zur Bürgerschaft des glorreichen hansischen Stralsunds des Mittelalters wähnten, als „ihr" Platz vereinnahmt, doch auch republikanische und sozialdemokratische Organisationen zeigten an diesem Ort Präsenz. Es war ein unübersehbares Zeichen des Systemwandels, dass am 1. Mai 1919 erstmals die Arbeiterschaft Stralsunds auf dem Alten Markt die Abschlusskundgebung ihrer Mai-Demonstration abhielt.[61] Allein die Tatsache, dass das Verlagshaus des seit Januar 1920 erscheinenden sozialdemokratischen „Vorpommer" seine Adresse in direkter Nachbarschaft zum Rathaus an diesem Platz hatte, war von hoher Symbolkraft. Dass dieses Verlagshaus republikanisch flaggte, war zudem ein Stein des Anstoßes, wie überhaupt die fahnenmäßige Ausgestaltung des Platzes bei öffentlichen Veranstaltungen ein immer wiederkehrender Streitpunkt war. Nationalistische Organisationen wie der „Stahlhelm" drohten bei festlichen Anlässen mit Verweigerung, sollte schwarz-rot-gold geflaggt werden[62], und genau auf das Zeigen dieser Fahne legten wiederum die Verfechter der demokratischen Republik Wert. Als der sozial-liberale Gewerkschaftsbund der Angestellten (GdA) vom 19. bis zum 21. Juli 1924 in Stralsund seinen Reichsjugendtag abhielt, zollte das sozialdemokratische Lokalblatt der gewerkschaftlichen Konkurrenzorganisation Sympathie. Gewerkschaftliche Jugendfunktionäre mit schwarz-rot-goldenen Armbinden waren von

[61] Vgl. Handschriftliche Chronik zur Geschichte der Stadt Stralsunds von Max Fank, Bl. 459, in: NL Fank/Rostock, Ordner 5.
[62] Vgl. z. B. „Ein reaktionärer Vorstoß in der Flaggenfrage", in: Der Vorpommer, 28. 8. 1924.

jugendlichen Mitgliedern des Bismarck-Bundes wegen dieser Abzeichen beschimpft worden.[63] Die Berichterstattung zum GdA-Jugendtreffen hob die Buntheit und Frische des Jugendtreffens hervor. Festzug und Kundgebung auf dem Alten Markt hatten, so der „Vorpommer", ein „prächtiges Bild" geboten. „Die ganze Stadt stand im bunten Zeichen der G. d. A. Jugend und Stralsunds Bürger werden noch lange gerne an all das frische junge Leben denken".[64]

Jugendlichkeit in alten Mauern war ein Bild, das in unterschiedlicher Ausgestaltung wiederkehrte. Im Falle des gewerkschaftlichen Jugendtreffens aus dem Jahre 1924 stand ein harmonisches Miteinander im Vordergrund und das Motto zum Abschluss der Veranstaltung baute eine Brücke von der Vergangenheit in die Zukunft: „Wir wollen hoffen, daß der Stralsunder Geist in uns lebendig bleibe und neue Wege, Wege der Zukunft finde!"[65] Doch in anderen Fällen stellte sich das Bild als konfrontatives Gegensatzpaar dar, die Jugend, eine neue Generation, strömte wie etwas Neues oder auch Fremdartiges durch die alten Adern der Stadt, die Rufe hallten wider von den mittelalterlichen Mauern. „Der Pulsschlag dieser Stadt, deren Bauwerke von einer längst vergangenen Blüte der mittelalterlichen Hansa-Zeit erzählen, geht schneller. Es ist wie ein Erwachen. Das Straßenbild wird lebhafter. Eine neue Farbe hat sich ihm eingefügt. Ein leuchtend tiefes Blau, die Farbe der Blusen, die jetzt Männer und Jünglinge der Eisernen Front tragen. Überall recken sich in den Straßen die geballten Fäuste empor. Immer wieder schallt den Spießern der Gruß: ‚Freiheit!' entgegen."[66] Ernster als bei diesem farbigen Zug anlässlich des Jubiläums des Stralsunder Konsumvereins ging es zu, als die „Eiserne Front", jenes am Jahresende 1931 geschlossene Bündnis sozialdemokratischer Organisationen zur Abwehr des Nationalsozialismus, im April 1932 durch die Straßen Stralsunds zog. Straßen und Alter Markt waren „schwarz von Menschen", der Kundgebungsredner, Albert Schulz[67] aus Rostock, „schließt mit einem Hoch auf die Partei. Es findet brausenden Widerhall, das Echo klingt von den Mauern der alten Häuser, die stumm auf unsere Generation herabsehen, die ihre Freiheit über alles liebt und bis zum letzten Blutstropfen verteidigen wird."[68] Angesichts der tiefgreifenden politischen und wirtschaftlichen Krise gingen die ausschließlich männlichen Demonstranten „sich des Ernstes ihrer Mission be-

---

[63] „Bismarckbund – G. D. A. – und Reichsfarben", in: Der Vorpommer, 20.7.1924.

[64] „Reichsjugendtag der G.D.A. in Stralsund", in: Der Vorpommer, 22.7.1924; zum GdA-Jugendtag 1924 siehe auch Unsere Tage von Stralsund. Eindrücke und Bilder vom 3. Jugendbundtag des G. D. A. in Stralsund, 19.–21.Juli 1924, Berlin 1924 (Jugendschriften des Gewerkschaftsbundes der Angestellten, H. 5).

[65] Vorwort in: Ebenda, S. 4f.

[66] „Stralsund marschierte!", in: Der Vorpommer, 11.7.1932, Beilage.

[67] Schulz, Albert (1895–1974), Maschinenbauer, ab 1913 Mitglied der SPD, 1924–1933 Gauvorsitzender des Reichsbanner Schwarz-Rot-Gold, Mitglied des Landtages Mecklenburg-Schwerin (1921-33) und des Reichstages (Juli-Nov. 1932), 1933–45 illegale Arbeit und mehrmalige Verhaftungen, nach Kriegsende erneut SPD, ab April 1946 SED, 1946 Oberbürgermeister in Rostock, 1947 Verhaftung und Verurteilung zu 10 Jahren Zwangsarbeit, jedoch Freilassung und Wiedereinsetzung als OB, 1949 wegen drohender erneuter Verhaftung Flucht nach Berlin-West, ab 1950 in Hamburg, 1953–1962 Landesgeschäftsführer und stellvertretender Vorsitzender SPD Schleswig-Holstein, vgl. Meik Woyke: Albert Schulz (1895-1974). Ein sozialdemokratischer Regionalpolitiker, Bonn 2006.

[68] „Das macht uns keiner nach! Fackelzug der Eisernen Front durch die Straßen Stralsunds", in: Der Vorpommer, 23.4.1932, Beilage.

wußt", und die Zuschauer standen „wie eine Mauer" und „Kopf an Kopf" an den Straßenkreuzungen.[69] Hier fand keine positive Verknüpfung zur mittelalterlichen Stadtkulisse statt, von einer Konstruktion „organischer Einheit" ganz zu schweigen. Eine noch stärkere Entfremdung von der Stadträumlichkeit ist – unter entgegengesetzten politischen Vorzeichen – knapp zwei Jahre später erkennbar. Als im Januar 1934 die SA-Standarte 42 in Stralsund aufmarschierte, waren wiederum der Alte Markt und die dorthin führenden Straßen „schwarz von Menschen", aber nun war alles bis auf das letzte Kommando straff durchorganisiert: „Hacken fliegen zusammen. Mit einem Schlag setzt die Musik der Standartenkapelle ein. An den hohen Wänden der Häuser ringsum brechen sich die Töne. Wie eine Mauer steht die Front der SA. [...] Dann brandet das Kampflied der SA zum Rathaus auf, wie ein Treueschwur. Das Deutschlandlied folgt. Dann ist es eine Minute still. Nur die Sturmfahnen knattern im Nachtwind."[70] Fast als Fremdkörper erscheint hier die SA in der alten Stadt, an deren Mauern sich ihre Lieder und Parolen brechen, und denen sie ihr Treuegelöbnis nahezu trotzig entgegenschleudert. Kein Bild der Harmonie oder der Einheit – nein, wobei die Figur der „Masse", die „wie eine Mauer" steht und damit zu fester Materie wird, keine genuin nationalsozialistische Erfindung ist. Auch beim „Tag von Skagerrak", den Marine, Militärvereine, Stahlhelm-Bund und NS-Verbände zum Gedenken an die Seeschlacht am 31. Mai 1916 veranstalteten, erstarrte „der graue Zug zu einer eisernen Mauer. Das Fackellicht blinkt von den Wölbungen der Stahlhelme zurück."[71] 1934 ballten sich zu gleichem Anlass „Tausende zu einer lebenden Mauer".[72] All diese martialischen Bilder einer zu Materie mutierenden Menschenmasse und straff organisierter Formationen stehen für eine machtpolitisch inszenierte Besetzung des öffentlichen Raumes. Was bei der sozialdemokratischen Demonstration für die Verteidigung der Freiheit fast als vergebliches Dennoch erscheint, wird unter NS-Regie zu einer Okkupation des Alten durch eine „neue" Generation, eine Machtinszenierung in ehedem pluralistisch genutzten Räumen und die Zurschaustellung einer schlagfertigen Organisation. Das Hissen der Hakenkreuzfahne am Gebäude der Allgemeinen Ortskrankenkasse, „eine ausgesprochene Hochburg der SPD", am 12. März 1933[73] war die Markierung eines Etappensieges, die Inszenierung des Erntedankfestes 1936 dann der Anspruch totaler Stadtraumbeherrschung:

„8.00 Uhr: Behörden, Betriebe und die Bevölkerung hissen zugleich die Fahnen. Die Behördenleiter, Betriebsführer und die gesamte Stralsunder Bevölkerung werden gebeten, um 8 Uhr morgens die Beflaggung *schlagartig* vorzunehmen. Um 8 Uhr muß unsere Stadt in reichem Flaggenschmuck stehen."[74]

In der bis Mai 1936 währenden Amtszeit Heydemanns mischten sich in die nationalsozialistischen Inszenierungen auch traditionell ausgerichtete Repräsentationen, so als am 6. November 1935 die Stadt als Patin eines neuen Funkpanzer-

[69] Siehe ebenda.
[70] Pommersche Zeitung, 17.1.1934.
[71] „Tag von Skagerrak. Feier der Stralsunder Marinegarnison", in: Stralsunder Tageblatt, 31.5.1933, 1. Beilage.
[72] Stralsundische Zeitung, 1.6.1934.
[73] Siehe Zeitungsausschnitt „SPD-Hochburg unter den nationalen Farben" aus Stralsunder Tageblatt, 13.3.1933, in: NL Fank/Rostock, Ordner 5.
[74] „Der Erntetag in Stralsund", in: Pommersche Zeitung, 2.10.1936, in: StaS, Rep. 29/553, Bl. 89.

OB Heydemann und der Panzerwagen, 1935.
(Stralsunder Tageblatt, Nr. 260,
6.11.1935).

wagens der 1. Panzerspähkompanie der Aufklärungsabteilung 2 Stettin auftrat.
Der Panzerwagen erhielt den symbolträchtigen Namen „Stralsund 1628" in Erinnerung an die Abwehr der Wallensteinschen Belagerung im 30-jährigen Krieg. Die
feierliche Übernahme der Patenschaft wurde auf dem Alten Markt inszeniert.[75]
Alle Schulklassen der Stadt erhielten unterrichtsfrei. Oberbürgermeister Dr. Heydemann drehte, aus dem Gewehrturm schauend, zur „hellen Freude" des Publikums eine Ehrenrunde im Panzerwagen auf dem Platz. Die symbolhafte Verbindung der Stadt und ihrer Geschichte mit der „jungen Wehrmacht" knüpfte an
traditionelle Verbindungen zwischen Stadt und Militär an. Dass der Kompanie-
führer, Hauptmann von Scheele, aus dem gleichen „uralten Geschlecht" stammte
wie Carl Wilhelm Scheele (1742-1786), Chemiker und Entdecker des Sauerstoffs
und einer der prominenten Persönlichkeiten der Stadtgeschichte, machte die Inszenierung perfekt.[76] Ebenfalls motorisiert, aber nun völlig im Dienste nationalsozialistischer Propaganda war die antikommunistische und antisemitische Wanderausstellung „Weltfeind Nr. 1 – Der Bolschewismus", die in vier großen Lastzügen
mit mehreren Hängern im August 1937 auf dem Alten Markt Station machte.[77]
    Auch nach dem Ende des NS-Regimes blieben die beiden Marktplätze der Stadt,
insbesondere der Alte Markt, die zentralen öffentlichen Räume Stralsunds. Nach

---

[75] „Panzerwagen besuchten Stralsund", in: Pommersche Zeitung, 6.11.1935, in: StaS, Rep.
   29/2216, Bl. 6.
[76] „Stralsund 1628'. Feierliche Übernahme der Patenschaft eines Panzerwagens", in: Stralsunder
   Tageblatt, 6.11.1935, in: StaS, Rep. 29/2216, Bl. 7.
[77] Siehe Eberhard Schiel: Braune Schatten überm Sund, Kückenshagen 1999, S. 180f., sowie Abbildung auf S. 182.

Eröffnungskundgebung zur 725-Jahrfeier, 1959.
(Stadtarchiv Stralsund, Fotosammlung VIII Ls-001)

wie vor war die Traditionsbindung an den Raum stark ausgeprägt, wie die Ansprache Max Fanks zur Eröffnung des FdJ-Jugendkongresses am 30. Mai 1948 auf eben jenem Alten Markt zeigte. Fank bemühte eine lange Traditionslinie der Demokratie, von den frühesten Vorläufern im 14. Jahrhundert bis in die jüngste Vergangenheit vor 1933, die alle mit diesem Platz in Verbindung stünden, „der durch die Jahrhunderte hindurch der Kundgebungsplatz einer freiheitsliebenden Stadtbevölkerung gewesen ist und der Zeuge [...] des Kampfes des Fortschritts gegen den Rückschritt."[78]

Für größere Versammlungen und Kundgebungen waren schon vor 1933 auch Plätze außerhalb der Stadt genutzt worden. Hitlers erster Stralsunder Auftritt im Juli 1932 etwa, an dem nach Presseberichten zwischen 10000 und mehr als 20000 Zuhörer anwesend waren, fand auf dem Viehausstellungsplatz statt.[79] Otto Grotewohls Wahlkampfauftritt am 13. September 1946 anlässlich der Kommunalwahlen wurde in der ehemaligen Exerzierhalle der Frankenkaserne veranstaltet. 15000 Menschen waren gekommen, und angesichts des Ansturms wurde die Rede auch über Lautsprecher auf den Platz vor der Halle übertragen.[80] Und für Festivitäten im Anschluss an Maidemonstrationen und andere Kundgebungen wurde traditionell die Brunnenaue jenseits des Knieper Teichs genutzt. Dennoch, vom Stahlhelmaufmarsch in der Weimarer Zeit bis hin zum Trauermarsch anlässlich Stalins Tod am 5. März 1953[81], der Alte Markt blieb durch die Systeme hinweg der zen-

[78] Begrüßungsansprache Jugendkongress am 30. Mai 1948, in: NL Fank/Rostock, Ordner 12.
[79] „Opfer polizeilicher Unvernunft", in: Der Vorpommer, 21.7.1932, Beilage; „Als Adolf Hitler in Stralsund war", Wiederabdruck in der Jubiläumsausgabe des Stralsunder Tageblatt, 9. Mai 1934; „Hitler kam erst nach Mitternacht", in: Der Vorpommer, 20.7.1932.
[80] „15000 hörten Otto Grotewohl", in: Landes-Zeitung, 13.9.1946; siehe auch „Pieck und Grotewohl in Vorpommern", in: Landes-Zeitung, 14.9.1946.
[81] SED Kreisleitung Stralsund-Stadt, Parteiinformation, Stralsund, den 12.3.1953. Analyse über die Stimmung der Bevölkerung der Stadt Stralsund zum Ableben des Genossen Stalin am 5.3.1953, gez. Molkenthin, 2. Kreissekretär, in: LAG, Rep. IV 4/09, Nr. 85, Bl. 43f.

trale Platz der Stadt, ein Symbol gleichsam für das ebenfalls durch die Systeme hindurch erhaltene Stadtbild. Die starke räumliche Präsenz von Tradition und Geschichte diente den unterschiedlichen Systemen als Folie der Identitätsbildung und Herstellung von Zustimmung. Auch wenn sich in der Besetzung des öffentlichen Raumes wie in den Plänen seiner Gestaltung Brüche entdecken lassen, es dominieren die Kontinuitätselemente, die von den sich wandelnden Systemen jeweils integriert wurden. Im Falle Stralsunds scheint sich die auf stadtethnologischen Forschungen basierende These umzukehren, jene These, dass „sich die Identität einer Stadt, selbst wenn Gebäude und Infrastruktur nicht mehr existieren, im Lebensstil, in den Gewohnheiten und im Gedächtnis ihrer Bewohner erhält."[82] Stralsund weist demgegenüber eine hohe Kontinuität des historischen Stadtbildes auf, deren Wirkungsmacht in den Repräsentationen und deren Zielsetzungen am Beispiel der jeweiligen Jubiläumsfeiern zu diskutieren sein wird.

Exkurs: Denkmäler als Repräsentationsform

Steinerne und metallene Repräsentationen in Form von Denkmälern, Plastiken und Gedenktafeln sind in jeweilige politische und kulturelle Intentionen eingebettet. Die zu ehrenden Persönlichkeiten, die zum Gedenken mahnenden Ereignisse erfüllen eine legitimierende Funktion für die Errichter und die von ihnen repräsentierten politischen Systeme. Beim Wandel von Systemen stehen deshalb oftmals die Denkmäler früherer Systeme zur Disposition. Für den Wechsel vom Kaiserreich zur Republik 1918/19 spielte eine Debatte um Denkmäler in Stralsund keine Rolle. Auch der Beginn der nationalsozialistischen Herrschaft 1933 stellte diesbezüglich keine Zäsur dar. Die Statue Lambert Steinwichs (1571-1629), des Bürgermeisters zu Zeiten der Wallensteinschen Belagerung, wurde im Herbst 1937 von ihrem Standort auf dem Alten Markt entfernt und am Wulflamufer neu aufgestellt. Doch die Entfernung hatte keinerlei ideologischen Hintergrund und erfolgte offiziell aus verkehrstechnischen Gründen, zudem sei die 1904 errichtete Statue der städtebaulichen Geschlossenheit des Alten Marktes fremd geblieben, so das Amt für Kommunalpolitik der NSDAP-Kreisleitung am 31. Mai 1938.[83] Dass durch die Wegnahme des Denkmals die Fläche für Kundgebungen auf dem Alten Markt vergrößert wurde, war sicherlich eine von der NSDAP begrüßte Folge.

Im Unterschied zu den vorherigen Umbrüchen markierte das Ende des Nationalsozialismus und der Aufbau unter sowjetischer Besatzung eine deutlichere Zäsur im Umgang mit den Denkmälern der Stadt. Im Juli/August 1945 bildete das Kulturamt der Stadt eine Kommission, die sich mit der Frage befassen sollte, welche Denkmäler wegen faschistischen, imperialistischen und militaristischen Inhalts in Stralsund zu beseitigen waren. Den Anlass bot die am 13. Mai 1946 erlassene Direktive Nr. 30 des Alliierten Kontrollrates zur „Beseitigung deutscher Denkmäler und Museen militärischen und nationalsozialistischen Charakters"[84]

---

[82] Lindner, Perspektiven (1997), S. 325.
[83] Tätigkeitsbericht für den Monat Mai 1938, Amt für Kommunalpolitik, an Gauleitung der NSDAP Pommern, Amt für Kommunalpolitik, 31.5.1938, in: StaS, Rep. 29/584, Bl. 105.
[84] Amtsblatt des Kontrollrates in Deutschland, Nr. 7, 31. Mai 1946, S. 154f.

und ein darauf basierendes Rundschreiben des Präsidenten der Landesverwaltung vom 11. Juli 1946. Der Kommission gehörten neben den Vertretern der Parteien und des FDGB unter anderen die Kunstmalerin Edith Dettmann (1898–1987) und der Museumsdirektor und Dezernent des Kulturamtes Dr. Fritz Adler an.[85] Die Kommission ging differenziert vor. Negativ fiel das Urteil über das 1886 errichtete Kriegerdenkmal zum Gedenken an die Kriege von 1866 und 1870/71 auf der Hospitaler Bastion aus. Es sei künstlerisch minderwertig und solle, so bald die nötigen Mittel vorhanden seien, beseitigt werden, ein Votum, das schließlich in den 1950er Jahren umgesetzt wurde.[86]

Anders urteilte die Kommission und vor allem Fritz Adler im Falle des 1935 aufgestellten Kriegerdenkmals, das der Bildhauer Georg Kolbe realisiert hatte. Das Denkmal, das zwei nackte Männer mit entschlossenen Gesichtszügen zeigt, die gemeinsam ein Schwert umfassen, trug die Inschrift „Sie sind nicht umsonst gefallen" und sollte an den Ersten Weltkrieg gemahnen. Es stand an prominenter Stelle am Hindenburg-Ufer, nach 1945 Thälmann-Ufer. Kolbe hatte in der noch vor der NS-Machtübernahme beginnenden Auseinandersetzung um ein Stralsunder Kriegerdenkmal den Vorzug erhalten, vor Ernst Barlach, dessen Entwurf als „kulturbolschewistisch" verworfen wurde.[87] Nach Kriegsende schossen Soldaten der Roten Armee auf das Bronzedenkmal, es wurde abgebaut und „wegen seines hohen künstlerischen Wertes", wie Adler hervorhob, vorläufig vom Bauamt in Verwahrung genommen. Adler befand, dass die Beseitigung „übereilt" vorgenommen worden sei. Man hätte lediglich die Inschrift entfernen sollen, um das Denkmal „seines militärischen Charakters zu entkleiden". Überhaupt sei es von der Bevölkerung nie als Kriegerdenkmal wahrgenommen worden, dafür spreche schon der im Volksmund verbreitete Titel des Werkes: „Sundschwimmer". Es sei in Stralsund auch nie die Auffassung lebendig gewesen, dass die Figur des älteren Mannes das Schwert an den jüngeren weiterreiche, im Sinne, „daß die jüngere Generation den Kampf um Deutschland fortführen sollte". Adler glaubte nicht, dass Kolbe diesen Gedanken mit dem Denkmal überhaupt verbunden habe, „sondern daß das gemeinsame Halten des Schwertes des älteren gereiften Mannes und des Jünglings die Kameradschaft und die Waffenbrüderschaft zum Ausdruck bringen soll". Adler plädierte für Wiederaufstellung, möglichst in einem Sportstadion, denn „die wunderbaren plastisch herrlich durchgearbeiteten männlichen Körper würden ein sehr schönes Denkmal für ein Stadion abgeben."[88]

85 Sekretariat des Kommunalverwaltungsamtes, Abt. Kulturamt, an Präsidenten des Landes, Abt. Kultur und Volksbildung, Stralsund, 1. 8. 1946 (mit Auflistung der Kommissionsmitglieder), in: StaS, Rep. 54/616j.

86 Protokoll über die Sitzung der Stadtkommission zur Überprüfung der Stralsundischen Denkmäler am 2. September 1946, sowie Abt. Kultur und Volksbildungsamt, Dr. F. Adler, an das Landesamt für Denkmalschutz, Schwerin, 5. Sept. 1946, betr. Überprüfung der Stralsunder Denkmäler, jeweils in: StaS, Rep. 54/616j.

87 Zu den Auseinandersetzungen und zum Denkmal selbst siehe Dietrich Schubert: Revanche oder Trauer über die Opfer? Kolbe versus Barlach – ein Soldaten „Ehrenmal" für die Stadt Stralsund 1928–1935, in: Politische Kunst. Gebärden und Gebaren, hrsg. v. Martin Warnke, Berlin 2004, S. 73–96.

88 Abt. Kultur und Volksbildungsamt, Dr. F. Adler, an das Landesamt für Denkmalschutz, Schwerin, 5. Sept. 1946, betr. Überprüfung der Stralsunder Denkmäler, in: StaS, Rep. 54/616j.

In der Tat gab es schon in der zeitgenössischen Debatte um Kolbes Entwurf
und nach der Aufstellung der Bronze geteilte Ansichten über den heroischen Charakter der Figurengruppe. So konstatierte der NSDAP-Kreisleiter am 3. Dezember 1934, Kolbes Modell stelle keine „symbolhafte Verkörperung des Frontsolda-
tentums", sondern vielmehr „eine Verkörperung des sportlichen Gedankens" dar.
Doch andere Initiatoren des Denkmals wie Major Foerster vom Reichskrieger-
bund „Kyffhäuser" sahen darin sehr wohl den erforderlichen Wiederaufstieg des
Vaterlandes und die dafür erforderliche Opferbereitschaft der Jugend repräsentiert. Auch die nationalsozialistische Kunstkritik sah in Kolbes Denkmal Tatbe-
reitschaft und „heldische Gestalt", die von Adler in Zweifel gezogene Weitergabe
des Schwertes als Sinnbild für die notwendige Fortsetzung oder Wiederaufnahme
des Kampfes wurde durchaus in diesem Kunstwerk verstanden: „Der Ältere faßt
es [das Schwert] oberhalb der jüngeren Hand – er wird es ihr einst überlassen", so
der Kunsthistoriker Wilhelm Pinder 1937.[89] Ungeachtet der positiven Beurteilung
durch die Kommission 1946 verordnete die Schweriner Landesregierung die Beseitigung der Skulptur. Das Denkmal fristete lange Zeit ein verborgenes Schicksal
in einem Schuppen des VEB Tiefbau, bis es nach der „Wende" 1989/90 auf dem
Hof des Katharinenklosters und ab Mitte der 1990er Jahre nach seiner Restaurie-
rung auf dem Freigelände des Marinemuseums Stralsund aufgestellt wurde.[90]

Bruchlos von allen Systemen übernommen wurde dagegen das Schill-Denkmal
in den Schillanlagen an der Sarnowstraße, aufgestellt 1909 zum Gedenken an den
100. Todestag Ferdinand von Schills. Der „Freiheitskämpfer", der „nationale
Held", stand weder in den Jahren der Republik, des Nationalsozialismus und auch
nicht nach 1945 zur Disposition. Zum Schill-Denkmal stellte die Kommission
1946 fest, es solle erhalten bleiben, „sowohl wegen seines künstlerischen Wertes
als auch wegen seiner lokalen Bedeutung für Stralsund, da es für die Heimatgeschichte von Bedeutung ist."[91] Entsprechend unterrichtete Adler das Landesamt
für Denkmalpflege am 5. September 1946.[92] Anders verhielt es sich mit den aus
Anlass des 125. Todestages 1934 angebrachten Schillgedenktafeln am Neuen und
am Alten Markt. Sie sollten entfernt und im Museum der Stadt in Verwahrung
genommen werden. Die Tafeln, so die Begründung, seien „seinerzeit aus propagandistischen Gründen eines fanatischen Nationalismus heraus angebracht worden". Zudem bestünden aus älterer Zeit schon genügend Ehrungen für Schill, neben dem Denkmal auch das Porträtmedaillon in der Fährstraße sowie das Grab
auf dem alten Knieper-Friedhof, so dass durch die Häufung die ursprünglich
„würdige und maßvolle Ehrung Schills in Mißkredit geraten" sei.[93]

Zu Abbau oder Einvernahme bisheriger Denkmäler kam nach Kriegsende die
Errichtung neuer Denkmale hinzu. Bereits 1945 wurde am Neuen Markt das Ehrenmal für die gefallenen Soldaten der Roten Armee errichtet, ein Denkmal, das

[89] Zitiert nach Schubert, Revanche (2004), S. 88f.
[90] Ebenda, S. 89, sowie http://de.wikipedia.org/wiki/Liste_der_Denkmale_und_Gedenkst%C3%
A4tten_in _Stralsund.
[91] Protokoll über die Sitzung der Stadtkommission zur Überprüfung der Stralsundischen Denkmäler am 2. September 1946, in: StaS, Rep. 54/616j.
[92] Abt. Kultur und Volksbildungsamt, Dr. F. Adler, an das Landesamt für Denkmalschutz, Schwerin, 5. Sept. 1946, betr. Überprüfung der Stralsunder Denkmäler, in: StaS, Rep. 54/616j.
[93] Ebenda.

nach seiner Umgestaltung 1967 erneut eingeweiht wurde. Im Rathausdurchgang erinnerte ab 1946 eine Gedenktafel an die „Opfer des Faschismus", namentlich an Ernst Thälmann und Rudolf Breitscheid sowie an vier Stralsunder, darunter den am 26. Dezember 1944 im KZ Neuengamme verstorbenen ehemaligen SPD-Fraktionsvorsitzenden im Stadtparlament, August Streufert.[94] Die Tafel wurde 1992 entfernt. Erst am 21. August 1962 wurde im Beisein der Tochter Thälmanns Irma das Ernst-Thälmann-Denkmal an der Sundpromenade (Ernst-Thälmann-Ufer) enthüllt.[95]

2. Eine „Stadt feiernden Volkes": 300 Jahre Wallensteintag

Am 24. Juli 1928 jährte sich der Tag zum 300. Mal, an dem in der Zeit des Dreißigjährigen Krieges die kaiserlichen Truppen die Belagerung Stralsunds endgültig aufgaben. Stralsund war wegen seiner strategisch wichtigen Lage an der Ostsee in die Auseinandersetzungen geraten. Wallenstein, Oberbefehlshaber der kaiserlichen Armee, strebte die Herrschaft über die Ostsee an und dazu war es erforderlich die mecklenburgischen und pommerschen Hafenstädte unter kaiserliche Kontrolle zu bringen. Nachdem Mecklenburg okkupiert war, und sich auch der pommersche Herzog Boguslaw XIV. im November 1627 zu Einquartierungen kaiserlicher Truppen in Pommern verpflichten musste, blieb mit Stralsund die damals bedeutendste pommersche Stadt, die in die Wallensteinsche Strategie einbezogen werden musste. Doch Stralsund weigerte sich, Einquartierungen von Truppen zuzustimmen, verfolgte zunächst eine hinhaltende Taktik und zeigte sich schließlich gegenüber der im Frühjahr 1628 unter dem Befehl des Feldmarschalls Hans Georg von Arnim begonnenen Belagerung der Stadt zum Widerstand bereit. Angesichts der dänischen und schwedischen militärischen Unterstützung der Stadt gab Wallenstein von seiner Güstrower Residenz aus, in die er am 15. Juli 1628 zurückgekehrt war, den Befehl, die Belagerung aufzugeben.[96] Die Deutung dieser Ereignisse blieb fortan umstritten. War es ein Sieg Stralsunds und der protestantischen Sache? Oder war es ein taktischer Schachzug des Feldherren, der lieber die erfolglose Belagerung aufgab und stattdessen – erfolgreich – die dänische Besetzung pommerscher Gebiete zurückschlug? War es ein Pyrrhussieg für Stralsund, erkauft nur mit der bis in das frühe 19. Jahrhundert dauernden schwedischen Besetzung? In Stralsund jedenfalls wurde der Tag des Abzugs unter dem Titel „Wallensteintag" oder „Stralsunder Dankfest" als Tag des Sieges städtischer Beharrungskraft und protestantischer Glaubensfreiheit zelebriert.

---

[94] Siehe Käthe Rieck an Amt für Denkmalpflege, Außenstelle Nord, 1953, 6.1.1953, mit anliegender Liste „Gedenkstätten", o.D., in: StaS, Rep. 54/616j.

[95] Materialien dazu in: StaS, Rep. 59/415.

[96] Zu den Ereignissen vgl. Fritz Adler: Die Belagerung Stralsunds 1628, Stralsund 1928; Ders.: Aus Stralsunds Vergangenheit in 2 Teilen, 2. Teil: Die Schwedenzeit Stralsunds, Greifswald 1923; Stralsunds Sieg über Wallenstein. Zur 300-Jahr-Feier am 24. Juli 1928 im Auftrage von Bürgermeister und Rat der Stadt Stralsund dargestellt von Ernst Uhsemann, Stralsund o.J. [1928]; Herbert Langer: Innere Kämpfe und Bündnis mit Schweden. Ende des 16. Jahrhunderts bis 1630, in: Geschichte der Stadt Stralsund (1984), S. 137–167, bes. S. 155ff.

2.1 „Nationersatz" und Identitätsbildung

Am 24. Juli 1920 beging Stralsund erstmals nach sechs Jahren wieder die „Wallensteinfeier". Das traditionelle Fest war in den Jahren 1914 bis 1919 aus Gründen des Krieges und seiner Folgen nicht gefeiert worden. Die Ausgestaltung der Feierlichkeiten hatte der Kreiskriegerverband übernommen, und dessen Vorsitzender Justizrat Dr. Langemak hielt auf dem Alten Markt eine Ansprache. Langemak erging sich in einem dramatisierenden Lamento über das zusammengebrochene Deutschland, das seine Ehre und seine Freiheit verloren habe. Dies werde jeden Tag fühlbar, an dem der Feind Deutschland Schimpf und Schande zufüge. Die Besetzung von Deutschlands Westen durch „Schwarze", also durch afrikanische französische Kolonialtruppen, hob Langemak dabei als besonders schlimm hervor. Vor dem Hintergrund der zusammengebrochenen Nation betonte Langemak die Bedeutung der Stadt Stralsund. „Wohl glühen uns die Herzen im Gedenken an die herrlichen Taten unserer Truppen", doch der Krieg habe keinen nationalen Feiertag hinterlassen. Auch die früheren Feiertage, die, wie Kaisers Geburtstag oder der Sedanstag, die Nation versammelt hätten, stünden heute nicht mehr zur Verfügung, „seitdem unser Kaiser- und Königshaus von uns ging." Stattdessen beschwor Langemak die Zusammengehörigkeit der Stralsunder Bürgerschaft. „Der Boden, auf dem wir wohnen, gewachsen sind, Arbeit und Brot finden, eint uns und soll uns stets einig finden." Da man keinen Volksfeiertag mehr habe, „wollen wir Stralsunder den Wallensteinstag begehen zum Ausdruck unserer Hoffnungen für die Zukunft und zur steten Mahnung an das Große, was damals geleistet wurde." Aus der geschlossenen Einigkeit der Bürger Stralsunds 1628 „wollen auch wir lernen und in jetziger schwerer Zeit die Hoffnung nicht sinken lassen; wir brauchen die Hoffnung auf Wiederaufrichtung unseres Vaterlandes dringend." Die Veranstaltung klang aus mit dem Lied „Deutschland, Deutschland über alles".[97] Das historische Beispiel der Stadt und die Beschwörung ihrer Geschlossenheit wurde zum Vorbild für eine wieder aufzurichtende Nation. Die Instrumentalisierung des Bildes einer widerstandsbereiten Bürgerschaft war nicht neu. Auch in den Weltkriegsjahren wurde das Motiv bemüht. Ausgerechnet in der sozialdemokratischen „Stralsunder Volkszeitung" erschien am 27. Juli 1917 ein Artikel zur Erinnerung an den Gedenktag, „der eine Stralsunder Durchhalteperiode" beendet habe, mit dem Wunsch: „Möchte dieser Tag ein Hinweis sein, daß auch unsere jetzige Durchhalteperiode recht bald in ebenso glücklicher Weise endet. Denn auch heute ist es der feste Wille eines starken Volkes, Wall und Mauer – den Schützengraben – zu halten, um mit dem besten Erfolg [...] den baldigen Frieden zu erringen."[98] Langemaks Appell einer geschlossenen Bürgerschaft schien auf Integration angelegt zu sein, zugleich zeigte er mit seiner Klage über den Verlust früherer nationaler (monarchistischer) Feiertage und der Bemerkung, der 1. Mai könne ein solcher Feiertag nicht sein, da er vom „Parteistandpunkt" aus begangen werde, die Grenzen einer die gesamte Stadtbevölkerung umfassenden Integration auf. Was

---

[97] Vorstehende Zitate nach dem Bericht in: Der Vorpommer, 27. 7. 1920.
[98] Stralsunder Volkszeitung, 27. 7. 1917.

Langemak und der Kreiskriegerverband inszenierten, hatte mit der jungen Republik und den mit ihr erlangten demokratischen, bürgerlichen Freiheitsrechten nichts gemein. Es ging um die Aneignung und Deutung eines städtischen Feiertages im nationalen Sinne und im Bedauern über den Verlust von Monarchie und „Deutschlands Größe". Die Diskrepanz zwischen diesen nationalen Motiven und der Tatsache, dass Stralsunds Beharrungskraft 1628 nur mit der anschließenden Okkupation durch eine fremde Macht zu erreichen war, wurde völlig ausgeblendet. Diese Widersprüchlichkeit zog sich durch die folgenden Jahre und wurde auch im Jubiläumsjahr 1928 deutlich. Die Stralsunder Sozialdemokratie prangerte diese Ungereimtheiten an, denn immerhin, so der „Vorpommer" im Juli 1926, sei Stralsunds Sieg nur mit Hilfe „Nichtdeutscher", nämlich der Dänen und Schweden, und „im Kampf gegen Deutsche und den deutschen Kaiser" erlangt worden. Die heutige Instrumentalisierung durch deutsch-nationale Kreise komme einer „deutschnationalen Selbstverhöhnung" gleich.[99] Selbstverständlich hätte man der sozialdemokratischen Argumentation entgegenhalten können, dass mit Begriffen wie „deutsch" oder „deutscher Nation" in den Auseinandersetzungen des Dreißigjährigen Krieges schwer zu operieren war, doch diese Differenzierung spielte in der zeitgenössischen Debatte auf keiner Seite eine Rolle. Insofern hatte die SPD-Presse mit ihrer Kritik einen wunden Punkt berührt, der im bürgerlichen Milieu der Stadt, vor allem in dessen monarchistischen, deutsch-nationalen Teil, allerdings überhaupt nicht problematisiert wurde.

Mit der Befürwortung durch das städtische Bürgertum und der Kritik durch Stralsunds Sozialdemokratie waren jene Konfliktlinien abgesteckt, mit denen der Wallensteintag in den Jahren der Weimarer Republik verbunden war. „Die kaisertreuen Nationalisten von Stralsund haben einen neuen Festtag entdeckt", kommentierte der „Vorpommer" am 27. Juli 1926 ironisch, um seinerseits die Bedeutung dieses Tages zu relativieren. In den vergangenen Jahren sei dieser Tag „ohne besondere Beachtung" verlaufen. Die Bevölkerung habe kaum Anteil genommen, was nur zu verständlich sei. Das Ganze sei 300 Jahre vergangen, man habe heute andere Sorgen als die gegenseitige Bekämpfung der Kirchen, um soziale Fragen gehe der Kampf. Überhaupt sei die Stadt Stralsund in die damaligen Auseinandersetzungen eher „zwangsläufig" und ohne Absicht hineingezogen worden. Weniger um große hehre Ziele, als um pragmatische, rein materielle Gründe sei es gegangen. Die Stadt habe Brandschatzungen und Plünderungen vermeiden wollen.[100] Auch im Jubiläumsjahr 1928 distanzierte sich die SPD vom „nationalistischen Rummel", mit dem der Wallensteintag begangen werde. Bereits bei den Vorbereitungen im Jahre 1927 hatte sich die Sozialdemokratie verweigert[101], und im Stadtparlament stimmte die SPD-Fraktion im Juli 1928 mit Verweis auf wichtigere soziale Aufgaben gegen die städtische Finanzierung der Feierlichkeiten.[102]

[99] „Der Wallensteinstag", in: Der Vorpommer, 27.7.1926.
[100] Ebenda.
[101] So die Mitteilung des Stadtsyndikus Kröning in: Niederschrift über die Sitzung des Ausschusses zur Vorbereitung der 300-Jahr-Feier am 17. Oktober 1927, Abschrift in: StaS, Rep. 29/1556.
[102] „Die SPD-Fraktion des Stadtparlaments zur Wallensteinfeier", in: Der Vorpommer, 27.7. 1928.

Die Organisatoren des Jubiläums waren durchaus auf eine Integration der Linken bedacht. Entsprechende Impulse erhofften sie sich von der Person des Stralsunder Regierungspräsidenten Hermann Haussmann. Haussmann gehörte der linksliberalen DDP an und besaß gute Kontakte zur SPD. Ihm wurde als offizieller Veranstalter die Durchführung des Volksfestes auf dem Alten Markt übertragen, da er bei einer ähnlichen Gelegenheit schon viel Beifall gefunden hatte, und, so der Stadtsyndikus Ernst Kröning am 21. Juli 1928, „die Hoffnung bestand, durch ihn auch die links stehenden Kreise heranziehen zu können."[103] Die geplante Grundsteinlegung einer neuen Volksschule am Tag des Jubiläums war ebenfalls darauf angelegt, „die Sympathie weiter Kreise für die Feier" zu erlangen.[104] Dass diese Grundsteinlegung nicht realisiert wurde, war einer der Kritikpunkte der SPD an den Feierlichkeiten. Und dass eine offizielle Anfrage an die sozialdemokratischen Organisationen wegen deren Mitwirkung erst am 20. Juli, also wenige Tage vor Beginn der Festivitäten, erging, musste bei diesen eher als Affront denn als ernst gemeinte Einladung wirken.[105]

Diese erfolglosen, halbherzigen Integrationsversuche und die gesamte Vorbereitung und Durchführung der Festlichkeiten machten eines deutlich: Das 300-jährige Jubiläum des Wallensteintages war eine Angelegenheit des städtischen Bürgertums und der evangelischen Kirche. Aus diesen beiden Kräften rekrutierten sich die Persönlichkeiten, die die Vorbereitungen der Feierlichkeiten in die Hand nahmen. Dazu wurde eine abgestufte Organisation geschaffen, die in einen Hauptfestausschuss, einen Hauptausschuss und in Unterausschüsse wie Finanzausschuss, Konzertausschuss, Sportausschuss, Ausschuss für eine Festzeitschrift, Ausschuss für die „Schwedenausstellung" und anderes mehr untergliedert war. Im Hauptfestausschuss waren unter dem Vorsitz Heydemanns neben dem Rektor der Universität Greifswald Prof. Dr. Konrat Ziegler, dem Vorsitzenden des Bürgerschaftlichen Kollegiums Justizrat Langemak auch Regierungspräsident Haussmann vertreten.[106] Als vorbereitendes Zentrum fungierte der Hauptausschuss. Nach einem Ratsbeschluss vom 23. August 1927 setzte sich dieser Hauptausschuss aus je drei Mitgliedern des Rates und des Bürgerschaftlichen Kollegiums sowie den Vorsitzenden der Unterausschüsse zusammen. Dem Vorstand dieses Hauptausschusses unter Leitung Heydemanns oblag die Geschäftsführung.[107] Auch ein Ehrenausschuss, bestehend aus prominenten Persönlichkeiten außerhalb Stralsunds und unter Einbeziehung schwedischer Persönlichkeiten, wurde gebildet.[108] Ihm gehörte unter anderem Karl Reinhold Graf von Essen (1868–1949), Kammerherr seiner königlichen Hoheit, dem schwedischen Kronprinzen, an. Von Essen war die wichtigste

---

103 [Stellungnahme Kröning], Stralsund, den 21. Juli 1928, Abschrift in: StaS, Rep. 29/1556. Zu Haussmann siehe Dirk Schleinert: Hermann Haussmann, letzter Regierungspräsident von Stralsund und Vertreter der Büroreform. Eine biographische Skizze, in: Verfassung und Verwaltung Pommerns in der Neuzeit. Vorträge des 19. Demminer Kolloquiums zum 75. Geburtstag von Joachim Wächter am 12. Mai 2001, hrsg. v. Henning Rischer und Martin Schoebel, Bremen o. J., S. 151–160.
104 Niederschrift über die Sitzung des Hauptausschusses für die Vorbereitung der 300-Jahrfeier der Abwehr Wallensteins am 21. Dezember 1927, Abschrift in: StaS, Rep. 29/1556.
105 „Beginn der 300-Jahr-Feier", in: Der Vorpommer, 24.7.1928.
106 Niederschrift über die Besprechung im [!] 7.7.27, in: StaS, Rep. 29/1556.
107 Ratsbeschluss vom 23. August 1927, Abschrift in: StaS, Rep. 29/1556.
108 Ebenda.

Kontaktperson der Stadt zum schwedischen Königreich, er erhielt anlässlich des Jubiläums 1928 die Ehrenbürgerwürde der Stadt verliehen. Die eigentlichen Vorbereitungsmaßnahmen wurden im Wesentlichen von Stadtsyndikus Kröning, Museumsdirektor Adler und Pastor Otto Haendler betrieben.[109] Regierungspräsident Haussmann griff als Mitglied des Hauptausschusses, den vorliegenden Niederschriften nach zu urteilen, so gut wie nicht in die Vorbereitungsarbeiten ein.

Die beiden Prinzipien Stadtbürgertum und Protestantismus standen im Zentrum der ab Sommer 1926 einsetzenden Vorbereitungen. Bereits bei den ersten Beratungen waren die Vertreter von Magistrat und Kirche übereingekommen, dass diese Grundideen herauszustellen seien, wobei im Zusammenhang mit der Verteidigung des Protestantismus gegen Wallenstein die Rolle Schwedens zu betonen war.[110] Dänemark war als protestantische Unterstützungsmacht zunächst gleichrangig mit Schweden genannt worden, im weiteren Verlauf der Vorbereitungen rückte das Land deutlich in den Hintergrund. Nach einer entsprechenden Vergewisserung beim Auswärtigen Amt nahm die Stadt von einer zunächst erwogenen Einladung an die Königliche Dänische Regierung Abstand. Auf eine Anfrage Heydemanns beim Auswärtigen Amt am 23. Mai 1928[111] teilte dieses am 7. Juni 1928 mit, eine nachrangige Behandlung Dänemarks sei nicht problematisch. Der geschichtliche Zusammenhang der 300-Jahr-Feier mit Dänemark sei „doch wohl nur sehr lose", es lägen „auch keinerlei besondere politische Rücksichten vor", die eine Einladung erforderlich machten. „Inwieweit im Interesse der mehr lokalen Wirtschaftsbeziehungen zwischen Stralsund und dänischen Landesteilen eine Einladung dänischer Handels- und Wirtschaftskreise ratsam erscheint, muss dortigem Ermessen überlassen bleiben."[112] Tatsächlich waren bei den Feierlichkeiten Gäste aus Dänemark nicht vertreten.[113]

Die städtischen Planungen sahen ein umfangreiches Programm vor, das neben den traditionellen, jährlich veranstalteten Gedenkfeierlichkeiten auch einen Festzug und ein Festspiel umfassen sollte. Offen war, wer als Festspieldichter gewonnen werden konnte. Der österreichische Dramatiker Karl Schönherr war einer der genannten Kandidaten, wobei eingewandt wurde, dass dieser katholisch sein dürfte, was offensichtlich gegen ihn sprach.[114] Auch der Vorschlag, das Festspiel Alexander Ettenburgs „Wallenstein vor Stralsund" von 1902 zur Aufführung zu bringen, wurde mit der Begründung verworfen, ein Stück, das nur zwischen Wallenstein und seinen Offizieren spiele, komme nicht in Frage. „Bei einem Festspiel für 1928 muss der stärkste Nachdruck auf der Stralsunder Bürgerschaft als dem Hauptakteur liegen."[115] Bürgertum und protestantischer Glaube standen allenthalben im Zentrum und wurden auch in jener Gedenkmedaille symbolisiert, die

[109] Zusammensetzung des Hauptausschusses (insges. 23 Personen) siehe „Mitglieder des Hauptausschusses", Abschrift, in: StaS, Rep. 29/1556.

[110] I. Besprechung über die Veranstaltungen anlässlich des 300. Wallensteinstages 1928, o. D. [September oder Dezember 1926], in: StaS, Rep. 29/1555.

[111] Bürgermeister und Rat der Stadt Stralsund an das Auswärtige Amt Berlin, Stralsund, den 23. Mai 1928, gez. Heydemann, Abschrift, in: StaS, Rep. 29/1556, Bl. 101.

[112] Auswärtiges Amt, Berlin, den 7. Juni 1928, Nr. IV Nd 1605, in: StaS, Rep. 29/1556, Bl. 102.

[113] Siehe die Anwesenheits- und Quartiersliste der geladenen Gäste in: StaS, Rep. 29/1556.

[114] I. Besprechung über die Veranstaltungen anlässlich des 300. Wallensteinstages 1928, o. D. [September oder Dezember 1926], in: StaS, Rep. 29/1555.

[115] Vgl. Schreiben o. Verf. und o. Adressat v. 3. Januar 1927, in: StaS, Rep. 29/1555.

vom Münchner Bildhauer und Medailleur Hans Schwegerle entworfen worden war. Die Vorderseite der Medaille zeigte das Rathaus und die Nikolai-Kirche, „die Sinnbilder des Bürgertums und des Glaubens als die beiden Mächte, aus denen 1628 den Stralsundern die innere Widerstandskraft erwuchs." Auf der Rückseite sah man eine „weibliche Gestalt mit hocherhobenen auseinander gebreiteten Armen, welche die Fessel zerrissen haben". Dies als Symbol für die wiedererlangte Freiheit, „nachdem die Fesseln des Belagerungsringes gesprengt sind".[116] Die „Wiedergabe neuen Lebens" sollte der Stadtgesellschaft mit den Feierlichkeiten erfahrbar gemacht werden, „selbstbewusste Bürger, die auf die Großtat ihrer Ahnen stolz sind", sollten der Stadt ein würdiges, ja ein prächtiges Gesicht geben, den „reichsten Schmuck von Tor zu Tor, von Fenster zu Fenster, vom Erdgeschoss jedes Hauses hinauf bis zum Giebel".[117] Ein von Dr. Adler vorzubereitender Vortrag sollte die „Idee des Bürgertums" 1628 wie 1928 herausstellen.[118] Eine „Stadt feiernden Volkes" sollte organisiert werden, ein „echtes gutes Volksfest", das immer seltener werde, „weil die Gesellschaftsform aufgelockerter (atomisiert) und die Gelegenheiten zu großem gemeinsamen Erleben ungleich schwerer gegeben sind" – eine Sache „aller Bürger".[119]

Von den hochtrabenden Plänen eines Festzuges und eines Festspiels nahmen die Organisatoren schließlich Abstand mit der Begründung, die Haushaltslage der Stadt lasse derartige Ausgaben nicht zu. Im Verlauf der Vorbereitungen waren nicht nur seitens der Sozialdemokraten, sondern auch von der Fraktion der bürgerlichen „Arbeitsgemeinschaft" kritische Töne wegen der Kosten laut geworden.[120] Als eine der Hauptattraktionen, die über die üblichen Festlichkeiten hinausgingen, wurde nun die „Schwedisch-pommersche Ausstellung" herausgestellt. Die Ausstellung, die in einem eigens errichteten Pavillon an der Sundpromenade aufgebaut wurde, war unter Leitung Fritz Adlers erarbeitet worden und zeigte in seinen vorwiegend von schwedischer Seite gestifteten Exponaten die Verbindung Stralsunds und Pommerns mit Schweden. Die Ausstellung war hauptsächlich durch Mittel des Auswärtigen Amtes finanziert worden. Der Reichstagsabgeordnete für Pommern, Dr. Fritz Mittelmann (1886–1932, DVP), fungierte dabei als Kontaktperson. Er stand in „engen Beziehungen mit dem Herrn Außenminister" und sollte nicht nur in die Überlegungen einbezogen werden, „wie weit die nordischen Länder eingeladen werden sollen".[121] Es gab sogar Überlegungen, Reichsaußenminister Gustav Stresemann als Festredner zu gewinnen, ein Vorhaben, das jedoch nicht verwirklicht werden konnte.[122]

[116] Vgl. Stralsundisches Heimatmuseum für Neuvorpommern und Rügen an die Verkehrsabteilung, 23.6.1928, in: StaS, Rep. 29/1564.
[117] Wie rüstet der Stralsunder zur 300-Jahr-Feier? Pressetext des Verkehrsvereins an die Redaktionen sämtlicher Zeitungen in Stralsund, 29.6.1928, in: StaS, Rep. 29/1564.
[118] Niederschrift über die Besprechung über die Wallensteinfeier 1928 am 12. Januar 1927, in: StaS, Rep. 29/1555.
[119] Vgl. „Pressenotiz! Der 24. Juli, das Stralsunder Volksfest.", in: StaS, Rep. 29/1564.
[120] Niederschrift über die Sitzung des Hauptausschusses für die Vorbereitung der 300-Jahrfeier der Abwehr Wallensteins am 21. Dezember 1927, Abschrift in: StaS, Rep. 29/1556.
[121] Niederschrift über die Besprechung betreffend Wallensteinfeier 1928 am Montag, den 15.8.1927, Abschrift in: StaS, Rep. 29/1556.
[122] Betr. Sitzung des Hauptausschusses der 300-Jahrfeier am 10.5.1928, Abschrift in: StaS, Rep. 29/1556.

Am 13. Juli 1928 trafen die Mitglieder des Hauptfestausschusses zusammen mit der Presse, den Vertretern der Bürgervereine sowie dem Standortkommandeur Kapitän Lindau im Sitzungssaal des Bürgerschaftlichen Kollegiums zusammen. Die Versammlung sprach den endgültigen Programmablauf durch und billigte ihn einhellig.[123] Nochmals auftauchende Kritik an dem Verzicht auf einen Festzug zerstreute Stadtsyndikus Kröning unter Hinweis auf die diversen ablehnenden Stellungnahmen von Handwerkskammer und anderen potenziellen Trägern im Verlauf der Vorbereitungen.[124] Auch Befürchtungen des Kommandeurs Lindau im Juni 1928, das Fest würde einseitig als „rein evangelische Feier" aufgezogen und könne so in nicht-protestantischen Kreisen Anstoß erregen, schienen durch die Zusagen des Bürgermeisters Fredenhagen ausgeräumt. Fredenhagen hatte erklärt, dass die Stadt dies nicht anstrebe. Man könne zwar nicht verhindern, wenn der eine oder andere Redner diesbezügliche Äußerungen mache, könne jedoch auf den Festredner einwirken, dass eine entsprechende Tendenz vermieden werde[125] – eine Zusage, die, wie der Verlauf der Feierlichkeiten zeigen sollte, völlig wertlos war.

Frühzeitiger noch als die Vorbereitungen der Jubiläumsfestwoche begannen die Planungen einer Festschrift. Nachdem das Bürgerschaftliche Kollegium im April 1926 die Herausgabe einer „größeren Druckschrift" angeregt hatte, stimmte der Stralsunder Rat am 27. April 1926 „grundsätzlich zu, dass eine Festschrift zur Wallensteinfeier 1928 herausgegeben wird." Gedacht war an eine Publikation, „die sich mit dem Kampf des Protestantismus im 30jährigen Krieg, mit Wallenstein, Lambert Steinwich oder evtl. auch Gustav Adolf beschäftigt. Zu versuchen ist auch, dass seitens der Landes-Universität Greifswald die Bedeutung des Wallensteintages in kirchlicher Beziehung durch eine Festgabe erläutert wird."[126] Die Mitglieder des engeren Vorbereitungsstabes der Feierlichkeiten, Kröning, Haendler und Adler, verhandelten zunächst mit der Universität Greifswald und dem in Greifswald angesiedelten Rügisch-Pommerschen Geschichtsverein, doch im Verlauf der Verhandlungen kam es zu Missstimmungen über Kosten und inhaltliche Verantwortlichkeiten, die fast zum Zerwürfnis zwischen den Stralsunder Vertretern und den Greifswalder Professoren führten.[127] Letztlich erschien die Jubiläumsschrift als Band der „Baltischen Studien", die von der Stettiner Gesellschaft für Pommersche Geschichte und Altertumskunde herausgegeben wurden. Die Festschrift war ein Gemeinschaftswerk deutscher und schwedischer Autoren, die, abgesehen von der Vorgeschichte der Wallensteinschen Belagerung 1628, vor allem kunst- und kulturgeschichtliche Themen bearbeiteten.[128] Der Stralsunder Rat ver-

---

123 Niederschrift über die Sitzung des Hauptfestausschusses am Freitag, den 13. Juli 1928, im Sitzungssaal des Bürgerschaftlichen Kollegiums, Abschrift in: StaS, Rep. 29/1556.
124 [Stellungnahme Kröning], Stralsund, den 21. Juli 1928, Abschrift in: StaS, Rep. 29/1556, Bl. 59 ff.
125 Vgl. die Mitteilung Fredenhagens an Kröning, 26. 6. 1928, als Abschrift in: StaS, Rep. 29/1556, Bl. 173.
126 Ratsbeschluss vom 27. April 1926, Bürgermeister und Rat, in: StaS, Rep. 29/1553.
127 Zu den konfliktreichen Verhandlungen ab Mai 1926 siehe Korrespondenzen und Protokolle in: StaS, Rep. 29/1553.
128 Festschrift zur 300-Jahrfeier der Abwehr Wallensteins von Stralsund. (Baltische Studien, hrsg. von der Gesellschaft für Pommersche Geschichte und Altertumskunde, N. F., Bd. 30, 1. Halbbd.), Stettin 1928, Geleitworte von Erzbischof Nathan Söderblom, Upsala; Beiträge u. a. von

ständigte sich im Sommer 1927 außerdem darauf, neben dieser wissenschaftlichen Publikation eine „Volksschrift" verfassen zu lassen, „die geeignet ist, breite Kreise der Bevölkerung auf die Bedeutung der Leistungen unserer Vorfahren in der Zeit vor 300 Jahren gebührend hinzulenken". Beauftragt wurde der mit der regionalen und kommunalen Geschichte bestens vertraute Rektor Ernst Uhsemann, der ein 62 Seiten umfassendes Büchlein mit dem Titel „Stralsunds Sieg über Wallenstein" vorlegte.[129]

2.2 Die Festwoche

Trotz der Abstriche an den ursprünglichen Planungen wies die Festwoche anlässlich der 300. Wiederkehr der Abwehr Wallensteins in ihrem Umfang und in ihrer Bedeutung über die sonstigen „Wallensteintage" weit hinaus. Dies hatten schon der lange Vorlauf der Vorbereitungen ab 1926 sowie die Einbeziehung außerstädtischer Förderer aus Schweden sowie dem Deutschem Reich und dem Preußischem Staat gezeigt. Eingeleitet wurde die Festwoche mit Veranstaltungen des Plattdeutschen Heimatvereins ab Sonntag, dem 22. Juli 1928. Am Montag, dem 23. Juli, folgte die Eröffnung der „Schwedisch-Pommerschen Ausstellung". Am gleichen Tage trafen schwedische Marineabordnungen mit Kriegsschiffen, U-Booten und Marineflugzeugen ein. Vorträge, Filmvorführungen, Kirchenkonzerte und Marinefestlichkeiten mit Zapfenstreich füllten diesen ersten Haupttag der Festwoche aus. Der 24. Juli, der eigentliche Jubiläumstag, wurde eröffnet mit Festgottesdiensten in der Nikolaikirche und parallel dazu in niederdeutscher Sprache in der Marienkirche. Die Inszenierung war hier ganz auf die stralsundisch-schwedische Verbindung im Zeichen des Protestantismus angelegt. In die überfüllte Nikolaikirche zogen „unter feierlichem Orgelspiel" die Fahnenabordnungen der schwedischen Regimenter, „die damals mitgefochten haben", ein. Festprediger war der Stettiner Generalsuperintendent Walter Kähler. Er stimmte die Gemeinde auf den Sinn des Jubiläumstages ein und rief sie zu „Glaubensmut und Glaubenskampf, zum heiligen Glaubenstrotz" auf, denn dies sei „der Geist gewesen, in dem Stralsunds Väter vor 300 Jahren gesiegt haben", und dies sei auch der Geist, der heute not tue, „in einer vom Indifferentismus und Relativismus angefressenen Zeit". Damals wie heute sei der entscheidende Hintergrund allen geschichtlichen Geschehens „der Kampf zwischen Glaube und Unglaube".[130]

Willibert Müller/Freiburg i. Br.: Stralsunds liturgisch-musikalische Reformationsarbeit von der Einführung der evangelischen Lehre (1525) bis zum Ende des Dreißigjährigen Krieges; Ragnar Josephson/Upsala: Tessin in Deutschland; Martin Wehrmann/Stargard: Stralsund und die Franzburger Kapitulation. Vorgeschichte der Belagerung von 1628; William Anderson/Lund: Lambert Steinwichs Epitaphium in der Nikolaikirche zu Stralsund.

[129] Kommission für Wissenschaft und Volksbildung, gez. Vorsitzender K[röning], an Rektor Uhsemann, Stralsund, den 28. 7. 1927, in: StaS, Rep. 29/1553. Stralsunds Sieg über Wallenstein. Zur 300-Jahr-Feier am 24. Juli 1928 im Auftrage von Bürgermeister und Rat der Stadt Stralsund dargestellt von Ernst Uhsemann, Stralsund o. J. [1928]. Uhsemann, geb. 1882, war von 1912 bis 1945 Rektor der Knabenmittelschule in Stralsund, am 1. 5. 1945 Freitod zusammen mit seiner Frau. (http://www.stralsundwiki.de/index.php/Ernst_Uhsemann).

[130] Zitiert nach: Der Wallensteintag in Stralsund. Gedanken und Bilder von der Dreihundertjahrfeier der Stadt Stralsund. Von Pastor Ludz, Stettin, in: Evangelisches Gemeindeblatt für Stralsund, Nr. 33, 12. 8. 1928, S. 261-263.

Hohnblasen vom Turm der Nikolai-
kirche. Fotomontage.
(Stadtarchiv Stralsund, Fotoslg., VIII
B-009)

Weitere Veranstaltungen des Vormittags waren das sogenannte „Hohnblasen"
vom Turm der Nikolaikirche, eine Tradition, mit der an den Abzug der Wallensteinschen Truppen, begleitet von Fanfaren, eben jenem „Hohnblasen", erinnert
wurde, sowie die ebenfalls traditionelle Umsegelung der kleinen Insel Dänholm,
mit der des Kampfes der Stralsunder Fischer und Schiffer gegen die kaiserliche
Besatzung der Insel im März/April 1628 gedacht wurde. Der eigentliche Festakt
fand im Stadttheater vor über 500 Gästen statt. Ein Fackelzug der Vereine der
Stadt und ein Volksfest auf dem Alten Markt rundeten diesen Festtag, an dem die
städtischen Büros geschlossen blieben, ab. Weitere Veranstaltungen wie die Stralsunder Sportwoche, zu der auch schwedische Sportler anreisten, Veranstaltungen
der 1925 gegründeten Deutsch-Schwedischen Vereinigung in Stralsund, eine Ru-
derregatta, Volkstanzfeste und Kinderfeste gruppierten sich in die Festwoche ein.
Film und Rundfunk waren vor Ort, und die Lufthansa veranstaltete Rundflü-
ge.[131]

Nach einem musikalischen Vorspiel aus Richard Wagners „Meistersinger", dar-
gebracht vom Musikkorps der 2. Abteilung der Schiffsstammdivision der Ostsee
und der 3. Marine-Artillerie-Abteilung Swinemünde, eröffnete Oberbürgermeister Heydemann am 24. Juli 1928 den Festakt im Stralsunder Stadttheater. Die Feier,
so Heydemann, sei eine „ernste Weihestunde des Gedenkens an große Vergangenheit und zugleich des Gelöbnisses, nach dem Beispiel unserer Vorfahren in der
heutigen Zeit der deutschen Not uns, den ganzen Mann, die ganze Frau, einzusetzen für das Allgemeinwohl." Heydemann nannte drei Gedanken, die der Feier

---

[131] Vgl. Pressenotiz! Zur Festfolge der 300-Jahr-Feier. An die Redaktion sämtlicher Zeitungen,
Stralsund, gez. Meyer (Verkehrsverein); Pressenotiz! Zur 300-Jahr-Feier. Die Ausgestaltung
des Festgottesdienstes am 24. Juli; Inserattext „300-Jahr-Feier inmitten der Ostseebäder", „An
die Redaktion", 19.7.1928, sowie „Inserat. Stralsunder Dankfest", jeweils in: StaS, Rep.
29/1564.

zu Grunde zu legen seien. An erster Stelle nannte er: „Wir wollen heute ein freudiges Bekenntnis ablegen für unsere evangelische Kirche, für unseren evangelischen Glauben, für den vor 300 Jahren unsere Vorfahren gelitten und siegreich gestritten haben." An zweiter Stelle stand die Bekundung von Dankbarkeit und Hochachtung an die „stammverwandten schwedischen Nachbarn, für S. M. den König und das schwedische Volk. Schwedische Bundesgenossenschaft verhalf uns vor 300 Jahren zum Siege. Diese Bundesgenossenschaft führte zu fast 200-jähriger politischer Schicksalsgemeinschaft." Zum Dritten und Letzten wollte das Stadtoberhaupt „in Ehrfurcht und Stolz der Großtat unserer Vorfahren gedenken, der großen Tat eines freien deutschen Bürgertums, der Tat, in der sich noch einmal alle Energien zusammenschlossen, die unsere Stadt einst groß und mächtig gemacht haben." Stets habe die Bürgerschaft Stralsunds in den Tagen höchster Gefahr in sich die Kraft gefunden, „alle Sonderinteressen, Zwietracht und Hader, Hochmut und Kleinmut, auszuschalten und sich einmütig und geschlossen unter die zielbewusste Führung besonnener Männer zu stellen, Hab und Gut, Leib und Leben restlos einzusetzen für das Allgemeinwohl, für die Verteidigung der Heimat gegen land- und volksfremde, an Zahl übermächtige feindliche Heerscharen. Dies Beispiel wollen wir uns an diesem Tage in Hirn und Herz pressen, dass es nachhaltig wirke, dass wir stets nach diesem Beispiel auch handeln in der nüchternen Werkstatt unserer alltäglichen Arbeit. Diese Stunde sei uns eine echte Feierstunde, eine Stunde des Segens, sie helfe uns, Männer und Frauen zu werden, denen tief ins Herz geschrieben ist, und denen zur Tat wird das stolze, das heilige Wort: ‚Deutschland über alles in der Welt.'"[132] Den Brückenschlag von einem städtischen historischen Ereignis zum nationalen Bekenntnis für Deutschland vollzog auch der folgende Redner, der Gesandte Hans Freytag (1869–1954), Beamter in der Abteilung Kultur des Auswärtigen Amtes. Freytag zeichnete ein historisches Bild, das von der Zerrissenheit der deutschen Nation über die Schaffung der nationalen Einheit bis zur Katastrophe des Weltkrieges reichte, der Deutschland „geschwächt und verkleinert, aus tausend Wunden blutend" hinterlassen habe. Doch, so der Vertreter der Reichsregierung, „in uns allen lebt noch die Kraft und der Wille, uns wieder emporzuarbeiten in gemeinsamer Arbeit. Und dieser Geist, diese Gesinnung beherrscht auch die heutige Feier und dieser Geist hebt sie hinaus über den Rahmen und über die Bedeutung eines lokalen Ereignisses. Diesen Tag feiert nicht nur Stralsund, feiert nicht Pommern, sondern den Tag feiert Deutschland".[133] Die Rede des offiziellen schwedischen Vertreters, des Ministers von Ribbing, war von diplomatischer Höflichkeit geprägt. Der Minister sprach zwar von der weltgeschichtlichen Bedeutung des schwedisch-stralsundischen Bundes für den Kampf des Protestantismus, doch die Abwehr des Wallensteinschen Heeres sei die „unvergleichliche Heldentat der Stralsunder Bürgerschaft, und *ihr* gehört fürs erste die Ehre davon."[134] Als nächster Redner trat der Präsident des Regierungsbezirkes Stralsund, Hermann Haussmann, auf. Haussmann

---

132 Begrüßungsrede des Herrn Oberbürgermeister Dr. Heydemann – Stralsund im Festakt, Stadttheater [24.7.1928], in: StaS, Rep. 29/1556.
133 Rede des Gesandten Freytags als Vertreter der Reichsregierung beim Festakt im Stadttheater am 24.7.1928, in: StaS, Rep. 29/1556.
134 Rede des schwedischen Ministers von Ribbing [24.7.1928], in: StaS, Rep. 29/1556.

vertrat zugleich den preußischen Staat und entschuldigte den Oberpräsidenten der Provinz Pommern, Julius Lippmann (1864–1934), der krankheitshalber abgesagt hatte. Nach einleitenden Bemerkungen über die deutsch-schwedische Freundschaft lenkte Haussmann den Blick auf den aktuellen Sinn des Festes. Das treibende Moment in der Situation vor 300 Jahren sei gedanklich zweifellos weder durch die langen freundschaftlichen Beziehungen zu Schweden und „auch nicht ausschließlich durch die religiösen Gefühle" bestimmt gewesen. „Es mag vielmehr ein durchaus weltliches Moment sein, das vorwiegend bestimmend wirkte." Haussmann berief sich auf den Vortrag des Greifswalder Prof. Dr. Johannes Paul am Vortag, der die Ereignisse des Jahres 1628 in einen allgemeinen historischen Zusammenhang gestellt hatte.[135] Stralsund habe das Ziel verfolgt, freie Reichsstadt zu werden. „Man wollte frei werden von den Bindungen, die die fürstliche Herrschaft für die vorwiegend wirtschaftlichen Ziele der Stadt mit sich brachte. Herr im Hause wollte man werden zu größerer Macht, zu größerem Reichtum und zu größerer Ehre dieser Stadt." Im Hinblick auf die aktiven Kräfte des damaligen Widerstandes betonte der Regierungspräsident: „Es war auch nicht der zaudernde Rat, sondern das Volk von Stralsund, das das politische Spiel vorwärts trieb." Der „starke Bürgersinn", so Haussmann, sei es gewesen, „der sich gegen die Absichten Wallensteins stellte, ein starkes Selbstgefühl und starker Gemeinschaftssinn." Einen derartigen kraftvollen Bürgergeist benötige man auch heute, „er allein schafft gesunde Verhältnisse im großen Staatsbau, ohne die das Ganze nicht bestehen kann." Haussmann sprach den Wunsch aus, dass die Stralsunder Festtage dazu beitragen mögen, „in Stralsund den Bürgersinn, das Selbstvertrauen und den Gemeinschaftsgeist zu stärken und zu vertiefen, dann wird die Festwoche noch lange nachwirken zum Segen für diese altehrwürdige Stadt."[136] Dieser zivilgesellschaftliche Appell des vorpommerschen Regierungspräsidenten setzte deutlich andere Akzente als die einführende Ansprache des Oberbürgermeisters. Keine Überhöhung des protestantischen Anliegens, keine nationalistische Überformung der städtischen Geschichte prägten diese Rede. Und anders als bei Heydemann, der sich offenbar in eine Traditionslinie zum 1628 amtierenden Bürgermeister Lambert Steinwich („die zielbewusste Führung besonnener Männer") stellen wollte, legte Haussmann den Schwerpunkt eindeutig auf die Bürgerschaft. Doch mit dieser Ausrichtung und Sinndeutung des Jubiläumsfestes sollte Haussmann auf der Festveranstaltung allein bleiben. Die nachfolgenden Redner beschränkten sich auf kurze Begrüßungen oder instrumentalisierten die Stralsunder Geschichte für ihr jeweiliges politisches Anliegen, wie etwa der Vertreter der Reichswehr, Vizeadmiral Dr. h. c. Erich Raeder (1876–1960). Für ihn bot die Bürgerschaft Stralsunds in den Jahren 1627/28 „ein erhebendes Beispiel der Vaterlandsliebe, Opferwilligkeit und treuen Pflichterfüllung unter Einsatz von Leib und Leben." In Raeders Augen eignete sich Stralsund für die Reichswehr ganz besonders als Vorbild: „Stand

135 Siehe eine zweiseitige Kurzfassung „Die Stralsunder Politik im 30jährigen Kriege (nach dem Festvortrag von Prof. Joh. Paul, anlässlich der 300jährigen Wallenstein-Feier zu Stralsund), in StaS, Rep. 29/1556, Bl. 169 (2 Seiten), darin ist jenes Bestreben der Selbstständigkeit und selbstständiger Außenpolitik enthalten.
136 „Festakt im Stadttheater am 24. Juli 1928. Rede des Regierungspräsidenten Dr. Hausmann [!] (Vertreter der Staatsregierung)", in: StaS, Rep. 29/1556.

doch hier die Bürgerschaft in Reihe und Glied mit den Berufssoldaten, zum mindesten aber in unmittelbarer Mitwirkung und in engster geistiger Fühlung hinter den Kämpfenden. So bedarf auch unsere Wehrmacht des Vertrauens des ganzen deutschen Volkes und seiner geistigen Mitwirkung und Unterstützung."[137] Die eigentliche Festrede hielt der Experte für pommersche Geschichte, Prof. Dr. Martin Wehrmann (1861–1937) aus Stargard. Von irgendeiner Zurückhaltung in religiöser Hinsicht, wie sie Fredenhagen gegenüber dem Standortkommandanten noch im Vorfeld der Festtage in Aussicht gestellt hatte, war in Wehrmanns Ausführungen nichts zu bemerken, im Gegenteil. An erster Stelle nannte Wehrmann „die Verteidigung der religiösen Freiheit, die aufs ärgste bedroht war". Mit Hilfe Schwedens habe die Stadt sich als „ein Hort des freien Protestantismus" behaupten können. Zwar schob Wehrmann nach, dass man „nicht weniger für die städtische Freiheit, für ein freies Bürgertum" gekämpft habe.[138] Doch der Grundtenor des Festredners war eindeutig von protestantischer Sinndeutung geprägt. Dies galt auch für das Geleitwort, das der schwedische Erzbischof Nathan Söderblom aus Uppsala der zum Jubiläum erschienenen Festschrift voranstellte. Der Bischof erinnerte daran, „daß die kaiserlichen Truppen und damit die bigotte Form der römischen Religion und die Allmacht der römischen Kirche [beinahe] den ganzen Norden wieder erobert hätte", eine Entwicklung, die nicht nur für die evangelische Christenheit, sondern für die abendländische Zivilisation und für die bürgerliche und nationale Freiheit verhängnisvoll gewesen wäre. Söderblom spannte den Bogen von den vergangenen Kämpfen in die Gegenwart, wo eine neue „Kontrareformation" Platz greife. Die Geschichte Stralsunds erinnere an die „geistige Solidarität", die alle Bekenner des Evangeliums verbinde und die durch „Gottes Gnade geistige Stärkung, festere Formen und wirksame Organe" bekomme.[139] Die konservative Presse der Stadt stieß in das gleiche Horn. Für die „Stralsundische Zeitung" hatte Stralsunds Tat „die protestantische Sache gerettet", denn: „Ohne das glorreiche Beispiel der Stralsunder wäre die Macht des Protestantismus damals gebrochen und ganz Deutschland dem Papismus wieder überliefert worden."[140]

Nach dem Festakt im Stadttheater lud der Oberbürgermeister ab 17:00 Uhr zum Festessen im Löwenschen Saal im Rathaus. Währenddessen füllte sich der Alte Markt zum dort veranstalteten Volksfest. Aus Greifswald waren eigens mehrere Hundert Studenten, der „Vorpommer" sprach von 700, angereist, die seitens der Universität Freifahrtscheine erhalten hatten und durch die Brauereien Stralsunds mit vier Biermarken ausgestattet wurden. Mehr Freibier sollte nicht ausgegeben werden, „damit die Studentenschaft auch lange auf den Beinen bleibt und

137 „Ansprache des Vizeadmirals Dr. Raeder beim Festakt im Stadttheater" [24.7.1928], in: StaS, Rep. 29/1556.
138 „Festrede des Professors D. Dr. Martin Wehrmann, Stargard i. Pom." [24.7.1928], in: StaS, Rep. 29/1556.
139 Festschrift zur 300-Jahrfeier der Abwehr Wallensteins von Stralsund. (Baltische Studien, hrsg. von der Gesellschaft für Pommersche Geschichte und Altertumskunde, N. F., Bd.30, 1. Halbbd.), Stettin 1928, Geleitworte von Erzbischof Nathan Söderblom, Upsala, S.1f.
140 Stralsundische Zeitung, [Sonderausgabe ohne Datum], „Festnummer zum 300jährigen Wallensteinfest [24.7.1928], in: StaS, Rep. 29/1565.

Wallensteintag 1928
(Stadtarchiv Stralsund, Rep. 29/1553).

gegenüber den schwedischen Gästen nicht abfällt bzw. auffällt."[141] Dennoch gab es Kritik am „hurrapatriotischem Saufgelage", wie es der sozialdemokratische „Vorpommer" formulierte.[142] Das „Stralsunder Tageblatt" war dagegen begeistert. Trotz mancherlei Schabernacks, den die Studiosi getrieben hätten, sei es doch „etwas ganz unbestreitbar Erhebendes, wenn unter dem Vorantritt der Chargierten in Vollwichs die Vielhundertschar der Musensöhne mit Fackelfeuer durch die fahnengeschmückten, von buntfarbigen Leuchtfeuer erhellten Straßen der Stadt ziehen, in geschlossener Ordnung – eine lebendige Kundgebung deutschen Kulturwillens in unserer Heimatprovinz."[143] Nicht nur die Greifswalder Corpsstudenten sorgten für eine patriotische Note des Volksfestes. Auch der Fackelzug Stralsunder Vereine atmete vor allem durch den Auftritt des Stahlhelm-Bundes einen ähnlichen Geist. Dieser hatte zunächst seine Teilnahme verweigern wollen, weil am Alten Markt die schwarz-rot-goldene Fahne der Republik aufgezogen wurde. Nach Intervention bei der Stadtverwaltung erreichte der Frontkämpferbund, dass auf dem Platz auch die „ruhmgekrönten Farben", die alte schwarz-weiß-rote Reichsflagge gezeigt würde. Dies und die Tatsache, dass in der gesamten Stadt „einzelne schwarz-rot-gelbe Fähnchen von der schwarz-weiß-roten Beflaggung völlig erdrückt" würden, bewog beim „Stahlhelm" ein Umdenken, und noch am

---

[141] Vorläufige Niederschrift über die Besprechung des Ausschusses für das Volksfest auf dem Alten Markt, Stralsund, den 27. Juni 1928, Abschrift, in: StaS, Rep. 29/1556, Bl. 119ff.
[142] Fred Hermann Deu: Zwei Fackelzüge und ihre Bedeutung. Verfassungstag und Wallensteinfest, in: Der Vorpommer, 15. 8. 1928.
[143] Stralsunder Tageblatt, 25. 7. 1928, 1. Beilage.

23. Juli 1928 rief er die Mitglieder des Bundes, des Jungstahlhelm sowie der Kinder- und Jugendorganisation, des Scharnhorst-Bundes, per „Kreisbefehl" auf, sich geschlossen am Fackelzug mit Fahnen zu beteiligen.[144]

2.3 Zwiespältige Resonanz

In der offiziell verbreiteten Sicht der Stadtverwaltung war das Konzept, ein Stadtfest für alle Bürger zu veranstalten, aufgegangen. Das Ziel, städtische Identität zu wahren oder zu schaffen, schien nach den von der Stralsunder Verkehrsabteilung verbreiteten Pressenotizen erreicht. Die 300-Jahr-Feier habe „neue Ziele für unser Gemeinwesen gekennzeichnet, sie hat uns teilweise schon auf den richtigen Weg gesetzt, diese Ziele zu erreichen und sie ist deshalb doch das gewesen, was sie für uns als Erinnerungsfeier an eine Großtat unserer Vorfahren sein soll: Ansporn zu eigener erfolgreicher Arbeit zum Wohle unseres Gemeinwesens, zum Wohle unserer geliebten Vaterstadt Stralsund."[145] Natürlich spielten auch Werbeeffekte für die Stadt eine Rolle. Und es kann nicht verwundern, dass die Stadtverwaltung sich auch diesbezüglich auf der Erfolgsspur wähnte, zumal sie, so wiederum die Verkehrsabteilung, mit der Feier und der damit eingerichteten schwedisch-pommerschen Ausstellung Werbemöglichkeiten in der Hand habe, um die sie von anderen Kommunen beneidet werde. Gerade im Hinblick auf jene „Krampfhaftigkeit", mit der sich manche Stadt um Werbeideen bemühe, und angesichts einer „Ausstellungs- und Veranstaltungs-Inflation" – der Bayrische Städtebund sprach gar von einer „Fest- und Ausstellungsseuche"[146] – müsse man zu einer positiven Würdigung der 300-Jahr-Feier gelangen.[147]

Berücksichtigt man das Presseecho und auch den Zuspruch des Publikums zu den öffentlich zugänglichen Veranstaltungen, allen voran zum Volksfest am 24. Juli, so konnte sich die 300-Jahr-Feier des Stralsunder „Wallensteintages" nicht über mangelnde Aufmerksamkeit beklagen. Illustrierte Blätter vom republikanischen „Reichsbanner" bis zum Organ des Reichskriegerbundes „Kyffhäuser" berichteten über das Ereignis. Bei der ausländischen Presse dominierte Schweden, aber auch das in New York erscheinende „Deutsche Echo" brachte einen Artikel in seiner September-Ausgabe 1928, ebenso das deutschsprachige „Bukarester Tageblatt" vom 1. August 1928.[148] In der Bewertung der Festivitäten lassen sich, abgesehen von den Fällen eher neutraler Berichterstattung, im Wesentlichen zwei Lager verorten. Eine durchweg kritische Position bezog die lokale sozialdemokratische Presse, wohlwollend bis hin zu protestantischer, nationalistischer Propaganda

---

[144] „Kreisbefehl" des Stahlhelm, Bund der Frontsoldaten, Kreisverband Stralsund, 23.7.1928, abgedruckt in: Der Vorpommer, 25.7.1928.

[145] „Ein Nachwort zur 300-Jahr-Feier", Verkehrsabteilung, gez. Meyer, an die Redaktion sämtlicher Zeitungen, Stralsund, 4.8.1928, in: StaS, Rep. 29/1564. (Veröffentlicht u.a. in: Der Vorpommer, 7.8.1928.)

[146] Vgl. Mitteilungen des Deutschen Städtetages, Vorabdruck vom 2.3.1926, in: StaS, Rep. 29/2362.

[147] „Ein Nachwort zur 300-Jahr-Feier", Verkehrsabteilung, gez. Meyer, an die Redaktion sämtlicher Zeitungen, Stralsund, 4.8.1928, in: StaS, Rep. 29/1564.

[148] Zum Presseecho siehe unter anderem StaS, Rep. 29/1561; 1565; 1566.

reichend fielen die Berichte in den evangelischen und deutsch-national geprägten Organen aus.

Angesichts der schon in der Vorbereitungsphase vorgebrachten Ablehnung der Festgestaltung war es naheliegend, dass die Sozialdemokratie Stralsunds die Wallensteinfeier und insbesondere den offiziellen Festakt und das anschließende Volksfest kritisierte. Was der SPD vor allem negativ aufstieß, war die einseitige protestantische Propaganda, gepaart mit einer ins Nationalistische ausufernden Gestaltung deutsch-nationaler Prägung. Der „Vorpommer" geißelte Heydemanns Rede und insbesondere dessen abschließenden Ausruf „Deutschland über alles" als eine politische Taktlosigkeit, die bei den anwesenden schwedischen Gästen unangenehm aufgefallen sei. Die Zuspitzung auf eine Siegesfeier des Protestantismus habe die katholischen Mitbürger ausgeschlossen, und die allenthalben vorherrschenden schwarz-weiß-roten Flaggen hätten ebenfalls befremdlich auf die ausländischen Besucher gewirkt. Warum habe der Rat die Bevölkerung nicht aufgefordert, republikanisch zu flaggen?[149] Auch der sozialdemokratische Präsident des Preußischen Landtages, Friedrich Bartels, der am 23. Juli 1928 auf einer Volksversammlung im Stralsunder Gewerkschaftshaus sprach, kritisierte die Beflaggung in der Stadt scharf. Es sei gerade angesichts des zahlreichen ausländischen Besuches eine beschämende Angelegenheit, von der so oft betonten „nationalen Würde" könne kaum gesprochen werden. Betreibe die „Stralsunder Bürgerschaft bewußte Obstruktion gegen die Republik?"[150] Am 27. Juli 1928 veröffentlichte der „Vorpommer" eine Generalkritik der SPD-Fraktion im Stadtparlament, die in der vernichtenden Schlussfolgerung mündete: „So ist für Stralsund nach außen und innen durch die Feier nichts geschafft." Dass Heydemann der protestantischen Propaganda das Wort geredet habe, sei eine politische Kurzsichtigkeit. Wolle die Stadt nicht Unterstützung für den Hafenausbau und für den Schulbau durch die Preußische Staatsregierung? Habe Heydemann vergessen, dass an dieser Regierung das katholische Zentrum beteiligt sei? Und wie solle eigentlich der „nationalistische Rummel" auf die Demokraten und Sozialdemokraten in dieser Regierung wirken?[151] Heydemann konterte, die Stralsunder Sozialdemokratie wolle die Stadtverwaltung in Berlin und bei den dortigen Regierungsparteien schlecht machen. Offenbar solle bewirkt werden, dass die Stralsunder Anträge abgeschmettert würden, um dann zu sagen: „Seht ihr wohl, die Stadtverwaltung bringt nichts fertig". Das Wohl der Stadt sei den Sozialdemokraten dabei egal. Heydemann wies auch die übrigen Vorwürfe zurück. Das Fest sei ein voller Erfolg gewesen, die Stadtverwaltung habe völlig korrekt geflaggt, für das Verhalten von Privatleuten sei sie nicht verantwortlich. Die Gäste hätten sich wohl gefühlt, nur die SPD wolle wieder den Streit.[152] Damit sollte die städtische SPD als eine Kraft gebrandmarkt werden, die sich im Gegensatz zum Tenor des Wallensteintages nicht in eine einige, für das Gemeinwohl wirkende Bürgerschaft einreihen wolle. Dabei war der

---

[149] „Randbemerkungen zur Wallensteinfeier", in: Der Vorpommer, 28.7.1928.
[150] „Der Präsident des Preußischen Landtages zum Stralsunder Flaggenskandal", in: Der Vorpommer, 25.7.1928, Beilage.
[151] „Die SPD-Fraktion des Stadtparlaments zur Wallensteinfeier", in: Der Vorpommer, 27.7. 1928.
[152] Handschriftliche, undatierte Rededisposition Heydemanns, in: StaS, Rep. 29/1556.

Sozialdemokratie gar nicht daran gelegen, sich den Jubiläumsereignissen völlig zu entziehen. Auch der „Vorpommer" druckte einen ausführlichen Artikel Ernst Uhsemanns über jene Sommertage im Jahre 1628 ab[153], und das sozialdemokratische Blatt beteiligte sich an der Sinndeutung der damaligen Ereignisse für die Gegenwart. In seiner umfassenden Nachbetrachtung der Festivitäten wiederholte das Blatt im Wesentlichen jene Gedankengänge, die Regierungspräsident Haussmann auf dem Festakt geäußert hatte. Nicht der Rat, das Volk habe die Abwehr erzwungen. Und hierauf folgte die sozialdemokratische Konstruktion der Geschichte: „Die Spannung zwischen Bürgerschaft und Rat war schon damals außerordentlich groß." Wie heute eben, so durfte man schlussfolgern, als eine republikanische Sozialdemokratie im Verein mit einigen bürgerlichen Demokraten dem national-konservativ geprägten Rat gegenüberstand. Auch die schwedische Besatzung wurde im demokratischen Sinne interpretiert. Der „Vorpommer" verwies auf die Äußerungen des schwedischen Ministers von Ribbing, der betont hatte, dass Schweden schon damals ein Land gewesen sei, „in dem die Freiheit des Staatsbürgers und die demokratische Verwaltung des Staatswesens über alles geschätzt wurde", während Vorpommern noch in finsterster mittelalterlicher Knechtschaft geschmachtet habe. Es sei ein Schwede gewesen, der die Leibeigenschaft in Vorpommern aufhob, so der „Vorpommer" weiter.[154]

Erwartungsgemäß der sozialdemokratischen Kritik entgegengesetzt fiel die Würdigung der Stralsunder Festtage in der evangelischen Presse aus. In der Kolumne „Aus Welt und Zeit" des Gemeindeblatts für Stralsund sah Pastor Walter Langkutsch am 5. August 1928 das Stralsunder Fest als Mahnung, „des Evangeliums bewußt und froh zu werden." Denn „die treibende Kraft, die jene Bürger damals zum Widerstande gegen die Übermacht und den bisher unbesiegten Feldherrn befähigte, war das Vertrauen auf die Hülfe Gottes, das trotzige Dennoch, das allein aus dem evangelischen Glauben kommt." Langkutsch stellte die Stralsunder Festtage in eine Reihe mit anderen Festen, in denen, wie er meinte, der Wille zu großdeutscher Einigkeit zum Ausdruck gekommen sei. Langkutsch nannte unter anderem das deutsche Sängerfest in Wien, zu dem kürzlich 150 000 Sänger zusammengetroffen seien und das „zu einer gewaltigen Kundgebung für den Anschluß Österreichs an das Deutsche Reich" geworden sei. Langkutsch entwarf folgende Perspektive: „Je enger die Verbindung des Deutschtums mit dem Evangelium, desto gewisser kommt auch ein neuer Tag für Alldeutschland."[155] Dass mit Österreich vorwiegend Katholiken an das Deutsche Reich „angeschlossen" werden würden, problematisierte Langkutsch nicht. Im Vordergrund seiner Argumentation stand die Synthese von Protestantismus und Nationalismus, Stralsunds Wallensteinfeier wurde so zur nationalen Repräsentation funktionalisiert. In der folgenden Nummer des evangelischen Wochenblattes, am 12. August 1928, erschien aus der Feder des Stettiner Pastors Ludz eine ausführliche Reportage

---

153 „Stralsund in der Wallensteinzeit", von Ernst Uhsemann, in: Der Vorpommer, 22.7.1928, Beilage.
154 „Randbemerkungen zur Wallensteinfeier", in: Der Vorpommer, 28.7.1928.
155 Evangelisches Gemeindeblatt für Stralsund, Nr. 32, 5.8.1928.

über die Stralsunder Feierlichkeiten.[156] Ludz war am Sonntagabend, dem 22. Juli 1928, mit dem Zug nach Stralsund aufgebrochen. Die Stimmung war spannungs-geladen, wie würde das Ausland und die katholische Welt auf die Feier reagieren, würden Störungsversuche von der „Gegenseite" unternommen werden? Als Ludz und seine Mitreisenden am Stralsunder Bahnhof ankamen, waren die bangen Fra-gen durch den überwältigenden Eindruck weggewischt. Eine große Menschen-menge empfing die Ankommenden, die Stadt war hell erleuchtet, überall „Fahnen zu einer großartigen Farbensymphonie vereint. Pommersche, preußische, schwe-dische und deutsche Fahnen. Unter den letzteren in überwältigender Zahl die Fahne deutschen Ruhmes und deutscher Seegeltung: Schwarz-weiß-rot." Ludz empfand dies als beruhigend. Als er bei der Dänholmumsegelung über den leicht bewegten Strelasund dahinfuhr, wurde ihm „die Fahrt zum Sinnbild eines ernsten Wollens: Deutschland unter allen Umständen wieder einen Platz unter den seefah-renden Völkern zu sichern und deutschen Hansageist wieder im deutschen Volke lebendig zu machen." Auch wenn sich Ludz nicht in die großdeutschen Wider-sprüchlichkeiten seines Kollegen Langkutsch verlor, die nationale Sinngebung des städtischen, protestantischen Festes durchzog seine gesamte Reportage. So nimmt es nicht wunder, dass er die damaligen Ereignisse vor allem für das gegenwärtig protestantisch-nationale Anliegen instrumentalisierte. Die Antipoden der Ge-schichte, Wallenstein und der schwedische Monarch Gustav II. Adolf, gerieten in ihrer skizzierten Gegensätzlichkeit fast zur Karikatur. Hier der grenzenlos ehrgei-zige, von Selbstüberhebung getriebene Wallenstein, dort „eine menschliche, war-me, ritterliche Persönlichkeit", ein Charakter von „tiefem sittlichen Ernst", „ein Christ voll starken evangelischen Glaubens", der schon allein deshalb der Überle-gene ist, zumal er sich getragen fühlte von dem Bewusstsein: „Die Sach' ist dein, Herr Jesu Christ, die Sach', in der wir stehn, und weil sie deine Sache ist, kann sie nicht untergehen." Solche Männer brauche das heutige Deutschland: „Evangeli-sche Glaubenshelden, die wie Gustav Adolf die Kraft weltüberwindenden und welttrotzenden Glaubens in den Dienst am eigenen Volk und in die Arbeit an der werbenden Menschheit hineintragen!" Als Lehre aus der Geschichte von 1628 zog Ludz, dass „auch ein schwacher und zahlenmäßig unterlegener Staat" sich be-haupten und große Politik treiben könne, „wenn in den verantwortlichen Leitern seiner Geschicke jene alles wagende Kraft lebendig wird, die wir Christen Glau-ben nennen." Protestantischer Glaube wurde so zur Voraussetzung für den (Wie-der-) Aufstieg der Nation.[157]

Die gegensätzliche Wahrnehmung der Stralsunder Festwoche im Juli 1928 un-terstreicht, dass von einem Fest aller Bürger Stralsunds nicht die Rede sein konnte. Die in der Betonung bürgerlichen Gemeinsinns enthaltene integrative Note wurde durch die zelebrierte Synthese von Protestantismus und Nation wenn nicht zu-nichte gemacht, so doch erheblich relativiert. Sollten sich denn auch die 1 100 Ka-tholiken der Stadt angesprochen fühlen? Welche Reaktionen aus diesem Milieu

---

[156] Der Wallensteintag in Stralsund. Gedanken und Bilder von der Dreihundertjahrfeier der Stadt Stralsund. Von Pastor Ludz, Stettin, in: Evangelisches Gemeindeblatt für Stralsund, Nr. 33, 12.8.1928, S. 261–263.
[157] Alle vorstehenden Zitate ebenda.

erfolgten, ist nicht dokumentiert. Die Exklusion der katholischen Minderheit nahm man wohl seitens der städtischen Organisatoren in Kauf. Schwerer wog die Verweigerung der Sozialdemokratie, deren Einbindung durch die antirepublikanische Inszenierung des Festes verhindert wurde. Immerhin war sie bei den Reichstagswahlen vom 20. Mai 1928 mit 8 098 Stimmen und über 37 Prozent der Wähler zur mit Abstand stärksten Partei der Stadt aufgestiegen. Nicht nur die heftige Kritik der SPD, auch der Veranstaltungskalender der sozialdemokratischen Arbeiterbewegung zeigte die Spaltung der Stadt deutlich auf. So lud die SPD die Stralsunder Einwohner für den Abend des 23. Juli 1928 zu einer „Öffentlichen Volksversammlung" im Gewerkschaftshaus ein. Thema war nicht 300 Jahre Abwehr Wallensteins, sondern „Heute vor 50 Jahren", also die Ereignisse jenes Jahres 1878, in dem das Deutsche Kaiserreich mit dem „Sozialistengesetz" die legale Betätigung der Sozialdemokratie unter Strafe gestellt hatte. Es sprachen die Genossen Dr. M. Schütte aus Berlin sowie der bereits erwähnte Landtagspräsident Friedrich Bartels.[158] Dass es sich bei der Themenwahl nicht um eine Zufälligkeit, sondern um eine bewusst gegensätzliche politische Schwerpunktsetzung gehandelt hat, darf wohl angenommen werden.

Die Vertreter der Arbeiterbewegung waren auch bei den offiziellen Veranstaltungen deutlich unterrepräsentiert. Für den Festakt im Stadttheater waren neben den Karten für Gäste, Magistrat und Bürgerschaftliches Kollegium allein für die Bürgervereine 200 Eintrittskarten reserviert, für Handels- und Handwerkskammer waren je 50 vorgesehen und auch die Beamten- und Angestelltenorganisationen wurden bedacht. Das Gewerkschaftskartell, das Ende der 1920er Jahre mit etwa 3 800 Gewerkschaftern erheblich mehr Mitglieder umfasste als alle vier Bürgervereine zusammen, erhielt jedoch nur neun Karten.[159] Mag sein, dass seitens der Gewerkschaften nur ein geringes Interesse signalisiert worden war, für eine die gesamte Stadtbevölkerung integrierende Veranstaltung sprach dies jedenfalls nicht.

2.4 Deutsch-schwedische Brückenfunktion

Die Betonung der schwedischen Rolle bei der Zurückschlagung des Wallensteinschen Heeres vor Stralsund war ein grundlegender Pfeiler der gesamten Festinszenierung 1928. Zwar vermerkten die zum Jubiläum erschienenen Publikationen durchaus, dass die dänische Waffenhilfe früher und zunächst bedeutsamer war, doch die nachfolgende schwedische Besetzung Stralsunds und Vorpommerns begründete ein weit tiefer gehendes Verhältnis zwischen der Stadt und dem schwedischen Königreich. Bei der Bewertung der nahezu 200 Jahre andauernden „Schwedenzeit" überwogen Wohlwollen und die Hervorhebung der freundschaftlichen Verbindungen, allerdings mischten sich auch nüchterne Betrachtungen darin, die den provinziellen Bedeutungsverlust der einstmals bedeutenden Hansestadt in jener Periode erwähnten. Fritz Adler, der sich für die Intensivierung des Verhältnis-

---

[158] Anzeige in: Der Vorpommer, 24.7.1928 (sic!).
[159] Siehe Schreiben an den Festausschuss, 18.7.1928, (ohne Adressat) in: StaS, Rep. 29/1556, Bl. 162.

ses zu Schweden maßgeblich eingesetzt hat, sah in jenem Sieg gegen Wallenstein zugleich auch einen tragischen Wendepunkt, der die Stadt in fremde Abhängigkeit gebracht habe und mit dem Verlust der einstigen Selbstständigkeit einhergegangen sei. Der Kampf gegen die Belagerung erscheint so als „die letzte große, freie Tat des Bürgertums, eine Tat, in der noch einmal alle Energien zusammenschießen, die dieses Gemeinwesen einst groß gemacht haben, aber sie hat auch zugleich alle Kräfte erschöpft."[160] Trotz solcher nüchterner Einbettung der Ereignisse hob Adler die freundschaftlichen Verbindungen der Stadt zu Schweden sehr wohl hervor. In seinem Vortrag anlässlich der Eröffnung der schwedisch-pommerschen Ausstellung am 23. Juli 1928 begründete er dieses Verhältnis damit, dass „damals Schweden in jeder Weise unsere Eigenart gewahrt und geachtet hat. Mit der größten Schonung unserer nationalen Eigentümlichkeit ist damals Pommern allmählich dem nordischen Reiche eingegliedert worden", die Beziehung habe den Charakter eines „aufrichtigen, gegenseitigen Freundschaftsverhältnisses" enthalten. Als 1815 Pommern Preußen angegliedert wurde, sei es von Schweden als Freund geschieden. Dies sei der Grund auch für den „einzigartigen Fall", dass Stralsund, das „damals von unserem angestammten Vaterlande getrennt wurde, heute die Erinnerung an die Verbundenheit mit dem nordischen Reich festlich" begehe. Die deutschen Südtiroler zum Beispiel würden wohl kaum die aufgezwungene „Schicksalsgemeinschaft mit Italien" feiern wollen.[161] Übereinstimmend mit Adlers Schilderung betonten auch schwedische Presseorgane die Besonderheit der stralsundisch-schwedischen Beziehungen.[162]

Angesichts seiner schwedischen Vergangenheit und der Rolle als schwedischer „Brückenkopf" jenseits der Ostsee war Stralsund bestens geeignet, erneut eine hervorgehobene Rolle im deutsch-schwedischen Verhältnis einzunehmen. Zwar waren die engen Bande zwischen Stralsund und Schweden mit dem Aussterben jener Generation, die die „Schwedenzeit" noch selbst aktiv miterlebt und gestaltet hatte, gelockert, aber nach dem Ersten Weltkrieg wurden insbesondere von Stralsund aus Bestrebungen sichtbar, die Verbindung zum Königreich im Norden wieder enger zu gestalten. In einer „Denkschrift" aus dem Jahre 1937 begründete Adler das neu gewachsene Interesse mit der „treuen Freundschaft", die Schweden dem deutschen Volke während des Krieges erwiesen habe, sowie mit der schwedischen Hilfe für die deutschen Kriegsgefangenen.[163] Die positive Hervorhebung des einstigen Verbündeten und der späteren Vormacht war zu diesem Zeitpunkt sicherlich im Zusammenhang der nationalsozialistischen Bemühungen zu sehen, den „artverwandten" Norden als Einflusssphäre auszubauen, doch das Bild des treuen Freundes in einer Welt von Feinden wurde auch schon vor dem Beginn der nationalsozialistischen Diktatur bemüht. Pastor Ludz hatte seinen Betrachtungen

---

[160] Fritz Adler: Aus Stralsunds Vergangenheit in 2 Teilen, 2. Teil: Die Schwedenzeit Stralsunds, Greifswald 1923, S. 42; ähnlich Ders.: Die Belagerung Stralsunds 1628, Stralsund 1928, S. 109ff.
[161] Auszüge der Rede Adlers in: „Die Eröffnung der schwedisch-pommerschen Ausstellung", in: Der Vorpommer, 25.7.1928.
[162] „Stralsunds Trehundraårsfest", in: Allsvensk Samling, Tisdagen den 14. Augusti 1928, in: StaS, Rep. 29/1561; deutsche Übersetzung ebenda.
[163] Denkschrift über die Kulturbeziehungen Stralsunds zu Schweden seit 1925, o. D. [1937], gez. Dr. Fritz Adler, in: StaS, Rep. 29/1984, Bl. 17–24, hier Bl. 17f.

zum Wallensteintag 1928 Überlegungen über den Sinn und Zweck der Feierlich-
keiten vorangestellt, die in der Überzeugung mündeten: „Und was braucht unser
Volk wohl mehr als einen treuen Freund, der zu uns hält auch wenn eine Welt von
Feinden gegen uns steht!"[164]

Die positive Inszenierung des stralsundisch-schwedischen Verhältnisses mit
Verweis auf die einstmalige Zugehörigkeit der Stadt zum schwedischen Königreich förderte im Verein mit der zugleich intonierten deutsch-nationalen Propaganda die bereits erwähnten Widersprüchlichkeiten zutage. Im Sinne einer nationalen Brückenfunktion der Stadt lösten sich diese Widersprüche jedoch auf. Dies
zeigten vor allem jene Bemühungen der Stadt um die Intensivierung der Beziehungen zu Schweden auf kulturellem und verkehrspolitischem Gebiet, die ab 1929
von deutlich geopolitischen Argumentationen begleitet wurden. Im Zentrum dieser Bemühungen stand ein Projekt, das einige Jahre später als „Kulturtat" durch
den Nationalsozialismus vereinnahmt werden sollte, der Rügendamm. Es ist bekannt, dass die ersten Planungen für eine derartige Verkehrsverbindung Rügens
mit dem Festland in die Zeit vor dem Ersten Weltkrieg zurückreicht.[165] Ende der
1920er Jahre intensivierten sich die Anstrengungen, die auch in der Gründung eines Vereins zur Förderung des Dammprojektes Ausdruck fanden. Stralsund rahm-
te die Werbung für dieses wirtschaftspolitisch wichtige Projekt kulturell ein, so
vor allem in der von der Presse viel beachteten „Schwedischen Woche" im Dezember 1929, an der schwedische Regierungsvertreter sowie ein großes Aufgebot
regionaler und nationaler Presse teilnahmen. Stralsund wurde hier die Rolle einer
Mittlerin und – so das immer wieder bemühte Bild – einer Brücke zum skandinavischen Königreich hin zugemessen. In der Wahrnehmung der politisch rechts
stehenden Presse mischten sich nationale kulturpolitische Aufgaben mit anti-
polnischen Ressentiments bis hin zu völkisch aufgeladenen Konnotationen einer
„arischen Blutsverwandtschaft". Der „Berliner Lokal-Anzeiger" verband am
7. Dezember 1929 genau diese Elemente in seiner Lobeshymne auf die „Brückenbauer von Stralsund". Während die Hinterpommern an einen Feind – Polen –
grenzten, „der sie nicht in Frieden leben läßt", bräuchten die Vorpommern nur die
Hand auszustrecken, „und schon ist ein Freund da, der sie herzlich drückt und
schüttelt".[166] Gemeint war Schweden, das „durch Bande des Blutes und des Geis-
tes" mit den Deutschen verbunden sei.[167] Diese völkische Komponente sprach
auch der Chefredakteur der Stettiner „Pommerschen Tagespost", Dr. Carl Dyrssen,
auf der Kundgebung zur „Schwedischen Woche" in der Stralsunder Katharinenhalle vor 500 Zuhörern an. Der Rügendamm solle „Kulturbrücke" sein, Ausdruck
dafür, dass man den Blick nicht so sehr dem „Westlich-Romanischen" zuwende,
sondern den wesensverwandten Schweden. „Eine stärkere Betonung der germanischen Komponente unserer deutschen Kultur ist zu diesem Zwecke unerläßlich.

---

[164] Der Wallensteintag in Stralsund. Gedanken und Bilder von der Dreihundertjahrfeier der Stadt
Stralsund. Von Pastor Ludz, Stettin, in: Evangelisches Gemeindeblatt für Stralsund, Nr. 33,
12.8.1928, S. 261.
[165] Siehe die Chronologie „Der Weg zum Rügendamm", die die einzelnen Stationen bis zum Jahr
1931 festhält, in: StaS, Rep. 18/1556.
[166] „Brückenbauer von Stralsund" von Alois Munk, in: Berliner Lokal-Anzeiger. Abendausgabe,
Nr. 578, 47. Jg., 7.12.1929, in: StaS, Rep. 18/1556.
[167] Ebenda.

Sie zu erreichen und zu stärken soll uns der Rügendamm ein Anfang sein."[168] Mit
diesen Bildern der „kulturellen Brücke", der Wesensverwandtheit in „germani-
schem Geiste" war die Abwehr eines polnischen Konkurrenzvorhabens, eine
Schnellfährverbindung von Gdingen nach Südschweden, verbunden. Ein „Damm
gegen Polen", so verstand das pommersche Parteiorgan der DVP in seiner Ausgabe vom 18. Januar 1931 den Sinn eines Rügendammes.[169]
Jenseits derartiger nationalistisch-völkischer Begründungen maßen auch die
Sozialdemokraten der Stadt eine Funktion als „Bindeglied zwischen dem übrigen
Deutschland und Schweden" zu. Die Vergangenheit Stralsunds gebe der Stadt den
Vorrang, „ein Vermittler freundschaftlicher Beziehungen zwischen beiden Völkern sein zu können."[170] Die Funktion einer nationalen Repräsentantin übernahm
die Stadt vor allem mit ihrer Kulturpraxis des Theateraustausches und gegenseiti-
ger Gastspiele.[171] Flankiert wurden diese städtischen Aktivitäten von Veranstaltungen der Deutsch-Schwedischen Vereinigung. Diesem Verein gehörten namhaf-
te städtische Honoratioren an, Stadtsyndikus Kröning war zeitweilig Vorsitzender.
Schwedische Sprachkurse, Pflege schwedischen Brauchtums, wie das Feiern des
Lucia-Festes im Dezember sowie ab 1931 die Einrichtung von Ferienkursen für
schwedische Schüler in Stralsund sollten die kulturellen Beziehungen zwischen
Stralsund und Schweden festigen.[172] Mit der Einrichtung der schwedisch-pommerschen Ausstellung anlässlich des 300-jährigen Jubiläums 1928 und deren an-
schließender Übernahme als festem Bestandteil des Stralsunder Stadtmuseums
hatte die Stadt einen wesentlichen Grundstein für die über den kommunalen Bereich hinausweisende Repräsentationsfunktion gelegt.

2.5 Zwischenergebnis

Die 300-Jahr-Feier zum Gedenken an das Ende der Wallensteinschen Belagerung
im Juli 1628 erreichte eine beachtliche Aufmerksamkeit in der Region, im Deutschen Reich und darüber hinaus, vor allem in Schweden. Sie vermochte jedoch
eines nicht: die Schaffung einer einigen Stadtbürgerschaft, einer städtischen Identität, die die zum Vorbild stilisierte einheitliche Bürgerkraft des Jahres 1628 in das
Jahr 1928 transferierte. Trotz einer lang und intensiv vorbereiteten und im Rahmen der Möglichkeiten eindrucksvoll in Szene gesetzten Repräsentation städtischer Geschichte und kommunalen Selbstbewusstseins blieben wichtige soziale

[168] „Kundgebung für den Rügendamm", in: Stralsunder Tageblatt, Nr. 285, 5. 12. 1929, 1. Beilage,
in: StaS, Rep. 18/1556.
[169] „Pommern-Stimmen", Halbmonatsschrift für deutsche Politik, Herausgeber: Landesverband
Pommern der DVP, 18. 1. 1931, 8. Jg., Nr. 2, in: StaS, Rep. 18/1556.
[170] „Stralsund im schwedischen Flaggenschmuck", in: Der Vorpommer, Nr. 144, 24. 6. 1931.
[171] Vgl. z. B. Stettiner General-Anzeiger, (1. Beilage Provinz-Rundschau), Nr. 337, 5. 12. 1929;
„Brückenbauer von Stralsund" von Alois Munk, in: Berliner Lokal-Anzeiger. Abendausgabe,
Nr. 578, 47. Jg., 7. 12. 1929, in: StaS, Rep. 18/1556.
[172] Siehe Bericht der Deutsch-Schwedischen Vereinigung über die Jahre 1931/32, sowie Bericht
über Hauptversammlung der Deutsch-Schwedischen Vereinigung am 23. 1. 1933, in: Deutsch-
Schwedischer Nachrichtendienst, hrsg. v. der Deutschen Gesellschaft zum Studium Schwedens Greifswald durch Prof. Dr. D. h.c. J. Paul, Nr. 2, 1. 2. 1933, 6. Jg., jeweils in: StaS, Rep.
18/1440, Bl. 58 und Bl. 67 f.; Denkschrift über die Kulturbeziehungen Stralsunds zu Schweden
seit 1925, o. D. [1937], gez. Dr. Fritz Adler, in: StaS, Rep. 29/1984, Bl. 18.

und kulturelle Milieus aus der Konsens vorspiegelnden Inszenierung der Stadt
ausgeschlossen. Dies lag an der beabsichtigten Zielrichtung einer Synthese von
Protestantismus und eines vorwiegend konservativ und national ausgerichteten
Bürgertums, die als Modell für den Wiederaufstieg der als gedemütigt empfunde-
nen deutschen Nation überhöht wurde – die Stadt als Vorbild für die Nation, ja,
als eine Art „Ersatznation" im Zeichen von Einheit und Geschlossenheit. Weder
die katholische Minderheit noch die sozialdemokratisch, republikanisch orientierten Kräfte konnte eine derartige Sinnkonstruktion zu engagierter Mitarbeit
motivieren. Die Durchsetzung dieser Gestaltung der Jubiläumsfeierlichkeiten gegen die Bedenken und Proteste, die vor allem, aber nicht nur aus den Reihen der
Sozialdemokratie erhoben worden waren, zeigten zugleich die Machtverhältnisse
in der Stadt auf. Die Deutung der städtischen Geschichte wurde zwar in einem
pluralistischen Diskurs verhandelt, aber bei der Umsetzung der Jubiläumsreprä-
sentation trat eine Spaltung auf, die wesentliche Teile der städtischen Gesellschaft
faktisch ausschloss. Die Debatten in den Sitzungen der vorbereitenden Ausschüsse zeigen, dass sich der eine oder andere Organisator aus der Stadtverwaltung
über das Problem der Integration der sozialdemokratisch orientierten Arbeiterschaft durchaus bewusst war. Doch die halbherzigen Einbindungsversuche legen
die Schlussfolgerung nahe, dass das politisch und gesellschaftlich dominierende
Bürgertum wie ehedem beanspruchte, die Stadt als solche zu repräsentieren. Bürgertum und Stadtgesellschaft wurden so zu Synonymen.[173] Stadtverwaltung und
protestantische Kirche waren die zwei Pfeiler, die Organisation und Inhalte dominierten und bestimmten. Dabei gab es durchaus Differenzierungen in der Bewertung jenes Ereignisses, das den Feieranlass bot, die abgewogenen Veröffentlichungen des Museumsdirektors Adler und vor allem die Deutungen des liberalen
Regierungspräsidenten Haussmann sind Beispiele hierfür. Doch vorherrschend
waren jene Kräfte, die das Image der Stadt prägten: die gemäßigten Konservativ-
Nationalen, die den Magistrat beherrschten bis hin zu den nationalistischen und
monarchistischen Bünden und Organisationen, die in jedem Fall eines einte: Die
Ablehnung der Republik und der liberalen Demokratie. Die „nationale Stadt"
Stralsund mit ihren schwarz-weiß-roten Fahnen setzte sich am Wallensteintag
ebenso selbstbewusst in Szene, wie sie zu republikanischen Anlässen, etwa dem
Verfassungstag am 11. August, mit bewusster Distanz oder klarer Ablehnung re-
agierte.[174]

Auch wenn diese Art der Feierinszenierung eine von der gesamten Stadtgesellschaft mitgetragene Repräsentation verhindern musste, so war die Art und Weise,
wie das Fest vorbereitet und durchgeführt wurde, zugleich ein Beleg für kommunale Selbstbehauptung und Autonomie, wie sie in städtischen Selbstdarstellungen
der Zeit generell unterstrichen wurden.[175] Es waren städtische Institutionen und
Initiatoren, die die Idee des Jubiläums entwickelten und ihre Umsetzung verant-
worteten. Sie waren es, die außerstädtische Förderer gewannen und mit einban-

173 Vgl. z. B. Schott, Zukunft (2004), S. 319ff.
174 Zu den jährlich wiederkehrenden Auseinandersetzungen über den Verfassungstag siehe Detlev
    Brunner: Gespaltene Stadt. Zwei Feiertage im Sommer 1928, in: Stralsunder Hefte für Ge-
    schichte, Kultur und Alltag, 2009, S. 19–21.
175 Siehe z. B. Stremmel, Selbstdarstellung (1994); Schott, Zukunft (2004), S. 322ff.

den. Ausdruck des städtischen Selbstbewusstseins war zudem, dass aus den Reihen der städtischen Repräsentanten selbst die nationale Funktion der Stadt hervorgehoben wurde. Auch in dieser Hinsicht folgte Stralsund einer allgemeinen Entwicklung nach dem Ersten Weltkrieg, in der kommunale Vertreter die Städte als unverzichtbare Fundamente für die Genesung und das Wiedererstarken des Reiches betonten.[176] Gruppierte sich Stralsund hier also in einen allgemeinen Trend ein, so wies es mit seiner Funktion einer kulturellen Brücke zum Nachbarland Schweden eine spezifische, über die sonstigen Beschwörungen städtischer Selbstverwaltung hinausreichende Note auf. Dass diese (trans-)nationale Funktion von verschiedenen Seiten mit unterschiedlichen politischen Erwägungen aufgegriffen und betont wurde, schmälert die städtische Initiative nicht.

3. „Frohes Miterleben in der Gemeinschaft der Volksgenossen" – 700 Jahre Stralsund

3.1 Die Akteure und die Festvorbereitung

Am 2. Januar 1933 erkundigte sich der Vorsitzende des Bürgervereins Innenstadt, Arnold Lukas Langemak, beim Stralsunder Verkehrsverein, wie der Stand der Planungen für die im kommenden Jahr anstehende 700-Jahr-Feier Stralsunds sei. Die Vorbereitungen könnten nicht früh genug beginnen, vor allem wenn die Veranstaltungen nicht nur eine lokale Angelegenheit sein sollten, sondern im größeren Rahmen begangen und auch zur „Verkehrswerbung" genutzt werden sollten. Langemak bat um Mitteilung, an welche Art von Veranstaltungen gedacht sei.[177] Der Vorsitzende des seit den 1920er Jahren bestehenden Verkehrsvereins, Stadtsyndikus Ernst Kröning und der Geschäftsführer des Vereins und Leiter der städtischen Verkehrsabteilung Wilhelm Meyer[178] antworteten am 20. Januar 1933, dass erste Beratungen im Dezember 1932 begonnen hätten. Weitere Überlegungen hatte der Vorstand des Verkehrsvereins in seiner Vorstandssitzung im Januar 1933 angestellt. Kröning und Meyer baten darum, diese vorerst noch vertraulich zu behandeln. Demnach war geplant, von den vier Bürgervereinen jeweils einen Vertreter zu einem „kleinen Ausschuss mit einigen unserer Vorstandsmitglieder" zu bitten. Nach Fühlungnahme in diesem Kreise könne man sich über die Hinzuziehung weiterer Vertreter aus der Bürgerschaft klar werden. In diesem Gremium solle über die Ausgestaltung der Jubiläumsfeierlichkeiten gesprochen werden. Schon jetzt regte

---

[176] Vgl. das Vorwort des Vorstandsmitgliedes des Deutschen und Preußischen Städtetages, Oberbürgermeister Paul Mitzlaff, in: Die Zukunftsaufgaben der deutschen Städte, unter Mitwirkung namhafter Fachleute und Paul Mitzlaff und Erwin Stein, Berlin (2. Aufl.) 1925, S. 1ff., siehe auch Schott, Zukunft (2004), S. 322.

[177] Bürgerverein Innenstadt an Verkehrsverein, z. Hd. Herrn Stadtsyndikus Kröning, 2. 1. 1933, gez. 1. Vorsitzender i. V. A. L. Langemak, Rechtsanwalt und Notar, in: StaS, Rep. 18/1430.

[178] Meyer, Wilhelm, geb. 1898, Diplom-Volkswirt, nach Tätigkeiten im Verkehrs- und Presseamt der Stadt Osnabrück ab März 1928 Geschäftsführer des Stralsunder Verkehrsvereins, Mitarbeit in der städtischen Verkehrsabteilung, später deren Direktor, ab 1938 Leiter des Statistischen Amtes und der Nachrichtenstelle in der Stralsunder Stadtverwaltung, ab Okt. 1933 Nationalsozialistisches Kraftfahrkorps (NSKK), ab Januar 1937 HJ (Oberscharführer), ab 1937/38 Anwärter, dann Mitglied der NSDAP; vgl. StaS, Rep. 39/3870 (Personalakte).

der Verkehrsverein an, sich nicht auf das eigentliche Gründungsdatum am 31. Oktober zu konzentrieren, denn „für die Heranziehung von Fremden von außerhalb" liege dieser Herbsttermin ungünstig. Besser sei es, die Hauptfeierlichkeiten in die Woche des Wallensteintages, also in die Zeit vom 22. bis 29. Juli, zu legen, denn dann sei „auch wirtschaftlich etwas für Stralsund herauszuholen". An konkreten Veranstaltungen werde ein „Festspiel" erwogen, über die Durchführung eines Festzuges könne „u. E. am besten innerhalb eines größeren Kreises der Stralsunder Bürgerschaft gesprochen werden ".[179]

Die politischen Entwicklungen des Jahres 1933 verhinderten die Umsetzung der skizzierten Planungen. Kröning legte seine Ämter unter politischem Druck nieder, die Bürgervereine wurden Anfang Oktober 1933 aufgelöst. Kurz danach meldete die NSDAP ihren Führungsanspruch an. Gauleiter Karpenstein ließ in einem Schreiben vom 16. Oktober 1933 an den Stralsunder Oberbürgermeister verlauten, dass er sich „durchaus den Fall" denken könne, „dass man die Vorbereitungen der 700-Jahrfeier in die Hände der Parteileitung legt." Ohne die „gründliche Mitwirkung und Durcharbeitung einer solchen Veranstaltung durch den Parteikörper" sei jedenfalls der „Erfolg unter den heutigen Verhältnissen nicht möglich." Allerdings werde „selbstverständlich die Partei niemals über den Kopf des Oberbürgermeisters hinweg in städtischen Angelegenheiten selbständig handeln." Karpenstein vermerkte jedoch, dass durch die Einsetzung eines zweiten, der NSDAP angehörenden Bürgermeisters, „die Zusammenarbeit" hergestellt sein werde.[180] Am 17. November 1933 trat mit Gerd Pohlman ein NSDAP-Mitglied als zweiter Bürgermeister in den Magistrat ein. Wie weit die Vorbereitungen für das Stadtjubiläum inzwischen gediehen waren, ist nicht überliefert. Die Zeit drängte jedenfalls, zumal im Unterschied zur 300-Jahr-Feier des Wallensteintages die Planungen sowieso schon spät eingesetzt hatten.

Im Januar 1934 erschienen in der Stralsunder Presse Berichte über den Stand der Arbeiten. Federführend war der Verkehrsverein, dessen Vorstand die neuen Machtverhältnisse widerspiegelte. Seine Zusammensetzung gewährleiste, so eine Mitteilung im „Stralsunder Tageblatt" vom 22. Januar 1934, eine „engste Zusammenarbeit zwischen Stadt, Kreisleitung [der NSDAP] und Bürgerschaft". Vorsitzender des Vereins war der stellvertretende NSDAP-Kreisleiter, Studienrat Krüger. Seitens der Stadtverwaltung war der neue Dezernent der städtischen Verkehrsabteilung, Dr. Erich Leschke[181], vertreten. Als Geschäftsführer fungierte weiterhin Wilhelm Meyer, dessen Person Kontinuität zu den vergangenen Jahren herstellte. Wer die „Bürgerschaft" repräsentierte, blieb ungenannt. Übereingekommen waren die Organisatoren des Verkehrsvereins, dass die Festivitäten nicht auf eine Jubiläumswoche konzentriert sein sollten, weil so die nicht zuletzt ja auch tourismus-

[179] Stralsunder Verkehrsverein an den Bürgerverein Innenstadt, z. Hd. Herrn Rechtsanwalt A. L. Langemak, 20.1.1933, gez. Kröning, Meyer, in: StaS, Rep. 18/1437, Bl. 10.

[180] Vgl. NSDAP, Gau Pommern, an Oberbürgermeister Heydemann, Stettin, 16.10.1933, gez. Karpenstein, Gauleiter, in: StaS, Rep. 29/444.

[181] Leschke, Erich, geb. 1888, ab Januar 1934 Stadtrat (zunächst kommissarisch, anstelle Kröning; verantwortlich für Wohlfahrtsamt und Syndikat), Jurastudium, 1920 besoldeter Beigeordneter in Kreuznach, Sept. 1924 Bürgermeister in Swinemünde, Vgl. Fragebogen für die Kartei des Deutschen Gemeindetages über leitende Kommunalbeamte, Stralsund, den 9. Nov. 1933, in: StaS, Rep. 29/315, Nachträge v. 6.1.1934 u. 19.2.1934 (Bl. 12 und 16).

wirtschaftlichen Ziele zu wenig breit gestreut seien und bald verpuffen würden. Die Idee war, alle möglichen Veranstaltungen unter dem Dach des Jubiläumsjahres firmieren zu lassen. „Kleine Sonderausschüsse" sollten sich mit Einzelfragen wie der Festzugsfrage und schauspielerischen Veranstaltungen befassen. Der Tag zum Gedenken an den 125. Todestag von Ferdinand von Schill am 31.Mai sollte den Auftakt bilden. Schließlich sollte auch alles, was an Anregungen seitens der Bevölkerung geäußert würde, sorgsam geprüft werden. Die Vorschläge waren an die Geschäftsstelle des Verkehrsvereins zu richten.[182] Wie weitgehend sich die Stralsunder Bevölkerung mit Vorschlägen für das Jubiläumsjahr beteiligt hat, ist nicht nachprüfbar. Das NSDAP-Blatt „Pommersche Zeitung" erwähnte am 19.März 1934 „Festkommissionen", die schon „reiche Arbeit" geleistet hätten. Konkret in der Vorbereitung standen die Feierlichkeiten zum Schillschen Todestag. Ein Umzug von Schill-Husaren sollte stattfinden und ein Festspiel „Der deutsche Reiter" von Erich Rosikat zur Aufführung gelangen. Nach den Schillfestspielen Anfang Juni sollten die Vorbereitungen für das Marktfestspiel anlässlich der 700-Jahr-Feier auf dem Alten Markt beginnen.[183]

Nicht nur als Berichterstatter, sondern auch als Akteure im Jubiläumsgeschäft verstanden sich die lokalen Zeitungen. Das älteste Stralsunder Blatt, die „Stralsundische Zeitung", seit 175 Jahren „mit der Bevölkerung aufs engste verbunden" und „tief im Heimatboden" verwurzelt, sah es am 27.Februar 1934 als „Recht und Pflicht" an, „mit zur Ausgestaltung und zur geistigen Vorbereitung des Jubiläums beizutragen". Das Blatt verwies darauf, dass es bereits im vergangenen Jahre diverse Aufsätze zur Geschichte der deutschen Hanse veröffentlicht habe und kündigte weitere Arbeiten für den Verlauf des Jahres an. Insbesondere wies es auf eine Neuherausgabe des 1870 erschienenen, laut Zeitung „fast verschollenen" Werkes „Aus Stralsunds Franzosenzeit" des ehemaligen Bürgermeisters Otto Francke[184] (1823–1886) hin, der die „beste zusammenfassende Darstellung" über das „letzte große, einschneidende kriegerische Geschehen" in der Geschichte der Stadt, nämlich den Einfall der Franzosen 1806 und die Ereignisse um Ferdinand von Schill 1809 liefere.[185] Aus dem Plan der „Stralsundischen" wurde nichts. Die Zeitung stellte mit dem 28.Juni 1934 ihr Erscheinen ein und fusionierte mit dem „Stralsundischen Tageblatt", eine Entwicklung, die Verlag und Schriftleitung Ende Februar 1934 offenkundig noch nicht vorausgesehen hatten. Der Plan des traditionsreichen Blattes, sich mit einem eigenen Beitrag an den Jubiläumsfeierlichkeiten zu beteiligen, verweist jedoch auf den Anspruch eines Teils des gemäßigt national-konservativen Bürgertums, Inhalt und Ausrichtung des Stadtjubiläums mitzugestalten.

Weit erfolgreicher waren die Bemühungen der zweiten bürgerlichen Zeitung, die die „Stralsundische Zeitung" an Auflage und Beliebtheit längst überholt hatte und bis Ende 1933 zur größten Stralsunder Zeitung aufgestiegen war: das „Stral-

---

[182] Vgl. Stralsundische Zeitung v. 22.1.1934 sowie das Stralsunder Tageblatt vom selben Datum, jeweils 1.Beilage.
[183] Pommersche Zeitung, 19.3.1934.
[184] Otto Francke: Aus Stralsunds Franzosenzeit. Ein Beitrag zur Geschichte dieser Stadt, Stralsund 1870.
[185] „Die Franzosen in Stralsund", in: Stralsundische Zeitung, 27.2.1934, Erste Beilage.

sunder Tageblatt".[186] Am 9. Mai 1934 erschien das Blatt mit einer 76seitigen Jubiläumsausgabe. Diese Festausgabe machte mit einem Titelbild auf, das traditionell St. Nikolai und das Rathaus zeigte und das erwähnte „Meerstadt"-Gedicht von Ricarda Huch enthielt. Oberbürgermeister Heydemann steuerte ein Geleitwort bei, das zwar auf die Pflicht verwies, das Vermächtnis der „ewigjungen Kräfte unseres Volkes", die im 13. Jahrhundert die Stadt geschaffen hätten, „ganz besonders in diesem Augenblick der Wiedergeburt Deutschlands" wach zu halten, ansonsten jedoch keine Bekenntnisse zu Nationalsozialismus und „Führer" enthielt. Derartige Anklänge gab es zwar in Beiträgen der Jubiläumsausgabe, doch in der Hauptsache war die Festzeitung eine Mischung aus historischen Beiträgen und einer wirtschaftlichen Leistungsschau der Stadt. Zu Letzterem enthielt die Ausgabe Artikel zu Handel, Industrie und Gewerbe, zu Handwerk und Hafen und zur Verflechtung Stralsunds mit der die Stadt umgebenden Landwirtschaft. All dies sollte „eine eindringliche Werbung für die Stadt Stralsund sein: in mehreren tausend Exemplaren geht sie hinaus ins Reich, in einigen hundert Exemplaren an große Zeitungen und Zeitschriften, bei denen auf ein besonderes Interesse an unserem Stadtjubiläum zu rechnen ist, in einigen hundert Exemplaren auch an deutsche Zeitungen im Auslande und selbst über See, ferner an die großen Zeitungen in Schweden, Norwegen, Dänemark, Finnland usw."[187] Vergleichbare Anstrengungen unternahm die nationalsozialistische „Pommersche Zeitung" nicht, auch die Berichterstattung des Stralsunder Parteiblattes fiel im Vergleich zum „Tageblatt" weniger umfangreich aus.

Ende Juni 1934 wurde das endgültige Festprogramm veröffentlicht. Es war vom Stralsunder Verkehrsverein und der städtischen Verkehrsabteilung in Verbindung mit der NS-Gemeinschaft „Kraft durch Freude" aufgestellt worden.[188] Als Hauptattraktion präsentierte das Programm das Reichspommerntreffen in der Stadt vom 22. bis zum 26. Juli 1934, ein Treffen der in 80 Vereinen organisierten Pommern, die im Deutschen Reich, aber außerhalb Pommerns lebten. Ein innerer Zusammenhang zwischen diesem Treffen und der Gründungsfeier Stralsunds bestand nicht, auch wenn die „Pommersche Zeitung" am 22. Juni 1934 behauptete, eine Begründung für diese Entscheidung erübrige sich, sei doch die „zähe Liebe" der Pommern zu ihrer Heimat die Grundlage „für ein echtes, starkes Nationalgefühl".[189] Diese Konstruktion von Heimatverbundenheit und Nationalgefühl verweist auf die Instrumentalisierung der städtischen Feier, sollte jedoch offenbar auch den trotz werbewirksamer Inszenierung eher provisorischen Charakter des Jubiläumsprogramms überdecken. So hatten die Organisatoren auf einen Festzug verzichtet und damit auf jenes Festereignis, das erfahrungsgemäß die größte Anziehungskraft im Rahmen von Stadtjubiläen entwickelte.

---

[186] Hans Heino Reinhardt: Die Geschichte des Zeitungswesens in Stralsund. Inaugural-Dissertation genehmigt von der philologisch-historischen Abteilung der Philosophischen Fakultät der Universität Leipzig, Stralsund 1936, S. 102f., Auflagen: Stralsunder Tageblatt: 8316, Stralsundische Zeitung 5400, Pommersche Zeitung 7000.

[187] Stralsunder Tageblatt, 9.5.1934, Mitteilung in der normalen Ausgabe; die Festausgabe „700 Jahre Stralsund" (Stralsunder Tageblatt, 9. Mai 1934, 37. Jg., Nr. 107).

[188] „Stralsunder Jubiläumsjahr 1934. Stralsund 700 Jahre Stadt", (Programm), in: StaS, Rep. 29/553, Bl. 42.

[189] Pommersche Zeitung, 22.6.1934.

Am Beispiel Stralsunds scheinen sich jene Konstellationen zu bestätigen, die von anderen kommunalen Jubiläumsfeierlichkeiten in diesem Zeitraum bekannt sind: Eine NSDAP, die sich eher im Hintergrund hält, die konkrete Ausgestaltung städtischen Vereinen und Honoratioren überlässt und dabei auf eine zu offensichtliche ideologische Instrumentalisierung verzichtet.[190] Auch in Stralsund wirkten unter dem Dach des Verkehrsvereins bisherige Akteure weiter, so etwa die beiden Lokalhistoriker Museumsdirektor Adler und Rektor Uhsemann, die geschichtliche Beiträge beisteuerten.[191] Dennoch lässt sich im Falle Stralsunds eine besondere Konstellation konstatieren, die durch einen Bruch in den Vorbereitungen und in den konkreten Repräsentationen gekennzeichnet ist. Die Veranstaltungen, die das Jubiläumsjahr ab Ende Mai 1934 einläuteten, waren im veröffentlichten Programm nicht mehr enthalten. Und im Unterschied zu den späteren Veranstaltungen wurden sie von der NSDAP unverhohlen für ihre Propaganda benutzt.

3.2 Ambivalenz der Repräsentationen

Im Frühjahr des Jahres 1934 inszenierte sich die pommersche NSDAP in Stralsund mit überschwänglichen Auftritten führender Persönlichkeiten. Gauleiter Karpenstein ließ sich im März 1934 als „Eroberer Pommerns" feiern, ein huldigender Personenkult, der in „Liebe und Begeisterung" für den pommerschen „Führer" gipfelte.[192] „Flaggengala" und „Sirenengeheul" boten sämtliche Wasserfahrzeuge im Stralsunder Hafen auf, als am Morgen des 26. Mai 1934 Stabschef der SA Ernst Röhm, mit einem Dampfer von Stettin kommend, in Stralsund eintraf, ein Besuch, der zum mit Spannung und Begeisterung erwarteten Höhepunkt nicht nur für die vorpommersche SA stilisiert wurde.[193] Schon am folgenden Sonntag, dem 27. Mai 1934, wurde die „Braune Messe" als „Auftakt zur 700-Jahrfeier" in Stralsund eröffnet, eine nationalsozialistische Leistungsschau unter dem Motto „Kauft deutsche Wertarbeit", die durch den geschlossenen Besuch der „schwarzbraunen" Männer eine besonders „würdige" Note erhielt, wie das „Stralsunder Tageblatt" befand.[194] Die Feierlichkeiten zum 125. Todestag von Ferdinand von Schill am 31. Mai 1934 standen völlig im Zeichen nationalsozialistischer Propaganda. Der Schill-Gedenktag fiel auf dasselbe Datum wie der „Tag von Skagerrak", an dem das „nationale Stralsund" traditionell der größten Seeschlacht des Ersten Weltkrieges zwischen der deutschen und der britischen Hochseeflotte am 31. Mai und 1. Juni 1916 gedachte, was die Möglichkeiten nationalistischer Inszenierung verdoppelte. Irgendwelche historisierenden Szenerien waren dabei unerwünscht, ein deutlicher Schnitt zu sonstigen traditionellen Darstellungen. Bei der Ehrung Schills sollte auf die „Maskerade in historischen Uniformen" verzichtet werden.

---

[190] Vgl. z.B. Minner, Geschichtsdeutung (2003); siehe auch von Saldern, Stadtfeiern (2003), S. 332.

[191] Fritz Adler: Kulturgeschichte auf Kanonenrohren – Die Stralsunder Artillerie im 16. und 17. Jahrhundert, in: „700 Jahre Stralsund" (Stralsunder Tageblatt, 9. Mai 1934, 37. Jg., Nr. 107, S. 22; E[rnst] U[hsemann]: Alte Stralsunder Bauwerke erzählen, ebenda, S. 25 ff.

[192] „Stralsund jubelt dem Eroberer Pommerns zu", in: Pommersche Zeitung, 12.3.1934.

[193] „Der Stabschef in Vorpommern", in: Pommersche Zeitung, 26.5.1934.

[194] „Die ‚Braune Messe' wurde eröffnet", in: Pommersche Zeitung, 28.5.1934; sowie Stralsunder Tageblatt, 28.5.1934.

Gauleiter Karpenstein am Schill-Gedenktag, 1934
(Stadtarchiv Stralsund, Fotoslg. NI-001).

Im Vordergrund standen stattdessen „das Grau der Reichsmarine-Ehrenkompagnie, sowie das Braun und Schwarz der HJ, SA, SS usw. [...] Es gibt keine Farben und Uniformen, durch welche Schill 1934 besser geehrt werden könnte."[195] Aus diesen NS-Formationen bildete sich auch die Ehrenwache, die an jener Stelle in der Fährstraße aufzog, an der Schill am 31. Mai 1809 im Kampf gegen napoleonische Truppen gefallen war. Ein noch im März 1934 geplanter Umzug von Schill-Husaren in historischen Uniformen entfiel ebenso wie ein Festspiel zum Thema. Der 31. Mai 1934 stand ganz im Zeichen der NSDAP und der Reichswehr. Lediglich die Eröffnung einer Schillausstellung durch Heydemann und ein dazu einführender Vortrag Adlers hatten eher zivilen Charakter.

Bereits am Morgen des 31. Mai 1934 waren die „Helden von Skagerrak" auf dem Alten Markt geehrt worden. Der Platz hallte „von den strammen Tritten schwerer Stiefel wider". Die „blauen Jungs" der Marine und Soldaten des Heeres versammelten sich zu dieser „Weihestunde", die bei allem Ernst dennoch ein Lächeln auf die soldatischen Lippen zauberte, denn „wir wissen, daß das Blut unserer Gefallenen der Same eines neuen Staates war. Und das macht uns froh" – so die „Pommersche Zeitung".[196] In einem anschließenden Gottesdienst in der voll besetzten Nikolaikirche gedachte Pastor Georg Helbig der „deutschen Männer, die sich für Deutschland einsetzten – im Vertrauen auf Vaterland und Gott. Heute, wo wir berufen sind, mitzuhelfen am Aufbau des neuen Reiches, sind uns jene

---

[195] „Stralsunds Gedenken an Schill", in: Pommersche Zeitung, 29.5.1934.
[196] Pommersche Zeitung, 31.5.1934, Titelseite.

Männer von 1809 und vom Skagerrak leuchtendes Vorbild."[197] Am Nachmittag des 31. Mai 1934 versammelten sich nach einem Ummarsch durch die Stadt erneut die verschiedenen Formationen der NSDAP und ihrer Gliederungen auf dem Alten Markt. Karpenstein hielt eine Rede, in der er den „Heroismus als Lebensprinzip der Nation" propagierte. Diese Rede war durch und durch geprägt von der Vereinnahmung der historischen Figur Schill für die nationalsozialistische „Revolution", wie Karpenstein sie verstand. Schills Geschichte ließ sich vortrefflich instrumentalisieren. Als preußischer Offizier und Kommandeur eines Husarenregiments versuchte Schill eigenmächtig und ohne Abstimmung mit Armeeführung und König, einen Volksaufstand gegen die französische Besatzungsmacht auszulösen und fiel nach einigen erfolgreichen Gefechten am 31. Mai 1809 in Stralsund im Straßenkampf gegen napoleonische Truppen. Stralsunds Bevölkerung war damals von Schills Ankunft in der Stadt und seinen militärischen Aktivitäten weit weniger begeistert, als dies die keineswegs erst im Nationalsozialismus einsetzende Verehrung Schills als Helden des nationalen Befreiungskampfes vermuten ließ.[198] Doch solche stadtgeschichtlichen Differenzierungen interessierten Karpenstein selbstredend nicht. Er behauptete, Schills Geist sei durch den Nationalsozialismus zu neuem Leben erwacht. Schill als Rebell, als Gesetzesbrecher, gar als Hochverräter, der entgegen den Anordnungen seines Königs Heldisches vollbracht habe, solche Helden liebe das geschichtsbewusste Volk und seine Jugend ganz besonders. Ein junges Volk bedürfe einer Führung, „die heroisch denkt und heroisch zu empfinden vermag". In den vergangenen Jahrzehnten, jenem bürgerlichen Zeitalter, das Karpenstein nun für abgeschlossen erklärte, sollte das Leben des deutschen Volkes nach den entgegengesetzten Idealen aufgebaut werden, „Ideale der Bequemlichkeit und der Behaglichkeit und des eigensüchtigen Vorteilsstrebens". Der „Geist des Wagemuts", der die Hansestädte einmal groß gemacht habe, und den die preußischen Könige ihren Soldaten eingeimpft hätten, sei abhanden gekommen. Dieser Geist sei nun „von der jungen Männergeneration unserer nationalsozialistischen Bewegung wieder neu auf das Schwert geschrieben" worden.[199]

Der zum „nationalen Prinzip" erhöhte „Heroismus" und die „revolutionäre", anti-bürgerliche Kampfbetonung spiegelten sich auch in einer betont straffen Ausgestaltung der Feierlichkeiten wieder. Die vorliegenden Pressefotos zeigen einen Platz, an dem lediglich an den Rändern des Karrees zivile Zuschauer in schmalen Reihen auszumachen sind. Beherrschend sind uniformierte Formationen von Partei und Armee, eine massenhafte Anteilnahme der Stralsunder war angesichts dieser militärischen Abschottung gar nicht möglich.

Während die „Pommersche Zeitung" ihre Berichterstattung mit derartigem Bildmaterial illustrierte und die NS-Formationen an Schill-Denkmal, Grab und Gedenkrelief präsentierte, herrschten in der Berichterstattung des „Stralsunder Tageblatts" andere Akzente vor. Mit Ausnahme einer Abbildung Karpensteins am Rednerpult dominierten Illustrationen, die Reichswehr und Marine, Oberbürger-

---

[197] Ebenda.
[198] Zu den Vorgängen 1809 siehe Fritz Adler: Aus Stralsunds Vergangenheit in 2 Teilen, 2. Teil: Die Schwedenzeit Stralsunds, Greifswald 1923, S. 107 f.; Reinhard Kusch: Stralsund von 1720 bis 1815, in: Geschichte der Stadt Stralsund (1984), S. 202-233, S. 232 f.
[199] „Heroismus als Lebensprinzip der Nation", in: Pommersche Zeitung, 1. 6. 1934.

Schillfeier auf dem Alten Markt, 1934
(Stadtarchiv Stralsund, Fotoslg. NI-013).

meister Heydemann mit Gästen vor dem Schilldenkmal und Nachfahren „Schill-
scher Kämpfer" zeigten.[200] Diese Schwerpunktsetzung deutet auf den Versuch des
konservativen Bürgermilieus hin, den Inszenierungen der radikalen „NS-Bewegung" eine andere Wahrnehmung und Sinngebung der Gedenkfeierlichkeiten ent-
gegenzustellen. Doch nicht nur bildlich lassen sich kontrastierende Anstrengungen des traditionsverhafteten Stadtbürgertums feststellen. Am 10. Juni 1934 trafen
im Stralsunder Rathaus auf Einladung der Stettiner Gesellschaft für pommersche
Geschichte und Altertumskunde und des Greifswalder Rügisch-Pommerschen
Geschichtsvereins Historiker zu einer Tagung zusammen, in deren Verlauf die in
den „Baltischen Studien" des Jahrgangs 1934 erschienenen Aufsätze zur Stralsunder Geschichte als Festgabe überreicht wurden. Die Beiträge entbehrten jeglicher
Bezugnahme auf die „neue Zeit". Selbst ein Aufsatz zu Ferdinand von Schill kam
ohne jede aktuelle nationale Heroisierung des „Freiheitshelden" Schill aus.[201]
Gleiches gilt für die „Stralsunder Lebensbilder", die der Rügisch-Pommersche

---

[200] Zur unterschiedlichen Bildberichterstattung siehe besonders die Ausgaben der Pommerschen
Zeitung, 31.5.1934 und 1.6.1934 und des Stralsunder Tageblatts, 1.6.1934.
[201] Siehe Baltische Studien, N. F., Bd. 36, 1934, die auf den Seiten 1–162 versammelten Beiträge
waren der Stralsunder Geschichte gewidmet, betr. Schill siehe Erich Gülzow: Erinnerungen an
die Stralsunder Schilltage 1809, in: Ebenda, S. 154–162; zur Historikertagung der beiden pommerschen Geschichtsvereine aus Greifswald und Stettin am 10.6.1934 siehe Pommersche Zeitung, 4.6.1934 und 11.6.1934.

OB Heydemann vor dem Schilldenkmal, 1934
(Stralsunder Tageblatt, Nr. 125, 1.6.1934).

Geschichtsverein der Stadt Stralsund als Festschrift überreichte. Die darin versammelten Beiträge befassten sich mit Persönlichkeiten wie dem Reformator Christian Ketelhut (1492–1546) oder dem Chemiker und Apotheker Carl Wilhelm Scheele. Museumsdirektor Fritz Adler steuerte einen Beitrag zum Stralsundischen Geschlecht der Möller bei, in dem er einleitend auf einige herausragende Persönlichkeiten der Stadtgeschichte wie dem patrizischen Bürgermeister Bertram Wulflam und dessen Gegenspieler einging – Carsten Sarnow, „der idealistische Demokrat", so Adler in nicht gerade zeitgenössisch opportuner Apostrophierung.[202] All dies waren bemerkenswerte Kontrapunkte zu den straffen NS-Veranstaltungen und den markigen Vereinnahmungen durch Gauleiter Karpenstein während der Stralsunder Schill-Gedenkfeiern Ende Mai/Anfang Juni 1934.

In den folgenden Festmonaten waren solche deutlichen Unterschiede nicht mehr festzustellen. Das lag insbesondere an der nun an den Tag gelegten Zurückhaltung der NSDAP. Zwar wurde mit Gottfried Feder, dem „Vater" des NSDAP-Parteiprogramms und nunmehrigen Reichssiedlungskommissar, am 9. Juni 1934 nochmals ein Vertreter des „antikapitalistischen" Flügels der NSDAP in Stralsund

[202] Stralsunder Lebensbilder. Festschrift der Stadt Stralsund zum 700jährigen Jubiläum überreicht vom Rügisch-Pommerschen Geschichtsverein, Greifswald 1934, S. 6.

Marktfestspiel vor historischer Kulisse,
1934
(Stadtarchiv Stralsund, Fotoslg. HF-0464).

in Szene gesetzt[203], doch bei den nachfolgenden Feierlichkeiten trat die NSDAP so gut wie nicht in Erscheinung. Dieser deutliche Bruch zwischen Dominanz und offizieller Instrumentalisierung einerseits und auffallender Zurückhaltung andererseits war offenkundig in den Säuberungsaktionen ab Ende Juni 1934 begründet, die die pommersche NSDAP nachhaltig trafen. Die sich noch wenige Wochen und Tage zuvor in Stralsund inszenierende NS-Prominenz wie Ernst Röhm und sein Vertrauter, der pommersche SA-Führer Hans-Peter von Heydebreck, waren in München-Stadelheim erschossen worden, Heydebreck am 30. Juni 1934, Röhm am 1. Juli 1934. Karpenstein hatte sich der Mordaktion entziehen können, wurde jedoch am 21. Juli 1934 als Gauleiter abgesetzt und in Haft genommen. Am 23. Juli 1934 verbreitete die Stralsunder Presse die entsprechende Bekanntmachung der NSDAP-Reichspressestelle. Auf die Meldungen über die angebliche „Röhm-Revolte" und ihre Niederschlagung reagierte die Stralsunder NSDAP mit Bedrückung. Auf dem Sommerfest der Stralsunder NSDAP am 1. Juli 1934 wollte nicht jene „harmlose Fröhlichkeit" aufkommen, „die man von früheren Parteifesten her gewohnt ist".[204] All diese Nachrichten platzten in eine Zeit, in der die Feierlichkeiten der 700-jährigen Stadt den ersten Höhepunkten entgegensteuerten.

Am 14. Juli 1934 begannen die Aufführungen des Marktfestspiels „Stralsund und der Herzog von Friedland" von Ernst Hammer-Flensburg mit 20 professio-

---

[203] „Gottfried Feder am Rügendamm", in: Pommersche Zeitung, 9.6.1934.
[204] Pommersche Zeitung, 2.7.1934.

nellen und etwa 300 Laienschauspielern. Vor der Kulisse des Rathauses aufgeführt, sollten mit diesem Festspiel neue künstlerische Wege beschritten werden. Durch Gemeinschaftsgeist sollte Volksgemeinschaft sinnlich erfahrbar gemacht werden. „Das ist kein Theater, das ist Leben, in welchem keine, aber auch keine einzige Kulisse auftaucht. Nur die gewaltige Größe der 600-jährigen Bauwerke St. Nikolais und des Rathauses überwuchten die Handlung, überklingen das Geschehen mit Glocken und Orgeln."[205] Der Gegenwartsbezug des Spiels, das die Wallensteinsche Belagerung Stralsunds 1628 thematisierte, wurde allenthalben betont. Die nationalsozialistische „Pommersche Zeitung" kommentierte, das Stück stehe „mit dem Siege der Zuversicht, des Tatwillens und der Führung mitten in der Gegenwart, auch wenn der Stoff 300 Jahre zurückliegt."[206] Und in einer weiteren Kritik hieß es: „Der Wille eines freiheitsbewußten Volkes unter einem zielsicheren Führer war stärker als alle Kriegskunst und alle Eroberungsgelüste. Nur *ein* Mann konnte führen, nur *ein* Mann konnte retten." Und obwohl nun die schwedische Zukunft „schwer über dem Land" lag: „Der Führer ist ihnen geblieben und der tiefe Glaube."[207] Es bedurfte nicht allzu großer Phantasie, um diese Konstruierung der Stralsunder Geschichte in die Gegenwart zu übertragen. In der Wochenendausgabe des NS-Blattes vom 14./15. Mai 1934 war zu lesen: „Stralsund hört den Führer". Per Lautsprecherübertragung auf dem Alten Markt konnte das Publikum Hitlers Stellungnahme zur „Niederschlagung" des „Röhm-Putsches" im Reichstag live mitverfolgen. „Auf allen Mienen ehrliche und vollste Zustimmung, freudiger Stolz und restlose Hingabe zum Dritten Reich."[208] Wie schnell sich doch die Haltung der „Volksgenossen" in der veröffentlichten NS-Meinung wandelte. Im Mai noch begeisterte Zustimmung zu den Exponenten der angeblichen „Revolte", nun vollste Zustimmung zur Ausschaltung eben jener Kreise.

Die Analogie zur aktuellen Situation schien sich aus NS-Sicht nachgerade aufzudrängen, und das Herausstellen einer „Führerpersönlichkeit", sei es der Bürgermeister Lambert Steinwich aus dem Jahre 1628 oder Ferdinand von Schill 1809, war sicher, unabhängig der aktuellen Bezüge im Zusammenhang der Säuberungen, der „neuen Zeit" geschuldet. Dies alles unterschied sich deutlich von den republikanisch geprägten Deutungen, wie sie sechs Jahre zuvor anlässlich des Wallensteintages 1928 aus den Reihen bürgerlicher Demokraten und der Sozialdemokratie formuliert worden waren. Allerdings war eine eindeutige und dominante nationalsozialistische Umdeutung der Stralsunder Geschichte nicht erkennbar. Dies klang bereits in der Darstellung Fritz Adlers in den „Stralsunder Lebensbildern" durch, die die Bedeutung des mittelalterlichen Gegenspielers patrizischer Herrschaft, Carsten Sarnow, für die Demokratiegeschichte der Stadt streifte. Der Kaufmann und Tuchhändler Sarnow hatte die Absetzung des zum Despoten gewordenen Bertram Wulflam vom Bürgermeisteramt durchgesetzt, konnte allerdings die Macht gegen die führenden patrizischen Kreise nicht behaupten und wurde auf Betreiben der Wulflam-Söhne am 21. Februar 1393 auf dem Alten Markt enthaup-

[205] Stralsunder Tageblatt, 17.7.1934, 1. Beilage.
[206] Pommersche Zeitung, 12.7.1934.
[207] Pommersche Zeitung, 16.7.1934.
[208] Pommersche Zeitung, 14./15.7.1934.

tet. Die Figur Sarnow wurde auch in einem von Erich Hagemeister (1878–1958) geschriebenen niederdeutschen Bühnenstück von der Stralsunder „Plattdütsch Späldäl" in Szene gesetzt. Dieses am 20. Februar 1933 in Schwerin uraufgeführte Stück hatte nach Auskunft des Autors positive Resonanz bei NS-Größen wie dem mecklenburgischen Gauleiter und Reichstatthalter Friedrich Hildebrandt oder dem Reichsdramaturgen Dr. Rainer Schlösser gefunden.[209] Der Grundtenor bei Sarnow – stärkere Bürgerbeteiligung gegen autoritäre Führung – stellte aus NS-Sicht erstaunlicherweise keinerlei Problem dar, wie auch spätere Aneignungen der Geschichte Sarnows zeigten. So erhielten 1935 zwei Arbeitsdienstlager auf dem Darß und auf Usedom die Namen der Antipoden „Bertram Wulflam" und „Karsten Sarnow" gleichermaßen in ehrendem Angedenken an große Stralsunder Bürger, „die wegen ihres politischen Kampfwillens und restlosen Einsatzes für das Gemeinwesen Vorbild und Verpflichtung sein sollen für die junge deutsche Mannschaft, die durch die staatsbürgerliche Erziehung des Reichsarbeitsdienstes geht."[210]

Eine Theaterkritik des „Stralsunder Tageblattes" zeichnete Sarnows Wirken positiv, das von ihm gelegte Samenkorn habe Früchte getragen. Zugleich diskreditierte das Blatt die Entwicklung der Demokratie und suggerierte die starke Führung der „Menschen" als Lösung: „Daß es eine unheilvolle Frucht getragen hat, ist nicht die Schuld des Sämannes. Er hat die Freiheit gewollt. Die Menschen aber haben mit der Freiheit noch niemals etwas Rechtes anzufangen gewußt ..."[211] Doch auch diese Interpretation war nicht als originär nationalsozialistisch einzustufen. Eine ähnliche Wertung des „Stralsunder Tageblatts", das ja für eine aktive Verteidigung parlamentarischer Demokratie nicht gerade bekannt war, wäre auch vor 1933 durchaus vorstellbar gewesen.

Andere Veranstaltungen in der ersten Juli-Hälfte bewegten sich ganz in der Tradition früherer Festivitäten der Stadt. Dies galt vor allem für den Appell des Stralsunder Traditionsregiments der „42er" einschließlich Zapfenstreich, Feldgottesdienst und Militärkonzerten. Im Zentrum der Sommerveranstaltungen stand das Reichspommerntreffen vom 22. bis zum 26. Juli. Beginnend mit Wassersportveranstaltungen und einem „Pommerntrunk" auf dem Alten und dem Neuen Markt am Sonntagabend, den 22. Juli, standen diese vom Reichsbund für Volkstum und Heimat mitgetragenen Veranstaltungen im Zeichen pommerscher Heimatverbundenheit. Ein „Stralsunder Fischertag" am 23. Juli sollte die „Aufmerksamkeit und Liebe für die harte Arbeit des Fischers, für seine uralte soziale Bedeutung als einer der ältesten Berufsstände in unserem Pommernland" wecken.[212] Selbstverständlich konnte dies wie auch der „Pommerntrunk" mit Volksliedern und Trachten als Ausdruck volksgemeinschaftlichen Feierns im Sinne des „neuen Deutschlands" gelesen werden, und die „Pommersche Zeitung" wollte die Stadtbevölkerung genau in diesem Sinne auf das Gemeinschaftserlebnis einstimmen, wenn sie als Ziel dieses Volksfestes „das innere frohe Miterleben aller Volksgenossen" beschrieb.

---

[209] Stralsunder Tageblatt, 21. 7. 1934, 1. Beilage.
[210] Stralsunder Tageblatt, 16. 12. 1935, in: StaS, Rep. 29/2257, Bl. 6.
[211] Stralsunder Tageblatt, 26. 7. 1934, 1. Beilage.
[212] Stralsunder Tageblatt, 17. 7. 1934.

Kein Stralsunder sollte nur „mehr oder weniger verständnisvoller Zuschauer" sein, sondern „sich in der Gemeinschaft der Volksgenossen" mitfreuen.[213] Dennoch, eine dezidiert nationalsozialistische Botschaft wurde damit nicht transportiert. Dies galt auch für den Wallensteintag, der zwar als „Tag ‚Kraft durch Freude' aus Anlaß des Reichspommerntreffens" firmierte, aber ansonsten weitgehend im gewohnten Rahmen abgehalten wurde. Ein Novum war, dass neben den traditionellen protestantischen Gottesdiensten nun laut Programm auch ein katholischer Gottesdienst abgehalten wurde. Außerdem wurden die Festivitäten durch ein „Seefeuerwerk" vor dem Hindenburgufer erweitert, das die „Beschießung Stralsunds" simulieren sollte. Als besondere Attraktion konnte das Feuerwerk von den beiden mit Musikkapellen der Wehrmacht und der SA ausgestatteten Fährschiffen „Altefähr" und „Bergen" aus auf dem Sund bestaunt werden.[214] Ein Sprechchor „700 Jahre Stralsund" beendete auf dem Alten Markt die Veranstaltungen an diesem Tag.[215]

Auch wenn die offensichtlichen Instrumentalisierungen der Jubiläumsfeierlichkeiten durch die NSDAP nach den innerparteilichen Eruptionen des Frühsommers 1934 zugunsten stärker traditioneller Elemente zurücktraten, wäre es illusorisch anzunehmen, dass die Stralsunder Festtage ohne Bezüge zu „Führer" und „neuem Deutschland" ausgekommen wären. So wurde beim Empfang der schwedischen und deutschen Marine anlässlich des Wallensteintages wie eh und je die schwedisch-stralsundische Verbundenheit beschworen, doch die Veranstaltung klang nun mit dem Singen des Horst-Wessel-Liedes sowie Hochrufen auf den Reichspräsidenten und den „Volkskanzler" aus.[216] Der erwähnte Sprechchor, der eine vor allem von der Arbeiterkulturbewegung praktizierte Kunstform aufgriff, steht ähnlich wie das Marktfestspiel als Beispiel für neue in „volksgemeinschaftlicher" Absicht verwendete Formen der massenwirksamen Inszenierung. „Die jungen Sprecher des Amtes ‚Kraft durch Freude' [traten] auf die in blendendem Scheinwerferlicht erstrahlende Bühne, und unter Leitung von Pg. Köster nahm die Vorführung mit dem Lied ‚Nach Ostland geht unser Ritt' seinen Anfang." Der Sprechchor ging schließlich „in poetischer" Form auf die Stralsunder Geschichte ein und „endete in einem Bekenntnis zum neuen Deutschland."[217] Neben solcherart vermittelter Inhalte gab es auch direkte politische Stellungnahmen, die jedoch nicht von einem offiziellen Vertreter der Partei, sondern einer nachgeordneten Organisation, dem Vertreter des „Reichsbundes Volkstum und Heimat", Pg. von Peinen, vorgebracht wurden. Von Peinen war bei der Begrüßung der „Reichspommern" am 23. Juli 1934 auf die „Verräterkatastrophe der vergangenen Wochen" eingegangen und hatte daraus die Schlussfolgerung gezogen, dass „der neue Mensch des Dritten Reiches" noch geformt werden müsse, damit „Untreue und Ungehorsam dem Führer gegenüber nie mehr möglich sein können."[218] Von Pei-

---

[213] „Die 700-Jahr-Feier soll ein Volksfest werden", in: Pommersche Zeitung, 22.6.1934.
[214] Stralsunder Tageblatt, 25.7.1934, 2. Beilage, sowie Festprogramm „Stralsunder Jubiläumsjahr 1934. Stralsund 700 Jahre Stadt", in: StaS, Rep. 29/553, Bl. 42.
[215] „Stralsunder Jubiläumsjahr 1934. Stralsund 700 Jahre Stadt", in: StaS, Rep. 29/553, Bl. 42.
[216] Stralsunder Tageblatt, 25.7.1934, 2. Beilage.
[217] Pommersche Zeitung, 25.7.1934 (Stralsunder Lokalteil).
[218] Stralsunder Tageblatt, 23.7.1934 sowie 24.7.1934 (Zitat).

nens Festrede „klang in einem machtvollen Treuegelöbnis für den Reichskanzler aus."[219] Von Peinen war es auch, der auf der Abschlusskundgebung auf dem Alten Markt am Wallensteintag die Stralsunder Geschichte mit der aktuellen Situation verband. In den vergangenen Jahrhunderten hätten immer Männer die Geschichte Stralsunds geschrieben. Aufstieg und Abstieg habe es in wechselnder Folge gegeben, aber immer, wenn es ein Abwärts gegeben habe, seien Männer erschienen, die es wieder zu einem Aufwärts gewendet hätten. „Auch in unseren Tagen haben wir das gleiche erlebt. Adolf Hitler hat Deutschland aus tiefster Erniedrigung emporgerissen. Ehrfurcht für ihn und sein großes Werk wollen wir aus diesen Tagen mitnehmen."[220]

Ein weiteres Ereignis lieferte eine Inszenierungsvorlage, Geschichte mit Aktualität zu verbinden. Am 2. August 1934 verstarb Reichspräsident Paul von Hindenburg, die Ikone des konservativ-nationalen Bürgertums der Stadt. Sein Tod sollte die „Gemeinsamkeit des Erlebens" des im Laufe des August weiter aufgeführten Marktfestspieles „noch bewußter" gestalten. „Wir haben das Gefühl, daß ein großes Leben niemals zu Ende geht, daß die sittliche Größe einer Tat greifbar über uns steht, mag sie nun Jahrhunderte oder Tage zurückliegen."[221] Die Trauer um „unseren Hindenburg" verband sich mit der 700-Jahr-Feier der Stadt, seine großen Taten und die heldenhafte Vergangenheit der Stadt wurden zu einem Vermächtnis zusammengebunden, einem Vermächtnis, das deutliche, durch das traditionsverbundene konservative Bürgertum geprägte Züge trug.

Im Vergleich mit den Festveranstaltungen des Juli 1934 trat der eigentliche Jubiläumstag am 31. Oktober 1934 in seiner Bedeutung zurück. Auch dieser Tag war von der Ambivalenz einer Repräsentation geprägt, die zum einen in einer nicht sehr dominant vorgetragenen nationalsozialistischen Aneignung und Sinngebung der Stralsundischen Geschichte bestand und zum anderen von den bisherigen bürgerlichen Trägern der städtischen Kultur und Politik geprägt war. Die „Pommersche Zeitung" brachte zum Jubiläumstag einen Beitrag des zweiten Bürgermeisters, Pg. Pohlman, der Stralsund als „Gründung im Rahmen der größten Tat des deutschen Volkes, der Ostkolonisation des 12. und 13. Jahrhunderts", von anderen Städten, die aus römischen Siedlungen oder Bischofssitzen hervorgegangen waren, abhob. Die Gründungsgeschichte Stralsunds eignete sich deshalb ganz besonders für eine historische Herleitung und Legitimation des nationalsozialistischen Reiches, denn: „Hier war ein Kampfgeist lebendig wie bei jenen Bauern, die mit Pflug, Axt und Schwert in die Wälder zur Rodung und Siedlung vorstießen. In einer slawischen Umwelt, den Angriffen der Völker an den Rändern der Ostsee ausgesetzt, mußten auch hier Arbeit und Wehrhaftigkeit Hand in Hand gehen." All dies fügte sich vortrefflich in aktuelle Forderungen nach neuem „Raum" im Osten ein. Und auch die innere Verfassung der städtischen Gesellschaft ließ sich aus der Sicht Pohlmans als Vorgeschichte des Nationalsozialismus deuten. Denn alle außenpolitischen Erfolge, wie der seitens der Stadt Dänemark aufgezwungene Friedensschluss 1370, seien nur möglich gewesen „durch einen Gemeinschaftsgeist, der bei

[219] Stralsunder Tageblatt, 23.7.1934.
[220] Stralsunder Tageblatt, 25.7.1934, 2. Beilage.
[221] „Das Stralsunder Marktfestspiel", in: Stralsunder Tageblatt, 4.8.1934, 1. Beilage.

allen Gegensätzen zwischen Patriziern und Zünften doch im entscheidenden Augenblick regelmäßig eine geschlossene Front der Bürgerschaft nach außen zuwege brachte." In bewusster Abgrenzung zu demokratischen Verfahren betonte Pohlman, dass „dieser Geist [...] kein Produkt mühevoller Ausgleichsarbeit oder äußerlicher Kompromisse" gewesen sei, sondern „aus der von allen anerkannten seelischen Grundlage des deutschen Menschen" gerührt habe. Angesichts derartiger Ableitungen aus „deutscher Wesensart" konnte es nicht verwundern, dass Pohlman im heutigen Nationalsozialismus wieder die Voraussetzungen als gegeben sah, „die einst zur Größe führten." Laut Pohlman war allerdings in Stralsund noch ein Stück Arbeit zu tun, „um hier den Geist geschlossener Hingabe für eine Gemeinschaft zu erzeugen, auf denen sich ein wahres Gemeinwesen aufbaut."[222] Dieser Seitenhieb des zweiten Bürgermeisters galt ohne Zweifel den bürgerlichen Honoratioren der Stadt, die bei allerlei Anpassungsleistungen an die „neue Zeit" die Festlichkeiten in gewohntem Rahmen prägten. Dies galt für die Ausstellung „700 Jahre Stralsund", die in drei Räumen des städtischen Museums am 30. Oktober 1934 eröffnet wurde und ohne Aktualitätsbezug sehr stark kulturgeschichtlich geprägt war. Die „Pommersche Zeitung" kommentierte: „Die Fülle der ausgestellten Beweise enger Verbundenheit der Bürgerschaft mit den Kulturgütern ihrer Zeit macht nachdenklich. Nicht allein auf die Erlangung von Macht und Ruhm war die Stadt eingestellt, sondern stets nahm sie teil am geistigen Leben ihrer Zeit."[223]

Die Festveranstaltung am 31. Oktober 1934 fand im Löwenschen Saal des Rathauses statt. Als Gäste waren von schwedischer Regierungsseite lediglich Ministerialdirigent Stellan Gullström, zugleich Vertreter der schwedischen Apotheker-Sozietät, anwesend. Der Ehrenbürger Graf von Essen war verhindert und schickte ein Glückwunschtelegramm.[224] Die übrigen Gäste verteilten sich auf Vertreter der Behörden, der Reichswehr, der Greifswalder Universität und des Deutschen Städtetages. Insgesamt war mehrheitlich regionale und lokale Prominenz gekommen. Vertreter der NSDAP waren nicht eigens erschienen, jedenfalls hatte Heydemann niemanden in seiner Eigenschaft als Parteivertreter begrüßt. Nur beim zuvor stattfindenden Festgottesdienst zählte die „Pommersche Zeitung" als Besucher auch Vertreter „der NSDAP mit allen Organisationen" auf.[225] Nicht nur dies ist ein weiterer Hinweis darauf, dass von einer nationalsozialistischen Inszenierung des Stadtjubiläums nur eingeschränkt die Rede sein konnte. Sicher wurden Verbindungslinien von der Geschichte der Stadt zur aktuellen Situation und zu den zukünftigen Aufgaben im „neuen Deutschland" gezogen. Auch Dr. Fritz Adler ließ gegen Ende seiner Festrede das Bekenntnis einfließen, dass die Grundbestandteile des mittelalterlichen Gemeinschaftsgeistes der Bürger auch noch heute gültige Voraussetzungen seien: „Wenn uns alle nicht kleinlicher Krämergeist, sondern

[222] „700 Jahre Stadt Stralsund. Bürgermeister Pg Gert Pohlman: Zum Lebensweg unseres historischen Gemeinwesens an der Ostsee", in: Pommersche Zeitung, 31.10.1934.
[223] „700 Jahre Stadt Stralsund. Jubiläumsausstellung im Städtischen Museum", in: Pommersche Zeitung, 30.10.1934, in: StaS, Rep. 29/1570, Bl. 2. Zur Ausstellung siehe auch „Ausstellung, 700 Jahre Stralsund'", in: Stralsunder Tageblatt, 30.10.1934, 2. Beilage.
[224] Glückwünsche zur 700-Jahrfeier, in: StaS, Rep. 29/1570, Bl. 7.
[225] „Heute vor 700 Jahren wurde Stralsund Stadt", in: Pommersche Zeitung, 31.10.1934.

Festveranstaltung am 31. Oktober 1934
(Stralsunder Tageblatt, Nr. 206, 1.11.1934).

weitschauender, männlicher Tatwille beseelt, wenn nicht unberechtigte Überheb-
lichkeit, sondern auf wahre Leistung begründetes Selbstbewußtsein uns Halt gibt,
und wenn nicht Zwietracht uns trennt, sondern ein unzerstörbares Gemeinschaftsgefühl uns verbindet, dann, und nur dann wird das Ziel des Führers verwirklicht
werden."[226] Von dieser Anpassungsleistung und einigen opportunen Begriffen wie
„Bluterbe" oder „Schicksalsgemeinschaft" abgesehen, stellte Adler wie auch in
seinen früheren Publikationen die Leistungen des mittelalterlichen Bürgertums
der Stadt in das Zentrum seiner Rede. Der Begriff Nationalsozialismus fiel in Adlers Rede kein einziges Mal. Auch der Oberbürgermeister verzichtete in seiner
Begrüßungsrede und in seinen abschließenden Dankesworten auf diesen Begriff.
Dagegen nahm Heydemann die Überreichung einer Freiherr vom Stein-Plakette
durch den Vertreter des Deutschen Städtetages und Deutschen Landgemeindetages,
Dr. Braasch, zum Anlass, dies als Ermahnung zu sehen, „daß wir in diesem Hause
das große Vermächtnis des Freiherrn vom Stein, die freie deutsche Selbstverwaltung, sinnvoll zu verwalten und zu betreuen haben".[227] Laut Redemanuskript
klang Heydemanns Schlusswort mit einem „Bekenntnis der Treue zu unserm
Vaterland und seinem Führer" sowie einem dreimaligen „Sieg Heil" aus, im Presse-
bericht des „Stralsunder Tageblatts" war das Treuebekenntnis zu Hitler nicht enthalten. Sieht man von einigen Hakenkreuzuniformträgern ab, darunter Bürger-

---

[226] Zitiert nach „Stralsunds 700-Jahrfeier", in: Stralsunder Tageblatt, 31.10.1934, 1.Beilage.
[227] Siehe „Zweite Rede des Oberbürgermeisters. Dank und Schlusswort", in: StaS, Rep. 29/1570,
Bl. 10; siehe auch: „Der Ausklang der 700-Jahrfeier", Zeitungsausschnitt aus Stralsunder Tageblatt, o.D., in: Ebenda, Bl. 12.

meister Pohlman, so machte auch das äußerliche Bild der Festveranstaltung eher den Eindruck früherer, durch das konservative Bürgertum geprägte Festveranstaltungen der Stadt.[228]

3.3 Gebremster Erfolg

Bei der Frage nach den Intentionen der städtischen Jubiläumsrepräsentationen ist Differenzierung erforderlich. Zwischen dem 1933 formulierten Anspruch des Gauleiters auf Einflussnahme und den aufdringlichen Selbstinszenierungen der regionalen NS-Prominenz im Frühjahr 1934 einerseits und den ab Juli einsetzenden Jubiläumsveranstaltungen andererseits sind deutliche Unterschiede auszumachen. Folgt man der Präsentation des Jubiläumsprogramms, die die offiziellen Veranstalter, der Stralsunder Verkehrsverein, die städtische Verkehrsabteilung und die NS-Gemeinschaft „Kraft durch Freude" in der Stralsunder Presse veröffentlichen ließen[229], dann sollten die Feierlichkeiten eine Mischung von Unterhaltung und aus der städtischen Geschichte schöpfenden Identitätsbildung bieten. Gelöste Fröhlichkeit wie ernsthaftes Geschichtserleben und nationales Gemeinschaftsgefühl war die Kombination, die sowohl nach außen, gegenüber ausländischen Besuchern, wie auch nach innen, gegenüber der städtischen Gesellschaft, und beispielhaft für die deutsche Nation vermittelt werden sollte, ein rundum positives Bild, in dem nicht nur ein harmonischer, durch keinerlei Konflikte gestörter Gesellschaftszustand gezeichnet wurde, sondern zugleich Geschichtsverbundenheit als Voraussetzung für eine zukunftsgewandte Aufbauarbeit eines „neuen Deutschland" erschien. Eine derartige Maßgabe war durchaus tragfähig für die weiter wirkenden konservativen bürgerlichen Akteure, die ja bei allen Vorbehalten dem Ende der Weimarer Republik und dem Neuanfang unter „nationalen" Vorzeichen durchaus positiv gegenübergestanden hatten.

Im Vergleich zu den Jubiläumsveranstaltungen anlässlich des Wallensteintages 1928 war die Außenresonanz der 700-Jahr-Feier als relativ gering einzustufen. Anders als fünf Jahre zuvor waren aus Schweden im Sommer 1934 zwar wiederum Marineabordnungen eingetroffen, zum offiziellen Festakt war jedoch nur ein vergleichsweise nachrangiger, offizieller Vertreter anwesend. Ob andere schwedische Gäste aus politischen Gründen von einem Besuch Abstand nahmen, ist nicht nachprüfbar. Immerhin gab es aus Schweden massive Kritik an den neuen Machthabern Deutschlands, etwa seitens schwedischer Intellektueller, die sich am Jahresende 1933 mit einer Buchveröffentlichung „offen für die aus Deutschland flüchtig gewordenen Juden und Vaterlandsverräter" eingesetzt hatten.[230] Auch deutsche Prominenz fehlte, Vertreter des Reichs waren weder am „Höhepunkt der 700Jahrfeier", dem Wallensteintag, noch am Jubiläumstag im Oktober selbst vertreten. Die Vertreter der Provinz Pommern, die wie der Regierungspräsident zu Bonsen noch im Juli 1934 den Feierlichkeiten beigewohnt hatten, fehlten am

---

[228] Siehe die Abbildungen zum Artikel „Der Ausklang der 700-Jahrfeier", in: StaS, Rep. 29/1570, Bl. 12.

[229] „Die 700-Jahr-Feier soll ein Volksfest werden", in: Pommersche Zeitung, 22.6.1934.

[230] „Schwedische Intellektuelle treten für deutsche Juden ein", in: Deutsch-Schwedischer Nachrichtendienst, Nr. 1, 1.1.1934, 7. Jg., in: StaS, Rep. 18/1440, Bl. 253.

31. Oktober 1934. Auch die eingehenden Glückwünsche zum Stadtjubiläum zeigten, dass dieses Ereignis eher lokale, allenfalls regionale Bedeutung erlangte. Auf die Abwesenheit nationalsozialistischer Prominenz bei den Hauptveranstaltungen ab Juli 1934 wurde bereits verwiesen. Eine Vielzahl von Jubiläumsgrüßen an die Stadt war mit Glückwünschen „für die Person des Oberbürgermeisters und für dessen weiteres erfolgreiches Wirken zugunsten unserer Stadtgemeinde" verbunden.[231] Hinter dieser Formulierung verbarg sich wohl nicht nur formale Höflichkeit, sondern auch der Hinweis auf ein weiterhin virulentes konservatives Bürgermilieu, das „seinem Bürgermeister" symbolisch zur Seite stand.

Welchen Eindruck hinterließ die 700-Jahr-Feier auf die Stralsunder Bevölkerung? Folgt man der Berichterstattung der Pommerschen Zeitung, so hatte sich am Schill-Gedenktag am 31. Mai 1934 eine „große Menschenmenge" auf dem alten Markt eingefunden, um der Rede Karpensteins „andächtig" zu lauschen.[232] Das vorhandene Bildmaterial zeigt anderes: Distanz, aber keine Verbundenheit zwischen Redner und Publikum, das angesichts der formierten Inszenierung gar keinen Platz zur massenhaften Anwesenheit hatte.

Was die übrigen Reaktionen der Bevölkerung Stralsunds anbelangt, so ergibt sich kein einheitliches Bild. Statistische Angaben, wie viele Besucher die einzelnen Veranstaltungen aufwiesen, liegen nicht vor. Auch sind in der gleichgeschalteten Presse keine kritischen Stimmen dokumentiert, die seitens der Bevölkerung zu der einen oder anderen Veranstaltung erhoben worden wären. Die vorliegende Berichterstattung lässt aber zumindest folgende Einschätzungen zu: Eine stärkere und massenhaft begeisterte Beteiligung der Bevölkerung lässt sich zumindest für die ersten noch vor den Säuberungen stattfindenden Festterminen nicht feststellen. Stärkeren Zuspruch erhielten die Veranstaltungen des „Marktfestspiels" im Juli und August. Auch die Bereitschaft, sich als Laienspieler aktiv zu beteiligen, war offenbar groß.[233] Allerdings kritisierte das „Stralsunder Tageblatt", dass es noch immer Stralsunder gebe, die „trotz finanzieller Möglichkeiten es nicht der Mühe für Wert hielten", sich diese eindrucksvollste Feierstunde zu verschaffen, die der Marktplatz gegenwärtig biete.[234] Viel Anklang erfuhr in jedem Falle das Feuerwerk über dem Sund. Die Besucher verfolgten das Spektakel von der Hindenburgpromenade oder von den zahlreichen Booten aus.[235] Die Staatspolizeistelle Stettin vermeldete in ihrem Bericht über den Oktober 1934, dass die Jubiläumsfeier in Stralsund „würdig und reibungslos" verlaufen sei. An dieser Feier wie auch an anderen Kundgebungen hätten sich, so der Bericht, auch die Behörden und Organisationen durch Abordnungen beteiligt, „um die Geschlossenheit des ganzen Volkes offenkundig darzutun."[236] Letzteres klang eher nach Verpflichtung als freiwilliger Anteilnahme. Die insgesamt dürftigen Hinweise lassen eine gesi-

---

231 „Der Ausklang der 700-Jahrfeier", in: StaS, Rep. 29/1570, Bl. 12.
232 Pommersche Zeitung, 1. 6. 1934.
233 So jedenfalls das rückblickende Resümee in einem nur als Torso vorliegenden Schreiben an den Gaupropagandaleiter Popp, 17. 11. 1938; Absender war vermutlich Wilhelm Meyer, in: StaS, Rep. 29/338.
234 „Das Stralsunder Marktfestspiel", in: Stralsunder Tageblatt, 4. 8. 1934.
235 „Großes Seefeuerwerk am Hindenburgufer", in: Stralsunder Tageblatt, 25. 7. 1934, 2. Beilage.
236 Lagebericht der Staatspolizeistelle Stettin an das Geheime Staatspolizeiamt über den Monat Oktober 1934, 3. Nov. 1934, in: Robert Thévoz, Hans Branig, Cécile Lowenthal-Hensel:

cherte Einschätzung über die Resonanz des Publikums nicht zu. Neben Zuspruch
und Anteilnahme, vor allem an den unterhaltenden Veranstaltungen, hat es jedoch
offenbar auch Distanz und Abstinenz gegeben. Angesichts der Ambivalenz des
Gesamtbildes und des feststellbaren Bruchs der Repräsentationen im Frühsommer
1934 lassen sich auch kaum Schlussfolgerungen über die Erfolge des angestrebten
Gemeinschaftserlebnisses oder der eher unbestimmten Identifikationsangebote
ziehen.

3.4 Vom „Tor" zur „Brücke"

Sieht man von der Brachialmethode des ehemaligen Gauleiters Karpenstein ab,
Stadtgeschichte um jeden Preis in nationalsozialistische Deutungsmuster zu pressen, so hielt sich die ideologische Funktionalisierung der 700-Jahr-Feier aus den
angeführten Gründen und Zusammenhängen in Grenzen. Gegen die Einbindung
der historischen Entwicklung in eine nationalsozialistische Erfolgskonstruktion
sprach ein Weiteres: der Zeitaspekt. Die nationalsozialistische „Machtergreifung"
lag erst ein gutes Jahr zurück, als der Veranstaltungskalender des Jubiläumsjahres
allmählich Kontur gewann. Größere Erfolge des „neuen Deutschlands" konnten
noch nicht präsentiert werden, zumal in Stralsund mit Carl Heydemann noch immer ein Vertreter der bürgerlichen „Reaktion" als Stadtoberhaupt amtierte, dessen
Verhältnis zur NSDAP durch Spannungen gekennzeichnet war. Erst 1936 trat hier
eine Wende ein. Erst jetzt stand die Stadtverwaltung unter nationalsozialistischer
Führung, und erst jetzt konnte mit der Eröffnung des Rügendammes eine „Kulturtat" des nationalsozialistischen Deutschlands präsentiert werden.

   Die Inbetriebnahme des Eisenbahnverkehrs über den Rügendamm am 5. Oktober 1936 bildete den Auftakt zu einer intensiven Werbe- und Präsentationsarbeit
der Stadt. Über 200 Gäste, Pressevertreter, ausländische Gäste vor allem aus
Schweden und Skandinavien sowie Abgesandte des Internationalen Kongresses
für Brückenbau und Hochbau weilten in der Stadt. Verkehrsdirektor Meyer begrüßte am Morgen die aus Berlin mit einem Pressesonderzug ankommenden
Journalisten und stellte den Gästen die Stadt als „Tribüne" vor, von der sie alles
übersehen könnten. Es folgte eine Stadtrundfahrt und ein anschließendes „Schwe-
denfrühstück", zu dem Bürgermeister Pohlman in Vertretung des noch nicht eingesetzten Amtsnachfolgers des im Mai 1936 ausgeschiedenen Oberbürgermeisters
Heydemann im Löwenschen Saal des Rathauses einlud. Das traditionelle „Schwe-
denfrühstück" ging auf eine Stiftung des schwedischen Prinzen Karl im Jahre 1685
zurück, es bestand aus gewärmtem Rotwein, Käse, Zwieback und Zuckerstücken.
Pohlman beschwor einmal mehr das besondere Verhältnis der „Brückenkopfstadt"
Stralsund zu Schweden. Bei der Stadtrundfahrt wurden die geschichtlichen Bezüge vom Mittelalter bis zur Gegenwart hergestellt. Beim Anblick der wuchtigen
Marienkirche, jenem „Gemeinschaftswerk mittelalterlicher Stadtbürger" etwa,
sollte dem Betrachter gewahr werden, dass auch der Rügendamm einst „als Ge-
meinschaftsleistung des neuen Deutschland vor den Augen der Nachfahren ste-

Bauarbeiten an der Strelasundbrücke
(Stadtarchiv Stralsund, Fotoslg. III L1-025).

hen" werde. „Tausende von Händen werden sich dem Beschauer entgegenstrecken und nicht mehr werden es einzelne Namen sein, die mit dem Werk verbunden sind, sondern eine Volksgemeinschaft."[237]

Ein gutes halbes Jahr später erfolgte die Freigabe der Autostraße über den Rügendamm. Diese zweite Einweihungsfeier des Dammes stand völlig im Zeichen der NSDAP. Deren Gau- und Kreisleitung zeichnete zusammen mit Vertretern der Stadt und der Reichsbahn für die Organisation verantwortlich. „Pimpfe" standen in der Stadt Spalier, der Gauleiter und Oberpräsident Franz Schwede-Coburg wurde am Rügendammbahnhof durch NS-Formationen empfangen und fuhr anschließend, „Volksgemeinschaft" demonstrierend, mit Abordnungen der Arbeiterschaft und Fahrzeugen des Nationalsozialistischen Kraftfahrkorps (NSKK) über den Rügendamm. Auf der Abendkundgebung trat die NSDAP mit ihren Gliederungen und angeschlossenen Verbänden auf dem Alten Markt an. Im Anschluss daran bildete die HJ wiederum bis zum Hafen Spalier. Von dort aus konnte die Stralsunder Bevölkerung zusammen mit dem Gauleiter ein Feuerwerk über dem Sund bestaunen. Die Absperrung des Hafens übernahm die SS. Die Beteiligung der Bevölkerung wurde per Verlautbarung seitens des Kreisleiters Kieckhöfer angeordnet. In einem Presse-Aufruf „An die Bevölkerung Stralsunds" ließ er keinen Zweifel daran, dass die Stralsunder an diesem „geschichtlichen Ereignis"

---

[237] Vgl. „Was sehen und hören Sie am 5. Oktober von 9.30–11.50 in Stralsund", in: StaS, Rep. 29/319. Zum Ablauf der Feierlichkeiten siehe auch Deutsche Reichsbahn, Hauptverwaltung, Pressedienst, 2.10.1936: Pressesonderfahrt anläßlich der feierlichen Inbetriebnahme des Rügendammes am 5. Oktober 1936, in: Ebenda.

teilzunehmen hätten. „Ich erwarte daher, dass die gesamte Bevölkerung der Stadt Stralsund an diesem Ereignis freudige Anteilnahme nimmt. An der Groß-Kundgebung, die um 20.15 Uhr auf dem Alten Markt stattfindet, ist ganz Stralsund beteiligt."[238]

War nun das Deutsche Reich via Stralsund, dem „Brückenkopf", und Rügen rein verkehrstechnisch näher an Schweden gerückt, so intensivierte der seit dem 17. Oktober 1936 amtierende Oberbürgermeister Werner Stoll die schwedischen Beziehungen der Stadt. Feriensprachkurse für schwedische Jugendliche waren in Stralsund schon seit 1931 durchgeführt worden, nun entwickelte Stoll die darüber hinausgehende Idee, gemeinsame Lager von deutschen und schwedischen Jugendlichen in Stralsund zu veranstalten. Unter dem Titel „Junger Norden" fand vom 4. bis zum 11. Juli 1937 ein erstes Treffen statt, an dem 130 Hitler-Jungen und „Pimpfe" sowie 60 schwedische Jungen teilnahmen. Die Stadt trat zusammen mit der pommerschen Gebietsführung der HJ als Veranstalterin auf, Gauleiter Schwede-Coburg und die Reichsjugendführung förderten das Unternehmen. Auf schwedischer Seite trat der NS-Sympathisant Sven Rosendahl als Kontaktmann auf, der auch die schwedische Jugendgruppe leitete. Der Ehrenbürger der Stadt, Graf von Essen, auch er ein Freund des Nationalsozialismus, unterstützte das Treffen ebenfalls. Das Gemeinschaftslager „Junger Norden" und die Begleitveranstaltungen wurden als Ausdruck des neuen nationalsozialistischen Deutschlands inszeniert. Die NSDAP-Kreisleitung wies alle Funktionsträger und Parteigenossen an, ein entsprechendes Bild zu vermitteln: „Stralsund, als das Tor zum Norden, soll sich in der Kulturwoche ‚Junger Norden' allen Gästen, insbesondere den Ausländern als nationalsozialistische Stadt präsentieren. Dies muss durch eine intensive Schmückung und Beflaggung der Straßen und Häuser in Stralsund sowie durch ein vorbildliches Auftreten insbesondere aller Parteigenossen erreicht werden."[239] Das Lager selbst, auf der kleinen Insel Dänholm eingerichtet, erhielt hohen Besuch. Neben Gauleiter Schwede und Graf von Essen statteten auch Erbprinz Gustav Adolf von Schweden und seine Frau Sybilla dem Lager einen Besuch ab. Eine reich illustrierte Broschüre zeichnete ein Bild, in das sich hansische Tradition und Dynamik der Jugend als zukunftsweisende Kraft in einer organischen Einheit zusammenfügten. Die Gasse des Jugendlagers „wurde im Hintergrunde abgeschlossen durch das lebendige Bild der großen Klappbrücke des Rügendammes und den Blick auf die 700jährige Hansestadt. Selbst dem oberflächlichsten Beobachter wurde das von der deutschen und schwedischen Presse gern benutzte Schlagwort von der ‚Brücke zum Norden' zu einem klaren, überzeugenden Begriff."[240] Das Fol-

---

[238] „An die Bevölkerung Stralsunds", Kieckhöfer Kreisleiter, in: StaS, Rep. 29/324; veröffentlicht in Pommersche Zeitung, 12. 5. 1937. Zu Programmablauf und Organisation siehe „Einweihung Rügendamm am 13. Mai 1937. Besprechung bei Kreisleitung, o. D.; Niederschrift, Stettin, den 24. 4. 37, [gez.] O., in: StaS, Rep. 29/324.
[239] NSDAP-Kreisleitung. Der Kreisleiter, Stralsund, den 3. Juli 1937: Rundschreiben Nr. 52/37, in: StaS, Rep. 29/1983, Bl. 59.
[240] Vgl. [OB Stoll an] Sr. Exzellenz dem deutschen Botschafter Prinz zu Wied, Stockholm, über das Auswärtige Amt, Kurierabteilung, 9. 12. 1937, in: StaS, Rep. 29/331, Bl. 124–132, Zitat Bl. 130. Vgl. außerdem Junger Norden. Erstes deutsch-schwedisches Gemeinschaftslager der Hitler-Jugend 1937. Rückblick und Ausblick. Stralsund, im Mai 1938, hrsg. v. der Stadt Stralsund.

„Junger Norden" auf dem Dänholm
(aus Broschüre: Junger Norden. Erstes deutsch-schwedisches Gemeinschaftslager der Hitler-Jugend
1937. Rückblick und Ausblick. Stralsund, im Mai 1938, hrsg. v. der Stadt Stralsund.)

getreffen vom 26. Juni bis zum 3. Juli 1938 wurde nicht nur in größerem Rahmen
und mit mehr Teilnehmern und nun auch Teilnehmerinnen, sondern deutlicher
noch als das 1937er Lager als Präsentation des nationalsozialistischen Deutschlands veranstaltet. „Junger Norden" war nun eine Reichsveranstaltung der HJ.[241]
Zwar folgte die Nazi-Prominenz, darunter Hermann Göring, Joseph Goebbels
und Alfred Rosenberg, nicht den Einladungen der Stadt[242], doch das deutsch-
schwedische Jugendtreffen wurde zum glanzvollen Höhepunkt in jenem von
Reichsjugendführer Baldur von Schirach ausgerufenem „Jahr der Verständigung"
stilisiert. Völkerverständigung bedeutete nach nationalsozialistischer Art die „heilige Verantwortung, den Gedanken und die Art des nordischen, germanischen
Blutes zu pflegen, zum Segen der Menschheit, zum Segen all derer, die nach dem
Licht streben!"[243] Aus solcherart Völkerverständigung ausgeschlossen war selbstverständlich die der „nordischen Rasse fremde Rasse, der Jude", dessen „weltzer-
setzende und weltverhetzende Kräfte" man nicht nur in Deutschland gebannt,
„sondern, das ist unsere besondere Freude, für die Welt ein Halt der Parole des
Juden geboten" habe.[244] Auf dem Alten Markt waren es „Partei und Stadt" gemeinsam, die die Jugend Schwedens und Deutschlands empfingen, Tausende von
Stralsundern nahmen laut offizieller Verlautbarung lebhaft Anteil, der Schwede

[241] Siehe Auszug aus den Vorverhandlungen über die Tagung „Junger Norden 1938", in: StaS,
Rep. 29/1985, Bl. 2, sowie Beglaubigter Auszug aus der Niederschrift über die Beratung der
Gemeinderäte vom 30. Dezember 1937, in: Ebenda, Bl. 46.
[242] Zu den Einladungen siehe StaS, Rep. 29/329, Bl. 12f. und 20.
[243] So der Gauleiter Schwede in seiner Ansprache auf dem Alten Markt, in: StaS, Rep. 29/329,
Bl. 56f.
[244] Rede auf der Abschlusskundgebung auf dem Alten Markt, 3.7.1934, [ohne Angabe des Red-
ners], in: StaS, Rep. 29/339, Bl. 36f.

Rosendahl brachte ein vierfaches Hurra auf den „Führer" aus – was ihm in der schwedischen linken Presse den Vorwurf des Landesverrats und der Bestechung durch Nazis einbrachte.[245] Eine dritte Tagung „Junger Norden" im Sommer 1939 wäre beinahe am Verbot des Auswärtigen Amtes gescheitert, das angesichts von Verstimmungen zwischen Schweden und Deutschem Reich eine derartige Veranstaltung ablehnte. Schließlich fand sie dennoch vom 30. Juli bis zum 6. August 1939 in Stralsund statt. Doch anders als 1938 konnte die Veranstaltung nur unter der Bedingung durchgeführt werden, dass auch ein Jugendlager in Schweden – vom 6. bis zum 13. August 1939 – veranstaltet wurde, dass von einer überschwänglichen Beflaggung der Stadt, auch mit schwedischen Flaggen, sowie von politischen bzw. „weltanschaulichen" Vorträgen und Stellungnahmen Abstand genommen werden musste. Entsprechende Maßgaben erhielt Oberbürgermeister Stoll in einer Besprechung im Auswärtigen Amt am 11. Juli 1939. Die zuständigen Vertreter des Ministeriums trugen Stoll auch auf, es sei zu vermeiden, „dass offizielle deutsche Stellen, Partei oder Stadt nach außen hin als Träger in Erscheinung treten."[246] Wurde die Initiative der Stadt auf dem Hintergrund allgemeiner, außenpolitischer Erwägungen hier deutlich gebremst, so war Stoll noch einige Monate zuvor auf Werbetour in Sachen „Tor zum Norden" in Schweden unterwegs.

Auf Einladung der „Svensk Tyska Föreningen", dem schwedischen Pendant zur Deutsch-schwedischen Vereinigung in Stralsund, weilte Stoll vom 4. bis 8. März 1939 in Schweden. Am 6. März präsentierte er vor der Föreningen in Stockholm einen Lichtbildervortrag zum Thema „Stralsund, das schöne Tor zum Norden", den er einige Tage später in Malmö wiederholte. Stolls Vortrag verband geschickt Stralsunds Geschichte und Gegenwart, wobei natürlich das Verhältnis zu Schweden eine besondere Rolle spielte. Schon in seinem Vorspann benannte Stoll unverhohlen die für „Großdeutschland" und die Stadt gleichermaßen mächtige Zäsur: Erst 1933, nach einer langen Zeit der Zersplitterung, sei das „große deutsche Volk" zur Nation geworden. Und schon heute, „nach kaum 6 Jahren, hat Adolf Hitlers starker Wille die wirtschaftlich, kulturell und politisch darniederliegende Stadt emporgerissen. Neue Bauwerke in und um Stralsund sind entstanden und künden das Kulturwollen des deutschen Führers und Reichskanzlers." Und diese „Leistungsbilanz" fächerte Stoll nach einem geschichtlichen Rundgang durch die Altstadt auf. Er ließ die Zuhörer aus den „Straßen und Gäßchen der Altstadt" hinaustreten in das moderne Stralsund, das sich mit weitläufiger Bebauung nach Nord, West und Süd erstrecke. Die Einwohnerzahl sei gestiegen, die Arbeitslosigkeit gesunken, die Kinderzahl wiederum gestiegen wie der Wohnungsbau für die Arbeiter auch. „Handel und Wandel sind emporgeblüht." Stoll ging auch auf die Kultur der Stadt ein, und was er da präsentierte, gab es allerdings schon vor 1933, von Stadtbibliothek, Museum, Archiv bis zum Theater, all dies waren ja keine nationalsozialistischen Schöpfungen. Natürlich fehlte auch nicht der Rügendamm,

---

[245] Siehe die Kritik in Syd-Svenska Kuriren vom 9.7.1938, zur Auftaktveranstaltung der Tagung siehe „Eilnachricht ‚Junger Norden' 1938", Stralsund, den 26.6.1938 [= Pressetext der Nachrichtenstelle Stralsund], in: StaS, Rep. 29/339, Bl. 34f.

[246] Besprechung wegen „Junger Norden" im Auswärtigen Amt, Berlin, den 11. Juli 1939, gez. Stoll, Stralsund, den 13. Juli 1939, in: StaS, Rep. 29/1986, Bl. 131f. Weiteres Material auch zum Jugendlager in Schweden, in: Ebenda.

„eine Kulturschöpfung Adolf Hitlers", und das gigantomanische Projekt auf Rügen, das KdF-Bad Mukran: 20000 Menschen in Doppelzimmern, 5,5 Kilometer
Gesamtlänge der Unterkunftshäuser, 10 Kilometer Strand, Festhalle mit 20000
Plätzen, Aussichtsturm mit 85 Metern Höhe, die Bäckerei werde täglich 100000
Brötchen liefern und Garagen für 5000 Volkswagen seien in Bau.[247] Stolls Reise
war mit der sogenannten „Nordischen Verbindungsstelle", den zuständigen Sach-
bearbeitern im Auswärtigen Amt wie im Reichsministerium für Volksaufklärung
und Propaganda abgestimmt[248], sowie seitens der NSDAP, namentlich von Gauleiter Schwede-Coburg, genehmigt.[249] Selbstverständlich handelte der Stralsunder
Oberbürgermeister nicht aus eigenem Ermessen. Der Schwedenaufenthalt Stolls
war für die nationalsozialistische Außenpolitik gegenüber Schweden von Bedeutung. Die Geschichte der Stadt konnte bestens zur Repräsentation genutzt werden
und zugleich die traditionellen guten Verbindungen nach Schweden nun auch für
„die Stadt Großdeutschlands" und damit stellvertretend für dieses in der aktuellen
Situation betont und der Fortführung für wünschenswert befunden werden.

Stoll, der mit zahlreichen Persönlichkeiten, darunter auch dem schwedischen
Kronprinzen, zusammengetroffen war, wartete nach seiner Rückkehr mit einer
positiven Bilanz seines Besuches auf. Die Berichterstattung eines Teils der schwedischen Zeitungen wie der „Nya Dagligt Allehanda", dem „Aftonbladet" oder
dem „Svenska Dagbladet", ließen den Bürgermeisterbesuch zu einem propagandistischen Erfolg werden. Schlagzeilen wie „20000 bekommen ein Riesen-Seebad
auf Rügen" oder „Deutschland hat Mangel an Arbeitern!"[250] kommentierte Stoll
mit den Worten, „daß das deutsche Stralsund mit seinen reichen kulturgeschicht-
lichen Erinnerungen an Schweden zu jenen Faktoren deutsch-schwedischer Be-
ziehungspflege gehört, die stärker sind als jene jüdischen Kräfte in einem Teil der
schwedischen Presse, die systematisch die natürlichen, uralten Verbindungen der
stammverwandten Völker zu untergraben suchen."[251] Stralsund fungierte als nationale Repräsentantin, die spezifische Vergangenheit der Stadt diente dabei als ausgesprochen vorteilhafte Vorlage. Bei aller politischer Einbindung und Steuerung
fußte diese Repräsentationsfunktion jedoch sehr stark auf städtischer Initiative,

---

[247] Alle vorstehenden Zitate siehe Rede OB Stolls am 6.3.1939 in Stockholm „Stralsund, das
schöne deutsche Tor zum Norden", in: StaS, Rep. 29/1988, Bl.7–28.

[248] Vgl. die telefonische Mitteilung Dr. Kleins, Nordische Verbindungsstelle, Berlin am 21.2.1939,
an OB Stoll, sowie Nordische Verbindungsstelle – Präsident – an Oberbürgermeister Dr. Stoll,
Berlin, den 24.2.1939, gez. Dr. Klein, in: StaS, Rep. 29/1988, Bl.1 und 2.

[249] Vgl. Stoll an Gauleiter Schwede-Coburg, mit Vermerk, dass das Schreiben am 25.2.1939 übergeben worden sei, sowie Vermerk über telefonische Genehmigung durch den Gauleiter am
2.3.1939, in: StaS, Rep. 29/1988, Bl.5 und 29.

[250] Zeitungsausschnitt Nya Dagligt Allehanda 5.3.1939, sowie Übersetzung des Artikels in: StaS,
Rep. 29/1988, Bl.40 und 42, weitere Übersetzungen schwedischer Zeitungsartikel ebenda,
Bl.43ff.

[251] Siehe Beglaubigter Auszug aus der Niederschrift über die Beratung der Gemeinderäte vom
9.März 1939: „4. Vortragsreise des Oberbürgermeisters nach Schweden", in: StaS, Rep.
29/1988, Bl.34; ähnlich Bericht an Gauleitung, Amt für Kommunalpolitik, 14.3.1939, in: StaS,
Rep. 29/66, Bl.191f. Siehe auch Aktenvermerk OB Stolls v. 17.3.1939 über ausführlichen
mündlichen Bericht an Gauamtsleiter Popp, der gebeten hatte, „ihm einen kurzen Bericht
über die politischen Eindrücke des Oberbürgermeisters zum Zwecke der Weiterleitung an das
Propagandaministerium zu senden."

die Stoll im Verein mit seinen Fachleuten, allen voran dem für Werbung zuständigen Wilhelm Meyer entfaltete.

3.5 Zwischenergebnis

Das Stadtjubiläum „700 Jahre Stralsund" im Jahre 1934 präsentierte sich als vergleichsweise provisorisch vorbereitetes Unternehmen. Natürlich ließen die politischen Umbrüche wie auch die wirtschaftliche Krisenphase jener Jahre 1933/34 eine adäquate Projektierung des Festes – wie zum Beispiel fünf Jahre zuvor am Wallensteintag 1928 – nur eingeschränkt zu. Doch die in sich gebrochene Repräsentation der Stadt in diesem Jubiläumsjahr ist nicht zu verstehen ohne die tiefgreifenden Eruptionen, die die Führung beanspruchende NSDAP angesichts der Säuberungswelle gegen SA und „linken" Flügel der NSDAP in Stadt und Region auslösten. Eine derart erschütterte Partei konnte nach Beseitigung ihrer Leitfiguren kaum kraftvoll Inhalt und Gestalt des Festes dominieren – und so entsteht entlang des genannten Bruches ein zwiespältiges Bild. Martialisch instrumentalisiertes Gedenken in den Tagen des Frühlings und Frühsommers stehen einer zurückhaltend auftretenden „NS-Bewegung" und deutlich traditionellen Elementen in der weiteren Ausgestaltung des Jubiläumsjahres gegenüber. Alles in allem standen die 700-Jahr-Feierlichkeiten eher in der Kontinuität eines national und konservativ orientierten Bürgertums als unter dem Vorzeichen nationalsozialistischer Überformung und Dominanz. Zweifelsohne gab es Instrumentalisierungen und Aneignungen stralsundischer Geschichte im Sinne der „Volksgemeinschaft" und der „Führerideologie". Doch diese Erscheinungen waren weniger einer deutlichen Einflussnahme nationalsozialistischer Funktionsträger vor Ort geschuldet als gewissen Zugeständnissen und Anpassungsleistungen lokaler Eliten jenseits der NSDAP. Dies korrespondiert mit der Tatsache, dass, anders als die NS-Elite im lokalen und regionalen Maßstab, die städtischen Funktionsträger eine weit höhere Kontinuität aufwiesen. Maßgebliche Akteure bei der Vorbereitung und Durchführung der Festivitäten waren trotz der Beteiligung der NS-Gemeinschaft „Kraft durch Freude" Vertreter der bisherigen städtischen Elite: Neben dem Oberbürgermeister Heydemann selbst waren dies vor allem der Geschäftsführer des Verkehrsvereins Wilhelm Meyer sowie der Museumsdirektor Fritz Adler.

Auch jenseits der regionalen Besonderheiten spielt der Zeitfaktor ganz allgemein eine wichtige Rolle. Der Nationalsozialismus war zum Zeitpunkt der Gründungsfeiern noch zu kurz an der Macht, um „aus dem Vollen" etwaiger Erfolge schöpfen zu können. Dies änderte sich im Laufe der folgenden Jahre. Ab 1936, jenem Jahr des endgültigen Machtwechsels im Stralsunder Bürgermeisteramt und der Fertigstellung des Rügendammes, verstärkten die neuen Machthaber in Zusammenarbeit mit weiterhin aktiven Experten der Werbung und der Stadtkultur ihre Anstrengungen auf dem Gebiet neuer Initiativen wie dem Jugendtreffen „Junger Norden" und der Einbindung traditioneller Formen wie dem „Wallensteintag". In einem Bericht an die Gauleitung im Juli 1938 präsentierte Stoll nicht nur hohe Besucherzahlen bei den Veranstaltungen des „Jungen Norden" – 10 000 „Volksgenossen" bei Wehrmachtskonzert und Marktvolksfest – er resümierte auch, es sei eine Bereitschaft „für neue Feiern der Volksgemeinschaft" ebenso vorhanden „wie eine zähe Anhängerschaft an alten Festbräuchen".[252] Genau auf diese Mischung ging die nationalsozialistische Stadtführung ein. So wurde aus dem traditionellen Schützenfest im Juni 1938 ein „Volksschützenfest", das einen „Volksschützenkönig" erkor. Traditionelles und Neues sollten im Festkalender der Stadt eine Verbindung eingehen. „Es werden so mit der Zeit hier am Orte die Feiern des 1. Mai, des Erntedankfestes, die großen Feiertage der Bewegung zusammen mit der Bevölkerung und der Junge Norden als Treffen der Jugend alljährlich im Vordergrund stehen und das Volksschützenfest alle Bevölkerungskreise auf der historischen Grundlage dieses Stralsunder Volksfestes vereinigen."[253]

Offenkundig traf diese Mixtur von Unterhaltung und mehr oder weniger offener ideologischer Instrumentalisierung traditioneller Elemente die Zustimmung des Publikums weit eher als die auf Distanz orientierte, straffe Kampfinszenierung der NSDAP zu Karpensteins Zeiten. Welche Folgen dies im Hinblick auf Identitätsbildung der städtischen Gesellschaft, der Erringung von Loyalität und Zustimmung zur Diktatur jeweils hatte, lässt sich kaum exakt beantworten. Eine in breiterem Maße spürbare Abwehr oder Zurückhaltung ist jedenfalls nicht dokumentiert. Die Stadt als gesellschaftlicher und kultureller Erfahrungsraum spielte auch in der Zeit der NS-Herrschaft eine prominente Rolle. Und trotz der allgemein zu konstatierenden Prozesse der Entmachtung und Gleichschaltung der Kommunen füllte Stralsund auch in dieser Phase eine initiierende Funktion mit überstädtischer Bedeutung aus.

4. Erbe und Zukunft: 725 Jahre Stralsund

4.1 Mobilisierung und Improvisation

Am 11. Februar 1959 konstituierte sich beim Rat der Stadt Stralsund ein „Komitee zur Vorbereitung und Durchführung der Ostseewoche 1959 und der 725-Jahrfeier der Werftstadt Stralsund".[254] Das Gremium umfasste 21 Mitglieder. Den Vorsitz des Komitees führte der stellvertretende Vorsitzende des Rates der Stadt, Heinz Vorbeck (SED), ein Mitglied des Rates des Kreises fungierte als sein Stellvertreter. Die Zusammensetzung des Komitees spiegelte eine breite Basis aus Blockparteien und Massenorganisationen wider. Auch Delegierte aus den Betrieben, darunter der Volkswerft, und zwei Genossenschaftsbauern gehörten dem Komitee an. Wenig verwunderlich war, dass die SED-Mitglieder im Komitee in der Mehrheit waren (11 von 21), und ebenso selbstverständlich war unter den politischen Bedingungen der DDR, dass sowohl die Zusammensetzung wie auch die Arbeit des Komitees von der Kreisleitung der SED beschlossen beziehungsweise nach jewei-

---

252 Amt für Kommunalpolitik, gez. Stoll, an Gauleitung der NSDAP, Amt für Kommunalpolitik, 26.7.1938, Tätigkeitsbericht für den Monat Juli 1938, in: StaS, Rep. 29/584.
253 Amt für Kommunalpolitik, gez. Kreisamtsleiter [Stoll], an Gauleitung, Amt für Kommunalpolitik, 30.6.1938, Tätigkeitsbericht für den Monat Juni 1938, in: StaS, Rep. 29/584.
254 Rat der Stadt, 1. Stellvertr. des Vorsitzenden (Vorbeck), an Kollegen Stadtrat Wessel, 9.2.1959: Mitteilung über die erste konstituierende Sitzung des Ostsee-Komitees am Mittwoch, 11.2.1959, in: StaS, Rep. 54/487.

liger Vorlage bestätigt wurden.[255] Der Parteihierarchie entsprechend, berichtete die Kreisleitung wiederum an die nächsthöhere Instanz, die Bezirksleitung der SED in Rostock.[256]

Das Vorbereitungskomitee beschloss im April 1959 einen Maßnahmenplan, der nicht nur den organisatorischen Aufbau der Vorbereitungsgruppen, sondern auch die inhaltliche Zielrichtung festschrieb.[257] Der Plan sah die Bildung von sieben Arbeitsgruppen vor, die durch das Komitee angeleitet und beauftragt wurden. Im Einzelnen waren Arbeitsgruppen für folgende Bereiche zu errichten: 1. Agitation, 2. Kultur, 3. Sport, 4. Stadt- und Dorfverschönerung, 5. Handel, 6. Verkehr, 7. Finanzen. Die Arbeitsgruppen wiederum hatten innerhalb ihrer Arbeitsbereiche „Aktivs" zur Lösung „bestimmter Schwerpunktfragen unter Hinzuziehung der Vorsitzenden der Wohnbezirksausschüsse der Nationalen Front, der Abgeordneten und aller Bürger des Stadt- und Landkreises" zu bilden.[258] Dieses detaillierte Organisationsgerüst und die Vorspiegelung einer breiten Partizipation politischer und gesellschaftlicher Organisationen verdeckten ein grundlegendes Problem: Die außerordentlich kurze Vorbereitungszeit für die Festveranstaltungen, die nicht nur im Vergleich zu den langfristigen und sorgfältigen Vorbereitungen der 300-Jahr-Feier 1928, sondern selbst noch im Vergleich zu dem eher provisorischen Vorlauf der 700-Jahr-Feier 1934 auffällt. Obwohl die Organisatoren mit der im Vorjahr erstmals durchgeführten „Ostseewoche" bereits Erfahrungen in der Gestaltung und Durchführung dieser in die Ostsee-Region gerichteten DDR-Präsentation gesammelt hatten, und auch ab Dezember 1958 erste Vorbereitungsarbeiten in Angriff genommen worden waren, war der Zeitvorlauf für die Festwoche 1959 extrem kurz, sollten doch schon ab Mai 1959 mit dem 150. Todestag Ferdinand von Schills die ersten Veranstaltungen einsetzen und ab Ende Juni dann die offizielle Festwoche beginnen. Diese allgemeine Zeitnot zwang zur Improvisation. Die Arbeitsgruppe Kultur, die für das Festprogramm zuständig war, kritisierte dies und bemängelte auch, dass die Mitarbeit der Nationalen Front und der Massenorganisationen nur auf dem Papier gestanden habe und diese die Arbeitsgruppen nicht wirklich unterstützt hätten.[259] Auch im Abschlussbericht des Komitees

---

[255] SED-Kreisleitung Stralsund, Beschlussprotokoll Nr. 37 der Bürositzung vom 7. Februar 1959, in: LAG, Rep. IV 4/09, Nr. 316, Bl. 004, sowie Rat der Stadt Stralsund. Bürovorlage über die Bildung eines Ostsee-Komitees für den Stadt- und Landkreis Stralsund, Stralsund, den 6. 2. 1959, in: Ebenda, Bl. 143–145.

[256] Siehe die laufende Berichterstattung zur Vorbereitung und Durchführung der Festveranstaltungen in: LAG, Rep. IV 4/09, Nr. 411.

[257] Maßnahmenplan für den Stadt- und Landkreis zur Vorbereitung und Durchführung der Ostseewoche 1959 und der 725-Jahrfeier der Werftstadt Stralsund – 26. Juni bis 5. Juli 1959. Mit vorläufigem Veranstaltungsplan, o. D., in: StaS, Rep. 50/634. In diesem gedruckten Plan ist vermerkt, dass das Komitee ihn am 10. 4. 1959 verabschiedet habe, dabei muss es sich um einen Datierungsfehler handeln, das Komitee kam erst am 11. 4. 1959 erstmalig zusammen, siehe auch Rat der Stadt, Komitee Ostsee-Woche, Arbeitsgruppe Kultur, an das Komitee zur Vorbereitung und Durchführung der Ostsee-Woche z. H. Gen. Vorbeck, 3. 3. 1959: Bericht über die von der Arbeitsgruppe Kultur bisher geleistete Arbeit, in: StaS, Rep. 54/487.

[258] Maßnahmenplan für den Stadt- und Landkreis zur Vorbereitung und Durchführung der Ostseewoche 1959 und der 725-Jahrfeier der Werftstadt Stralsund – 26. Juni bis 5. Juli 1959. Mit vorläufigem Veranstaltungsplan, o. D., S. 2, in: StaS, Rep. 50/634.

[259] Vgl. Kommission zur Vorbereitung und Durchführung der Ostsee-Woche – Arbeitsgruppe Kultur – Stralsund, den 13. Juli 1959: Bericht über die Arbeit der Arbeitsgruppe und Auswertung der geleisteten Arbeit, gez. Wessel, Leiter der Arbeitsgruppe, in: StaS, Rep. 50/634.

wurde der späte Beginn der Vorbereitungsarbeiten als „Hauptfehler" hervorgehoben.[260]

Diese Mängel der Vorbereitung erstaunen umso mehr, als sich die 725-Jahr-Feier der Stadt nicht nur in den Rahmen der Ostseewoche[261], sondern in ein weiteres zentrales Datum einfügte: Das zehnjährige Jubiläum der DDR. Genau diese Zusammenhänge hob auch der erwähnte Maßnahmenplan hervor. Unter dem übergreifenden Motto: „Ostsee ein Meer des Friedens", das sich propagandistisch gegen „die aggressive Nato-Politik" der bundesrepublikanischen „Adenauer-Militaristen" richtete, betonte das Vorbereitungskomitee, dass Stralsund wegen seines Stadtjubiläums neben Rostock als Hauptveranstaltungsort der Ostsee-Woche „im besonderen Blickpunkt des Geschehens und des Besucherstroms des In- und Auslandes" liege. „Die gesamte Arbeit in Vorbereitung und Durchführung der Ostseewoche und der 725-Jahr-Feier ist zur Entwicklung einer breiten politischen Massenarbeit in Vorbereitung des 10. Jahrestages der Gründung unserer Republik zu nutzen."[262] Die Gründe für den späten Vorbereitungsbeginn bleiben im Dunkeln. Die umfangreich überlieferten Materialien zur Planung und Durchführung der Festivitäten enthalten zwar reichlich Kritik an eben jenem Tatbestand, aber keinerlei Hinweise auf dessen Ursache.

Trotz gedrängter Zeit und Improvisationszwangs formulierten die Organisatoren hochgesteckte Ziele, die eine propagandistische Wirkung im Sinne der vom V. Parteitag der SED im Juli 1958 verabschiedeten „Hauptaufgabe", Westdeutschland bis 1961 im Pro-Kopf-Verbrauch der wichtigsten Lebensmittel und Konsumgüter eingeholt und überholt zu haben, entfalten sollten.[263] Zahlreiche Veranstaltungen, darunter ein eigens für die Festwoche inszeniertes Festspiel und ein Festzug als Höhepunkte, Sportturniere, Theater- und Filmvorführungen, Ausstellungen sowie politische Aussprachen mit ausländischen und vor allem westdeutschen Gästen waren vorgesehen. Maßnahmen der Stadtverschönerung und eine verbesserte Versorgung sollten ein positives Bild vermitteln. Für die Durchführung dieser ehrgeizigen Vorhaben erschien eine umfassende Mobilisierung der Bevölkerung erforderlich. Sämtliche Parteien und Massenorganisationen hatten in den Monaten April bis Juni ihre Arbeiten entsprechend der ideologischen Hauptfragen im Zusammenhang mit dem Stadtjubiläum und der Ostseewoche auszurichten. Die Orts-, Dorf- und Wohnbezirksausschüsse der Nationalen Front wurden dazu ebenfalls „verpflichtet", mit dem Ziel „daß jeder Bürger auch aktiven Anteil an der Vorbereitung und Durchführung der Ostseewoche und der 725-Jahr-Feier nimmt (z. B. Teilnahme an Aufbaustunden, Verschönerung des Hauses, der Straße,

[260] Rat der Stadt Stralsund – Komitee Ostseewoche/725 Jahrfeier – Abschlußbericht über die Vorbereitung und Durchführung der Ostseewoche 1959 und der 725 Jahr-Feier der Stadt Stralsund, 23.7.1959, in: StaS, Rep. 54/502.
[261] Zur Entstehung der Ostsee-Woche vgl. Seegers, Zukunft (2003), S. 63ff.
[262] Maßnahmenplan für den Stadt- und Landkreis zur Vorbereitung und Durchführung der Ostseewoche 1959 und der 725-Jahrfeier der Werftstadt Stralsund – 26. Juni bis 5. Juli 1959. Mit vorläufigem Veranstaltungsplan, o. D., S. 1 f., in: StaS, Rep. 50/634.
[263] Siehe den ungezeichneten und undatierten Plan zur agitatorischen und propagandistischen Vorbereitung der Ostseewoche, in: LAG, Rep. IV 4/09, Nr. 604, Bl. 37, sowie Maßnahmenplan für den Stadt- und Landkreis zur Vorbereitung und Durchführung der Ostseewoche 1959 und der 725-Jahrfeier der Werftstadt Stralsund – 26. Juni bis 5. Juli 1959. Mit vorläufigem Veranstaltungsplan, o. D., S. 1 ff., in: StaS, Rep. 50/634.

des Platzes, sinnvolle Ausgestaltung und Beflaggung der Häuser und Straßenzüge usw.)." Alle Ausschüsse hatten dazu „einen detaillierten Plan zur Durchführung von Hausgemeinschaftsversammlungen in allen Häusern ihres Wohnbezirkes" zu erarbeiten und „die Durchführung des von den Hausgemeinschaften beschlossenen Maßnahmeplanes" zu überprüfen.[264] Diese Form der angeordneten Partizipation stieß auf geringe Resonanz, was, wie zu zeigen sein wird, nicht hieß, dass die Bevölkerung Stralsunds an der Festwoche keinen Anteil nahm. Doch die Protokolle über Einwohnerversammlungen in den Wohnbezirken im Vorfeld der Feierlichkeiten zeigen eine außerordentlich niedrige Beteiligung. Lediglich Versammlungen, die mit zusätzlichen Unterhaltungsangeboten lockten, hatten mehr Zulauf. So zählte die Zusammenkunft des Wohnbezirks „Volksgarten" am 12. Juni 1959, die nach der politischen Tagesordnung eine „HO-Modeberatung" durchführte, immerhin 75 Teilnehmer. Typischer war dagegen die Beteiligung in der Versammlung des Wohnbezirks Frankenvorstadt, an der am 13. Mai 1959 nur 13 Einwohner anwesend waren, obwohl 300 Einladungen ausgetragen worden waren.[265] In einem Zwischenbericht des Vorbereitungskomitees vom 7. Juni 1959 wurde die „ungenügende Initiative der Bevölkerung" im Zusammenhang mit einer mangelhaften ideologischen Vorbereitung durch Parteien und Massenorganisationen beklagt. Trotz der stattlichen Zahl von bis dato durchgeführten 750 Hausversammlungen und 78 Einwohnerversammlungen hatte die Mehrzahl der Wohnbezirksausschüsse die geforderten Pläne erst Mitte Mai vorgelegt und dies auch erst, nachdem die Beauftragten der Kreisausschüsse der Nationalen Front diese „eingetrieben" hätten. Bei der Beteiligung am Festumzug gab es dagegen solche Schwierigkeiten nicht. Hier war die erforderliche Mitwirkung aus der Bevölkerung gesichert.[266]

Der Zeitraum der Festwoche vom 27. Juni bis zum 5. Juli 1959 orientierte sich ausschließlich an den Planungen der Ostseewoche. Für die Stadtgeschichte zentrale Gedenkdaten, wie der für die protestantische Identität herausragende „Wallensteintag" am 24. Juli, spielten bei der 725-Jahr-Feier keine Rolle mehr. Dies galt auch für das eigentliche Gründungsdatum der Stadt am 31. Oktober 1234. Für diesen Termin waren keine gesonderten Sitzungen und Veranstaltungen vorgesehen, auch die „Ostsee-Zeitung" widmete dem Gründungsjubiläum an diesem Tag keine Silbe. Lediglich der 150. Todestag Ferdinand von Schills am 31. Mai 1959 bot den Anlass zu einer Feierstunde zu Ehren des „Freiheitshelden", der zusammen mit den Seestreitkräften und dem Kreiskommando der Nationalen Volksarmee begangen werden sollte. Schill, der „Patriot" und „Rebell", sollte der Traditionsbildung der DDR-Streitkräfte dienen, über ihn wurde auch eine Ausstellung zusammengestellt, die im Kulturhistorischen Museum der Stadt gezeigt werden sollte. Als

---

[264] Maßnahmenplan für den Stadt- und Landkreis zur Vorbereitung und Durchführung der Ostseewoche 1959 und der 725-Jahrfeier der Werftstadt Stralsund – 26. Juni bis 5. Juli 1959. Mit vorläufigem Veranstaltungsplan, o. D., S. 4, in: StaS, Rep. 50/634.
[265] Wohnbezirksausschuß „Volksgarten", Stralsund, 13. 6. 1959: Niederschrift über die Einwohnerversammlung am 12. 6. 1959 um 19.30 Uhr im Volksgarten, sowie Protokoll über die am Freitag, dem 13. Mai 1959 um 20 Uhr in der HOMA stattgefundenen öffentlichen Einwohnerversammlung des Wohnbezirkes Frankenvorstadt, gez. Marquardt, Protokollführer, in: StaS, Rep. 50/838, o. Bl.; zu weiteren Beispielen siehe ebenda.
[266] Stand der Vorbereitungen zur Ostseewoche und der 725Jahr-Feier, 7. Juni 1959, Gen. Hilger, Ostseekomitee, in: LAG, Rep. IV 4/09, Nr. 604, Bl. 28–31.

Eröffnungsdatum dieser Ausstellung sah der „Maßnahmenplan" vom April 1959 den 8. Mai, den „Tag der Befreiung", vor. Damit wurde eine aktualisierte, von bislang gängigen Deutungen abweichende, symbolische Linie vom nationalen Freiheitshelden Schill zur Befreiung vom Faschismus gezogen und Schill nunmehr als Freiheitsidol der DDR gedeutet. Das Museum bereitete zudem eine Wanderausstellung über Schill vor, die in Betrieben, „MTS-Bereichen" und Kinderferienlagern des Kreises gezeigt wurde.[267]

Als abendlicher Auftakt zur Festwoche am Sonnabend, dem 27. Juni, wurde ein Festprogramm auf dem Alten Markt ab 21.00 Uhr vorbereitet. Für die literarische Gestaltung gewann das Vorbereitungskomitee den Schriftsteller Herbert A. W. Kasten (1913–1976), der bis zum 15. Mai 1959 ein Szenarium vorlegen sollte.[268] Kasten schuf eine Mischung aus historischen Stoffen und kommunistisch-kitschigen Elementen, die unter dem plattdeutschen Motto „Wagen un winnen, tosamen, för uns all" standen. Das Traditionselement der niederdeutschen Sprache wurde auch von der „Plattdütsch Späldäl" verkörpert, einer in Stralsund seit 1920 bestehenden niederdeutschen Theatergruppe, die bereits bei der 700-Jahr-Feier 1934 mitgewirkt hatte. Kasten entwarf szenische Elemente, in denen historische Figuren, wie der 1393 enthauptete Bürgermeister und Reformer Carsten Sarnow auftraten sowie Tänze wie der „Tanz um die Rote Fahne", der „Tanz der Solidarität" und ein „Sowjetischer Tanz" aufgeführt wurden. Texte und Lieder verherrlichten „Rote Brigaden" und den „erblühenden Kommunismus". „Der Plan" wurde elegisch als „Freund" personalisiert, dem die „roten Brigaden" hilfreich voranstürmten. Auch der „Gegner" durfte nicht fehlen, er trat in der Szene „Bonner Katzenjammer" als seniler Wehrmachtsoffizier auf, der gewohnheitsmäßig den Hitlergruß zeigt, Bundeskanzler Konrad Adenauer ruft derlei Militaristen als „apokalyptische Reiter" herbei, im Hintergrund eine Fratze Hitlers.[269]

Mit weniger Pathos, aber ähnlicher Zielrichtung sollte der Festumzug als abschließender Höhepunkt inszeniert werden. Der „Hauptteil des Festumzuges" müsse den „Aufbau des Sozialismus darstellen", so die am 4. April 1959 von der SED-Kreisleitung gebilligte Konzeption der Arbeitsgruppe Kultur des Vorbereitungskomitees.[270] Der Vorsitzende dieser Arbeitsgruppe, Stadtrat Wessel, wollte jenen Mangel vermeiden, der bei Festzügen in anderen Städten zu beobachten gewesen sei. Während dort der historische Teil bunt und farbenprächtig gestaltet worden sei, sei der Aufbau des Sozialismus nach 1945 nicht in Erscheinung getre-

---

267 Maßnahmenplan für den Stadt- und Landkreis zur Vorbereitung und Durchführung der Ostseewoche 1959 und der 725-Jahrfeier der Werftstadt Stralsund – 26. Juni bis 5. Juli 1959. Mit vorläufigem Veranstaltungsplan, o. D., S. 6, in: StaS, Rep. 50/634; siehe auch „Veranstaltungsplan 725-Jahrfeier – Ostseewoche", in: Ostsee-Zeitung (Stralsund), 20. 6. 1959.
268 Siehe den Vertrag zwischen Kasten und dem Komitee zur Vorbereitung und Durchführung der Ostseewoche und der 725-Jahrfeier Stralsunds/Kulturkommission vom 10. 4. 1959, in: StaS, Rep. 54/503.
269 Siehe die jeweiligen Skripte Kastens in: StaS, Rep. 54/503. Siehe außerdem „Wagen un winnen, tosamen, för uns all'. Festprogramm zur 725-Jahrfeier der Stadt Stralsund am 27. und 29. Juni 1959 auf dem Alten Markt um 21 Uhr", in: StaS, Rep. 50/634.
270 Vgl. Beschlussprotokoll Nr. 44 über die Bürositzung am 4. April 1959, in: LAG Rep. IV/09, Nr. 317, Bl. 116–119, sowie Bürovorlage Konzeption für die Gestaltung des Festumzuges anläßlich der Ostsee-Woche und der 725-Jahrfeier der Stadt Stralsund, gez. Wessel, Vorsitzender der Arbeitsgruppe Kultur, in: StaS, Rep. 50/634.

ten. Die Konzeption sah deshalb eine Gliederung des Stralsunder Festzuges in fünf Komplexe vor, von denen nur einer der Stadtgeschichte als solcher gewidmet war. Die übrigen nach wirtschaftlichen und gesellschaftlichen Sektoren unterteilten Komplexe wiesen nach diesem Plan zwar ebenfalls eine historische Dimension auf, die aber erst 1945 einsetzen sollte.[271] Die Botschaft der einzelnen Segmente war eindeutig, aber auch vergleichsweise nüchtern: Im Komplex 2, Verkehr, Handel, Nachrichtenwesen, sollte ein „Vergleich mit den in Westdeutschland bestehenden kapitalistischen Verhältnissen als Einblendung dargestellt werden", zum anderen sollten keine Fantasiebilder produziert werden, sondern nur Dinge „dargestellt werden, die typisch für die Entwicklung sind und nur Waren gezeigt werden, die tatsächlich im Handel erhältlich sind." Selbstverständlich war im Komplex 3 „Handwerk und Industrie", die Volkswerft der Schwerpunkt, da sie ja „der Stadt das Gepräge gebe". Bei der Landwirtschaft, so der Plan, war die Gestaltung gegenüber den übrigen Komplexen „sehr einfach und die Entwicklung im Sozialismus kann hier sehr deutlich zum Ausdruck kommen". In einem 5. Komplex sollten dann Gesundheitswesen, Volksbildung, Kultur und Sport dargestellt werden. Grundlage war, dass bei den vier Komplexen des sozialen und ökonomischen Lebens die jeweiligen Betriebe die Konzepte erarbeiten und bis zum 15. April 1959 vorlegen sollten.[272] Zwar gab es Betriebe oder Gruppen, die ihre Teilnahme als eine Art Dienstleistung vergütet haben wollten[273], doch diese repräsentierten keineswegs die Mehrheit. Eine Reihe von Vorschlägen verkörperten dagegen den deutlichen Wunsch sich und die jeweiligen Erfolge zu präsentieren. Die VEB Zuckerfabrik Stralsund schlug für ihren Beitrag Leitsprüche vor wie „Wir versüßen das Leben..." oder „Wir schaffen Devisen". Auf einem Hänger sollte eine große Weltkarte mitgeführt werden mit der Überschrift „Die Welt ißt Stralsunder Zucker". Auf der Karte waren von Stralsund aus Pfeile gezeichnet, die nach England, Frankreich, nach Skandinavien, in die Sowjetunion und zu weiteren Weltgegenden zeigten.[274] Auch kleinere Handwerksbetriebe wollten sich in Szene setzen. Der Damen- und Herrensalon „Meisterwelle" P.G.H. legte als „junger sozialistischer Betrieb" Wert darauf, im Festzug nicht das „Altertum", sondern „den Sozialismus im Atomzeitalter" zum Ausdruck zu bringen. Die NDPD-Parteigruppe dieses Betriebes wollte einen Dreitonner-LKW als modernen Friseursalon ausgestalten, „mit 2 Trockenhauben, 2 Spiegeln und 4 Bedienungsplätzen. Vier Mitglieder wer-

---

271 Konzeption für die Gestaltung des Festumzuges anläßlich der Ostsee-Woche und der 725-Jahrfeier der Stadt Stralsund, gez. Wessel, Vorsitzender der Arbeitsgruppe Kultur, in: StaS, Rep. 50/634. Zum ersten Entwurf siehe Vorläufige Konzeption für die Gestaltung des Festumzuges anläßlich der 725-Jahrfeier der Stadt Stralsund, in: Ebenda, als Umdruck in: StaS, Rep. 54/487.
272 Konzeption für die Gestaltung des Festumzuges anläßlich der Ostsee-Woche und der 725-Jahrfeier der Stadt Stralsund, gez. Wessel, Vorsitzender der Arbeitsgruppe Kultur, 6. 4. 1959, in: StaS, Rep. 50/634.
273 Beispiele in: StaS, Rep. 54/487; siehe auch Kommission zur Vorbereitung und Durchführung der Ostsee-Woche – Arbeitsgruppe Kultur – Stralsund, den 13. Juli 1959: Bericht über die Arbeit der Arbeitsgruppe und Auswertung der geleisteten Arbeit, gez. Wessel, Leiter der Arbeitsgruppe, in: StaS, Rep. 50/634.
274 VEB Zuckerfabrik Stralsund an den Organisationsausschuss 725-Jahrfeier, z. Hd. Herrn Stadtrat Wessel, Stralsund, 15. 4. 1959, betr. Festzug, in: StaS, Rep. 50/486.

Plakatentwurf der Stralsunder Zuckerfabrik für den Festzug 1959 (Stadtarchiv Stralsund, Rep. 54/486).

den moderne Frisuren zeigen".[275] Mit deutlich agitatorischerem Anstrich versah die Abteilung Handel und Versorgung des Rates der Stadt ihr Präsentationskonzept diverser HO-Verkaufsstellen und Gastronomiestätten. Im Rahmen der HO-Gaststätten wollte sie eine Gegenüberstellung „Westdeutschland – DDR" inszenieren. Für den Westteil sollte „eine Gruppe Jugendlicher (Halbstarke) in entsprechender Aufmachung, in einer Kaschemme unter dem Motto" auftreten: „Gaststätten in Westdeutschland – Brutstätten des Militarismus", ein Bearbeiter korrigierte dies in „Stätten der amerikanischen Unkultur". Die DDR-Situation sollte durch eine saubere Milchbar symbolisiert werden.[276] Die „Milchbar", in der nur nicht-alkoholische Getränke serviert wurden, sollte auch Vorbild für das allgemeine Erscheinungsbild der städtischen Gastronomie im Rahmen der Feierlichkeiten sein. „Der Stand der Gaststättenkultur", so eine Vorlage für die Sitzung des Büros der SED Kreisleitung Stralsund am 23. Mai 1959, „ist ein Maßstab der Beurteilung der sozialistischen Umgestaltung unserer Republik. Darum muss mit aller Energie die Verbesserung der Gaststättenkultur erreicht werden." Dabei ging es nicht nur um die qualitative Verbesserung des Angebotes und der baulichen Ge-

---

[275] Damen- und Herren-Salon „Meisterwelle" P.G.H., Stralsund, an die Handwerkskammer Stralsund, 11.4.1959, in: StaS, Rep. 50/486.
[276] Rat der Stadt Stralsund, Abt. Handel und Versorgung, Stralsund, den 22.4.1959. An das Ostsee-Komitee, Betr.: Festumzug anläßlich der 725-Jahrfeier in Stralsund; gez. Tylla, Abteilungsleiter, in: StaS, Rep. 50/486.

staltung der oftmals in schlechtem Zustand befindlichen Etablissements, es ging auch um die Beseitigung einer deutlich alkoholorientierten Trinkkultur in den 24 Kleinstgaststätten der Stadt, vor allem jenen, die sich im Hafengebiet befanden. Der Verkauf von Schnaps sollte eingeschränkt, Gaststätten in eben jene nicht-alkoholischen Milchbars umgestellt und die Gastronomie auf ein allgemein höheres Niveau gebracht werden.[277] Für ein weiteres Projekt wurde ebenfalls die Mitarbeit der Betriebe der Stadt eingefordert. Die Jubiläumspublikation sollte ähnlich wie das Festzug-Konzept neben historischen Abschnitten vor allem eine Leistungsbilanz in den einzelnen wirtschaftlichen und gesellschaftlichen Sektoren enthalten. Eine entsprechende von Oberbürgermeister Bruno Motczinski gezeichnete Vorlage beschloss die SED-Kreisleitung Stralsund in ihrer Bürositzung am 7. Februar 1959.[278] In insgesamt 11 Abschnitten sollten die Geschichte der Stadt, ihrer Arbeiterbewegung und vor allem die Errungenschaften seit 1945 beschrieben werden. Als Autorenkreis waren außer dem Stadtarchivar Herbert Ewe, der auch die Gesamtredaktion übernehmen sollte, und dem zu diesem Zeitpunkt erst 25-jährigen späteren Rostocker Historiker Karl Heinz Jahnke[279] vor allem Betriebsleiter, Arbeiterveteranen, Werktätige und Bürger der Stadt vorgesehen. „Um größere Teile der Bevölkerung bei der Gestaltung dieser Festschrift mitwirken zu lassen, wird vorgeschlagen, in der Presse einen Artikel zu veröffentlichen, der zur Mitarbeit auffordert. Dadurch könnte erreicht werden, daß sich viele Menschen konkretere Gedanken machen, wie sich unsere Stadt besonders in den letzten zehn Jahren entwickelt hat."[280] Wie die übrigen Jubiläumsprojekte auch zielte das Publikationsvorhaben auf eine breite Partizipation. Auf welches Echo dies bei der Bevölkerung traf, bleibt unklar. Seitens der Betriebe wurden in der Tat Berichte über ihre Entwicklung eingesandt, die in der Mehrzahl nüchtern und wenig agitatorisch gehalten waren, allerdings in die Festschrift auch nicht eingingen.[281] Wichtig für die Präsentation Stralsunds als sozialistisches Leistungsbeispiel war das entsprechende Publikum, dem all dies vor Augen geführt werden sollte. Neben der eigenen Bevölkerung, deren Loyalität und positive, aktive Anteilnahme gewonnen und gesichert werden sollte, war dabei insbesondere die Anwesenheit von ausländischen und westdeutschen Gästen von Bedeutung. Neben der ostentativen Zurschaustellung der Verbundenheit mit den Ostseeanrainern aus der sozia-

---

[277] Vorlage für die Sitzung des Büros der SED Kreisleitung Stralsund am 23. Mai 1959, in: LAG, Rep. IV 4/09, Nr. 318, Bl. 129-133.

[278] Beschlussprotokoll Nr. 37, der Bürositzung v. 7.2. 1959, Bl. 4; in: LAG, Rep. IV 4/09, Nr. 316, Bl. 4; die Vorlage „Vorschlag für eine Publikation des Rates der Stadt der Stadt Stralsund zur 725-Jahrfeier anläßlich der Ostsee-Woche 1959 und zum 10. Jahrestag der Gründung der Deutschen Demokratischen Republik" ebenda, Bl. 138-142.

[279] Jahnke, Karl Heinz (1934–2009), Studium in Greifswald, ab 1957 SED, 1960 Promotion, 1966 Habilitation, ab September 1966 Dozent in Greifswald, seit Januar 1969 in Rostock, von September 1973 bis zu seiner Abberufung im Oktober 1991 Professor für die Geschichte der deutschen Arbeiterbewegung, ab 1990 für deutsche Geschichte der neuesten Zeit an der Uni Rostock, siehe Lothar Mertens: Lexikon der DDR-Historiker, München 2006, S. 317f.

[280] Vorlage „Vorschlag für eine Publikation des Rates der Stadt Stralsund zur 725-Jahrfeier anläßlich der Ostsee-Woche 1959 und zum 10. Jahrestag der Gründung der Deutschen Demokratischen Republik", in: LAG, Rep. IV 4/09, Nr. 316, Bl. 142.

[281] Siehe die Berichte von Betrieben und Einrichtungen in: StaS, Rep. 54/485.

Schill-Husaren auf dem Festzug 1959
(Stadtarchiv Stralsund, Fotoslg. VIII
Ls-092a).

listischen Bruderstaatenfamilie zielte die Sozialismus-Präsentation vor allem in
zwei Richtungen: Zum einen nach Skandinavien, wobei vorbereitend diskutiert
werden sollte, wie es „um den sogenannten ‚schwedischen Sozialismus'" stehe und
„welche historischen Verbindungen es von Stralsund zu den skandinavischen Ländern" gebe.[282] Zum anderen waren „gesamtdeutsche" Gespräche zu organisieren.
Westdeutsche Besucher sollten vom positiven Beispiel der DDR überzeugt werden, Projekte wie der im Bau befindliche Rostocker Überseehafen als „Beispiele
und Perspektive für ganz Deutschland" herausgestellt werden. Ziel war es, 450
Arbeiter, Mitglieder und Funktionäre der SPD und der Gewerkschaften aus der
Bundesrepublik einzuladen, so der Beschluss der SED-Kreisleitung am 28. Februar 1959. Dies werde „mit dazu beitragen die nationale Frage des deutschen
Volkes schneller zu lösen."[283] Eine „bevorzugte Versorgung der Objekte für Aus-
länder etc." sollte einen positiven Eindruck der Gäste zusätzlich fördern.[284]

---

[282] Maßnahmenplan für den Stadt- und Landkreis zur Vorbereitung und Durchführung der Ostseewoche 1959 und der 725-Jahrfeier der Werftstadt Stralsund – 26. Juni bis 5. Juli 1959. Mit
vorläufigem Veranstaltungsplan, o. D., S. 3, in: StaS, Rep. 50/634.
[283] Vgl. Beschlussprotokoll Nr. 40 der Bürositzung vom 28. 2. 1959, sowie Betr.: Bericht über die
bisherigen Vorbereitungen zur Ostseewoche, gez. Herrmann, Sekretär für Agit/Prop., Stralsund, den 23. Februar 1959, in: LAG, Rep. IV 4/09, Nr. 316, Bl. 199-201 und Bl. 235.
[284] Vgl. Rat des Bezirks Rostock, Der Vorsitzende, gez. Tisch, an OB des Rates der Stadt Stralsund, betr. Bildung von Versorgungsstäben für die Ostseewoche und Badesaison, 3. 6. 1959, in:
StaS, Rep. 54/502.

4.2 Stadttradition und Leistungsschau

Die Erfolgsbilanz von Ostseewoche und 725-Jahr-Feier las sich eindrucksvoll: 200 000 Besucher hatten an insgesamt 500 Veranstaltungen im Stadt- und Landkreis Stralsund teilgenommen. 320 Veranstaltungen mit über 180 000 Besuchern fanden in Stralsund statt. Die Besucherzahlen waren allerdings, wie noch zu zeigen sein wird, für die einzelnen Veranstaltungen höchst unterschiedlich und spiegelten einen sehr differenzierten Publikumszuspruch wider, vor allem jedoch verbargen sich hinter dieser Bilanz teils gravierende Einschnitte an den ehrgeizigen Plänen.

Im Grunde konnten alle Prestigevorhaben im Rahmen des Stadtjubiläums nur mit mehr oder weniger Einschränkungen realisiert werden. Die Jubiläumspublikation, die mit dem Anspruch breiter Partizipation und umfangreicher Präsentation des neuen Stadtimages als sozialistischer Werft- und Industriestandort geplant worden war, erschien stattdessen sowohl in ihrer bildlichen Gestaltung wie auch in ihrem geschichtlichen Überblick in einem eher traditionellen Gewande. Anstelle des angestrebten umfangreichen Autorenkreises lag die Gestaltung des Bandes in den Händen der Mitarbeiter des Stralsunder Stadtarchivs, namentlich Herbert Ewes und Gustav Erdmanns. Auch inhaltlich gab es maßgebliche Abstriche von der ursprünglichen Konzeption. Selbstverständlich blieb als Grundmotiv die Wandlung der Stadt, der Aufstieg und Aufbau nach Faschismus und Krieg. Auch im sprachlichen Duktus gab es manch übliche Formel wie die von dem „verräterischen Verhalten der rechten Parteiführer" der SPD, und die Rolle der KPD wurde – entgegen den Stralsunder Realitäten – ebenfalls wie üblich herausgehoben. Aber weitere kommunistische Huldigungen unterblieben. Eine im Entwurf vorgesehene Würdigung des Wirkens von Clara Zetkin fehlte ebenso wie die Erwähnung Karl Liebknechts. Wusste man von Zetkin doch lediglich, dass sie sich im Jahre 1903 in Stralsund aufgehalten haben soll, und Liebknecht trat nur einmal, am 4. September 1909, in der Stadt auf. Dies alles war dann für die professionellen Stadthistoriker wohl doch zu wenig, um diesen Persönlichkeiten der revolutionären Arbeiterbewegung eine besondere Rolle für die Stadtgeschichte zuzuweisen. Die Beschreibung der Geschichte der Arbeiterbewegung nahm mit zwei Textseiten und zwei Abbildungen keinen dominanten Platz im knapp zwanzigseitigen Abriss der Stadtgeschichte bis 1945/46 ein, der insgesamt sachlich und nicht ideologisch-propagandistisch aufgeladen war. Auch die umfangreichen Dispositionen zur Entwicklung der Stadt unter antifaschistisch-demokratischen bzw. sozialistischen Bedingungen fanden keinen Eingang in das Jubiläumsbuch. Im Wesentlichen erschöpften sich die Darstellungen hierzu in kurzen Einleitungen zu den erreichten Fortschritten und anschließenden Illustrationen vor allem zum Wohnungsbau, zu einzelnen wirtschaftlichen Sektoren und natürlich zur Volkswerft.[285]

Mit dieser Publikation, die in ihrer Neuauflage 1960 zwar gestalterisch, aber inhaltlich nicht wesentlich verändert wurde, hatte sich offenkundig eine Sicht auf Stadtgeschichte und Stadtentwicklung bewahrt, die sich angesichts ihres thematischen Zuschnitts bereits einige Jahre zuvor als „bürgerliche Geschichtsschrei-

---

[285] 725 Jahre Stralsund. 10 Jahre Arbeiter- und Bauern-Macht. Bearbeitet vom Stadtarchiv Stralsund, Stralsund 1959.

bung" die Kritik der SED zugezogen hatte. Ein im Frühjahr 1953 im Rahmen des Kulturbundes gebildeter Kreis, der sich mit der Stadtgeschichte beschäftigen wollte, wurde in einem Bericht an die SED-Kreisleitung als ein im Wesentlichen aus „gut bürgerlichen Kreisen" zusammengesetztes „Aktiv" bezeichnet, das bei der von Stadtarchivar Herbert Ewe erarbeiteten Themenauswahl befürchten ließ, „dass es eine reine bürgerliche Geschichtsschreibung wird."[286] Die bei einer Sitzung dieses Geschichtsarbeitskreises anwesenden SED-Funktionäre erklärten den Museumsdirektoren, Doktoren und Professoren, es komme besonders darauf an, „dass wir Beispiele erhalten, wie die Stralsunder Bevölkerung im Kampf für das Neue gegen das Alte gestanden hat." Wichtig seien Themen, die für die „patriotische Erziehung" wesentlich seien, so die „neuzeitliche Entwicklung der Arbeiterbewegung in der Stadt Stralsund".[287] Die von einer gewissen „Rest-Bürgerlichkeit" getragene Jubiläumspublikation dürfte diesen Kriterien der SED nicht wirklich entsprochen haben. Und tatsächlich war eine zu geringe ideologische Durchdringung und Konformität in den Repräsentationen anlässlich des Stadtjubiläums eine Kritik der SED, die in der noch eigens zu beschreibenden Kontroverse um die historische Figur Carsten Sarnow kulminierte.

Das an den Abenden des 27. und 29. Juni 1959 auf dem Alten Markt veranstaltete Festprogramm hatte unter erschwerten Bedingungen starten müssen. Nicht nur, dass sich die für die Gesamtleitung verpflichtete Genossin „erst in letzter Zeit voll verantwortlich für die Durchführung des Festprogramms" gefühlt hatte, auch eine Generalprobe musste wegen technischer Probleme – die Lautsprecheranlage war defekt – ausfallen. Dennoch seien die 500 mitwirkenden Berufskünstler und Mitglieder von Volkstanz- und Laienspielgruppen mit „Lust und Liebe bei der Sache" gewesen, wie die Arbeitsgruppe Kultur des Vorbereitungskomitees abschließend berichtete. Der Aufwand, so die Arbeitsgruppe kritisch, habe jedoch in keinem Verhältnis zum Ergebnis gestanden. Denn mangels ausreichender Propaganda hätten nur insgesamt 9000 Besucher die beiden Veranstaltungen gesehen. Die Arbeitsgruppe verbuchte diesen Programmpunkt dennoch als Erfolg, zu berücksichtigen sei ja, dass eine derartige Veranstaltung in Stralsund noch nie realisiert worden sei und alles unter großem Zeitdruck verwirklicht habe werden müssen.[288] Ignoriert wurde dabei, dass mit der Festinszenierung zur 700-Jahr-Feier durchaus Erfahrungen vorlagen, doch entweder war dies den Akteuren der Arbeitsgruppe unbekannt oder Erkenntnisse aus der NS-Zeit schieden von vornherein aus, selbst wenn sie nur organisatorischer Art waren. Während die Veranstalter also das Festprogramm alles in allem positiv bilanzierten, berichtete die SED-Kreisleitung am 30. Juni 1959 an die Rostocker Bezirksleitung Kritisches. Zwar sei das Festprogramm bei den Bürgern gut angekommen, aber es habe „Kritik zu einzel-

[286] Bericht über die Zusammenkunft des Aktivs zur Erforschung der Geschichte Stralsunds am 28. April 1953 um 17.30 Uhr im Hause des Kulturbundes, (Anlage zum Beschlussprotokoll über die Sekretariatssitzung am 29. 4. 1953), in: LAG, Rep. IV 4/09, Nr. 53, Bl. 166–167.
[287] Bericht über die Zusammenkunft des Aktivs zur Erforschung der Geschichte Stralsunds am 28. April 1953 um 17.30 Uhr im Hause des Kulturbundes, in: LAG, Rep. IV 4/09, Nr. 53, Bl. 166f.
[288] Kommission zur Vorbereitung und Durchführung der Ostsee-Woche – Arbeitsgruppe Kultur – Stralsund, den 13. Juli 1959: Bericht über die Arbeit der Arbeitsgruppe und Auswertung der geleisteten Arbeit, gez. Wessel, Leiter der Arbeitsgruppe, in: StaS, Rep. 50/634.

nen Szenen" gegeben. Wie verbreitet diese Kritik war und von wem sie geäußert
wurde, ließ der Bericht zwar offen, aber um eine differenzierte Berichterstattung
sollte es augenscheinlich nicht gehen. Die bald losgetretene ideologische Kampagne warf hier ihre Schatten voraus. Kritisiert werde, so das Fernschreiben der SED-
Kreisleitung vom 30. Juni 1959, dass die Autoren des Festprogramms „nur unge-
nuegend vom klassenstandpunkt an die ausarbeitung des programms herangegan-
gen sind."[289] Angesichts des nur zu deutlichen Bemühens Herbert Kastens, den
Aufbau des Sozialismus in paradiesischen Farben zu malen, ist dieser Vorwurf erstaunlich.

Der Festzug am 5. Juli 1959 stach als Veranstaltung mit dem größten Publikumszuspruch hervor. Nach dem Abschlussbericht der Arbeitsgruppe Kultur hatten 40 000 Menschen den Zug gesäumt. Nur das Abschlussfeuerwerk am Abend
desselben Tages hatte mit 20 000 Menschen eine ähnliche Dimension aufzuweisen.
Auch beim Festzug mussten einige Einschränkungen hingenommen werden. So
fehlte eine Präsentation des Gesundheitswesens im Zug, die Baubetriebe führten,
anders als vorgesehen, keine Großgeräte mit, und die Volkswerft hatte in ihrem
Schauwagen „nur ungenügend den Sieg des Sozialismus zum Ausdruck" gebracht,
so die Kritik. Dennoch zog die Arbeitsgruppe Kultur des Komitees am 13. Juli
1959 auch hier eine positive Gesamtbilanz dieses Hauptereignisses. Obwohl einige
nicht erschienene Mitwirkende beim Festzug durch „Genossen der Seestreitkräf-
te" ersetzt werden mussten, zeugten die etwa 3 000 Stralsunderinnen und Stralsunder, die sich an der Vorbereitung und Durchführung des Festzuges und des Festprogramms aktiv beteiligt hatten, von einem breiteren Engagement der Stadtbevölkerung.[290] Der Konzeption entsprechend war der Zug eine Kombination von
Stadtgeschichte und Aufbau seit 1945 unter dem Motto „Der Sozialismus siegt".
Der historische Teil wurde eröffnet durch sechs Herolde mit Fanfaren und Stadtwappen, es folgten Darstellungen der einzelnen geschichtlichen Epochen und Ereignisse, darunter Persönlichkeiten wie der erwähnte Carsten Sarnow; auch dem
Bürgermeister zu Zeiten der Wallensteinschen Belagerung, Lambert Steinwich,
war ein Wagen gewidmet. Schwedenzeit, Franzosenzeit, Schill – all dies wurde
durchaus im traditionellen Rahmen präsentiert. Ergänzt wurde dies durch die im
sozialistischen Fortschrittstopos konnotierten Stationen wie der Revolution von
1848, der Novemberrevolution 1918, verkörpert durch eine auf einem LKW fah-
rende Gruppe revolutionärer Matrosen, einer Schalmeienkapelle des Roten Front-
kämpferbundes sowie die weiteren Stationen, Faschismus, Krieg, Befreiung, Einheit der Arbeiterklasse 1946.[291]

[289] sed straslund fs nr. 82 30.06.1959 betr. bericht ueber ostsee-woche an bl rostock, in: LAG,
Rep. IV 4/09, Nr. 411, o. Bl.
[290] Kommission zur Vorbereitung und Durchführung der Ostsee-Woche – Arbeitsgruppe Kultur
– Stralsund, den 13. Juli 1959: Bericht über die Arbeit der Arbeitsgruppe und Auswertung der
geleisteten Arbeit, gez. Wessel, Leiter der Arbeitsgruppe, in: StaS, Rep. 50/634, sowie Rat der
Stadt Stralsund – Komitee Ostseewoche/725 Jahrfeier – Abschlußbericht über die Vorbereitung und Durchführung der Ostseewoche 1959 und der 725 Jahr-Feier der Stadt Stralsund,
23. 7. 1959, in: StaS, Rep. 54/502.
[291] Zum Festzug siehe ebenda; die Bilddokumentation in Stralsund. Chronik einer Stadt im sozialistischen Aufbau, bearbeitet vom Stadtarchiv Stralsund, Stralsund 1960; Konzeption für die
Gestaltung des Festumzuges anläßlich der Ostsee-Woche und der 725-Jahrfeier der Stadt Stralsund, gez. Wessel, Vorsitzender der Arbeitsgruppe Kultur, 3. 4. 1959, in: StaS, Rep. 50/634.

Angesichts der erschwerenden Bedingungen, der Zeitnot und der mangelhaften personellen Ausstattung der jeweiligen Vorbereitungsgruppen waren die Ergebnisse und organisatorischen Leistungen vor allem der Großveranstaltungen Festprogramm und Festzug durchaus beachtlich. Doch angesichts der formulierten Ansprüche ließ die Repräsentation der Stadt zu wünschen übrig. Der Wandel von der einstmals bürgerlichen Beamtenstadt zur sozialistisch aufstrebenden Werftstadt wurde keineswegs so augenfällig in Szene gesetzt, wie dies zu erwarten war. Die Volkswerft als Kulminationspunkt eines neu definierten Stadtimages spielte nicht jene überragende Rolle, die ihr bei der Umsetzung der großspurigen Pläne hätte zukommen müssen. Die im Kulturhistorischen Museum präsentierte Ausstellung „Stralsund in der Malerei und Grafik vom 16. Jahrhundert bis zur Gegenwart" verdeutlichte zwar einen Wandel in der Themenwahl von Kirchenbauten und Klöstern hin zu Volkswerft und Hafen. „Der Mensch" aber, so die Kritik der „Ostsee-Zeitung" in der Wochenendausgabe vom 18./19. Juli 1959, „steht am Rande". Das Arbeitsleben werde ungenügend gezeigt, und wo Menschen auftauchten, fehle die „Freude". Der Appell des Kritikers an die Künstler: „Stellt den neuen Menschen in den Mittelpunkt eures Schaffens, den Erbauer des Sozialismus."[292] Die zahlreichen Sportveranstaltungen verzeichneten mit mehr als 31 000 Zuschauern zwar ebenfalls hohen Publikumszuspruch, aber sie wurden, so die Abschlusskritik des Komitees, „zu einer breiten Massenagitation" kaum genutzt.[293] Überhaupt haperte es mit der Außendarstellung der Stadt. Schwedische Gäste beklagten, dass Programme für die Ostseewoche gefehlt hätten. Schwedische Losungen in der Stadt waren falsch übersetzt, und die ausländischen Journalisten hatten keine Schreibmaschinen und Telefone zur Verfügung gestellt bekommen. Generell bemängelten Gäste, dass für die 725-Jahr-Feier keine Reklame gemacht worden sei und Publikationen über Stralsund nicht vorlägen.[294] Trotz der Maßgabe einer verbesserten Versorgung und Gastronomie anlässlich der Festwoche blieb es bei den bekannten Problemen. So stand für die 20 000 Besucher des Abschlussfeuerwerkes am Thälmannufer kein einziger Verkaufsstand bereit. „Außerdem gab es zur Ostseewoche besonders wässerige Bockwurst, worüber besonders die ausländischen Besucher klagten und die Bedienung in den Gaststätten hat sich nicht wesentlich verbessert."[295] Der Abschlussbericht der Abteilung Handel und Versorgung beim Rat der Stadt vom 9. Juli 1959 befand dennoch, der sozialistische Handel habe während der Ostsee-Woche im Blickpunkt der Öffentlichkeit gestanden und habe seine politische Aufgabe erfüllt. Er habe sich, von einigen organisatorischen Mängeln abgesehen, „für eine reibungslose Versorgung mit Erfolg

[292] „Das Bild einer Stadt. Die Entwicklung Stralsunds, dargestellt in Malerei und Grafik", in: Ostsee-Zeitung, 18./19.7.1959, Wochenendbeilage.

[293] Rat der Stadt Stralsund – Komitee Ostseewoche/725 Jahrfeier – Abschlußbericht über die Vorbereitung und Durchführung der Ostseewoche 1959 und der 725 Jahr-Feier der Stadt Stralsund, 23.7.1959, in: StaS, Rep. 54/502.

[294] Zu diesen Kritikpunkten siehe Kommission zur Vorbereitung und Durchführung der Ostsee-Woche – Arbeitsgruppe Kultur – Stralsund, den 13. Juli 1959: Bericht über die Arbeit der Arbeitsgruppe und Auswertung der geleisteten Arbeit, gez. Wessel, Leiter der Arbeitsgruppe, in: StaS, Rep. 50/634.

[295] Rat der Stadt Stralsund – Komitee Ostseewoche/725 Jahrfeier – Abschlußbericht über die Vorbereitung und Durchführung der Ostseewoche 1959 und der 725 Jahr-Feier der Stadt Stralsund, 23.7.1959, S. 8, in: StaS, Rep. 54/502.

HO-Textilien, Schauwagen auf dem Festzug 1959
(Stadtarchiv Stralsund, Fotoslg., VIII Ls-030).

eingesetzt". Der Leiter der Abteilung Thomas Tylla hob die große Modenschau hervor, die im Rahmen eines „Tages des sozialistischen Handels" am Abend des 1. Juli 1959 auf dem Alten Markt mit 4 000 Besuchern veranstaltet wurde. 24 Verkaufsstellen des Kreisbetriebs HO-Lebensmittel und 26 der Konsumgenossenschaft seien überholt worden, die Verkaufszeiten verlängert und sogar eine Nachtverkaufsstelle eingerichtet worden.[296] Negativer fiel der Bericht zur Stadtverschönerung aus. Erst nach Eingreifen eines „Operativstabes" des Oberbürgermeisters, so der Bericht des Stadtbauamtes am 9. Juli 1959, konnten einige Arbeiten realisiert werden: Verputz von 59 Fassaden, Anstrich von 60 Fassaden. Vorherige Aussprachen und Vereinbarungen mit einer Vielzahl von Hausbesitzern hatten zu keinen Ergebnissen geführt.[297] Waren derartige Erscheinungen nicht zuletzt auch durch systemimmanente Versorgungs- und Materialengpässe bedingt, so zeigte sich bei der Präsentierung von Geschichte und Gegenwart der Stadt zweierlei: Eine bei aller Propaganda auch von Stolz auf Erreichtes geprägte Leistungsschau und eine historische Sicht, die auf der bisherigen Stadtgeschichtsschreibung basierte und diese um eine Fortsetzungsgeschichte der Befreiung von Faschismus und des sozialistischen Aufbaus erweiterte. Vor allem die der bisherigen „bürgerlichen" Geschichtsschreibung folgenden Interpretationen historischer Prozesse

---

[296] Rat der Stadt Stralsund. Bezirk Rostock, Abt. Handel und Versorgung, an das Komitee der Ostsee-Woche, 9.7.1959, gez. Tylla, Abteilungsleiter, in: StaS, Rep. 50/634.
[297] Rat der Stadt, Stadtbauamt, an den 1. Stellv. d. Vorsitzenden Gen. Vorbeck, Stralsund, den 9.7.1959, gez. Loui, Stadtbaudirektor, in: StaS, Rep. 50/634.

des Mittelalters und der Frühen Neuzeit gerieten in eine massive Geschichtskampagne, die, zunächst kaum registriert, vom ersten Sekretär der SED-Bezirksleitung und Initiator der Ostsee-Wochen, Karl Mewis[298], in Gang gesetzt wurde.

4.3 Eine neue Stadtgeschichte? Der Fall „Carsten Sarnow"

Am 28. Juni 1959 hielt Karl Mewis bei der Eröffnungskundgebung zur 725-Jahr-Feier auf dem Alten Markt eine Rede. Mewis verknüpfte darin historische Ereignisse mit aktuellen politischen Vorgängen. Im Zentrum stand die Figur Carsten Sarnow, der sich als Sieger über die Ostseepiraten großes Ansehen erworben hatte, als mittelalterlicher Reformer für eine stärkere Partizipation an der Macht gestritten und den patrizischen Bürgermeister Bertram Wulflam vertrieben hatte. Sarnow war letztlich doch der Macht der Wulflams unterlegen und wurde auf dem Alten Markt im Februar 1393 enthauptet. Sarnow war durch die Systeme hinweg als zentrale Figur der Stadtgeschichte behandelt worden, als „idealistischer Demokrat", dessen Saat in falschen Händen eine „unheilvolle Frucht" getragen habe, so die Interpretation 1934, oder in den Worten des Stadtverordnetenvorsitzenden Max Fank im Jahre 1948 als „Führer der Stralsunder Demokratie" und „Kämpfer gegen das Gewalt- und das Diktaturregime".[299] Bei Mewis erschien Sarnow nun als „Sozialdemokrat seiner Zeit", der im Unterschied zu seinem zeitweiligen Mitstreiter Hermann Hosang, laut Mewis ein „konsequenter Revolutionär seiner Zeit", „prinzipienlos" geworden sei und deshalb von den „Volksmassen" nicht mehr geschützt werden konnte – Sarnow mithin ein „Reformist" mittelalterlicher Prägung, der sogar jenen „Revolutionär" Hosang an die Hanse ausgeliefert hatte, deren Gerichtsbarkeit ihn zum Tode durch Rädern verurteilte. Dass Hosang alles andere als ein „Volksfreund", sondern eher eine Person von zweifelhaftem Ruf war, wie Greifswalder Historiker herausgefunden hatten, spielte bei dieser parteilichen Konstruktion keine Rolle. Mewis zog die Verbindung von Sarnow zu Erich Ollenhauer, dem Vorsitzenden der SPD, von dem er sich wünschte, dass er konsequent gegen Adenauer Stellung beziehe, den Mewis wiederum mit dem despotischen Patrizier Wulflam gleichsetzte. Für Mewis war klar, es werde Zeit, dass „die Kinder in der Schule wissen, wer die Helden der Geschichte von Stralsund waren. Karsten Sarnow war ein Held, aber er ging nicht bis zu Ende" – wie eben die so-

[298] Mewis, Karl (1907–1987), Schlosser, ab 1924 KPD, diverse Funktionen u. a. ab Okt. 1929 bis Herbst 1932 Orgleiter der KPD-Bezirksleitung Magdeburg-Anhalt, 1932-34 Internationale Lenin-Schule Moskau, Funktionen in der illegalen KPD, ab 1936 Emigration nach Dänemark, Teilnahme am Spanischen Bürgerkrieg, 1935 Kandidat, 1939 Mitglied des ZK der KPD, verschiedene Exilstationen, zuletzt in Schweden, Dez. 1945 Rückkehr nach Deutschland, zunächst Sekretär der KPD-Bezirksleitung Mecklenburg, später die KPD-, dann SED-Landesleitung Groß-Berlin (bis 1949), ab Juli 1951 1. Sekretär der SED-Landesleitung Mecklenburg, ab Juli 1952 der Bezirksleitung Rostock, ab 1950 Kandidat, seit 1952 Mitglied des ZK und ab 1958 Kandidat des Politbüros sowie ab 1960 Mitglied des DDR-Staatsrates, ab Juli 1961 Chef der Staatlichen Plankommission, 1963 Verlust dieser Spitzenpositionen, anschließend Botschafter in Polen und Mitarbeiter im Institut für Marxismus-Leninismus. Vgl. Hermann Weber/Andreas Herbst: Deutsche Kommunisten. Biographisches Handbuch 1918 bis 1945, Berlin 2005, S. 501.
[299] Zur Charakterisierung Sarnows 1934 siehe oben S. 132; zu 1948 siehe das Redemanuskript Fanks „Begrüßungsansprache Jugendkongress am 30. Mai 1948", in: NL Fank/Rostock, Ordner 12.

zialdemokratischen Reformisten. Hermann Hosang dagegen präsentierte der Bezirkssekretär Mewis als „ein Vorbild unserer Zeit". „Wir bitten", so Mewis weiter, „daß solche Fragen im Mittelpunkt der 725-Jahr-Feier stehen".[300]
Was Mewis veranlasste, diese Anleitungen zur Geschichtsauffassung anlässlich der 725-Jahr-Feier der Stadt in die Welt zu setzen, kann nicht abschließend geklärt werden. Mag sein, dass er sich auf ideologischem Gebiet profilieren wollte und Ostseewoche und Stadtjubiläum dazu nutzte, seinerseits einen Beitrag gegen sozialdemokratische „Halbherzigkeiten" im „Friedenskampf" zu leisten. Mag sein, dass er damit auch von anderen Problemen ablenken wollte, denn der Bezirk Rostock, namentlich die Werftenindustrie, stand unter massiver Kritik der SED-Spitze wegen mangelnder Planerfüllung.[301] Und möglicherweise gab das Erscheinen der dramatischen Ballade „Klaus Störtebeker" aus der Feder Kurt Bartels („Kuba") einen weiteren Anlass zu intervenieren. Immerhin hatte der Vorzeigedichter der DDR die beiden Protagonisten Sarnow und Hosang entsprechend der von Mewis präsentierten Dichotomie „Sozialdemokrat" – „Revolutionär" in Szene gesetzt.[302]
Auf die Ausgestaltung der 725-Jahr-Feier konnten Mewis' Forderungen jedoch kaum mehr einwirken. Die Gesamtkonzeption für die Feiern waren abgeschlossen. Die Veranstaltungen hatten am Vorabend begonnen. In der Jubiläumsschrift wurde Sarnow als Teil jener Kräfte geschildert, die für eine Demokratisierung gestritten hatten. Von Hosang war überhaupt nicht die Rede.[303] Die gleiche Sicht veröffentlichte die „Ostsee-Zeitung" in einem Artikel zur Stadtgeschichte am 27. Juni 1959.[304] Im Festzug am 5. Juli wurde Sarnow als eine Persönlichkeit präsentiert, der als Sieger über die Piraten und Vertreter der Stadt „die Unterstützung aller Schichten der Bevölkerung" hatte.[305] Offenkundig nahm kaum jemand Notiz von Mewis' Ausführungen. Die SED-Kreisleitung berichtete per Fernschreiben an die Rostocker Bezirksleitung am 29. Juni 1959 anlässlich der Premiere des Festprogramms und der Eröffnungskundgebung auf dem Alten Markt, dass über die Geschichte Stralsunds kaum diskutiert werde und dass auch die „Worte des Genossen Mewis über die Stellung einzelner Personen fast unbekannt waren".[306] Und dies, so ist hervorzuheben, obwohl auf dieser Kundgebung 7 000 Menschen anwesend waren! Herbert Kasten, der sich als einer der Hauptakteure der Jubiläumsgestaltung angesprochen fühlen musste, meldete allerdings sofort Widerspruch an: Er sei mit Mewis' Ausführungen nicht einverstanden und werde diesem einen

---

300 „Das Volk herrscht in Stralsund. Zu einigen Fragen der Geschichte der Stadt am Strelasund. Aus der Rede des Genossen Karl Mewis anläßlich der 725-Jahrfeier während der Ostseewoche", in: Ostsee-Zeitung, 25./26. 7. 1959 (Wochenendbeilage).
301 Siehe die Beratung des ZK mit den Ersten Sekretären der Bezirksleitungen am 4. Mai 1959, in: SAPMO-BArch, DY 30/IV 2/1.01/320, Bl. 49.
302 Zur bundesrepublikanischen Wahrnehmung siehe u. a. „Störtebeker im roten Hemd", in: Die Zeit, 11. 9. 1959, Nr. 37.
303 Siehe 725 Jahre Stralsund (1959) sowie textidentisch in: Stralsund. Chronik (1960), S. 15.
304 „1234–1959. Aus der Geschichte Stralsunds", von Dr. Gustav Erdmann, in: Ostsee-Zeitung, (Ausgabe Stralsund), 27. 6. 1959, Beilage.
305 Konzeption für die Gestaltung des Festumzuges anläßlich der Ostsee-Woche und der 725-Jahrfeier der Stadt Stralsund, gez. Wessel, Vorsitzender der Arbeitsgruppe Kultur, in: StaS, Rep. 50/634.
306 sed stralsund [Fernschreiben an] bl rostock. informationsbericht nr. 80 v. 29. 6. 1959 24.00, in: LAG, Rep. IV 4/09, Nr. 411, o. Bl.

Brief schreiben.[307] Kasten hatte 1958 einen Roman über Sarnow geschrieben, der auf historischen Recherchen basierte.[308] Kasten zeichnete darin Sarnow als positive Figur, während er den nun zum Vorbild erkorenen Hosang eher negativ charakterisierte. Die SED-Kreisleitung lieferte jeden Tag neue Informationen in der Angelegenheit nach und wusste am 2. Juli 1959 zu vermelden, dass sich in den verschiedenen Schichten der Bevölkerung die Diskussion um die Rede des Genossen Mewis zu entwickeln beginne[309], was nichts anderes hieß, als dass sie bislang nicht recht in Gang gekommen war. Bei den Organisatoren der Festwoche selbst, dem Festkomitee für Ostseewoche und Stadtjubiläum, war die geforderte Diskussion noch Mitte Juli nicht angekommen. In den Abschlussberichten der einzelnen Arbeitsgruppen und im zusammenfassenden Bericht des Komitees spielte die Mewis-Rede keinerlei Rolle. Die für die inhaltliche Gestaltung Verantwortlichen, darunter Kasten und die Stadthistoriker Gustav Erdmann und Herbert Ewe, wurden keineswegs kritisiert, sondern für eine Anerkennung vorgeschlagen. Dem Festzug und insbesondere dessen historischem Teil wurde ausdrücklich eine „klassenmäßig richtige Darstellung" attestiert.[310]

Angesichts dieser völlig mangelhaften Resonanz trat die SED nun eine Kampagne los, die zum einen aus als Diskussionsbeiträge deklarierten, bestellten Artikeln in der „Ostsee-Zeitung" sowie einer intensiven Versammlungsaktivität der SED und des Kulturbundes bestand. Den Anfang machte die ausschnittsweise Veröffentlichung der Rede Karl Mewis' auf der Großkundgebung vor dem Stralsunder Rathaus am 28. Juni, die einen Monat später, in der Wochenendbeilage der „Ostsee-Zeitung" vom 25./26. Juli 1959 erschien. Obwohl Mewis sich ja an die Stadt Stralsund und an die Verantwortlichen der 725-Jahr-Feier gewandt hatte, stand nun Herbert Kasten und der von ihm veröffentlichte Roman „Karsten Sarnow" aus dem Jahr 1958 im Mittelpunkt der Kampagne. Den Reigen der vorgeblichen Diskussionsbeiträge eröffnete der Autor Erich Fabian[311] in der Wochenendausgabe des SED-Blattes vom 8./9. August 1959. Er war erst unter Hinweisen auf die Parteidisziplin dazu genötigt worden. In einem Brief an Kasten hatte sich Fabian für seine im Vergleich zu den folgenden Beiträgen alles in allem maßvolle und um Sachlichkeit bemühte Kritik entschuldigt. Er habe sich den ihm gegenüber geäußerten „Argumenten" nicht verschließen können.[312] Der folgende Beitrag am

307 Ebenda.
308 Herbert A(lbert) W(ilhelm) Kasten: Karsten Sarnow, Berlin (Verlag Neues Leben) 1958.
309 sed stralsund fs 86 2.7.59 23.30 an die bezirksleitung der sed information, betr.: bericht über die ostseewoche 1959, in: LAG, Rep. IV 4/09, Nr. 412.
310 Kommission zur Vorbereitung und Durchführung der Ostsee-Woche – Arbeitsgruppe Kultur – Stralsund, den 13. Juli 1959: Bericht über die Arbeit der Arbeitsgruppe und Auswertung der geleisteten Arbeit, gez. Wessel, Leiter der Arbeitsgruppe, in: StaS, Rep. 50/634.
311 Fabian, Erich (1893–1969), Studienrat und Schriftsteller, Studium der alten Sprachen, Germanistik und Sprachwissenschaften in Rostock, Freiburg und Greifswald, seit 1923 Studienassessor, 1927 Studienrat, 1928 Promotion, ab 1933 Privatlehrer, Autor von Romanen und Essays, darunter 1948 „Der Doppelgänger", siehe Grete Grewolls: Wer war wer in Mecklenburg-Vorpommern, Bremen 1995, S. 125.
312 Zur Vorgehensweise siehe die Kritik Kastens, die in einer Vorlage für die Sitzung der SED-Kreisleitung wiedergegeben war: Abt. Org./Kader, Stralsund, den 3.9.1959: Vorlage für die Bürositzung am 5. September 1959, in: LAG, Rep. IV 4/09, Nr. 412. Zum Beitrag siehe: „Zur Geschichte Stralsunds und zu Kastens Roman ‚Karsten Sarnow'", von Erich Fabian, in: Ostsee-Zeitung, 8./9.8.1959, Wochenendbeilage.

Wochenende des 15./16. August 1959 war schon aus anderem Holz geschnitzt. Ein Autor namens Kurt Herer nahm nicht nur die Stralsunder Parteileitung, sondern auch die Universitäten in Rostock und Greifswald aufs Korn. Er wunderte sich, „daß die Historischen und Germanistischen Institute beider Universitäten des Bezirkes Rostock bisher mit keiner Silbe Stellung zu dem Buch ‚Karsten Sarnow‘ von Herbert Kasten genommen haben. […] Soweit mir bekannt ist, hatten sich nicht einmal die Parteileitungen Stralsunds mit den Auffassungen des Genossen Kasten befaßt. Eine ausführliche Stellungnahme von dort würde mich und viele Leser und Bekannte sehr interessieren."[313] Nun folgten die Stellungnahmen flugs und Schlag auf Schlag. Am 26. August 1959 meldete sich der Rostocker Historiker Martin Polzin (1929–1983) zu Wort und wies jene SED-Genossen zurecht, die nach der Mewis-Rede „lamentiert" hätten, man könne doch nicht die mittelalterliche Gestalt Sarnow mit einem Sozialdemokraten vergleichen. Polzin entgegnete, es gehe „um die Anwendung des historischen Materialismus, um die Parteilichkeit der historischen Darstellung" – ein Einwand, der die berechtigte Kritik nicht gerade fundiert entkräftete, wie überhaupt Polzin sich in Allgemeinheiten verlor und gegenüber Kastens „schönfärberischer" Darstellung die „parteilichen" und dabei „streng historischen" Werke Kubas über „Klaus Störtebeker" und Willi Bredels „Die Vitalienbrüder" hervorhob. Und natürlich verstand Polzin die Debatte auch als Verpflichtung, dass die Mediävisten in Rostock und Greifswald die Geschichte der Hanse „endlich von der Position des historischen Materialismus aus erforschen müssen" – dies war offenbar bislang nicht oder nur unzureichend geschehen.[314] Gleichsam den Beweis antretend, dass diese Verpflichtung auch umgesetzt würde, meldete sich der seinerzeit 29-jährige Mediävist Konrad Fritze[315] mit einem umfangreichen Beitrag, der auszugsweise in der Wochenendbeilage der „Ostsee-Zeitung" am 29./30. August 1959 veröffentlicht wurde. Fritzes Quintessenz: Sarnows Haltung war die des „Versöhnlertums", es gebe keinerlei Veranlassung, ihn als „lichten Volkshelden übermäßig zu glorifizieren".[316] Die Kampagne in der SED-Presse zog sich bis in den September hinein.[317]

Die Stralsunder SED inszenierte am 28. August 1959 eine Art „Tribunal" mit Herbert Kasten als kritisierter Hauptperson. Sieben Stunden lang befassten sich 650 Genossinnen und Genossen aus Stadt- und Landkreis Stralsund mit dem Thema Kasten/Sarnow, den ideologischen Folgen und zu ziehenden Lehren. Kreisleiter Heinz Chill machte in seinem einführenden Referat unzweideutig klar,

---

[313] „Welchen Weg geht Herbert A. W. Kasten?" von Kurt Herer, in: Ostsee-Zeitung, 15./16. 8. 1959, S. 2.

[314] „Für eine parteiliche Darstellung unserer Heimatgeschichte", von Dr. Martin Polzin, in: Ostsee-Zeitung, 26. 8. 1959, S. 5.

[315] Fritze, Konrad (1930–1991), ab 1949 SED, Studium der Geschichte in Greifswald, ebendort Professor an der Sektion Geschichtswissenschaft, Spezialgebiet Geschichte der Hanse. Siehe Mertens, Lexikon, S. 225.

[316] „Sarnow blieb auf halbem Wege stehen", von Dr. Konrad Fritze, Historisches Institut der Universität Greifswald, in: Ostsee-Zeitung, 29./30. 8. 1959, Wochenendbeilage.

[317] „Herbert A. W. Kasten ergreift nicht Partei", von Ernst Horstmann und Dr. Finze, Philosophische Fakultät der Universität Rostock, in: Ostsee-Zeitung, 4. 9. 1959, S. 2; „Das Buch hilft uns nicht weiter", von Räther, Direktor der Schule Dranske auf Rügen, in: Ostsee-Zeitung, 2. 9. 1959; „Eine Erzieherin zum Buch ‚Karsten Sarnow‘", von Holtfreter, in: Ostsee-Zeitung, 8. 9. 1959.

dass „jede Geschichtsforschung und jede Geschichtsschreibung der auftraggebenden Klasse entspricht." Wolle man die Menschen geistig beeinflussen, „dann doch in dem Sinne, daß sie eben alle ein und dieselben Schlußfolgerungen ziehen, nämlich die richtigen im Sinne des Marxismus-Leninismus."[318] Damit waren alle Einwände Kastens auf eine quellengestützte historische Sicht beiseite gewischt. Nicht die vorhandene Quellenlage, die eben den vorgeblichen „Revolutionär" Hermann Hosang alles andere als in positivem Licht erscheinen ließ, war entscheidend, sondern eine Geschichtskonstruktion, die als Legitimationsfolie für die aktuelle Propaganda dienen konnte. Die Gleichung lautete: Carsten Sarnow = SPD-Lakaien für den Imperialismus, dagegen Hosang = konsequenter Friedensweg der SED.

Neben der Verdammung eines „Dritten Weges", wie ihn die Sozialdemokraten befürworteten, ging es bei der Kampagne, die ebenso im Kulturbund, im Schriftstellerverband und in den Wohnbezirksausschüssen der Nationalen Front geführt wurde, auch um die Kreation eines „neuen" Geschichtsbildes der Stadt.[319] In einer Stellungnahme zur Geschichte Stralsunds und zur Rolle Karsten Sarnows stellte die SED-Kreisleitung fest, Stralsund sei „durch das pulsierende Leben in den sozialistischen Betrieben zu einer neuen Stadt geworden." Der Weg des Sozialismus werde „konsequent" beschritten. „Es gibt kein Zaudern, sondern nur einen ständigen Kampf um das Alte zu besiegen und das Überlebte über Bord zu werfen." Es gelte die Forderung, „alle opportunistischen Erscheinungen der Geschichtsschreibung schonungslos zu entlarven". Alle Werktätigen seien „an die kulturellen Güter heranzuführen und die kapitalistische Rückständigkeit im Kulturleben [sei] zu überwinden." Die SED-Kreisleitung kritisierte zwar besonders Kastens Roman, aber auch die Gestaltung des Festprogramms zur 725-Jahr-Feier insgesamt. Die darin enthaltene „Auslegung" der Geschichte stärke nicht den Siegeswillen des Volkes, sie sei opportunistisch „und deshalb eine Ideologie des 3. Weges", sie könne nur „den Feinden des Volkes nützen". Alle Werktätigen der Stadt Stralsund wurden aufgerufen, an der Auseinandersetzung um die Stralsunder Geschichte teilzunehmen, „um die sozialistische Kulturrevolution zu beenden". Alle Bremsklötze seien zu beseitigen, die sich dem Neuen und dieser Diskussion in den Weg stellen.[320]

Kasten, der ein von der SED gefordertes Umschreiben seines Buches ablehnte, fuhr am 30. Oktober 1959 resigniert nach West-Berlin. „Seine ganzen Ideale, die er einmal für die Partei hegte", seien, so bekannte er gegenüber seiner Frau, „nun restlos zerbrochen worden". Von seiner Tochter noch einmal zur Rückkehr überredet, kehrte der Schriftsteller im Dezember 1959 der DDR endgültig den Rücken.[321] Drei Jahre später meldete die SED-Kreisleitung in einer Agitationsschrift

---

[318] Protokoll der Kreisparteiaktivtagung am 28. August 1959, in: LAG, Rep. IV 4/09, Nr. 286, Bl. 140–227, Zitate Bl. 193 und 210. Siehe auch „Mit Halbheiten gewinnt man keine Schlachten", von Heinz Chill, 1. Sekretär der Kreisleitung Stralsund der SED, in: Ostsee-Zeitung, 5.9.1959.

[319] Siehe u.a. „Der Hauptfrage nicht ausweichen", in: Ostsee-Zeitung, 29.9.1959, S. 5 sowie SED KL Stralsund an Gen. Schmelzer, Sekr. f. Kultur, Bezirksleitung der SED, Stralsund, 16.12.59, gez. Schmidt, in: LAG, Rep. IV 4/09, Nr. 565, Bl. 32f.

[320] Vgl. „Stellungnahme des Büros der Kreisleitung der SED zur Geschichte Stralsunds und der Rolle Karsten Sarnows", o. D. in: LAG, Rep. IV 4/09, Nr. 565, Bl. 45–47.

[321] Vgl. An die Bezirksleitung der SED, z. Hd. Gen. Schmelzer – sofort auf den Tisch – betr.: Information über die R.-Flucht des Genossen Herbert A. W. Kasten, o. D. in: LAG, Rep. IV 4/09, Nr. 565, Bl. 34–36, Christian Bielenberg: „Der Fall Herbert Kasten", in: Die Zeit, Nr. 50, 11.12.1959, sowie „Gerädertes Vorbild", in: Der Spiegel 51/1959, 16.12.1959, S. 85.

den Vollzug der Forderung nach einer neuen Geschichtsauffassung: „In Stralsund haben die Werktätigen mit der Vergangenheit Schluß gemacht." Erst die Arbeiter- und Bauernmacht habe in Stralsund die Industrie geschaffen und den Hafen belebt. „Großes haben wir geschaffen, die Vergangenheit ist besiegt."[322] Etwa zur gleichen Zeit des Erscheinens dieser Broschüre verloren die leitenden Personen der SED-Kreisleitung und der Stadtverwaltung ihre Posten. Im Juli 1962 beschloss die SED-Kreisleitung, den ersten Sekretär Heinz Chill, den Oberbürgermeister Bruno Motczinski und weitere Leitungskader wegen „ernster Mängel" und Verletzung der „Leninschen Normen des Parteilebens" ihrer Funktionen zu entheben.[323]

4.4 Stadt-Identität und Außenwirkung

Ein derart radikaler Schnitt in der Geschichtsauffassung, der den aktuellen „siegreichen" Weg des Sozialismus von der Vergangenheit abkoppelte und ein Ende der Vergangenheit postulierte, war ganz offenkundig nicht von langer Haltbarkeit, wenn er denn jenseits der Verlautbarungen überhaupt im Bewusstsein jener eingeprägt war, die entweder eine eher vage, gefühlsmäßige oder aber professionelle Sicht auf die Geschichte der Stadt hatten. In späteren Publikationen der Stadt jedenfalls waren bei aller selbstverständlichen „parteilichen" Einordnung und Interpretation der Geschichte derartige Überspitzungen und im konkreten Falle des mittelalterlichen Bürgermeisters Sarnow auch grotesken Konstrukte nicht mehr aufzufinden. Geschichte fand als Prozess statt, der – wie konnte es anders sein – in positiver Richtung nur im Sozialismus münden konnte. Im 1969 aus der Feder Herbert Ewes erschienenen Stadtbuch „Stralsund" war vom „Revolutionär" Hosang nicht mehr die Rede, und Sarnow wurde nicht mehr als „Reformist" verteufelt.[324] Die zur 750-Jahr-Feier herausgegebene „Geschichte der Stadt Stralsund" widmete Sarnow, „eine der bedeutendsten und zugleich tragischsten Gestalten der Stralsunder Geschichte im Kampf um den gesellschaftlichen Fortschritt", eine ausführliche und quellenbasierte Würdigung, während es zu Hermann Hosang in wenigen Zeilen hieß, er werde „gelegentlich" als prominenter Gegner der Patrizier genannt, in den Quellen gebe es jedoch „keinen Beleg für diese angebliche Gegnerschaft".[325] Der Autor dieser ausgewogenen Darstellung war im Übrigen der Greifswalder Historiker Konrad Fritze, einstmals einer jener Wissenschaftler, die in der SED-Kampagne gegen Kasten und dessen angeblich opportunistische Geschichtsauffassung aufgeboten worden waren. Die 1984 veröffentlichte Version der Stadtgeschichte muss im Rahmen jenes Diskurses gewertet werden, der ab Ende der 1970er Jahre unter der Überschrift „Erbe und Tradition" eine differenziertere Sicht auf die Geschichte, speziell die deutsche Nationalgeschichte, warf

---

[322] „Das nationale Dokument und die Entwicklung Stralsunds", hrsg. v. Kreisleitung der SED, Abt. Agitation/Propaganda, Stralsund 1962, Zitate S. 8ff. und 12.
[323] Siehe Dietrich Richter: Stralsund von 1961 bis 1970, in: Geschichte der Stadt Stralsund (1984), S. 407–441, hier S. 412.
[324] Herbert Ewe: Stralsund, Rostock 1969, S. 130f.
[325] Konrad Fritze: Entstehung, Aufstieg und Blüte der Hansestadt Stralsund, in: Geschichte der Stadt Stralsund (1984), S. 9–102, hier S. 70–74.

und auch die Teile jener Geschichte annahm, die in vormaligen grobschlächtigen gut-böse-gerasterten Instrumentalisierungen verteufelt worden waren.

Offen bleibt, welche Wirkungen jene von Karl Mewis losgetretene Kampagne auf die Stadtbevölkerung und ihr Verhältnis zu Stralsund und seiner Geschichte hatte. In der erwähnten Kreisparteiaktivtagung am 28. August 1959 waren eine Reihe von Rednerinnen und Rednern angetreten, die in die Verurteilung von Herbert Kastens Werk einstimmten. Auffallend war dabei, dass sich außer Stadtbaudirektor Karl-Heinz Loui niemand der offiziellen und mit der Durchführung der Feiern betrauten Vertreter der Stadt mit Kritik exponierte. Die für die Gestaltung des Festprogramms verantwortliche Intendantin des Theaters, Genossin Eva Fritzsche[326], gab nur eine sehr kurze Stellungnahme ab, die eine selbstkritische Note enthielt. Die Künstler, so auch sie, würden oft noch außerhalb stehen und keine Verbindung mit „den Menschen" haben. Genosse Kasten möge doch die Kritik an seinem Werk als „Freundschaftsbeweis" der Partei ansehen.[327] Reichlich holprig folgte Oberbürgermeister Bruno Motczinski der parteimäßig vorgegebenen Linie und hangelte sich von einer formelhaften Losung zur nächsten, um als Quintessenz zu fordern, „wir müssen uns anstrengen im Nationalen Aufbauwerk Initiative zu entfalten in unserem Plan und über unseren Plan hinaus".[328]

Berücksichtigt man den großen Aufwand der Geschichts- und Ideologiekampagne vom Sommer 1959, dann erstaunt die offizielle Repräsentation der Festveranstaltungen in der überarbeiteten Ausgabe des Jubiläumsbuches aus dem Jahre 1960. Im Vorwort zur Dokumentation des Festzuges, der als lebendige Verbundenheit von Geschichte und Gegenwart zu einer „geschlossenen Einheit" gewertet wurde, hieß es, dieser Festzug habe zugleich den Beweis gebracht, „daß Feiern wie diese Volksfeste im besten Sinne optimistische, zukunftsweisende Veranstaltungen sein sollen und auch sein können, wenn die schöpferischen Kräfte der Bevölkerung richtig angeleitet werden."[329] Nach allem, was man der ab Juli 1959 veröffentlichten Parteikritik entnehmen konnte, waren die „schöpferischen Kräfte" oder zumindest einige zentrale Personen davon ja wohl kaum richtig „angeleitet" worden. Doch von all dem war in der Neuauflage des Jubiläumsbuches nichts zu bemerken, als hätte die öffentlich geführte Kampagne aus dem Vorjahre nicht stattgefunden. Verbarg sich dahinter eine Form städtischen Beharrungsvermögens als Ausdruck einer städtischen Identität, die weiterhin auf der Geschichte der Stadt basierte?

Bei einer Reihe der für die inhaltliche Gestaltung der Feierlichkeiten verantwortlichen Personen darf eine mehr oder weniger starke Verbundenheit mit der

---

[326] Fritzsche, Eva (1908–1986), seit Beginn der 1930er Jahre Mitglied der KPD, ab 1936 Kontakt zur Widerstandsgruppe „Rote Kapelle", 1937–1944 Studium der Malerei an der Berliner Hochschule der Künste, 1946 Mitglied der SED, ab 1947 Tätigkeit an der DEFA bis 1956, zunächst als Assistentin, dann als Regisseurin, 1958–1963 Intendantin am Stralsunder Theater, später Tätigkeiten in Güstrow und Schwerin sowie als freiberufliche Regisseurin. Siehe DEFA-Stiftung: Veröffentlichungen „Fritsche, Eva" (http://www.defa-stiftung.de/cms/ (S(nppr3i2ydetmvi45nlfh0p45))/DesktopDefault.aspx?TabID=852. 06.11.2009).

[327] Protokoll der Kreisparteiaktivtagung am 28. August 1959, in: LAG, Rep. IV 4/09, Nr. 286, Bl. 164.

[328] Ebenda, Bl. 184.

[329] Stralsund. Chronik (1960), [S. 161].

Stadt angenommen werden. Die Leiterin des städtischen Museums, Käthe Rieck, 1902 in Rostock geboren und seit 1914 in Stralsund lebend, hatte bereits ab 1921 als Assistentin des damaligen Museumsdirektors Fritz Adler gewirkt und als dessen Nachfolgerin die Museumsleitung 1950 übernommen. Sie war allein durch die jahrzehntelange berufliche Beschäftigung mit Kultur und Geschichte der Stadt eng mit Stralsund verwurzelt.[330] Oberbürgermeister Bruno Motczinski (Jahrgang 1918) war wie der Schriftsteller Herbert Kasten, der 1913 als Sohn eines Eisenbahnbeamten geboren wurde, gebürtiger Stralsunder. Kasten kehrte allerdings 1932 der Stadt den Rücken, um in Bremen das Abitur nachzuholen und lebte erst seit 1948 und nach seiner Entlassung aus französischer Kriegsgefangenschaft wieder in der Stadt. Kasten rekurrierte deutlich auf jene „Wesensmerkmale" der Stadt, wie sie auch in den voraufgegangenen Systemen der Stadt zugeschrieben worden waren. In einem Beitrag für die 1950 vom Rat der Stadt herausgegebene, erste umfassende Bestandsaufnahme des Wiederaufbaus nach 1945 schrieb er von dem „Eindruck einer starken Geschlossenheit steingewordenen Menschenwerkes", den ihm die Stadt vermittelte. Die Zeiten, in denen sich dies vollzogen habe, seien zwar vergangen, „aber die Kraft derer, die hier im Anfang planten und bauten, ist heute noch lebendig, muß weiterwirken, weil sie das Bild gestaltete, das die Menschen täglich anspricht." Hart laste die Schwere der Zeit über der Stadt. „Trotzdem zeigt sich bereits wieder ein unversiegbarer Lebenswille, der, ganz gleich, ob er aus der Verpflichtung einer großen Vergangenheit seine Kraft schöpft oder unter dem Gebot der Zeit steht, würdig an die Auffassung verklungener Epochen anknüpft."[331] Auch die beiden zwar aus der Region, aber nicht aus Stralsund stammenden Autoren des Jubiläumsbuchs und weiterer Jubiläumstexte, Gustav Erdmann (Jg. 1930) und Herbert Ewe (Jg. 1921), griffen das bisherige Geschichtsbild auf, allerdings sachlich und ohne jenen Pathos Kastens zu bemühen.[332] Bei aller sichtbaren Einbindung in eine Aufbau- und Fortschrittsgeschichte lassen sich hier Kerne eines „bürgerlichen" Geschichtsbildes ausmachen, die aus der Zeit vor 1933 stammten und auch die nationalsozialistischen Jahre der Stadt überdauert hatten.[333] Ein Grundpfeiler städtischer Identität fehlte allerdings in den Stralsunder Selbstdarstellungen des Jahres 1959: Der Protestantismus, der die historische Deutung und die Repräsentation der Stadt bis 1945 maßgeblich prägte, spielte nun keine dominante Rolle mehr.

---

[330] Siehe StAS, Rep. 39/4642 (Personalakte), sowie Hansestadt Stralsund (Hg.): Frauen in der Stralsunder Stadtgeschichte, Stralsund 1998.
[331] Herbert A. W. Kasten: Hansastadt – Werftstadt, in: Stralsund. 5 Jahre Aufbau (1950), S. 9–12, hier S. 9 f. Biografische Angaben zu Kasten siehe: Internationales Biographisches Archiv (Munzinger-Archiv), 15/1963, v. 1.4.1963.
[332] Ewe (1921–2006) war in der Nähe von Pölitz geboren und von 1952–1986 Leiter des Stadtarchivs, s. u. a. Hans-Joachim Hacker: Zum 80. Geburtstag von Herbert Ewe, in: Baltische Studien, Bd. 88, N. F. (2002), S. 131–136. Wie Ewe hatte Erdmann (1930–1994) in Greifswald studiert (Germanistik, Theaterwissenschaft, Kunstgeschichte und christliche Archäologie) und dort 1957 zum Dr. phil. promoviert, seit 1981 bis zum Tode Direktor des Gerhart-Hauptmann-Museums in Erkner, s. StAS, Rep. 39/1704 (Personalakte), sowie Gustav Erdmann: Das Gerhart-Hauptmann-Museum, Erkner 1994.
[333] Für Dresden, das durch seine umfangreiche Zerstörung im Februar 1945 eine weit gravierendere Zäsur als Stralsund erfuhr, hat Jochen Guckes für die Zeit der 1950er Jahre zumindest weiter existierende „bürgerliche Werte- und Einstellungsrelikte" in den Selbstbildern der Stadt festgestellt. Vgl. Guckes, Städtische Selbstbilder (2005), S. 172.

HO-Fix, Schauwagen auf dem Festzug 1959
(Stadtarchiv Stralsund, Fotoslg., VIII Ls-027).

Sieht man von Herbert Kasten ab, so ist nicht überliefert, wie diese mit der Stadtgeschichte professionell befassten Personen auf die Parteikampagne reagierten. Der Inhalt der offiziellen Stadtveröffentlichung zu den Jubiläumsfeierlichkeiten und zur Geschichte der Stadt deutet jedenfalls darauf hin, dass sich die dafür Verantwortlichen von der absurden Geschichtskonstruktion à la Mewis nicht beeindrucken ließen. Im Gegenteil, es wurde hervorgehoben, dass dieses Stadtjubiläum „eine Angelegenheit der gesamten Einwohnerschaft" gewesen sei, was besonders durch den Festumzug sinnfällig geworden sei. „Zahlreiche Einwohner hatten sich freudig für die Gestaltung der einzelnen Bilder zur Verfügung gestellt."[334] Natürlich war diese Darstellung dazu angelegt, die enge Verbundenheit der Bevölkerung mit den politischen Verantwortlichen in Stadt und Kreis zu unterstreichen, mit jenem „Werden und Wirken des Neuen und Zukunftsträchtigen in unserem unter der Arbeiter- und Bauern-Macht aufblühenden Gemeinwesen", doch die Publikation stellte trotz dieser politisch-ideologischen Einbindung die Stadt und die Verbundenheit ihrer Einwohner mit der Stadt in den Mittelpunkt. Die Rückschau auf die „bedeutende historische Tradition" wurde dabei nicht ausgeblendet, sondern in eine Einheit mit der Zukunft integriert. Wie stark die traditionelle Verbundenheit der Stadtbevölkerung angesichts der großen Fluktuationen durch kriegsbedingte Massenmigration einerseits und durch den Wegzug Richtung Westen andererseits tatsächlich ausgeprägt war, muss zweifelsohne differenziert betrachtet werden. Offenkundig spielte jedoch die Geschichte der

---

[334] Stralsund. Chronik (1960), [S. 160f.].

Stadt und ihre herausragenden Ereignisse und Persönlichkeiten weiterhin eine
zentrale Rolle in der städtischen Repräsentation und Identitätsstiftung. Der große
Zuspruch, den vor allem der Festzug bei den Einwohnern genoss, zeigt, dass das
Interesse an den stärker unterhaltenden und politisch weniger aufdringlichen Elementen der Feierlichkeiten bei weitem ausgeprägter war als an den ideologisch-
propagandistisch ausgerichteten Veranstaltungen. Er unterstreicht damit auch,
dass durch derartig publikumswirksame Medien Inhalte erheblich breitenwirk-
samer vermittelt werden konnten. Auch ganz profane Gründe spielten eine Rolle:
Es machte einfach mehr Spaß, in historischen Kostümen verkleidet durch die Stadt
zu ziehen, als gezwungenermaßen an parteigelenkten gesamtdeutschen Aussprachen teilzunehmen.

Von gänzlich anderem Zuschnitt war die bereits zitierte Agitationsschrift der
SED aus dem Jahre 1962. Hier wurden die zu bekämpfenden Gegner sehr deutlich
genannt – darunter der Schriftsteller Kasten, der wie eine Reihe anderer Stralsunder Persönlichkeiten die DDR verraten und sich dem Lager des Imperialismus zur
Verfügung gestellt habe.[335] Zu beachten ist, dass diese Agitationsschrift zur Entwicklung der Stadt eine andere Funktion erfüllen sollte als die Jubiläumsschriften
aus den Jahren 1959/60. Diese Publikation stand völlig im Zeichen von „Kampf"
und „Gegnerschaft", und dies vor allem, nachdem der 13. August, die hermetische
Abriegelung der deutsch-deutschen Grenze, jenen Kräften des Imperialismus
„ihre ganze Konzeption versalzen" habe. Ein Dokument des Trotzes und der nunmehr endgültigen Überwindung des Gewesenen, „der Geschichte". Hier galt es,
die Entwicklung in eine allgemeine Entwicklung in der DDR einzuordnen, ja zu
behaupten, dass das, was sich in der Stadt bewegt habe, Beispiel für die Gesamt-
entwicklung sei. Dieser Agitationstext folgte inhaltlich jenem im März 1962 vom
ZK der SED und Nationalrat der Nationalen Front beschlossenen sogenannten
nationalen Dokument „Die geschichtliche Aufgabe der Deutschen Demokratischen Republik und die Zukunft Deutschlands". Dieses Dokument sollte, so die
Begründung Walter Ulbrichts, „den Bürgern der Deutschen Demokratischen Republik, die in der Zeit nach 1945 eine hervorragende und aufopfernde Arbeit geleistet haben, ein großes nationales Selbstvertrauen" geben. „Jeder Bürger der
Deutschen Demokratischen Republik ist – ob er sich heute dessen schon bewußt
ist oder nicht – ein Pionier der deutschen Nation."[336] Vor allem in diesem Kontext
zielte auch die Agitationsbroschüre aus dem Jahre 1962 auf Identitätsbildung der
Stralsunder, nunmehr aber nicht aus einer Verbundenheit zur Stadttradition, sondern aus nationalen Erwägungen im Rahmen der sozialistischen DDR.

Stralsund sollte gerade im Rahmen der gleichzeitig mit dem Gründungsjubiläum begangenen Ostsee-Woche neben dem Hauptveranstaltungsort Rostock die
nationale Repräsentationsfunktion – die Stadt als Beispiel für die DDR – erfüllen.
Deshalb sollte Stralsund zu den westlich orientierten Ostseeanrainern ausstrahlen,
zu den Skandinavischen Staaten und Richtung Deutschland, West. Die Auseinan-

---

[335] „Das nationale Dokument und die Entwicklung Stralsunds", hrsg. v. Kreisleitung der SED,
Abt. Agitation/Propaganda, Stralsund 1962, S. 22.
[336] Neues Deutschland, 24. 3. 1962, Veröffentlichung des Dokuments in Neues Deutschland, 27. 3.
1962.

dersetzung mit skandinavischen sozialdemokratischen Modellen spielte eine wichtige Rolle, und auch die traditionellen Bezüge der Stadt Richtung Schweden sollten ausgelotet werden. Welche Ergebnisse dies zeitigte, ist nicht eindeutig. Die deutlich kritischere Sicht auf die „Schwedenzeit", die Mewis auf seiner Kundgebungsrede am 28. Juni 1959 ebenfalls einforderte, hatte sich schon zuvor in der Jubiläumsveröffentlichung in einer nüchternen Beschreibung niedergeschlagen – die 200-jährige Zugehörigkeit der Stadt zu Schweden habe sich, so war zu lesen, für Stralsund „keineswegs günstig ausgewirkt".[337] Trotz dieser distanzierenden Töne, die allerdings vereinzelt auch schon vor 1933 geäußert worden waren[338], war die schwedische Vergangenheit nach wie vor ein wichtiger Faktor in der Außenrepräsentation der Stadt. Die Termini, die in diesem Zusammenhang für Stralsund gebraucht wurden, zeigten deutliche Kontinuitäten zu früheren Attributen. Stralsund, so der Präsident der Volkskammer Johannes Dieckmann (LDPD) in einer Grußadresse, sei „aufgrund seiner großen historischen Tradition und seiner neuen sozialistischen Entwicklung im besonderen Maße dazu berufen, Bindeglied und Brücke zu den Anliegernationen der Ostsee zu sein und es immer mehr zu werden."[339] Stralsund als Tor, Brücke, Bindeglied insbesondere nach Skandinavien und Schweden – dafür sprachen auch die Bemühungen, Kontakte des Stralsunder Museums oder die „traditionellen Verbindungen zwischen den Tennissportlern von Stralsund und Malmö" für die Außenwirkung der Stadt im Rahmen der Festwoche zu nutzen.[340]

Von den angestrebten Besucherzahlen aus Skandinavien und besonders aus der Bundesrepublik mussten allerdings Abstriche gemacht werden. Zu Beginn der Festwoche hielten sich nach einem Bericht der SED-Kreisleitung vom 28. Juni 1959 120 Westdeutsche und zwei West-Berliner Bürger in Stralsund auf. Dazu kamen 130 Schweden, ein Holländer, 12 Polen und 30 Bürger der lettischen SSR.[341] Weitere Besucher kamen aus Dänemark und Norwegen. Genaue Zahlenangaben lagen dem Rat der Stadt dazu nicht vor, eine Tatsache, die der zuständige Abteilungsleiter am 1. Juli 1959 beklagte. Die Volkspolizei, die über diese Daten selbstverständlich verfügte, unterrichtete die Stadtverantwortlichen nicht entsprechend.[342] Der Abschlussbericht des Festkomitees vom 23. Juli 1959 vermerkte insgesamt 213 Besucher, die in Delegationen aus der Bundesrepublik nach Stralsund gekommen waren. Dazu kamen noch eigens geladene Einzelpersonen, wie zum Beispiel der Bürgermeister und einige Stadträte der Stadt Schleswig.[343] Das

---

[337] Stralsund. Chronik (1960), S. 19.

[338] Fritz Adler: Aus Stralsunds Vergangenheit in 2 Teilen, 2. Teil: Die Schwedenzeit Stralsunds, Greifswald 1923, S. 42; ders.: Die Belagerung Stralsunds 1628, Stralsund 1928, S. 109ff.

[339] Der Präsident der Volkskammer der DDR, Berlin, den 17. Juni 1959, gez. Dr. Dieckmann, in: StaS, Rep. 54/488.

[340] Kreisleitung SED Stralsund, Agit./Prop., an Bezirksleitung, Abt. Org./Kader, 6.3.1959, gez. Herrmann, Sekretär, in: LAG, Rep. IV 4/09, Nr. 604, Bl. 25–27.

[341] Vgl. sed stralsund informationsbericht vom 28.6.59 verlauf der veranstaltungen anlaesslich der ostseewoche in stralsund, in: LAG, Rep. IV 4/09, Nr. 411.

[342] Rat der Stadt Stralsund, Innere Angelegenheiten, an Oberbürgermeister, 1.7.1959, betr.: Übersicht über ausländische Gäste (Delegationen) während der Ostsee-Woche in Stralsund, gez. Schönemann, Abteilungsleiter, in: StaS, Rep. 54/502.

[343] Rat der Stadt Stralsund – Komitee Ostseewoche/725 Jahrfeier – Abschlußbericht über die Vorbereitung und Durchführung der Ostseewoche 1959 und der 725 Jahr-Feier der Stadt Stralsund, 23.7.1959, gez. Hilger, S. 9, in: StaS, Rep. 54/502, sowie Liste: „Die vom Rat der

Ziel 450 westdeutscher Besucher konnte bei weitem nicht erreicht werden. Aus welchen politischen Kreisen sich die westlichen und skandinavischen Besucher zusammensetzten, ist nicht eindeutig. Die SED bemühte sich, Personen zu präsentieren, die nicht vorschnell als kommunistische Parteigänger identifiziert werden konnten, so zum Beispiel den holländischen evangelischen Pfarrer van Dalen, der auf einem internationalen Friedensforum am 1. Juli 1959 auftrat, oder den als Hamburger Bürgerschaftsabgeordneten vorgestellten Sozialdemokraten Carl Karpinski, der, vor kurzem noch ein Gegner der DDR-Politik, sich nun von den „Halbheiten der SPD-Führer" gegenüber der Politik Adenauers überzeugt sah.[344] Dass Karpinski sein Hamburger Mandat bereits im Februar 1958 niedergelegt hatte, tat dabei nichts zur Sache, sollte doch die erfolgte Einsicht eines SPD-Mannes jener offiziellen Haltung der bundesrepublikanischen Sozialdemokratie entgegengesetzt werden, die die Ostseewochen allemal als „Propagandaunternehmen" mit Unterstützung skandinavischer KP-Delegierter einschätzte.[345]

Getreu der Maxime, die DDR am Beispiel Stralsunds als Erfolgsmodell zu präsentieren, erschienen in der Parteipresse Berichte, in denen ausländische Gäste genau dies bestätigten. So brachte die „Ostsee-Zeitung" am 6. Juli 1959 einen umfangreichen Artikel über den von Karl Mewis in der Volkswerft geleiteten Ausspracheabend zwischen 800 Stralsunder Werftarbeitern und Arbeitervertretern und Journalisten aus den skandinavischen Ländern. Für die dänische Delegation bekannte ein Schiffsschlosser, dass sie einfach „platt" seien. „Was besonderen Eindruck auf uns macht, das ist euer Sputniktempo im Aufbau."[346] Nicht von ungefähr erschien diese symbolische Wortschöpfung, verkörperte „Sputnik" doch jene Überlegenheitsinszenierung der Sowjetunion, die auf das „sozialistische Lager" und die DDR selbst abstrahlte und zumindest vorübergehend auch auf „den Westen" Eindruck machte. In diesem Zusammenhang erschien auch die Zielsetzung des „Überholens" nicht ganz so abwegig wie aus der Rückschau. Der Abschlussbericht des Festkomitees konstatierte am 23. Juli 1959, dass die Preispolitik, die Entwicklung der Löhne, die Leistungen der Sozialversicherung und der Volksbildung besondere Zustimmung unter den westlichen Besuchern gefunden habe. Man traue der DDR durchaus zu, „daß wir bis 1961 Westdeutschland überholt haben".[347] Doch nicht nur im Bereich von Produktion und Konsum, auch in Sachen „Demokratie" und konstruktiver Initiative und Partizipation sollte die DDR als überlegen dargestellt werden. Es war ein als dänischer Sozialdemokrat vorgestellter Teilnehmer jener Versammlung in der Volkswerft, der genau diese Punkte

Stadt eingeladenen Gäste", o. D., in: StaS, Rep. 54/488, und „Plan für die Betreuung der Gäste aus Westdeutschland", in: StaS, Rep. 54/502.
[344] sed stralsund fs nr. 82 30.06.1959 betr. bericht ueber ostsee-woche an bl rostock, in: LAG, Rep. IV 4/09, Nr. 411.
[345] Siehe unter anderem: SPD-Pressedienst, P/XVII/135, v. 3.7.1962: „Propagandaunternehmen „Ostseewoche"; zu Karpinski siehe SPD-Mitglieder in der Hamburger Bürgerschaft, 4. Wahlperiode, 1957–1961, in: http://www.fes.de/archiv/adsd_neu/inhalt/recherche/zusatzinformationen/hamburg.htm#4. (05.09.2008)
[346] „Arbeiter fragen. Auf einem Ausspracheabend mit ausländischen Gästen in der Volkswerft Stralsund notiert", in: Ostsee-Zeitung, 6.7.1959.
[347] Zitate siehe Rat der Stadt Stralsund – Komitee Ostseewoche/725 Jahrfeier – Abschlußbericht über die Vorbereitung und Durchführung der Ostseewoche 1959 und der 725 Jahr-Feier der Stadt Stralsund, 23.7.1959, in: StaS, Rep. 54/502.

hervorhob: Im Vergleich zum Kapitalismus ermöglichten die Verhältnisse in der DDR die wahren Bildungsmöglichkeiten für Arbeiter und die wirkliche Entfaltung persönlicher Initiative und konstruktiver Opposition. Augenscheinlich inszeniert vorgetragene Kritik an Produktionsabläufen durch Werftarbeiter sollte dies publikumswirksam nicht nur den ausländischen Journalisten vor Augen führen, sondern selbstverständlich auch auf die eigene Bevölkerung wirken. Aussagen eben jener Journalisten, dass unter kapitalistischen Verhältnissen die Redakteure die Meinung des Verlegers wiedergeben müssten, also nicht einmal das Recht der freien Meinungsäußerung gegeben sei, sollten zudem den freiheitlichen Charakter der DDR gegenüber den kapitalistischen Staaten unterstreichen.[348]

Auf welche Resonanz derartige Veranstaltungen bei den Stralsundern, namentlich den Werftarbeitern der Volkswerft stießen, lässt sich schwerlich beurteilen. Das Desinteresse der Belegschaft des sozialistischen Vorzeigebetriebs der Stadt an geforderten ideologischen Stellungnahmen hatte sich unter anderem bei den ausbleibenden Reaktionen auf die Mewis-Rede vom 28. Juni 1959 gezeigt. Auf der Volkswerft kursierte auch die Meinung, es sei egal, wer in der DDR regiere.[349] Die als „Mittelschichten" bezeichneten Kreise, zu denen noch selbstständige Handwerker und Kaufleute gezählt wurden, zeigten sich Stimmungsberichten der Blockparteien aus dem Kreis Stralsund aus dem folgenden Sommer 1960 zufolge passiv gegenüber den „Gegenwartsaufgaben", machten Vorbehalte gegen sozialistische Zielsetzungen geltend und äußerten mitunter Verständnis für „Republikflucht".[350]

Jenseits der veröffentlichten Erfolgsberichte zeigten sich in internen Resümees der Festwoche auch Schwierigkeiten bei der Vermittlung eines positiven DDR-Bildes. So war „der unterschied zwischen der arbeiter und bauernmacht in der ddr und der klerikal faschistischen diktatur in westdeutschland unter den westdeutschen gaesten nicht klar" und musste erst durch die anwesenden Genossen deutlich gemacht werden, wie die SED-Kreisleitung per Fernschreiben an die Rostocker Bezirksleitung am 30. Juni 1959 mitteilte.[351] Auch der Auftritt des erwähnten holländischen Pastors van Dalen auf dem Internationalen Friedensforum des Deutschen Friedensrates und der Nationalen Front am 1. Juli 1959 traf auf Unverständnis westdeutscher Gäste. Van Dalen, der sich von den Verhältnissen in der DDR beeindruckt zeigte, provozierte eine Kontroverse mit dem Superintendenten Schmidt, der dieses positiv gezeichnete Bild der DDR nicht nachvollziehen mochte. Van Dalen warf ihm daraufhin vor, die evangelischen Kirchengemeinden in der DDR erhielten deshalb immer weniger Zuspruch, weil „einzelne" Pfarrer auf der Seite der „Ausbeuter und Kapitalisten" stünden. Anwesende westdeutsche Studenten fassten sich angesichts dieser Äußerungen an den Kopf, wie die anwe-

[348] „Arbeiter fragen. Auf einem Ausspracheabend mit ausländischen Gästen in der Volkswerft Stralsund notiert", in: Ostsee-Zeitung, 6.7.1959.
[349] Vgl. sed stralsund [Fernschreiben an] bl rostock. informationsbericht nr. 80 v. 29.6.1959 24.00, in: LAG, Rep. IV 4/09, Nr. 411; Hinweis in der Rede des SED-Kreissekretärs Chill in: Protokoll der Kreisparteiaktivtagung am 28. August 1959, in: LAG, Rep. IV 4/09, Nr. 286, Bl. 213.
[350] Stimmungsberichte aus dem Sommer 1960, in: LAG, Rep. IV 4/09, Nr. 593.
[351] sed stralsund fs nr. 82 30.06.1959 betr. bericht ueber ostsee-woche an bl rostock, in: LAG, Rep. IV 4/09, Nr. 411.

sende Volkspolizei registrierte.[352] Überhaupt stieß dieses Friedensforum bei den westdeutschen Teilnehmern auf Protest, „weil sie nicht zu Wort kamen". Selbst ein SED-Bericht vom 4. Juli 1959 konstatierte, dass die Veranstaltung eher den Charakter einer Kundgebung gehabt habe. Zudem hätten jene, die zur Diskussion gesprochen hätten, nur Allgemeines über den Friedenskampf gesagt, „ohne den westdeutschen militarismus bloszustellen".[353] Die Regie ging also gerade bei den bewusst als politische Foren konzipierten Veranstaltungen keineswegs auf. Dies verweist auch auf eine Zusammensetzung der Besucher, die nicht pauschal als verdeckte DDR-Sympathisanten verortet werden können. Die Gesamtwirkung bei den Besuchern zeigte offenkundig eine Mischung aus Anerkennung und Kritik, jedenfalls keine generelle Ablehnung. Die weiteren Wirkungen in die jeweiligen Gesellschaften – sei es in Skandinavien, sei es in der Bundesrepublik, sind weit schwieriger zu beurteilen, eine irgendwie deutlicher messbare positive Gewichtung angesichts derartiger Veranstaltungen dürfte jedoch kaum möglich sein. Anders muss die Binnenwirkung, die Resonanz auf die Stadtgesellschaft, beurteilt werden. Hier muss differenziert werden zwischen einer eher distanzierten oder passiven Haltung gegenüber den propagandistischen Inszenierungen und Kampagnen und einer vorhandenen Bereitschaft aktiver Teilnahme an einer Präsentation, die eigene Erfolge des Aufbaus und eine Identifizierung mit der Stadt und d. h. nicht notwendigerweise mit dem politischen System beinhaltete.

4.5 Zwischenergebnis

Die 725-Jahr-Feier Stralsunds war in eine sozialistische Erfolgs- und Propagandarepräsentation eingebettet. Nicht die historischen Daten bestimmten die zeitliche Festlegung der Festlichkeiten, sondern die Terminierung der zweiten Ostseewoche, die zeitgleich mit den Stadtjubiläumsfeiern veranstaltet wurde. Angesichts dieser stark nach außen gerichteten Repräsentation fallen einige Unstimmigkeiten und Ambivalenzen auf. Schon die zeitlich sehr kurzfristige Planung und Vorbereitung der Festwoche wirft Fragen auf. Gab es doch entsprechende Erfahrungen bei der Planung der ersten Ostseewoche im Vorjahr und die Möglichkeiten, seinerzeit auftretende Mängel zu beseitigen. Sicherlich war manches den gängigen Versorgungs- und Planungsproblemen geschuldet. Die Schwierigkeiten bei der Stadtsanierung und bei der Versorgung mit Konsumgütern können damit erklärt werden, nicht aber die unter starkem Zeitdruck stattfindenden Planungen der Veranstaltungen selbst, gerade jener, die auf eine starke Wirkung nach außen und auf die Stadtgesellschaft selbst zielten. Der straff organisierte Apparat des Vorbereitungskomitees und eine formal breite Partizipation von Blockparteien und Massenorganisationen täuschten hier über die Mängel ebenso hinweg wie die vorgeblich dominante SED-Organisation vor Ort. Im Vergleich mit der 700-Jahr-Feier hatte dieses Stadtjubiläum dennoch weit mehr aufzuweisen, vor allem der Festzug stach

---

[352] sed stralsund fs 86 2.7.59 23.30 an die bezirksleitung der sed information, betr.: bericht über die ostseewoche 1959, in: LAG, Rep. IV 4/09, Nr. 412.
[353] vgl. sed stralsund an die bl der sed rostock fs 91 4.7.1959 010 betr. bericht ueber den verlauf der ostseewoche, in: LAG, Rep. IV 4/09, Nr. 412.

als Höhepunkt heraus. Allerdings bestand die Herrschaft der SED zum Zeitpunkt der 725-Jahr-Feier bereits erheblich länger als jene der NSDAP 1934. Lässt sich also eine größere Machtetablierung der SED konstatieren, so war diese wegen der besonderen deutsch-deutschen Verhältnisse – die tendenziell noch offene Grenze – längst nicht so stabil, wie sie die „führende" Partei darstellen wollte.

Die seitens der SED-Bezirksleitung in Rostock angezettelte Parteikritik und Kampagne konzentrierte sich zwar vordergründig auf die Person des Schriftstellers Herbert Kasten und seinen historischen Roman, zielte jedoch im Weiteren auf historische Elemente der 725-Jahr-Feier selbst und damit auch auf die dafür Verantwortlichen insgesamt. Der grobschlächtige Versuch, städtische Geschichte agitatorisch für aktuelle Ziele zu instrumentalisieren und gleichzeitig eine „neue Sicht" der Stadtgeschichte zu etablieren, stieß jedoch an Grenzen. Bei allem deutlichen Wandel, der mit dem Ende des Krieges politisch und gesellschaftlich, schon allein aufgrund der starken Bevölkerungsfluktuation, in der Stadt Einzug gehalten hatte, erwiesen sich traditionelle Elemente der städtischen Geschichte weiterhin als wirkungsmächtig. Dies verweist auf vorhandene Träger eines städtischen Geschichtsbildes, das im Rahmen der gewandelten ideologischen Vorzeichen zweifelsohne Anpassungen unterworfen wurde, aber auf älteren Fundamenten aufbaute. Dabei spielte individuelle Identifikation mit der Stadt als Erfahrungsraum eine Rolle, aber auch Personen, die nicht in der Stadt aufgewachsen waren und/oder einer jüngeren Generation angehörten, griffen auf die dominanten „Fixpunkte" der Stadtgeschichte und des „Stadtcharakters" zurück. Ein Erfolg der radikalen Parteiforderung, mit „der Geschichte" Schluss zu machen, ist jedenfalls nicht zu erkennen. Ein wichtiger Unterschied im Vergleich zu früheren Repräsentationen ist allerdings auffällig: Der einstmals mächtige Protestantismus hatte seine Deutungsdominanz für die Stadt weitgehend eingebüßt, eine Folge nicht nur der gegenüber den Kirchen distanzierten bis ablehnenden Haltung der SED, sondern auch der deutlich größeren konfessionellen Vielfalt in Stralsund seit 1945.

Auch in der nationalen Repräsentationsfunktion lassen sich Kontinuitäten erkennen, das Bild der „Brücke" nach Skandinavien lebte weiter, auch wenn Stralsund im Rahmen der Ostseewoche nunmehr hinter der Bedeutung Rostocks zurückblieb und somit auch an städtischer Repräsentationskraft einbüßte. Für die Erzeugung städtischer Identität trugen die unterhaltenden Teile der Festwoche zweifelsohne mehr bei als die propagandistisch aufgeladenen politischen Aktionen. Die hohe aktive und passive Teilnahme der städtischen Einwohnerschaft und der ansässigen Betriebe am Festzug sprechen dafür wie auch für eine bewusste und nicht lediglich erzwungene Präsentation eigener Erfolge. Dass seitens der Stadt trotz der Parteikritik besonders dies und die Festivitäten insgesamt als Erfolg und Zeichen einer engen Verbundenheit mit der Stadt – natürlich im Rahmen der „Arbeiter- und Bauernmacht" – betont wurden, spricht auch für ein in Teilen der politisch Handelnden vorhandenes Gefühl für städtische Eigenverantwortlichkeit und Leistung.

IV. Stadt und Identität in Demokratie und Diktatur

„In der 750jährigen Geschichte haben die 39 Jahre, in der die Arbeiterklasse mit ihren Bündnispartnern den Übergang vom Kapitalismus zum Sozialismus vollzog und erfolgreich die entwickelte sozialistische Gesellschaft gestaltete, der Stadt die einprägsamsten Züge gegeben: die einer blühenden sozialistischen Stadt, deren Menschen in sozialer Geborgenheit leben und der kommunistischen Zukunft hoffnungsvoll entgegenschreiten."[1]

Mit diesem Satz endet die „Geschichte der Stadt Stralsund", die der Stadtarchivar Herbert Ewe anlässlich der 750-Jahr-Feier 1984 im Auftrag des Rates der Stadt herausgab. Das mit gut 500 großformatigen Seiten bislang umfangreichste Stadtbuch setzte allein quantitativ einen deutlichen Schwerpunkt. Den genannten 39 Jahren war etwa ein Drittel der Darstellung gewidmet. Das Stadtbuch beschrieb eine Fortschrittsgeschichte, die entsprechend des gängigen Geschichtsbildes nur im sozialistischen Aufbau und in einer kommunistischen Zukunft liegen konnte. Dabei gab es besonders bei den Abschnitten zum 19./20. Jahrhundert Verzerrungen in der Darstellung, doch insgesamt zeichneten sich die historischen Abschnitte durch eine quellengestützte und alles in allem sachliche Abgewogenheit aus. Das gewichtige Buch, das im Übrigen wiederum mit einem Panoramabild der Altstadt auf dem Titel erschien, verweist jenseits des ideologisch eingebetteten Zuschnitts auf die zentrale Rolle, die „Stadt" und die Stadt Stralsund im Konkreten mit ihren auf Identitäts- und Loyalitätsstiftung zielenden städtischen Repräsentationen durch den Wandel der Systeme hindurch und so auch in der Diktatur einnahmen.

Die Stadt als Ort der Identifikation, als Ort der Wahrnehmung und der Kommunikation ihrer Bürger ist ein Kontinuum, das sich durch den gesamten in dieser Studie untersuchten Zeitraum zieht. Gleiches gilt für die Stadt als Akteur städtischer Repräsentation; ungeachtet der in Demokratie und Diktatur konträr ausgerichteten und definierten Kompetenzen zeigen sich städtische Handlungsräume, die unterschiedlich große und auch ungewollte, inoffizielle Autonomien eröffnen. Die Geschichte der Stadt, verkörpert in den allgegenwärtigen „steinernen Zeugen" als einer sehr präsenten Stadträumlichkeit, stellt die Grundelemente eines systemübergreifenden „kulturellen Gedächtnisses" der Stadtgesellschaft, das sich in „Bildern" vom Wesen und Charakter der Stadt manifestiert. Dabei ergeben sich jeweils systemadäquate Interpretationen und Fortschreibungen, grob verfälschende Konstruktionen bleiben jedoch die Ausnahme. Trotz ideologisch bedingter

---

[1] Dietrich Richter: Stralsund von 1971 bis 1981, in: Geschichte der Stadt Stralsund (1984), S. 442–494, hier S. 494.

Instrumentalisierungen erweisen sich bestimmte Phasen und Ereignisse der Stadtgeschichte, vor allem aus Mittelalter (Hansezeit), Früher Neuzeit (Wallensteins Belagerung) und den Vorläufern der Befreiungskriege des frühen 19. Jahrhunderts (Schills Heldentod), als resistente Stützpfeiler städtischen Selbstverständnisses. Die Stadt und ihre Geschichte als wirkungsmächtige Kontinuität, vermittelt in Repräsentationen anlässlich von Jubiläen und Gedenktagen, mit Anteilen deutlicher lokaler Eigenständigkeit, nicht im engeren politisch-verwaltungsmäßigen, aber im kulturell-gesellschaftlichen Sinne, dies ist das zentrale Ergebnis der Studie, das im Folgenden zusammenfassend erläutert werden soll.

Das Ende des Kaiserreichs und des Ersten Weltkrieges 1918, der Beginn der nationalsozialistischen Herrschaft 1933, deren Zusammenbruch und das Ende des Zweiten Weltkrieges 1945, all diese Zäsuren hatten auch in der Stadt Stralsund nachhaltige Umbrüche, politische und gesellschaftliche Veränderungen zur Folge. Dabei waren die Kontinuitäten zwischen Kaiserreich und Republik, vor allem was die Rolle bisheriger Eliten anbelangte, sicher am größten, aber auch nach 1933 waren nicht zuletzt durch die bis 1936 andauernde Amtszeit des konservativen Oberbürgermeisters Heydemann Kontinuitätslinien bürgerlichen Einflusses auszumachen. Am deutlichsten war der Bruch zweifelsohne im Mai 1945, allein die Tatsache der sowjetischen Besetzung und der radikale Personalaustausch in den politischen Ämtern und in der Verwaltung unterstrichen dies.

Die Novemberrevolution 1918 zeitigte in Stralsund zwar keine radikalen Ausprägungen, doch die Möglichkeiten demokratischer Beteiligung und Einflussnahme veränderten sich entscheidend. War das Bürgertum in städtischer Exekutive und Legislative bis 1918 nahezu unter sich und erst ab Ende 1915 mit einem sozialdemokratischen Abgeordneten konfrontiert, so prägten die starke sozialdemokratische Präsenz und das selbstbewusste Auftreten linksliberaler Demokraten die städtischen Diskurse nach den ersten Wahlen 1919 in einer bislang unbekannten, politisch polarisierten Weise. Der Phase hoher Mobilisierung, insbesondere von Bevölkerungsteilen, die wie die Frauen und die aktiven Soldaten bisher von politischer Partizipation ausgeschlossen waren, und einer grundsätzlich breiten demokratischen Beteiligungsmöglichkeit stand die Machtkontinuität des städtischen Bürgertums gegenüber, die auf weiter gültigen verfassungsrechtlichen Bestimmungen aus dem frühen 19. Jahrhundert und vor allem der starken Vernetzung in der städtischen Vereinskultur basierte. Stadt und Bürgertum waren eins in der Sicht dieses tendenziell monarchistisch und stark protestantisch geprägten Milieus. Auf diesen Fundamenten waren auch die Repräsentationen der Stadt in diesem Zeitraum gebaut, von denen das 300. Jubiläum des sogenannten „Wallensteintages" im Jahre 1928 herausragte. Dieser Tag, der an das Ende der Belagerung durch die kaiserliche Armee 1628 erinnerte, sollte Stralsund zwar als „Stadt feiernden Volkes" zeigen, also integrative Ziele verfolgen, schloss aber durch sein deutlich antirepublikanisch ausgerichtetes Erscheinungsbild und das ostentativ vorgebrachte protestantische Bekenntnis die sozialdemokratisch orientierte Arbeiterschaft sowie die katholische Minderheit aus. Es waren Vertreter des konservativ, bürgerlich dominierten Rates und der evangelischen Kirche, die den Festtag vorbereiteten, allesamt Männer im Übrigen, denn trotz der seit der Revolution ermöglichten Partizipation von Frauen waren diese städtischen Entscheidungsebenen ausschließlich von Männern besetzt. Der „Wallensteintag", von der bürgerlichen Rechten ab 1920 zum Ersatz für bisherige nationale Feiertage wie Kaisers Geburtstag oder den Sedanstag erkoren, sandte ein Identifikationsangebot mit Widersprüchen aus. Stadtbürgerliche Entschlossenheit und Geschlossenheit sollten als Vorbild für die wiederaufzurichtende deutsche Nation gelten, das protestantische Bekenntnis und die damit einhergehende Affinität zu Schweden, dessen Herrschaft Stralsund mit kurzen Unterbrechungen bis 1815 unterstand, setzten jedoch eine andere Note, die von der Verbundenheit im Glaubensbekenntnis über eine Artverwandtheit mit Skandinavien bald zur nordischen „Rassenverwandtschaft" im völkisch-nationalsozialistischen Sinne interpretiert wurde. Für das deutsch-nationale Bürgertum schien nationales Bekenntnis und schwedische Vergangenheit jedoch kein Widerspruch zu sein, man zeigte lieber die schwedische Flagge als das verhasste republikanische Schwarz-Rot-Gold. Die fast zweihundertjährige Zugehörigkeit Stralsunds zum schwedischen Königreich bot einen besonders günstigen Hintergrund für eine außenpolitische Rolle, die Stralsund als „Brücke" oder „Tor zum Norden" durch die verschiedenen Systeme hindurch einnahm. In der Zeit der Republik war es die weitgehend autonom handelnde Stadt, die die schwedischen Beziehungen erneut aufnahm und pflegte. Diese Außenrepräsentation wie auch die Inszenierung des „Wallensteintages" im Juli 1928 unterstrichen das Selbstbewusstsein der Stadt und ihre Eigenständigkeit als politischer und kultureller Akteur.

Trotz der Dominanz eines national und protestantisch geprägten Bürgertums bot die Stadt nach 1918 ein Bild der Pluralität. Die Vorbereitungen des „Wallensteintages" waren von kontroversen Debatten begleitet, in der die Sozialdemokratie ihre Kritik deutlich machte. Auch beim „Wallensteintag" selbst zeigten sich unterschiedliche Interpretationen des geschichtlichen Ereignisses, die von einem konservativen, nationalen Zuschnitt bis zu zivilgesellschaftlichen, republikanischen Anklängen reichten. Anders als zu Kaisers Zeiten war auch die Präsenz im öffentlichen Raum von einer größeren Vielfalt geprägt. Die örtliche Sozialdemokratie beteiligte sich zwar nicht an dem „nationalistischen Rummel", mit dem der „Wallensteintag" ihrer Meinung nach begangen wurde, aber sie besetzte nun selbst mit Demonstrationen, Kundgebungen und Festlichkeiten öffentliche Räume, von denen sie bislang weitgehend ausgeschlossen war. Dies galt insbesondere für den symbolträchtigen Alten Markt, auf dem zum Missfallen des konservativen Bürgertums nun auch republikanische Versammlungen wie zum Beispiel die Verfassungsfeier am 11. August abgehalten wurden.

Mit dieser Vielfalt war es ab 1933 vorbei. Nicht nur die Organisationen der Arbeiterbewegung wurden nun unterdrückt und verboten, auch die autonome bürgerliche Vereinskultur wurde entweder aufgelöst oder gleichgeschaltet. Dennoch wirkten bisherige Akteure weiter im Rahmen des Verkehrsvereins oder der städtischen Verwaltung. Oberbürgermeister Heydemann verkörperte bis 1936 bürgerliche Kontinuität, wenngleich wichtige Mitstreiter 1933 zum Ausscheiden aus Stralsunds Rat und Verwaltung gezwungen worden waren. Das 1934 veranstaltete 700-jährige Stadtjubiläum bot ein ambivalentes Bild und dies aus mehreren Gründen. Einem zunächst straff und kampfbetont inszeniertem Auftakt, der sich ganz nationalsozialistischen Deutungen unterordnete, folgte eine Gestaltung, die Tradition mit neuen, „volksgemeinschaftlich" konnotierten Elementen verband. Die

NSDAP nahm sich deutlich zurück, als Organisatoren traten bekannte städtische Persönlichkeiten auf, die eigentliche Jubiläumsveranstaltung am 31. Oktober 1934 kam fast völlig ohne nationalsozialistische Versatzstücke und Andeutungen aus. Dieser Befund deckt sich mit Forschungsergebnissen zu anderen Stadtjubiläen jener Zeit, in der „die Partei" sich ebenfalls im Hintergrund hielt und bisherige bürgerliche Akteure im Vordergrund standen.[2] Zudem spielte der Zeitfaktor eine Rolle: 1934 hatte das „neue Deutschland" noch keine großen Erfolge vorzuweisen, in die man die Stadtgeschichte hätte münden lassen können. Die glorreiche Geschichte Stralsunds mit Hanse, 30-jährigem Krieg, Schweden- und Franzosenzeit als Schwerpunkten stand deshalb im Vordergrund, ohne überzeugend inszenierte aktuelle Erfolgsgeschichte als Fortsetzung. „Volksgemeinschaft" wurde vor allem als Unterhaltung, sei es als Volksfest oder als Freilufttheater, inszeniert. Im Falle Stralsunds kommt ein gewichtiger weiterer Aspekt hinzu: Die im Sommer 1934 gegen SA und „linken" Flügel der NSDAP gerichteten Säuberungen wirkten hier besonders nachhaltig – Pommern unter dem Gauleiter Karpenstein war eine Hochburg dieser „revolutionären" Strömung der NSDAP, und gerade als die Jubiläumsfeiern ihren ersten Höhepunkten zustrebten, trafen die Amtsenthebungen und Verhaftungen die örtliche Partei besonders schmerzlich. Dies erklärt auch den Bruch in den Repräsentationen, die von einer ausschließlich auf die NS-Organisationen zugeschnittenen Gestaltung zu einer traditioneller ausgerichteten Festinszenierung wechselte. Inhaltlich lebten nach diesem Bruch bisherige Bilder der Stadtgeschichte weiter, die mitunter zeittypisch eingerahmt für eine Kontinuität stadtgeschichtlicher Wirkungsmacht stehen. Im weiteren Verlauf, vor allem nach der Amtsübernahme durch den nationalsozialistischen Oberbürgermeister Stoll, wurde die politisch-ideologische Ausrichtung der städtischen Repräsentation deutlicher. Dies zeigen insbesondere die in Richtung Schweden zielenden Aktivitäten deutsch-schwedischer Jugendlager und eine intensive Werbetätigkeit der Stadt in Schweden. Doch trotz hierarchischer Einordnung und bei grundsätzlichen Grenzen kommunaler Selbstverwaltung traten die Stadt, respektive ihre führenden Repräsentanten, auch zu Zeiten der NS-Herrschaft als eigeninitiative Akteure auf.

Am 1. Mai 1945 besetzte die Rote Armee die Stadt. Das Ende des Krieges und damit auch der NS-Diktatur bedeutete den tiefgreifendsten Bruch in der neuesten Geschichte der Stadt. Die Stadtverwaltung sah sich selbst vor den größten Problemen, die die Stadt in ihrer 700-jährigen Geschichte zu bewältigen gehabt habe. Doch so tief die Zäsur griff, bekannte Bilder der Stadt lebten fort und wurden bald im Sinne des Aufbaus mobilisiert. Im offiziellen Auftrag des Rates der Stadt bemühte der Schriftsteller Herbert Kasten 1950 das „Wesen" der Stadt, „das seine Erbauer in Stein bekundeten". „Beflügelt durch den Schwung offenbarter Geschichte" wachse Stralsund, „bestimmt durch seinen demokratischen Geist, der Zukunft entgegen."[3]

Der einstige Ruhm der alten Hansestadt wurde als Vorbild für den erforderlichen Aufbau stilisiert – und, so die „Aufbau"-Broschüre von 1950, es gab auch

---

[2] Vgl. etwa Minner, Geschichtsdeutung (2003).
[3] Herbert Kasten: „Hansastadt – Werftstadt", in: Stralsund. 5 Jahre Aufbau (1950), S. 12.

IV. Stadt und Identität in Demokratie und Diktatur

bereits Erfolge zu verzeichnen, den Aufstieg der Stadt zur Werftstadt nach jahr-
zehntelangem Stillstand. Stralsund, die Stadt am Strelasund, „mit ihren verträum-
ten Winkeln, ihren alten Häusern, ihren mächtigen Domen, ist aus ihrer Romantik
erwacht", so Oberbürgermeister Hermann Salinger in seinem Vorwort.[4] Energi-
sche Tatkraft und Aufbauwillen waren jene den Stralsundern zugeschriebene Wesensmerkmale, die nun im besonderen Maße gefragt waren. Die Stadt und ihre
Geschichte als Identitätsstifter und als Identifikationsort waren angesichts des
umfassenden Umbruchs besonders wichtig. Wie bewusst dies seitens der Stadt
und ihrer Verwaltung eingesetzt wurde, ist schwer einschätzbar. Herbert Kasten,
aus dessen Feder zahlreiche Texte auch anlässlich der 725-Jahr-Feier stammten,
transportierte jedenfalls massiv gängige Bilder der Stadtgeschichte in die Repräsentationen wie das Festspiel und den Festzug 1959 und nicht zuletzt mit seinem
ein Jahr zuvor erschienenen Roman „Karsten Sarnow". Die Geschichte der Stadt
in ihren überlieferten traditionellen Elementen diente auch 1959 zur 725-Jahr-
Feier als Folie, auf der die bisherige Erfolgsgeschichte der Stadt im Sozialismus
aufgebaut wurde. Diese Einpassung in eine ideologisch zugeschnittene Argumen-
tationslinie mit dem Topos „Fortschritt" als Grundelement führte jedoch nicht zu
radikalen Konstruktionen und Uminterpretationen, wie sie der Rostocker Bezirkssekretär Karl Mewis im Sommer 1959 angestoßen hatte. Diese rein agitato-
risch-instrumentell geführte Kampagne fand in die Geschichtsbilder der Stadt und
ihrer maßgeblichen Akteure in Politik und Kultur ebenso wenig Eingang wie jene
im gleichen Jahr seitens der SED-Kreisleitung geforderte Anpassung des „feuda-
listisch" geprägten Stadtbildes in „sozialistisch" definierte Gestaltungspläne. Im
Gegenteil, das DDR-Kulturministerium erklärte Stralsund 1962 zusammen mit
Görlitz und Quedlinburg zum Flächendenkmal, und 1968 wurde die komplette
Altstadt in die offizielle Denkmalliste aufgenommen.[5] Dass eine entsprechende
Instandsetzung und Werterhaltung angesichts mangelnder Finanzmittel nicht in
erforderlichem Maße durchgeführt und die Altstadt zugunsten des industriell ge-
fertigten Wohnungsbaus vernachlässigt wurde, schmälert nicht die diesen Ent-
scheidungen zu Grunde liegenden Einsichten der Erhaltung des mittelalterlichen
Stadtkernes als Ausdruck einer nach wie vor wirkungsmächtigen Geschichte.

Identitätsstiftung ist in Umbruchsituationen besonders wichtig, vor allem für
die Schaffung von Loyalität und Zustimmung sich neu entwickelnder Systeme.
Vor dem Hintergrund einer durch den Zuzug von Vertriebenen starken Bevölkerungsfluktuation waren heimatliche Verbundenheit und Schaffung kultureller
Identität auch die Ziele, die die ab 1957 vom Rat der Stadt gemeinsam mit dem
Kulturbund herausgegebenen „Stralsunder Monatshefte" befördern sollten. Hier
wurde nicht nur das alte Stralsund in Rezensionen zu Ausstellungen und Publikationen lebendig, sondern die heimatliche Kultur, „das Bodenständige, das Hier-
Erwachsene, die Leistungen derjenigen, die Stralsund als Wahlheimat erkoren
haben", als „der eigentliche Spiegel der Kultur" hervorgehoben.[6] Jenseits der so-

---

[4] Ebenda, S. 4.
[5] Vgl. Lissok, Denkmalpflege (2002), S. 211.
[6] Käthe Rieck: Elisabeth Büchsel zum 90. Geburtstag, in: Stralsunder Monatshefte, Heft 1, März
1957, S. 3–5, Zitat siehe den Beitrag von Egon Bölsche, ebenda, S. 9.

zialistischen Erfolgspräsentation, die am Beispiel Stralsunds anlässlich der 725-Jahr-Feier und der zugleich stattfindenden Ostsee-Woche inszeniert wurde, verweist der große Zuspruch zum Jubiläumsfestzug auf eine Verbundenheit eines größeren Teils der Stadtgesellschaft – Verbundenheit zur Stadt, Stolz und Präsentation eigener Erfolge waren dabei nicht zu verwechseln mit Zustimmung zur politischen Propaganda. Das geringe Echo, das jene von SED-Bezirkssekretär Karl Mewis eröffnete Ideologiedebatte anlässlich des Stadtjubiläums auslöste, zeigte dies deutlich. Dort, wo Partizipation nicht erzwungen und eher im unterhaltenden Sektor angesiedelt war, war die Beteiligung der Bevölkerung groß – ein Befund der aus Forschungen zur NS-Zeit bekannt ist, auch dort waren Menschen eher zum Mitmachen bei den allgemein recht beliebten historischen Festzügen zu bewegen.[7]

Trotz der angestrebten breiten Mobilisierung und Beteiligung der Stadtgesellschaft lagen die eigentlichen Vorbereitungen in der Hand einiger weniger professionell mit der Stadtgeschichte befassten Personen sowie hauptamtlich Beschäftigten aus den Abteilungen der Stadtverwaltung und den diversen Kultureinrichtungen, insbesondere dem Theater. Dies gilt für alle drei Jubiläumsveranstaltungen, 1928, 1934 und 1959. Ergaben sich zwischen 1928 und 1934 noch direkte Kontinuitäten, allen voran in Person des Museumsdirektors Fritz Adler, so bauten 1959 die stadthistorisch Engagierten auf Geschichtsbilder aus früherer Zeit – bei Abgrenzung zur NS-Propaganda – auf. Und bei aller Einbindung in die SED-Hierarchie zeigt sich auch 1959 ein Rest an autonomer Gestaltungsfähigkeit der Stadt. Dies wird nicht zuletzt am Erfolg der städtischen Repräsentation im Jubiläumsjahr 1959 sichtbar. Leitlinie der Festveranstaltungen sollte allgemein die Erfolgspräsentation des Sozialismus in der DDR sein. Doch genau in dieser Hinsicht wurden trotz aller öffentlich bekundeter Erfolgsmeldungen intern erhebliche Mängel festgestellt. Der Vorzeigebetrieb, die „Volkswerft", trat keineswegs so in Erscheinung, wie dies erwünscht worden war. Dies war wohl auch eine Begleiterscheinung der immer wieder auftretenden Schwierigkeiten in der Erfüllung der Planzahlen und eines ständig wechselnden Managements des Betriebes. Auch die arrangierten Ausspracheabende mit westlichen Gästen aus Skandinavien und der Bundesrepublik zeitigten nicht den angestrebten Erfolg. Die Propagandafunktion, Stralsund als Beispiel für den Sozialismus auszustellen, erfüllte die Stadt mäßig, erfolgreicher zeigte sich die Inszenierung von Geschichte als integrierendem und identitätsstiftendem Faktor im Rahmen des Festzuges und der Jubiläumsschrift.

Begreift man Repräsentationen als Spiegel der Realität, so lässt sich folgendes vergleichend feststellen:

Der 24. Juli 1928, das 300. Jubiläum des sogenannten „Wallensteintages", fand eine gespaltene Stadtgesellschaft vor. Das Bürgertum der Stadt feierte zusammen mit „seiner" protestantischen Kirche den Tag als ihren Feiertag. Die Arbeiterschaft, insbesondere die politisch aktive, sozialdemokratisch orientierte Arbeiterbewegung, hatte in dieser Inszenierung keinen Raum, auch, weil sie sich mit ihrer Kritik selbst ausschloss, vor allem jedoch, weil sie trotz zaghafter Integrationsversuche seitens der Organisatoren zu jenem Stadtbürgertum und seinen Traditionen

---

[7] von Saldern, Stadtfeiern (2003), S. 342.

nicht dazugehörte. Das Fest zeigte zum einen das nationale Stralsund und seine
Bürger, die der Monarchie nachtrauerten und die Republik missachteten, es zeigte
zugleich in den begleitenden Diskursen den demokratischen Pluralismus des Systems, der sich auch in einer konkurrierenden öffentlichen Präsenz niederschlug.
Es gab eben nicht nur den „Wallensteintag", den „Tag von Skagerrak" und so weiter, sondern auch den bunten Umzug anlässlich des Konsumvereinsjubiläums oder
den gewerkschaftlichen Jugendkongress.

Eine derartige pluralistische Vielfalt war 1934 nicht mehr vorhanden, und auch
kontroverse Debatten über Sinn und Gestaltung des Stadtjubiläums konnten jedenfalls nicht mehr öffentlich geführt werden. Dagegen ist ein Bruch auszumachen, der durch die Säuberungswelle im Zuge des „Röhm-Putsches" verursacht
war. Die Jubiläumsfestwoche selbst zeigte traditionelle Züge mit reichlich unterhaltenden Anteilen – eine machtvolle Herrschaftsrepräsentation im nationalsozialistischen Kleide war dies nicht, sondern Ausdruck einer jedenfalls vorübergehen-
den Verunsicherung der regionalen NS-„Bewegung".

Das Stadtjubiläum 1959 fand in einer gründlich veränderten Situation statt. Die
Stadt hatte sich seit Kriegsende sowohl in ihrer Bevölkerungszusammensetzung
wie in ihrer ökonomischen Struktur entscheidend gewandelt. Die offiziell bestehende breite Basis, gebildet aus allen Organisationen und Parteien, spiegelte eine
umfassende Partizipation und Zustimmung nur vor, die tatsächliche Beteiligung
zeigte sich dort umfangreicher, wo nicht agitatorischer Zwang nach Erfüllung all-
seits geforderter Arbeitspläne stattfand, sondern Raum zur eigenen Präsentation
und zur ideologisch nicht überladenen Unterhaltung geboten war. Gestaltung und
Ablauf der Jubiläumsrepräsentationen und die jeweiligen Resonanzen zeigten die
Grenzen der Zustimmung zum sozialistischen System, aber auch die vorhandene
Bereitschaft zur Mitgestaltung jenseits der Propaganda auf. Der Protestantismus
hatte seine einstmals dominante Rolle bei den städtischen Repräsentationen eingebüßt, eine Folge der signifikant veränderten konfessionellen Zusammensetzung
der Einwohnerschaft sowie des generellen Bedeutungsverlustes der Kirchen in der
DDR.

Nimmt man als Ziel der Repräsentationen die Schaffung von Konsens und
Identifikation mit dem jeweiligen System an, so war der „Wallensteintag" 1928 im
Sinne seiner Organisatoren sicherlich am erfolgreichsten. Zumindest zwischen den
Veranstaltern und dem die Stadt nach eigenem Bekunden maßgeblich repräsentie-
renden bürgerlichen Milieu stellte dieser Tag bei aller Kritik ein großes Maß an
Verbundenheit her, an Verbundenheit mit der Stadt, ihrer Geschichte und den tra-
genden Säulen dieser Stadtgesellschaft, von denen die evangelische Kirche einen
besonders hohen Stellenwert einnahm. Die Stadt stellte ihr Selbstbewusstsein zur
Schau, das auch eine wichtige außenpolitische Note (Brücke nach Schweden) beinhaltete.

Der Transport nationalsozialistischer Inhalte stand bei aller volksgemeinschaftlich verbrämter Inszenierung 1934 nicht im Vordergrund. Die Geschichte der
Stadt, im Wesentlichen präsentiert von Persönlichkeiten, die auch schon vor 1933
in der Stadt gewirkt hatten, stand im Zentrum, und angesichts der mitunter provisorischen Vorbereitung wurden alle möglichen Veranstaltungen unter das Dach
der Jubiläumsfestwoche genommen. Die mangelhafte und unter Zeitdruck vorge-

nommene Vorbereitung eint die beiden Repräsentationen 1934 und 1959 und unterscheidet sie deutlich von jener im Jahre 1928, die sorgfältig und mit zweijährigem zeitlichen Vorlauf konzipiert wurde. Dies verweist auch auf den Zustand des jeweiligen Systems: Das auf große Kontinuität – trotz des Umbruches 1918 – zurückgreifende bürgerliche Stralsund agierte 1928 aus einer erheblich größeren Stabilität und einem stärkeren Selbstbewusstsein heraus, als die Stadt es in den folgenden Jubiläumsfeierlichkeiten tat. Die improvisierten und viel zu kurzfristig durchgeführten Konzeptions- und Organisationsarbeiten 1934 und 1959 zeigen keine gefestigten Herrschaftsverhältnisse. Dies ist bei der 1934 relativ kurz an der Macht befindlichen und zudem durch den Röhm-Putsch erschütterten NSDAP nachvollziehbar, erstaunt jedoch auf den ersten Blick im Falle der 725-Jahr-Feier 1959. Allerdings verfügte die SED trotz ihrer bereits 13-jährigen Existenz und trotz der Tatsache, dass die DDR schon zehn Jahre bestand, nicht zuletzt wegen der noch offenen Westgrenze nicht über eine entsprechend starke Stabilität, auch wenn die zeitgenössischen Wahrnehmungen angesichts von Illusionen eines Einhol- und Überholmanövers im Systemwettstreit hierzu ambivalent gewesen sein mögen. Trotz der hochgesteckten Ziele setzte die konkrete Vorbereitungsphase 1959 erst ein gutes halbes Jahr vor dem Beginn der Festlichkeiten ein. Unter diesen Voraussetzungen war das Erreichte respektabel. Die starke Bedeutung einer wenig ideologisch überformten Geschichtspräsentation erklärt sich möglicherweise auch aus der improvisierten Kurzfristigkeit. Anders als bei der sozialistischen Leistungs- und Erfolgsschau konnte man bei der Stadtgeschichte auf Bekanntes und Bewährtes zurückgreifen.

Nicht nur in dieser Hinsicht erweist sich „die Stadtgeschichte" als prägende und durch die Systeme hindurch wirkungsmächtige Konstante in den städtischen Repräsentationen. Die eindrucksvolle Präsenz der historischen Stadt hat die Bilder der Stadt, das ihr zugeschriebene „Wesen", jeweils geformt. Daran änderte auch die Betonung eines neuen Charakters der „Werftstadt" substanziell nichts. Es fällt auf, dass die „Volkswerft" trotz ihrer Bedeutung allenfalls zusammen mit der Geschichte der Stadt präsentiert wird und jedenfalls nicht im alleinigen Vordergrund bei der Charakterisierung der Stadt steht. Offenkundig funktionierte der Transport geschichtlicher Bilder generations- und herkunftsübergreifend. Das Aussterben einer die Stadt traditionell prägenden Bürgerschicht, wie sie von Nachfahren eben jener Schicht beklagt wurde[8], führte nicht zu einem Absterben oder einer gründlichen Neuformierung tradierter Geschichtsbilder trotz mehr oder weniger starker ideologischer Überformungsversuche, die in den beiden diktatorischen Systemen zu konstatieren waren. Die Geschichte der Stadt erweist sich als das wesentliche Element der Identitätsstiftung in allen drei Systemen. Und sie verweist auch auf ein Selbstbewusstsein, das die Stadt, respektive ihre Repräsentanten und Akteure, nicht nur zu Zeiten kommunaler Selbstverwaltung an den Tag legten und das die Stadt selbst in Diktaturzeiten als Gemeinwesen mit rest-autonomen Handlungsfeldern präsentierte.

---

[8] Hans-Helmuth Knütter: 750 Jahre Stralsund – Stralsund und die deutsche Geschichte, in: Zwei deutsche Städtejubiläen an der Ostsee. 700 Jahre Flensburg. 750 Jahre Stralsund (Mare Balticum 1984, hrsg. v. der Ostseegesellschaft e. V., Hamburg), S. 92–96.

Über die Stadtidentität wurden offenkundig weiterreichende Identitäten durch die Jahre des „real existierenden Sozialismus" und über Generationen hinweg erhalten. Ganz im Sinne des zu Beginn der Studie zitierten Anspruchs des Stralsunder Museumsdirektors Fritz Adler, der den Menschen über das Verständnis der engeren Heimat die Möglichkeit einer regionalen und nationalen Identität eröffnen wollte, bekräftigten Bürger der Stadt in Umbruchzeiten nicht nur ihre Identität als Stralsunder, sondern auch als Vorpommern. Stralsunds Oberbürgermeister Otto Kortüm hatte im Sommer 1945 die erneute Bildung des 1932 aufgelösten Regierungsbezirks Stralsund innerhalb des neuen Landes Mecklenburg-Vorpommern gefordert, denn, so Kortüm, Vorpommern wolle nicht „als kleines Anhängsel von Mecklenburg [...] abgleiten."[9] Die Berufung eines Bevollmächtigten des Landespräsidenten für Vorpommern im September 1945 erweckte Erwartungen auf eine „Bezirksregierung", und, kaum berufen, musste der Bevollmächtigte seine Tätigkeit aus diesen Gründen wieder einstellen.[10] Auch bei der Neugliederung in Bezirke 1952 blieb vorpommersches Bewusstsein virulent. So wurde innerhalb der Landes-SED ein Vorschlag diskutiert, der eine Aufteilung des Landes in drei Teile jeweils von Nord nach Süd getrennt vorsah und damit Vorpommern als eigenen Bezirk mit Greifswald als Zentrum geschaffen hätte.[11] 38 Jahre später forderten Stralsunder Bürger am 3. Februar 1990 auf dem Alten Markt die Gründung eines Landes Vorpommern, auf der Montagsdemonstration am 29. Januar 1990 hatten Demonstranten die Pommernfahne mitgeführt.[12] Die unterschwellig weiter vorhandenen Identitäten waren mit dem Zusammenbruch des SED-Regimes sofort wieder abrufbar und bewirkten die aktuellen Forderungen nach regionaler Eigenständigkeit.

[9] Eggert, Ende (1967), S. 75.
[10] Brunner, Schein (2006), S. 215.
[11] Karl Mewis: Frischer Wind in Mecklenburg, in: Die ersten Jahre. Erinnerungen an den Beginn der revolutionären Umgestaltungen, eingel. u. zusammengest. von Ilse Schiel unter Mitarbeit von Erna Milz, Berlin (Ost) 1979, S. 141-159, hier S. 156.
[12] Kai Langer: „Ihr sollt wissen, daß der Norden nicht schläft..." Zur Geschichte der „Wende" in den drei Nordbezirken der DDR, Bremen 1999, S. 301 f.

V. Danksagung

Diese Studie entstand im Rahmen des von der Deutschen Forschungsgemeinschaft geförderten Projektes „Mecklenburg und Vorpommern im 20. Jahrhundert. Lebenswelten im Systemwandel von der Zwischenkriegszeit bis zur Nachkriegszeit" an der Berliner Abteilung des Instituts für Zeitgeschichte, München-Berlin. Die sachliche Kritik und die Unterstützung der Kolleginnen und Kollegen der Berliner Abteilung sowie ihres Leiters Hermann Wentker haben meine Arbeit sehr erleichtert. Natürlich kann eine historische Arbeit wie diese ohne die Hilfe der Mitarbeiterinnen und Mitarbeiter von Archiven und Bibliotheken nicht realisiert werden. Hervorheben möchte ich das Stadtarchiv Stralsund und die dortige angenehme Arbeitsatmosphäre. Naturgemäß stammt der Hauptteil des Quellenmaterials aus den reichhaltigen Beständen dieses Archivs. Über meine eigenen Recherchen hinaus konnte ich auf jene umfangreiche Dokumentensammlung zurückgreifen, die Peter Skyba in einer ersten Projektphase angelegt hat.

Alle Genannten haben auf unterschiedliche Weise zum Gelingen meiner Forschungen beigetragen, dafür danke ich ihnen.

VI. Anhang

1. Quellen

1.1. Archivalien

Bundesarchiv Berlin (BArch)
- Deutsche Volkspartei (R 45 II)
- Deutschnationale Volkspartei (R 8005)
- Hauptarchiv der NSDAP (NS 26)
- Ministerium für Bauwesen (DH 1)
- Reichskanzlei (R 43 I)
- Reichsministerium für die kirchlichen Angelegenheiten (R 5101)
- Reichssicherheitshauptamt (R 58)
- Staatssekretär für Kirchenfragen (DO 4)

Forschungs- und Dokumentationsstelle des Landes zur Geschichte der Diktaturen in Deutschland an der Universität Rostock
- Teilnachlass Max Fank

Landesarchiv Greifswald (LAG)
- Regierung Stralsund (Rep. 65 c)
- Sozialistische Einheitspartei Deutschlands (SED), Kreisleitung Stralsund (Rep. IV 4/09)

Landeshauptarchiv Schwerin (LHAS)
- Kommunistische Partei Deutschlands (KPD), Landesleitung Mecklenburg-Vorpommern (10.31-1)
- Ministerium des Innern (1946-1952) (6.11-11)
- Sozialistische Einheitspartei Deutschlands (SED), Kreisleitungen (10.34-2)

Stadtarchiv Stralsund (StaS)
- Das Polizeiwesen von Stralsund (Rep. 18)
- Der Oberbürgermeister/Hauptverwaltung (Rep. 29)
- Oberbürgermeister (1945-1970) (Rep. 50)
- Personalamt und Besoldungsabteilung (Rep. 39)
- Rat der Stadt Stralsund, Abt. Innere Angelegenheiten (1954-1990) (Rep. 59)
- Rat der Stadt Stralsund, Kultur und Volksbildung (1945-1970) (Rep. 54)
- Stralsunder Bürgervertretungen (Rep. 34)
- Foto- und Filmsammlung
  Nachlässe:
- Fritz Adler (Adl)
- Max Fank (Fan)
- Karl Kirchmann (Kir)
- Knütter (Knü)

Stiftung Archiv der Parteien und Massenorganisationen der DDR im
Bundesarchiv (SAPMO-BArch)
- Freie Deutsche Jugend (FDJ) (DY 24)
- Kommunistische Partei Deutschlands (KPD) (RY 1)
- Kulturbund (DY 27)
- Sozialistische Einheitspartei Deutschlands (SED) (DY 30)

1.2. Periodica

Amtsblatt des Kontrollrates in Deutschland, Nr. 7, 31. Mai 1946.
Der Demokrat, Nr. 107, 11.5.1951.
Der Lotse. Nachrichtenblätter für Jugendpflege, Jugendbewegung und Heimatpflege, hrsg.
   v. der Regierung in Stralsund, verantwortl.: Bezirksjugendpfleger Wilhelm Diekermann in
   Stralsund, Jgg. 1926, 1927, 1929.
Der Spiegel 51/1959, 16.12.1959.
Der Vorpommer, Jgg. 1920–1933.
Die nationalsozialistische Gemeinde, 3. Jg., Folge 3, 1.2.1935.
Die Zeit, Nr. 52, 26.12.1957, Nr. 37, 11.9.1959, Nr. 50, 11.12.1959.
Evangelisches Gemeindeblatt für Stralsund, Jgg. 1 (1919/20), 2 (1920/21), 1928–1930; 1932,
   1933.
Gesetzesblatt der DDR, 1952, und 1957, Teil 1.
Heimatkalender 1926 für die Stadt Stralsund und die Kreise Franzburg und Grimmen,
   Grimmen [1926].
Landes-Zeitung, Jgg. 1946, 1950.
Ministerialblatt der DDR, 1950.
Mitteilungen der Kreisverwaltung Stralsund, 3. Jg. (1950).
Neues Deutschland, 24.3.1962, 27.3.1962, 14.7.1962.
Ostsee-Zeitung, Jg. 1959.
Pommern-Stimmen, Halbmonatsschrift für deutsche Politik, Hrsg.: Landesverband Pommern
   der DVP, Jgg. 1 (1924), 5 (1928), 6 (1929), 8 (1931).
Pommersche Zeitung, Jgg. 1933/34.
Preußische Gesetzessammlung, Jgg. 1919, 1924.
Reichsgesetzblatt I 1933, 1935.
SPD-Pressedienst, P/XVII/135, v. 3.7.1962.
Statistische Jahrbücher deutscher Städte, Jgg. 26–29 (1931–1934).
Statistisches Jahrbuch deutscher Gemeinden, Jg. 30 (1935).
Statistisches Taschenbuch 1960. Stralsund-Stadt. Hrsg. von der Staatlichen Zentralverwal-
   tung für Statistik, Kreisstelle Stralsund-Stadt, o. O. [1961].
Stralsunder Monatshefte; Hrsg.: Rat der Stadt Stralsund, Abt. Kultur in Gemeinschaft mit
   dem Kulturbund zur Demokratischen Erneuerung Deutschlands, Kreisleitung Stralsund,
   Jgg. 1957–1959.
Stralsunder Tageblatt, Jgg. 1933/34.
Stralsunder Volkszeitung, Jgg. 1914–1918.
Stralsundische Zeitung, Jgg. 1913, 1915–1934.
Zeitschrift für Kommualwirtschaft, 21. Jg. Nr. 12, 25.6.1931 [Sonderheft; Thema Pom-
   mern].

1.3. Editionen, Dokumentationen, Nachschlagewerke, Hilfsmittel

Besuch der sowjetischen Partei- und Regierungsdelegation in der Deutschen Demokratischen Republik vom 7. bis 14. August 1957. Kundgebungen in Stralsund und Rostock.
   Wortlaut der Reden von A. I. Mikojan und Otto Grotewohl. Als Arbeitsmaterial gedruckt. Hrsg. v. ZK der SED, Abt. Agitation und Propaganda, September 1957.

Brunner, Detlev (Bearb.): Die Landesregierung in Mecklenburg-Vorpommern unter sowjetischer Besatzung 1945 bis 1949, Bd. 1: Die ernannte Landesverwaltung, Mai 1945 bis Dezember 1946, hrsg. v. Werner Müller und Andreas Röpcke, eingeleitet und bearbeitet von Detlev Brunner, Bremen 2003.

Der Preußische Staatsrat 1921-1933. Ein biographisches Handbuch, mit einer Dokumentation der im „Dritten Reich" berufenen Staatsräte, bearbeitet von Joachim Lilla, Düsseldorf 2005.

Einheitsdrang oder Zwangsvereinigung? Die Sechziger-Konferenzen von KPD und SPD 1945 und 1946, mit einer Einführung von Hans-Joachim Krusch und Andreas Malycha, Berlin 1990.

Głowacki, Andrzej/Baumgart, Marek/Faryś, Janusz: Quellen zur Geschichte der deutschen Arbeiterbewegung in polnischen Staatsarchiven. Deutsche Bearbeitung und Vorwort von Walter Momper, Berlin 1983.

Grewolls, Grete: Wer war wer in Mecklenburg-Vorpommern, Bremen 1995.

Grundriß zur deutschen Verwaltungsgeschichte 1815-1945, Reihe A: Preußen, hrsg. von Walther Hubatsch; Bd. 3: Pommern, bearb. von Dieter Stüttgen, Marburg 1975.

Hamacher, Gottfried u. M. v. Andre Lohmar und Harald Wittstock: Deutsche in der Résistance, in den Streikräften der Antihitlerkoalition und der Bewegung „Freies Deutschland". Ein biographisches Lexikon. Arbeitsmaterial, Berlin 2003.

Handwörterbuch der Preußischen Verwaltung in Verbindung mit anderen bearb. u. a. hrsg. v. Dr. von Bittner, 2. Aufl. Leipzig 1911 (2 Bde.), (Artikel: Bürgermeister, Magistrate, Städteordnungen).

Hohorst, Gerd/Kocka, Jürgen/Ritter, Gerhard A.: Sozialgeschichtliches Arbeitsbuch. Materialien zur Statistik des Kaiserreichs 1870–1914, München 1975.

Internationales Biographisches Archiv (Munzinger-Archiv), 15/1963, v. 1.4.1963.

Malycha, Andreas: Auf dem Weg zur SED. Die Sozialdemokratie und die Bildung einer Einheitspartei in den Ländern der SBZ. Eine Quellenedition, Bonn 1995.

Mertens, Lothar: Lexikon der DDR-Historiker, München 2006.

Prozeß gegen die ehemalige Leitung der Volkswerft Stralsund, 1. bis 3. Verhandlungstag, doppelseitige Druckschrift, jeweils herausgegeben vom Amt für Information Schwerin, o. D. [Dezember 1950].

Reichstags-Handbuch V. Wahlperiode 1930, hrsg. v. Bureau des Reichstages, Berlin 1930.

Staatsarchiv Stettin – Wegweiser durch die Bestände bis zum Jahr 1945. Bearbeitet v. Radoslaw Gaziński, Paweł Gut und Maciej Szukała. Aus dem Polnischen übersetzt v. Peter Oliver Loew, hrsg. von der Generaldirektion der Staatlichen Archive Polens, Oldenburg 2004 (http://www.bkge.de/11815.html).

Thévoz, Robert/Branig, Hans/Lowenthal-Hensel, Cécile: Pommern 1934/35 im Spiegel von Gestapo-Lageberichten und Sachakten (Quellen) [Bd. 2], Köln, Berlin 1974.

1.4. Internetressourcen

http://de.wikipedia.org/wiki/Liste_der_Denkmale_und_Gedenkst%C3%A4tten_in_Stralsund

http://Kath-vorpommern.de/informationen.html

http://www.defa-stiftung.de/cms/(S(nppr3i2ydetmvi45nlfh0p45))/DesktopDefault.aspx?TabID=852

http://www.fes.de/archiv/adsd_neu/inhalt/recherche/zusatzinformationen/hamburg.htm#4

http://www.stralsundwiki.de/index.php/Ernst_Uhsemann

http://www.verwaltungsgeschichte.de/stralsund.html

2. Literatur

2.1. Literatur zu Stralsund

10 Jahre Volkswerft Stralsund, [ohne Herausgeber] Stralsund o. J. [1958].

100 Jahre Städtische Sparkasse Stralsund 1828–1928. Hrsg. aus Anlass der Feier des 100jährigen Bestehens der Sparkasse am 15. Jan. 1928, [Stralsund 1928].

175 Jahre Stralsunder Theater, (Autoren Peter Pooth u. a.), Stralsund o. J. [1941].

30 Jahre VEB Volkswerft Stralsund, Hg.: Leitung der SED-Grundorganisation des VEB Volkswerft in Zusammenarbeit mit der Geschichtskommission der Parteileitung zur Erforschung der Geschichte des VEB Volkswerft, Putbus 1978.

40 Jahre Sozialdemokratie. Beiträge zur Geschichte der Stralsunder Sozialdemokratie (Verfasser Max Fank, Stralsund 1931).

725 Jahre Stralsund. 10 Jahre Arbeiter- und Bauern-Macht. Bearbeitet vom Stadtarchiv Stralsund, Stralsund 1959.

Adler, Fritz: Aus Stralsunds Vergangenheit in zwei Teilen, 2. Teil: Die Schwedenzeit Stralsunds, Greifswald 1923.

Adler, Fritz: Die Belagerung Stralsunds 1628, Stralsund 1928.

Adler, Fritz: Die St. Nikolai-Kirche in Stralsund, (Große Baudenkmäler, Heft 105), Berlin 1947.

Adler, Fritz: Stralsund. Stadtkreis, in: Deutsches Städtebuch. Handbuch städtischer Geschichte, i. A. der Konferenz der landesgeschichtlichen Kommissionen Deutschlands mit Unterstützung des Deutschen Gemeindetages hrsg. v. Prof. Dr. Erich Keyser, Bd. 1, Nordostdeutschland, Stuttgart, Berlin 1939, S. 244–247.

Auerbach, Horst: Festung und Marinegarnison Stralsund, Rostock 1999.

Brunner, Detlev: Gespaltene Stadt. Zwei Feiertage im Sommer 1928, in: Stralsunder Hefte für Geschichte, Kultur und Alltag, 2009, S. 19–21.

Bruchmüller, Wilhelm: Das 700jährige Stralsund, in: Unser Pommernland. Monatsschrift für das Kulturleben der Heimat, 19. Jg., H. 4 (Juni 1934), S. 130–132.

Das nationale Dokument und die Entwicklung Stralsunds, hrsg. v. Kreisleitung der SED, Abt. Agitation/Propaganda, Stralsund 1962.

Die Altstadt von Stralsund. Untersuchungen zum Baubestand und zur städtebaulichen Denkmalpflege (Deutsche Bauakademie. Schriften des Forschungsinstituts für Gebiets-, Stadt- und Dorfplanung. Städtebau und Siedlungswesen. Kurzberichte über Forschungsarbeiten und Mitteilungen, Heft 12/13, hrsg. v. Kurt W. Leucht), Berlin 1958.

Die Semlowerstraße in Stralsund. Entschandelung und Gestaltung, bearb. von Malermeister Alfred Dorn, hrsg. v. Reichsinnungsverband des Malerhandwerks in Verbindung mit dem Deutschen Heimatbund und der Stadt Stralsund, Berlin 1940.

Eggert, Oskar: Das Ende des Krieges und die Besatzungszeit in Stralsund und Umgebung, 1945–1946, Hamburg 1967.

Ewe, Herbert: Peter Pooth und seine Bedeutung für das Archiv. Ein Beitrag zur Geschichte des Stadtarchivs Stralsund, in: Greifswald-Stralsunder Jahrbuch, Bd. 5 (1965), S. 119–127.

Ewe, Herbert: Stralsund im 19. Jahrhundert, 1815–1890, in: Geschichte der Stadt Stralsund, im Auftrag des Rates der Stadt Stralsund hrsg. v. Herbert Ewe, Weimar 1984, S. 234–275.

Ewe, Herbert: Stralsund, Rostock 1969.

Ewe, Herbert: Zur Baugeschichte Stralsunds, in: Die Altstadt von Stralsund. Untersuchungen zum Baubestand und zur städtebaulichen Denkmalpflege, Berlin 1958, S. 9–57.

Festschrift zur 300-Jahrfeier der Abwehr Wallensteins von Stralsund. (Baltische Studien, hrsg. von der Gesellschaft für Pommersche Geschichte und Altertumskunde, N. F. Bd. 30, 1. Halbbd.), Stettin 1928.

Fichtner, B.: 12 Jahre Gefängnis, Zuchthaus und Kriegsgefangenenlager. Lebensgeschichte des Stralsunder Oberbürgermeisters Dr. Fichtner, in: Ostsee-Anzeiger Nr. 11, 15.3.2000, S. 15.

Francke, Otto: Aus Stralsunds Franzosenzeit. Ein Beitrag zur Geschichte dieser Stadt, Stralsund 1870.

Fritze, Konrad: Entstehung, Aufstieg und Blüte der Hansestadt Stralsund, in: Geschichte der Stadt Stralsund, hrsg. v. Herbert Ewe, Weimar 1984, S. 9–102.

Genz, Peter: Stralsund, in: Wegweiser durch das jüdische Mecklenburg-Vorpommern, hrsg. v. Irene Dieckmann, Potsdam 1998, S. 253–278.

Geschichte der Stadt Stralsund, im Auftrag des Rates der Stadt Stralsund hrsg. v. Herbert Ewe, Weimar 1984 (2. Aufl. 1985).

Hacker, Hans-Joachim: Zum 80. Geburtstag von Herbert Ewe, in: Baltische Studien, Bd. 88 N. F. (2002), S. 131–136.

Hansestadt Stralsund (Hg.): Frauen in der Stralsunder Stadtgeschichte, Stralsund 1998.

Henselmann, Hermann: Reisen in Bekanntes und Unbekanntes, Leipzig/Berlin 1969.

Höft, Johannes: Finanzstatistik Stralsunds von 1874 bis zur Gegenwart, Greifswald 1937.

Jahnke, Karl Heinz: Aus den ersten Jahren der Tätigkeit der Sozialdemokratischen Partei Deutschlands in Stralsund, in: Greifswald-Stralsunder Jahrbuch 1 (1961), S. 76–88.

Jahnke, Karl Heinz: Die Geschichte der revolutionären Arbeiterbewegung in Stralsund von ihren Anfängen bis zur Gründung der SED (1891–1946), Inaugural-Dissertation, Greifswald 1960.

Jahnke, Karl Heinz: Von der Novemberrevolution bis zur Befreiung vom Faschismus, in: Geschichte der Stadt Stralsund, im Auftrag des Rates der Stadt Stralsund hrsg. v. Herbert Ewe, Weimar 1984, S. 291–331.

Junger Norden. Erstes deutsch-schwedisches Gemeinschaftslager der Hitler-Jugend 1937. Rückblick und Ausblick. Stralsund, im Mai 1938, hrsg. v. der Stadt Stralsund.

Kasten, Herbert A. W.: Karsten Sarnow, Berlin 1958.

Knütter, Hans-Helmuth: 750 Jahre Stralsund – Stralsund und die deutsche Geschichte, in: Zwei deutsche Städtejubiläen an der Ostsee. 700 Jahre Flensburg. 750 Jahre Stralsund (Mare Balticum 1984, hrsg. v. der Ostseegesellschaft e. V., Hamburg), S. 92–96.

Knütter, Hans-Helmuth: Das Kriegsende in Stralsund und Rügen 1945, Recklinghausen 1986.

Körner, Ludwig: Gedanken zur Rolle der kleinen und mittleren Theater als Schulungsstätten für den deutschen Bühnennachwuchs, in: 175 Jahre Stralsunder Theater, (Autoren Peter Pooth u. a.), Stralsund o. J. (1941).

Kreisgruppen-Turnfest in Stralsund, 17. u. 18. August 1935 und 75-Jahrfeier des Stralsunder Turn- und Sportvereins v. 1860, [Stralsund 1935].

Kusch, Reinhard: Stralsund von 1720 bis 1815, in: Geschichte der Stadt Stralsund, im Auftrag des Rates der Stadt Stralsund hrsg. v. Herbert Ewe, Weimar 1984, S. 202–233.

Langer, Herbert: Innere Kämpfe und Bündnis mit Schweden. Ende des 16. Jahrhunderts bis 1630, in: Geschichte der Stadt Stralsund, im Auftrag des Rates der Stadt Stralsund hrsg. v. Herbert Ewe, Weimar 1984, S. 137–167.

Lissok, Michael: Denkmalpflege als Stadtbildpflege am Beispiel Stralsunds von zirka 1920 bis 1970, in: Architektur und Städtebau im südlichen Ostseeraum. Zwischen 1936 und 1980, hrsg. v. Bernfried Lichtnau, Berlin 2002, S. 190–213.

Ludwig, H. W.: Die Entwicklung einer Stadt, in: Oestergaards Monatshefte, Heft 3, März 1934, S. 161–164.

Maß, Konrad (Seebad Heringsdorf): Zum Stralsunder Wallensteinstage (1628–1928), in: Unser Pommernland. Monatsschrift für das Kulturleben der Heimat, 13. Jg., H. 8 (Aug. 1928), S. 297–300.

Meyer, Hans-Jürgen: Blinkzeichen am Rügendamm, Berlin (Ost) 1971.

Murawski, Erich: Die Eroberung Pommerns durch die Rote Armee, Boppard 1969.

Nehmzow, Regina: Zum 120. Geburtstag von Dr. Fritz Adler, in: Welt-Kultur-Erbe, Nr. 01/2009, S. 23–25.

Neumerkel, Andreas/Schulze, Hannelore: Stralsund 1860–1945. Ein photographischer Streifzug, (Veröffentlichungen des Stadtarchivs Stralsund Bd. 12), Bremen 1997.

Reinhardt, Hans Heino: Die Geschichte des Zeitungswesens in Stralsund. Inaugural-Dissertation genehmigt von der philologisch-historischen Abteilung der Philosophischen Fakultät der Universität Leipzig, Stralsund 1936.

Richter, Dietrich: Die antifaschistisch-demokratische Umwälzung 1945-1949, in: Geschichte der Stadt Stralsund, im Auftrag des Rates der Stadt Stralsund hrsg. v. Herbert Ewe, Weimar 1984, S. 332-366.

Richter, Dietrich: Stralsund von 1961 bis 1970, in: Geschichte der Stadt Stralsund, im Auftrag des Rates der Stadt Stralsund hrsg. v. Herbert Ewe, Weimar 1984, S. 407-441.

Richter, Dietrich: Stralsund von 1971 bis 1981, in: Geschichte der Stadt Stralsund, im Auftrag des Rates der Stadt Stralsund hrsg. v. Herbert Ewe, Weimar 1984, S. 442-494.

Rieck, Käthe: Die Denkmalpflege in Stralsund und ihre nächsten Aufgaben, in: Die Altstadt von Stralsund. Untersuchungen zum Baubestand und zur städtebaulichen Denkmalpflege, Berlin 1958, S. 85-92.

Rudolph, Wolfgang: Stralsund. Die Stadt am Sund, hrsg. v. Käthe Miethe, Rostock 1955.

Schiel, Eberhard: Braune Schatten überm Sund, Kückenshagen 1999.

Schubert, Dietrich: Revanche oder Trauer über die Opfer? Kolbe versus Barlach – ein Soldaten-„Ehrenmal" für die Stadt Stralsund 1928-1935, in: Politische Kunst. Gebärden und Gebaren, hrsg. v. Martin Warnke, Berlin 2004, S. 73-96.

Stralsund. 5 Jahre Aufbau. Der Rat der Stadt Stralsund, September 1950. (hrsg. vom Rat der Stadt anläßlich der Ausstellung „5 Jahre Aufbau").

Stralsund. Aufgenommen von der Staatlichen Bildstelle. Beschrieben von Fritz Adler, Berlin 1926, in: Pommern. Aufgenommen von der Staatlichen Bildstelle. Eingeleitet von Martin Wehrmann. Beschrieben von Fritz Adler, Karl Fredrich und Otto Schmitt, Berlin 1927.

Stralsund. Chronik einer Stadt im sozialistischen Aufbau, bearbeitet vom Stadtarchiv Stralsund, Stralsund 1960.

Stralsund. Ein Führer durch die Werftstadt von Herbert Ewe, Stralsund 1953 (Veröffentlichung des Stadtarchivs, der Stralsundischen Museen und des Kulturbundes zur demokratischen Erneuerung Deutschlands).

Stralsunder Lebensbilder. Festschrift der Stadt Stralsund zum 700jährigen Jubiläum überreicht vom Rügisch-Pommerschen Geschichtsverein, Greifswald 1934.

Stralsunds Sieg über Wallenstein. Zur 300-Jahr-Feier am 24. Juli 1928 im Auftrage von Bürgermeister und Rat der Stadt Stralsund dargestellt von Ernst Uhsemann, Stralsund o. J. [1928].

Strobel, Dietrich/Ortlieb, Werner: Volkswerft Stralsund, Hamburg 1998.

Struck, Ferdinand: Geschichte des Wissenschaftlichen Vereins zu Stralsund, 1867-1927, Stralsund 1934 (herausgegeben v. Dr. Joachim Lorenz Struck).

Unsere Tage von Stralsund. Eindrücke und Bilder vom 3. Jugendbundtag des G. D. A. in Stralsund, 19.-21. Juli 1924, Berlin 1924 (Jugendschriften des Gewerkschaftsbundes der Angestellten, H. 5).

Zur Geschichte der Reichsbankstelle in Stralsund, von Reichsbankdirektor Knaack, Rede zur Einweihung des neuen Reichsbankgebäudes am 25. Mai 1927, Berlin [1927].

2.2. Allgemeine Literatur

Adler, Fritz: Aufgabe und Ziel des Heimatmuseums, in: Unser Pommernland. Monatsschrift für das Kulturleben der Heimat, 13. Jg., H. 1 (Jan. 1928), S. 11-15.

Altenburg, Jan Philipp: Perspektiven der Stadtforschung. Neue Studien zur Stadt um 1900, in: Archiv für Sozialgeschichte 48 (2008), S. 635-660.

Arnold, Sabine R./Fuhrmeister, Christian/Schiller, Dietmar: Hüllen und Masken der Politik. Ein Aufriß, in: Dies. (Hg.): Politische Inszenierung im 20. Jahrhundert: Zur Sinnlichkeit der Macht, Wien, Köln, Weimar 1998, S. 7-24.

Assmann, Jan: Kollektives Gedächtnis und kulturelle Identität, in: Ders./Tonio Hölscher (Hg.): Kultur und Gedächtnis, Frankfurt a. M. 1988, S. 9-19.

Becker, Bert: Verwaltung und höhere Beamtenschaft in Pommern 1918/19, in: Pommern zwischen Zäsur und Kontinuität: 1918, 1933, 1945, 1989, hrsg. v. Bert Becker nd Kyra T. Inachin, Schwerin 1999, S. 39-68.

Bernhardt, Christoph/Reif, Heinz (Hrsg.): Sozialistische Städte zwischen Herrschaft und Selbstbehauptung. Kommunalpolitik, Stadtplanung und Alltag in der DDR, Stuttgart 2009.

Bessel, Richard: Germany after the First World War, Oxford 1993.

Bieber, Hans-Joachim: Bürgertum in der Revolution. Bürgerräte und Bürgerstreiks in Deutschland 1918–1920, Hamburg 1993.

Biskup, Thomas/Schalenberg, Marc (Hg.): Selling Berlin. Imagebildung und Stadtmarketing von der preußischen Residenz bis zur Bundeshauptstadt, Stuttgart 2008.

Booms, Hans: Die Deutsche Volkspartei, in: Erich Matthias; Rudolf Morsey (Hg.): Das Ende der Parteien 1933, Düsseldorf 1960, S. 523–539.

Brunner, Detlev: Der Schein der Souveränität. Landesregierung und Besatzungspolitik in Mecklenburg-Vorpommern 1945–1949, Köln, Weimar, Wien 2006.

Brunner, Georg: Die Verwaltung in der SBZ und DDR, in: Deutsche Verwaltungsgeschichte Bd. 5. Die Bundesrepublik Deutschland, hrsg. v. Kurt G. A. Jeserich u. a., Stuttgart 1987, S. 1218–1283.

Chartier, Roger: Einleitung: Kulturgeschichte zwischen Repräsentationen und Praktiken, in: Ders.: Die unvollendete Vergangenheit. Geschichte und die Macht der Weltauslegung, Berlin 1989, S. 7–20.

Dahm, Volker: Nationale Einheit und partikulare Vielfalt. Zur Frage der kulturpolitischen Gleichschaltung im Dritten Reich, in: Vierteljahrshefte für Zeitgeschichte 43 (1995) 2, S. 221–265.

Die Zukunftsaufgaben der deutschen Städte, unter Mitwirkung namhafter Fachleute hrsg. von Paul Mitzlaff und Erwin Stein, Berlin (2. Aufl.) 1925.

Döge, Ulrich: Kulturfilm als Aufgabe. Hans Cürlis (1889–1982), Berlin 2005 (Filmblatt-Schriften 4).

Drescher, Anne: Haft am Demmlerplatz. Gespräche mit Betroffenen. Sowjetische Militärtribunale Schwerin 1945 bis 1953, Schwerin 2001.

Erdmann, Gustav: Das Gerhart-Hauptmann Museum, Erkner 1994.

Fenske, Hans: Die Verwaltung Pommerns 1815–1945. Aufbau und Ertrag, Köln [u. a.] 1993.

Feste und Feiern. Zum Wandel städtischer Festkultur in Leipzig, hrsg. v. Katrin Keller, Leipzig 1994.

Fix, Karl-Heinz: Die deutschen Protestanten und die Feier der Weimarer Reichsverfassung, in: Evangelische Arbeitsgemeinschaft für kirchliche Zeitgeschichte. Mitteilungen, 21/2003, S. 53–79.

Freiherr Hiller von Gaertringen, Friedrich: Die Deutschnationale Volkspartei, in: Erich Matthias; Rudolf Morsey (Hg.): Das Ende der Parteien 1933, Düsseldorf 1960, S. 543–652.

Freitag, Werner unter Mitarbeit von Christine Pohl (Hg.): Das Dritte Reich im Fest. Führermythos, Feierlaune und Verweigerung in Westfalen 1933–1945, Bielefeld 1997.

Guckes, Jochen: Der „Habitus der Stadt" in historischer Perspektive: Dresden, Freiburg i. Br. und Dortmund 1900–1960, in: Volkskunde in Sachsen 17/2005, S. 9–29.

Guckes, Jochen: Stadtbilder und Stadtrepräsentationen im 20. Jahrhundert, in: Informationen zur modernen Stadtgeschichte 1/2005, S. 75–86.

Guckes, Jochen: Städtische Selbstbilder im Widerstreit. Politische Bürgerlichkeit in Dresden in Selbstdarstellungstexten der 1920er Jahre und bei der 750-Jahrfeier der Stadt 1956, in: Ulrich Rosseaux/Wolfgang Flügel/Veit Damm (Hg.): Zeitrhythmen und performative Akte in der städtischen Erinnerungs- und Repräsentationskultur zwischen Früher Neuzeit und Gegenwart, Dresden 2005, S. 147–172.

Gustavs, Owe: Reichsgottesdienst auf Hiddensee 1933–1945, 2. Aufl., Berlin 2008.

Henning, Friedrich-Wilhelm: Rahmenbedingungen und Grundzüge der Verwaltungsgeschichte Ostdeutschlands von 1815 bis 1945. Erster Teil, in: Verwaltungsgeschichte Ostdeutschlands 1815–1945, hrsg. v. Gerd Heinrich, Friedrich-Wilhelm Henning und Kurt G. A. Jeserich, Stuttgart, Berlin, Köln 1992, S. 3–83.

Horn, Sabine/Sauer, Michael (Hg.): Geschichte und Öffentlichkeit. Orte-Medien-Institutionen, Göttingen 2009.

Inachin, Kyra T.: Der Aufstieg der Nationalsozialisten in Pommern, Schwerin 2002.

Inachin, Kyra T.: Der Gau Pommern – eine preußische Provinz als NS-Gau, in: Die NS-Gaue. Regionale Mittelinstanzen im zentralistischen „Führerstaat", hrsg. v. Jürgen John, Horst Möller und Thomas Schaarschmidt, München 2007, S. 280–293.

Inachin, Kyra T.: Die nationale Rechte Pommerns und Hitler, in: Bert Becker und Kyra T. Inachin (Hg.): Pommern zwischen Zäsur und Kontinuität, Schwerin 1999, S. 129-162.

Inachin, Kyra T.: Pommern im Dritten Reich, in: Architektur und Städtebau im südlichen Ostseeraum. Zwischen 1936 und 1980, hrsg. v. Bernfried Lichtnau, Berlin 2002, S. 24-32.

Kaelble, Hartmut: Die Besonderheiten der europäischen Stadt im 20. Jahrhundert, in: Friedrich Lenger/Klaus Tenfelde (Hg.): Die europäische Stadt im 20. Jahrhundert. Wahrnehmung – Entwicklung – Erosion, Köln, Weimar, Wien 2006, S. 25-44.

Kaschuba, Wolfgang: Geschichtspolitik und Identitätspolitik. Nationale und ethnische Diskurse im Vergleich, in: Beate Binder, Wolfgang Kaschuba und Peter Niedermüller (Hg.): Inszenierung des Nationalen. Geschichte, Kultur und die Politik der Identitäten am Ende des 20. Jahrhunderts, Köln u. a. 2001, S. 19-42.

Klän, Werner: Die evangelische Kirche Pommerns in Republik und Diktatur. Geschichte und Gestaltung einer preußischen Kirchenprovinz 1914-1945, Köln, Weimar, Wien 1995.

Kleßmann, Christoph: Relikte des Bildungsbürgertums in der DDR, in: Sozialgeschichte der DDR, hrsg. v. Hartmut Kaelble, Jürgen Kocka und Hartmut Zwahr, Stuttgart 1994, S. 254-270.

Knauft, Wolfgang: Friedrich Radek (1884-1964), in: Ders. (Hg.): Miterbauer des Bistums Berlin. 50 Jahre Geschichte in Charakterbildern, Berlin 1979, S. 133-151.

Kowalczuk, Ilko Sascha unter Mitarbeit von Gudrun Weber: 17. Juni 1953 – Volksaufstand in der DDR. Ursachen – Abläufe – Folgen, Bremen 2003.

Kuhn, Gerd: Suburbanisierung in historischer Perspektive, in: Clemens Zimmermann (Hg.): Zentralität und Raumgefüge der Großstädte im 20. Jahrhundert, Stuttgart 2006, S. 61-81.

Langer, Kai: „Ihr sollt wissen, daß der Norden nicht schläft …" Zur Geschichte der „Wende" in den drei Nordbezirken der DDR, Bremen 1999.

Lenger, Friedrich: Einleitung, in: Ders./Klaus Tenfelde (Hg.): Die europäische Stadt im 20. Jahrhundert. Wahrnehmung – Entwicklung – Erosion, Köln, Weimar, Wien 2006, S. 1-21.

Lindner, Rolf: Perspektiven der Stadtethnologie, in: Historische Anthropologie 5 (1997) 2, S. 319-328.

Lindner, Rolf: Vorüberlegungen zu einer Anthropologie der Stadt, in: Volkskunde in Sachsen 16/2004, S. 177-188.

Maaß, Anita: DDR-Stadtgeschichte – Zwischen zentralstaatlichen Zwängen und lokalen Handlungsressourcen. Tagungsbericht „Städte im Sozialismus", 6.-7. Februar 2004, Berlin, in: Volkskunde in Sachsen 16/2004, S. 249-256.

Matthiesen, Helge: Greifswald in Vorpommern. Konservatives Milieu im Kaiserreich, in Demokratie und Diktatur, 1900-1990, Düsseldorf 2000.

Maurer, Michael (Hg.): Das Fest. Beiträge zu seiner Theorie und Systematik, Köln, Weimar, Wien 2004.

Mecking, Sabine/Wirsching, Andreas: Stadtverwaltung als Systemstabilisierung? Tätigkeitsfelder und Handlungsspielräume kommunaler Herrschaft im Nationalsozialismus, in: Diess. (Hg.): Stadtverwaltung im Nationalsozialismus. Systemstabilisierende Dimensionen kommunaler Herrschaft, Paderborn, München, Wien, Zürich 2005, S. 1-19.

Melis, Damian van: Entnazifizierung in Mecklenburg-Vorpommern. Herrschaft und Verwaltung 1945-1948, München 1999.

Mewis, Karl: Frischer Wind in Mecklenburg, in: Die ersten Jahre. Erinnerungen an den Beginn der revolutionären Umgestaltungen, eingel. u. zusammengest. von Ilse Schiel unter Mitarbeit von Erna Milz, Berlin (Ost) 1979, S. 141-159.

Michels, Marko: Einheitszwang oder Einheitsdrang?! Der Vereinigungsprozeß von KPD und SPD zwischen 1945 und 1950 in Mecklenburg-Vorpommern, Schwerin 1999.

Minner, Katrin: Geschichtsdeutung und Selbstdarstellung – Die Festzüge der Ortsjubiläen Merseburg 1933 und Weißenfels 1935, in: Andreas Ranft (Hg.): Sachsen und Anhalt. Jahrbuch der Historischen Kommission für Sachsen-Anhalt, Bd. 24, 2002/03, Köln, Weimar, Wien 2003, S. 335-350.

Müller, Werner/Mrotzek, Fred/Köllner, Johannes: Die Geschichte der SPD in Mecklenburg und Vorpommern, Bonn 2002.

Plato, Alice von: (K)ein Platz für Karl Marx. Die Geschichte eines Denkmals in Karl-Marx-Stadt, in: Adelheid von Saldern (Hg.): Inszenierte Einigkeit. Herrschaftsrepräsentationen in DDR-Städten, Stuttgart 2003, S. 147-182.

Rembold, Elfie: Vom „Bollwerk deutscher Kultur" zur geteilten Stadt an der „Oder-Neiße-Friedensgrenze". Stadtjubiläen in Guben (1935 und 1960), in: Adelheid von Saldern (Hg.): Inszenierter Stolz. Stadtrepräsentationen in drei deutschen Gesellschaften (1935-1975) unter Mitarbeit von Lu Seegers, Stuttgart 2005, S. 241-295.

Roeck, Bernd: Visual turn? Kulturgeschichte und die Bilder, in: Geschichte und Gesellschaft 29 (2003), S. 294-315.

Saldern, Adelheid von (Hg.): Inszenierte Einigkeit. Herrschaftsrepräsentationen in DDR-Städten, unter Mitarbeit von Alice von Plato u. a., Stuttgart 2003.

Saldern, Adelheid von (Hg.): Inszenierter Stolz. Stadtrepräsentationen in drei deutschen Gesellschaften (1935-1975) unter Mitarbeit von Lu Seegers, Stuttgart 2005.

Saldern, Adelheid von: Öffentlichkeiten in Diktaturen. Zu den Herrschaftspraktiken im Deutschland des 20. Jahrhunderts, in: Günther Heydemann/Heinrich Oberreuter (Hg.): Diktaturen in Deutschland – Vergleichsaspekte. Strukturen, Institutionen und Verhaltensweisen, Bonn 2003, S. 442-475.

Saldern, Adelheid von: Stadt und Öffentlichkeit in urbanisierten Gesellschaften. Neue Zugänge zu einem alten Thema, in: Informationen zur modernen Stadtgeschichte 2/2000, S. 3-15.

Saldern, Adelheid von: Stadtfeiern im 20. Jahrhundert, in: Die Alte Stadt. Vierteljahreszeitschrift für Stadtgeschichte, Stadtsoziologie, Denkmalpflege und Stadtentwicklung 30 (2003) 4, S. 324-348.

Saldern, Adelheid von: Symbolische Stadtpolitik – Stadtpolitik der Symbole. Repräsentationen in drei politischen Systemen, in: dies. (Hg.): Inszenierter Stolz. Stadtrepräsentationen in drei deutschen Gesellschaften (1935-1975) unter Mitarbeit von Lu Seegers, Stuttgart 2005, S. 29-80.

Schleinert, Dirk: Hermann Haussmann, letzter Regierungspräsident von Stralsund und Vertreter der Büroreform. Eine biographische Skizze, in: Verfassung und Verwaltung Pommerns in der Neuzeit. Vorträge des 19. Demminer Kolloquiums zum 75. Geburtstag von Joachim Wächter am 12. Mai 2001, hrsg. v. Henning Rischer und Martin Schoebel, Bremen o. J., S. 151-160.

Schmid, Hans-Dieter (Hg.): Feste und Feiern in Hannover, Bielefeld 1995.

Schott, Dieter: Zukunft und Geschichte der Stadt. Stadtrepräsentationen im 20. Jahrhundert, in: Georg G. Iggers u. a. (Hg.): Hochschule – Geschichte – Stadt, Festschrift für Helmut Böhme, Darmstadt 2004, S. 319-341.

Schürmann, Sandra/Guckes, Jochen: Stadtbilder und Stadtrepräsentationen im 20. Jahrhundert, in: Informationen zur modernen Stadtgeschichte, 2005, 1, S. 5-10.

Schürmann, Sandra: Dornröschen und König Bergbau. Kulturelle Urbanisierung und bürgerliche Repräsentationen am Beispiel der Stadt Recklinghausen 1930-1960. Paderborn 2005.

Schwabe, Klaus: Wurzeln, Traditionen und Identität der Sozialdemokratie in Mecklenburg und Pommern, Schwerin 1999.

Seegers, Lu: „Die Zukunft unserer Stadt ist bereits projektiert". Die 750-Jahrfeier Rostocks im Rahmen der Ostseewoche 1968, in: Adelheid von Saldern (Hg.): Inszenierte Einigkeit. Herrschaftsrepräsentationen in DDR-Städten, Stuttgart 2003, S. 61-106.

Seegers, Lu: „Schaufenster zum Westen". Das Elbefest und die Magdeburger Kulturfesttage in den 1950er und 1960er Jahren, in: Adelheid von Saldern (Hg.): Inszenierte Einigkeit. Herrschaftsrepräsentationen in DDR-Städten, unter Mitarbeit von Alice von Plato u. a., Stuttgart 2003, S. 107-144.

Seegers, Lu: Stadtrepräsentationen. Zum Verhältnis von urbaner Kultur und Herrschaftssystem im Deutschland der dreißiger und sechziger Jahre (Projektbericht), in: Informationen zur modernen Stadtgeschichte 2/2000, S. 22-24.

Stremmel, Ralf: Städtische Selbstdarstellung seit der Jahrhundertwende, in: Archiv für Kommunalwissenschaften II, 1994, S. 234-263.

Tenfelde, Klaus: Die Welt als Stadt? Zur Entwicklung des Stadt-Land-Gegensatzes im 20. Jahrhundert, in: Friedrich Lenger/Klaus Tenfelde (Hg.): Die europäische Stadt im

20. Jahrhundert. Wahrnehmung – Entwicklung – Erosion, Köln, Weimar, Wien 2006, S. 233–264.

Tenfelde, Klaus: Stadt und Bürgertum im 20. Jahrhundert, in: Wege zur Geschichte des Bürgertums. Vierzehn Beiträge, hrsg. v. Klaus Tenfelde und Hans-Ulrich Wehler, Göttingen 1994, S. 317–353.

Thijs, Krijn: Drei Geschichten, eine Stadt. Die Berliner Stadtjubiläen von 1937 und 1987, Köln, Weimar, Wien 2008.

Topfstedt, Thomas: Aufbauplan und Demonstrationsplan – Das Leipziger Stadtzentrum in den fünfziger Jahren, in: Feste und Feiern. Zum Wandel städtischer Festkultur in Leipzig, hrsg. v. Katrin Keller, Leipzig 1994, S. 313–325.

Unruh, Georg-Christoph von: Provinz Pommern, in: Verwaltungsgeschichte Ostdeutschlands 1815–1945, hrsg. v. Gerd Heinrich, Friedrich-Wilhelm Henning und Kurt G. A. Jeserich, Stuttgart, Berlin, Köln 1992, S. 589–676.

Wagner, Wolfgang: Vorpommern und die Konsolidierung des schwedischen Rechts in der Gesetzessammlung von 1807, in: Ders. (Hg.): Das schwedische Reichsgesetzbuch (sveriges Rikes lag) von 1734: Beiträge zur Entstehungs- und Entwicklungsgeschichte einer vollständigen Kodifikation, Frankfurt a. M. 1986, S. 107–129.

Welsh, Helga A.: Revolutionärer Wandel auf Befehl? Entnazifizierungs- und Personalpolitik in Thüringen und Sachsen (1945–1948), München 1989.

Winkler, Heinrich August (Hg.): Griff nach der Deutungsmacht. Zur Geschichte der Geschichtspolitik in Deutschland, Göttingen 2004.

Zimmermann, Clemens: Die Kleinstadt in der Moderne, in: Ders. (Hg.): Kleinstadt in der Moderne, Ostfildern 2003, S. 9–27.

Abkürzungsverzeichnis

BL	Bezirksleitung
CDU	Christlich-Demokratische Union Deutschlands
DDP	Deutsche Demokratische Partei
DEFA	Deutsche Film AG
DNVP	Deutsch-Nationale Volkspartei
DVP	Deutsche Volkspartei
FDGB	Freier Deutscher Gewerkschaftsbund
FdJ	Freie Deutsche Jugend
GdA	Gewerkschaftsbund der Angestellten
HJ	Hitler-Jugend
HO	Handelsorganisation
IMS	Informationen zur modernen Stadtgeschichte
KPD	Kommunistische Partei Deutschlands
KUM	Kulturelle Unternehmen Mecklenburgs
KWU	Kommunale Wirtschaftsunternehmen
KZ	Konzentrationslager
LDP(D)	Liberal-Demokratische Partei (Deutschlands)
MSPD	Mehrheitssozialdemokratische Partei Deutschlands
MTS	Maschinen-Traktoren-Station
NDPD	Nationaldemokratische Partei Deutschlands
NKFD	Nationalkomitee Freies Deutschland
NS	Nationalsozialismus
NSDAP	Nationalsozialistische Deutsche Arbeiterpartei
NSKK	Nationalsozialistisches Kraftfahrkorps
o. D.	ohne Datum
OB	Oberbürgermeister
OHL	Oberste Heeresleitung
Pg.	Parteigenosse der NSDAP
RM	Reichsmark
RS	Rückseite
s.	siehe
SA	Sturmabteilung
SAPMO-BArch	Stiftung Archiv der Parteien und Massenorganisationen der DDR im Bundesarchiv
SBZ	Sowjetische Besatzungszone
SED	Sozialistische Einheitspartei Deutschlands
SMA(D)	Sowjetische Militäradministration (in Deutschland)
SPD	Sozialdemokratische Partei Deutschlands
SS	Schutzstaffel
SSR	Sozialistische Sowjet-Republik
U.B.	Unterbezirk
USPD	Unabhängige Sozialdemokratische Partei Deutschlands
U.S.S.R.	Union der Sozialistischen Sowjetrepubliken

VdgB	Vereinigung der gegenseitigen Bauernhilfe
VEB	Volkseigener Betrieb
VfZ	Vierteljahrshefte für Zeitgeschichte
VS	Vorderseite
ZK	Zentralkomitee

Personenregister

www.ingramcontent.com/pod-product-compliance
Lightning Source LLC
Chambersburg PA
CBHW030306100426
42812CB00002B/590

* 9 7 8 3 4 8 6 5 9 8 0 5 6 *

Detlev Brunner
Stralsund

Quellen und Darstellungen zur
Zeitgeschichte
Herausgegeben vom Institut für
Zeitgeschichte

Band 80

R. Oldenbourg Verlag München 2010